Peter Horn
Heinrich von Kleists Erzählungen

Scriptor Taschenbuch S 141
Literatur + Sprache + Didaktik

Herausgegeben von:
Barbara Kochan
Detlef C. Kochan
Harro Müller-Michaels

Peter Horn

Heinrich von Kleists Erzählungen

Eine Einführung

Scriptor
1978

CIP-Kurztitelaufnahme der Deutschen Bibliothek

Horn, Peter:
Heinrich von Kleists Erzählungen : e. Einf. /
Peter Horn. – Königstein/Ts. : Scriptor-Verlag,
1978.
  (Scriptor-Taschenbücher ; S 141 : Literatur
  u. Sprache u. Didaktik)
  ISBN 3–589–20661–6

© 1978 Scriptor Verlag GmbH & Co KG
Wissenschaftliche Veröffentlichungen
Königstein/Ts.
Alle Rechte vorbehalten
Gesamtherstellung Friedrich Pustet, Regensburg
Printed in Germany
ISBN 3–589–20661–6

Für Brigitte

Inhaltsverzeichnis

Einleitung

Unwahrscheinliche Wahrhaftigkeiten

Zur sprachlichen und künstlerischen Struktur der Erzählungen Kleists

Daß Novelle sich von *novella* herleitet und soviel wie Neuigkeit bedeutet, hat sich in der Novellentheorie als Gemeinplatz von Generation zu Generation überliefert. Goethes Ausspruch, eine Novelle sei nichts „anderes als eine sich ereignete unerhörte Begebenheit"[1] wird ebenso gern zitiert wie Friedrich Schlegels: „Die wahre Novelle muß in jedem Punkt ihres Seins und Werdens neu und überraschend sein".[2] Zwar werden wenige wie August Wilhelm Schlegel in der Novelle wesentlich die „scandalöse Chronik" der „Schwächen, Leidenschaften und selbstischen Triebe" der Menschen sehen wollen;[3] noch weniger werden sie Carl Friedrich von Rumohr zustimmen wollen, der behauptet, nichts hindere uns daran, „alle Stadtgeschichten des Tages Novellen zu benennen, und die Klätscher selbst Novellisten . . . Noch Gozzi gab ein Dutzend unsauberer Stadtklätschereyen schön toscanisirt unter dem Titel *Novellen* heraus. Solche Klätschereyen sind die ursprünglichen, die ächten, die Novellen schlechthin."[4] Dennoch läßt sich nicht leugnen, daß Novelle zuerst einmal Anekdote, Tagesbegebenheit, Skandalgeschichte war: „Anecdoton ist das noch nicht ausgegebene, kundgewordene, also dem Leser, oder Hörer noch neue. Novelle hingegen ist das neue, also bis dahin noch nicht ausgegebene, oder verkündete."[5]

„Scandalöse Chronik", eine Chronik der Affairen aber auch des Skandals seiner Gesellschaft sind Kleists Novellen auch: am offensichtlichsten in der *Marquise von O . . .*, die sich trotz Kleists Mystifizierungstechnik im zweiten Koalitionskrieg von 1799 lokalisieren läßt, und dessen Schauplatz sich aus den Kürzeln der Erzählung ziemlich genau rekonstruieren läßt, so genau, „als wäre das dichterisch ‚Wahre' der Begebenheit Realität";[6] nicht minder die *Verlobung in St. Domingo*, die den Skandal der zeitgenössischen Sklaverei aufdeckt; auch die Bauernunruhen in Preußen (Frühjahr 1794) hat Kleist, historisch verfremdet und ihrer revolutionären Spitze beraubt, „aus einer alten Chronik", im *Michael Kohlhaas* dargestellt. Das gibt Kleists Novellen die Nähe zur Realität, „die verschwenderische Fülle des Faktischen", die August Wilhelm Schlegel an Boccaccio lobt, und die er in der sehr „wässerigten dünnen Speise"[7] der modernen Romane so sehr vermißt. Kleist, der den lebendigen Spürsinn des Zeitungsreporters für das gleichzeitig Unerhörte und Tatsächliche hatte, der Berliner Stadtklatsch und Zeitungsnachrichten in straffe, in ihrer Formvollendetheit kaum noch zu überbieten de Anekdoten verwandelt hat, hat auch in seinen Novellen das Überraschende und Jähe des „frappanten" Falls und eine Fülle von Tatsächlichem sprachlich zu bewältigen versucht. Immer hat Kleist auch versucht, den von ihm erfundenen Fakten den Schein der Objektivität zu verleihen, indem er Detail auf Detail häufte, umständlich genau, fast protokollarisch berichtete; immer wieder legt er Wert darauf, daß seine Erzählungen und Anekdoten den „Tatsachen" entsprechen, „aus einer alten Chronik" stammen, „nach einer wahren Begebenheit, deren Schauplatz vom Norden nach dem Süden verlegt worden" berichtet werden, sich im Jahre 1647 im Augenblicke der großen Erderschütterung in St. Iago zugetragen haben.[8]

Die ersten Sätze der Kleistschen Novelle sind oft bewundert und analysiert worden. Sie steuern nach Angabe von Person, Ort und Zeit – in der Art eines Zeitungsberichts – auf eine paradoxe oder schockierende Aussage hin, die den Leser gleichzeitig fesselt und verstört: von Kohlhaas, „einem der rechtschaffensten zugleich und entsetzlichsten Menschen seiner Zeit" (4/7)[9] wird gesagt: „Das Rechtsgefühl aber machte ihn zum Räuber und Mörder"; die Marquise von O . . . läßt „durch die Zeitungen bekannt machen . . . daß sie ohne ihr Wissen, in andere Umstände gekommen sei, daß der Vater zu dem Kinde, das sie gebären würde, sich melden solle" (4/94); im *Erdbeben in Chili* will Jeronimo Rugera sich gerade erhenken, als das Erdbeben des Jahres 1647 beginnt; *Die Verlobung in St. Domingo* reizt den Sensationslüsternen mit dem Versprechen einer Schilderung des Negeraufstandes, „als die Schwarzen die Weißen ermordeten" (4/146); *Der Findling* berichtet nach drei Sätzen, in denen Antonio Piachi, seine Frau Elvire und sein Sohn Paolo vorgestellt werden, von einer „pestartigen Krankheit . . . welche die Stadt und die Gegend umher in großes Schrecken setzte" (4/182); auch die *Heilige Cäcilie* spielt zur Zeit, „als die Bilderstürmerei in den Niederlanden wütete" (4/197); und *Der Zweikampf* beginnt nach der Vorstellung des Herzogs Wilhelm von Breysach wie eine Kriminalgeschichte mit dessen Mord aus dem Hinterhalt: er hatte schon „den Park, der hinter seinem Schlosse lag, erreicht: als plötzlich ein Pfeilschuß aus dem Dunkel der Gebüsche hervorbrach, und ihn, dicht über dem Brustknochen, den Leib durchbohrte" (4/214).

Für eine klassische Poetik, die „das rein Menschliche der Existenz"[10] vor Augen hat, die sich gegen ein Zuviel des „historisch-politisch-barbarischen Temporären"[11] wehrt, wird solche Nähe zum Faktischen zur Gefahr, an der „an sich trivialen und unpoetischen Materie",[12] an der ungeheuren Masse der „lebendigen und besonders der politischen Welt"[13] zu scheitern. Der Geschichtsschreiber, der erzählen muß, „was vorliegt und wie es vorliegt", hat – so meint Hegel – nicht „das Recht diese *prosaischen* Charakterzüge seines Inhalts auszulöschen oder in andere, *poetische* zu verwandeln", er muß die Fakten „nach ihrer äußerlichen Zufälligkeit, Abhängigkeit und ratlosen Willkür gewähren lassen".[14] Wenn der Novellendichter nun auch kein Historiker ist, so soll die Novelle doch „in der wirklichen Welt zu Hause seyn, deswegen liebt sie auch die ganz bestimmten Angaben von Ort, Zeit und Namen der Personen".[15] Die Bedenken der Klassiker gegen das Genre – Goethes Novellensammlung *Unterhaltungen deutscher Ausgewanderter* spricht nicht gegen diese Bedenken, da aus ihr ausdrücklich „alle Unterhaltungen über das Interesse des Tages" verbannt sind – hängen eng mit dem Aufkommen einer massenhaften oberflächlichen Unterhaltungskunst in den neunziger Jahren des achtzehnten Jahrhunderts zusammen, die sich unter Berufung auf das altehrwürdige Mimesis-Prinzip ihrer „Naturwahrheit" rühmt.[16] Gegen diese Art von Kunst macht Goethe geltend: „Die Kunst übernimmt nicht mit der Natur, in ihrer Breite und Tiefe, zu wetteifern, sie hält sich an die Oberfläche der Erscheinungen; aber sie hat ihre eigene Tiefe, ihre eigene Gewalt; sie fixiert die höchsten Momente dieser oberflächlichen Erscheinungen, indem sie *das Gesetzliche darin anerkennt . . .*"[17] Der Versuch, sich soweit wie möglich von jedem Naturalismus abzusetzen, treibt Goethe vom Roman (der im Englischen ja auch *novel* heißt) und der Novelle weg ins „epische Fach", weil er die Überzeugung gewinnt, daß das homerische Epos „die Begebenheit als vollkommen vergangen vorträgt"[18] und daher zu einer Distanz schaffenden Abbildung am meisten geeignet ist. Außer *Hermann und Dorothea* und *Reynecke Fuchs* sind bezeichnenderweise aber alle Epen Goethes Pläne bzw. Fragmente geblieben.

Die die Erkenntnis des Gesetzlichen schaffende Einheit der Abbildung läßt sich nicht dadurch erzeugen, daß man Form als Herrschaft über das als Material ins Kunstwerk eingehende Faktische verfügt, weil Form sich dann als ein unmittelbar Gegebenes versteht und das Gesetzmäßige der Form dem zufällig Vielen der wirklichen geschichtlichen Erfahrung des Menschen Gewalt antut; Einheit als Veranschaulichung der wirklichen Gesetzmäßigkeit des Stoffes entsteht nur dort, wo die der Problematik des Stoffes angemessene Form gefunden wurde. Der Zusammenhang zwischen vorgegebener Form und einem als gültig fraglos vorausgesetztem gesetzmäßigen Allgemeinen läßt sich am deutlichsten an der sogenannten „trivialen" Literatur aufzeigen. Dort kehren bestimmte Formtypen fast ohne Abwandlung und Innovation so gehäuft wieder, daß der Zusammenhang zwischen dem unübersehbaren Schematismus der Form und dem Schematismus der „Weltanschauung" unübersehbar wird. Das frühe 18. Jahrhundert unterscheidet bezeichnenderweise noch nicht scharf zwischen „trivialer" und „gehobener" Literatur, da es ein solches Allgemeines im Bereich der Gnoseologie, Ethik und Ästhetik selbstverständlich voraussetzt, und vom Dichter die bestmögliche Erfüllung dieses Allgemeinen erwartet; an dieser allgemeinen Norm kann neues Wissen, ethisches Handeln und ästhetische Formgebung wie selbstverständlich gemessen werden. Die Spaltung in „triviale" und „gehobene" Literatur vollzieht sich bezeichnenderweise gerade in der Auseinandersetzung um den Begriff „Originalität" im letzten Drittel des Jahrhunderts. Dem trivialen Autor wurde Neuheit höchstens im Stoff bei gleichbleibend banaler Weltanschauung zugestanden. Vom Autor „gehobener Literatur" wurde dagegen in erster Linie Innovation der künstlerischen Struktur, höchstens noch neuartige Behandlung ethischer oder gnoseologischer Fragen erwartet; ein zu stark stoffliches Interesse wurde ihm dagegen als „Kolportage" und „Sensationslüsternheit" angekreidet. Bei immer geringerer Welthaltigkeit wandte sich seit den Romantikern die „reine Kunst" immer komplexeren Formen und Strukturen zu, schloß die Massen immer stärker aus dem Diskurs der Dichtung aus und verwies sie auf die „triviale" Kunst. Selbst die Novelle (besonders die des 19. Jahrhunderts) trägt, wie Johannes Klein richtig sieht, als *Kunstform*, als unreflektiert Allgemeines, noch ein *Doppelgesicht*: „Sie entstand aus dem Bedürfnis, Neues und Seltenes mitzuteilen; daher der Name: novella, Neuigkeit. Aber sie erreicht dabei eine fast lebensferne Form – wie das Gedicht."[19] Der an der naturalistischen Oberfläche des „Wirklichen" bleibende Klatsch, der nirgends durch die Willkürlichkeit und Zufälligkeit des faktisch Geschehenen zum Gesetzlichen hin durchbricht, die Lust am bloß Anekdotischen, ist die eine Möglichkeit des Scheiterns des Novellenschreibers; die leere Form, die alle Widersprüche harmonisch glättet, die andere: „Was nur und durchaus stimmt, stimmt nicht", sagt Adorno: „Das nichts als Stimmige, bar des zu Formenden, hört auf in sich etwas zu sein und artet zum Für anderes aus: das heißt akademische Glätte. Akademische Gebilde taugen nichts, weil die Momente, die ihre Logizität synthetisieren müßte, gar keine Gegenimpulse hergeben, eigentlich gar nicht vorhanden sind. Die Arbeit ihrer Einheit ist überflüssig, tautologisch und, indem sie als Einheit von etwas auftritt, unstimmig. Gebilde dieses Typus sind trocken; allgemein ist Trockenheit der Stand abgestorbener Mimesis."[20]

Das Problem, an dem sich die Literatur des frühen 19. Jahrhunderts abarbeitete, und das, weil es nicht bewältigt sondern verdrängt wurde, soviel ihrer Literatur zur Epigonalität der leeren Form verurteilte, war: wie der, seit der Französischen Revolution auch sichtbar nicht mehr von Individuen gesteuerte Ablauf der Geschichte in der Form der Kunst, die notwendigerweise vom individuellen Erleben ausgehen mußte, überhaupt noch dargestellt werden konnte. Hegel erkannte bereits in seiner Ästhetik, daß das geschichtliche Individuum zwar subjektiv eine Einheit darstellt, daß diese Einheit aber andererseits durch Begebenheiten und Ereignisse getrieben wird, „die teils für sich ohne inneren Zusammenhang sind, teils das Individuelle ohne freies Zutun desselben berühren und es in diese Äußerlichkeit hineinziehen."[21] Individualität ist nur solange als Zentrum des literarischen Kunstwerks fraglos gegeben, solange sie sich „dem gemeinsamen Zwecke, der im innern Begriff der vorhandenen Zustände liegt, gemäß erweist"; „wenn sie, statt der Sache der Zeit zu verfechten, nur ihre davon abgetrennte und somit zufällige Individualität walten" läßt,[22] so ergibt sich kein „echt poetischer Inhalt" mehr; es kommt „insofern nicht die individuelle Einheit zustande, in welcher das Allgemeine und die ganze Individualität schlechthin identisch, ein Selbstzweck für sich, ein geschlossenes Ganzes sein soll".[23] Hegel zieht daraus den Schluß, daß das poetische Kunstwerk, da es „zu einer organischen Totalität müsse ausgestaltet und abgeschlossen werden", da es „in sich fertig und vollendet dastehen und eine abgeschlossene Welt für sich ausmachen muß" die „äußerliche Zufälligkeit, Abhängigkeit und ratlose Willkür" des Historisch-Tatsächlichen aus sich ausscheiden muß.[24] Das Geschäft der Umwandlung der von Zufälligkeiten durchsetzten Wirklichkeit in die „wirkliche Gestalt ihrer selbst" ist die Aufgabe der Dichtkunst, indem sie die „nur relativen Umstände und Charakterzüge" abstreift „und dafür solche an die Stelle (setzt), durch welche die innere Substanz der Sache klar herausscheinen kann, so daß dieselbe in dieser umgewandelten Außengestalt so sehr ihr gemäßes Dasein findet, daß sich nun erst das an und für sich Vernünftige in seiner ihm an und für sich entsprechenden Wirklichkeit entwickelt und offenbar macht."[25]

Im Charakteristischen und Typischen soll, der klassizistischen Ästhetik nach, das Wahre und Wahrscheinliche zusammenfallen; die symbolische Behandlung soll aus dem Wirklichen das Wahre herauspräparieren. Dagegen macht Kleist geltend: „die Leute fordern, als erste Bedingung von der Wahrheit, daß sie wahrscheinlich sei; und doch ist die Wahrscheinlichkeit, *wie die Erfahrung lehrt*, nicht immer auf Seiten der Wahrheit." (5/22) Soll der Dichter die Erfahrung, die Empirie, die Tatsächlichkeiten über Bord werfen, um nur immer wieder dieselben Wahrheiten zu bestätigen, dieselben Formen zu erfüllen? Oder soll er „unwahrscheinliche Wahrhaftigkeiten" auch dann erzählen, wenn sie dem Typischen gerade widersprechen, es in Frage stellen? Soll der Dichter tatsächlich von einem solchen unwahrscheinlichen Faktum keinen Gebrauch machen, wenn der Geschichtsschreiber, „wegen der Unverwerflichkeit der Quellen und der Übereinstimmung der Zeugnisse, genötigt sei, dasselbe aufzunehmen"? (5/24f.) Nicht aus Eigensinn oder „durchgeführter, gründlicher Hypochondrie", wie Goethe vermutete, auch nicht aus einem „Geist des Widerspruchs" hat Kleist den „einzigen Fall" des Michael Kohlhaas geltend gemacht; sondern weil ein Allgemeines, – sei es gnoseologischer, ethischer oder ästhetischer Art – dem die Erfahrung immer wieder widerspricht, ein schlechtes Allgemeines sein muß; weil daher die Anstrengung der Kunst nicht darauf zielen kann, dieses schlechte Allgemeine durch Ausscheidung des unbequemen Faktums zu bestätigen, sondern das unbequeme Faktum in einem neuen, besseren Allgemeinen aufzuheben. Dabei ist zu bedenken, daß für die Aufklärung und den Idealismus das gegebene Allgemeine nicht nur das individuell Unbewußte als das Irrationale, sondern auch das gesellschaftlich zu Verdrängende als das Banale aus dem Diskurs ausschloß. Wenn sich schon die Vergewaltigung der Marquise von O . . . nicht nur aus erzähltechnischen Gründen hinter einem Gedankenstrich verbirgt, wenn sie, öffentlich (nämlich in der Zeitung) ausgesprochen, zum Skandal wird, um wieviel schockierender war dann der nur scheinbar idyllische Schluß der Erzählung (der man sich am Hofe von Weimar nur dadurch zu erwehren wußte, daß man Kleist als einen vom moralischen Aussatz Befallenen diskreditierte). Für das Bewußtsein der Zeit war die Tatsache, daß der Graf sich in die eigene Ehe einkaufen mußte eher schockierender als seine erotischen Abenteuer.[26] Daß Menschen Ehen aus materiellen Motiven schließen, war dem Publikum Kleists natürlich ebensowenig unbekannt, wie daß sie sich manchmal ihre sexuelle Befriedigung gewaltsam erzwingen; der Schock rührt also wohl daher, daß Kleist ausspricht, was nicht nur die Konvention der Liebesgeschichte, sondern auch die Konvention des gesellschaftlichen Diskurses verschweigt. Durch diese Tabuisierung sexueller und ökonomischer Momente erweist sich die Struktur der Liebesgeschichte aber als ein schlechtes Allgemeines, das zu versöhnen nur vorgibt, was hinter dem Schein des „happy end" unversöhnt in seiner Widersprüchlichkeit fortlebt. Nicht das glückliche Ende, nicht Idylle und Utopie an sich verwirft Kleist, sondern nur das scheinhaft Konventionelle einer dauerhaften Einrichtung im Gebrechlichen einer Welt, deren Widersprüche nicht aufgelöst, sondern in einem labilen Kompromiß weiterhin gegenwärtig sind, vom Stolz der Unschuld und der großen Selbstzufriedenheit der konventionellen Weltsicht lediglich verdrängt.

Kleists Verfahren, von Interpreten oft als „die nackte Objektivität (seines) Erzählstils"[27] gerühmt, kommt, in dem Bemühen möglichst nahe an den Tatsachen zu bleiben, einem konzeptionslosen Naturalismus manchmal nahe genug, vor allem dort, wo der Erzähler auf alle Verknüpfungen modaler Art verzichtet, wo er bewußt die bloße Abfolge des Geschehens „für sich" sprechen läßt: „stark, wie die Wut ihn machte, warf er den von Natur schwächeren Nicolo nieder und drückte ihm das Gehirn an der Wand ein. Die Leute, die im Haus waren, bemerkten ihn nicht eher, als bis die Tat geschehen war; sie fanden ihn noch, da er dem Nicolo zwischen den Knien hielt, und ihm das Dekret in den Mund stopfte. Dies abgemacht, stand er, indem er alle seine Waffen abgab, auf; ward ins Gefängnis gesetzt, verhört und verurteilt, mit dem Strange vom Leben zum Tode gebracht zu werden." (4/195 f.) Charakteristischer für Kleists Erzählweise ist allerdings seine Vorliebe für Verknüpfungen von verschiedenen Geschehenssträngen durch Wendungen wie „eben... als", „es fügte sich, daß ...", „es traf sich, daß ...", die zunächst einmal nicht mehr als die zufällige Gleichzeitigkeit verschiedener Ereignisse andeuten. Beispielhaft für das Zusammentreffen kontingenter Naturereignisse und menschlichen Handelns ist der erste Satz des *Erdbebens in Chili.* Durch die Wendung, „gerade in dem Augenblicke" zwingt Kleist „die große Erderschütterung vom Jahre 1647, bei welcher viele tausend Menschen ihren Untergang fanden" und die Handlung Jeronimos, der im Begriff ist, sich „an einem Pfeiler des Gefängnisses, in welches man ihn eingesperrt hatte", zu erhenken (4/130), in ein Satzgefüge. Die auffällige Häufigkeit solcher zufälligen zeitlichen Zusammentreffen in Kleists Erzählungen könnte nun dazu verleiten, die Welt in Kleists Novellen als zum Zufall beherrscht und völlig undurchsichtig zu begreifen. Von der „unbegreiflichen Welt", „der verrätselten Welt", in der Kleists Gestalten leben, spricht z. B. Günter Blöcker,[28] von ganz anderen Voraussetzungen kommt Lukács zu der Auffassung, Kleists Weltsicht sei „die hoffnungslose Undurchsichtigkeit der Welt, alles Geschehens in der Welt".[29] Und doch sind solche Wendungen bei Kleist immer schon Versuche, die Trivialität des bloß Geschehenen in Richtung auf gesetzmäßige Zusammenhänge zu durchbrechen: das zufällige zeitliche Zusammentreffen (die rein chronologische, annalistische Zuordnung zweier Ereignisse) wird als erstes Indiz begriffen; der zeitliche Zusammenfall noch des Heteronomsten wird zum Prüfstein, an dem sich erweisen soll, ob die Welt von einem einheitlichen Gesetz durchwaltet ist, also „sinnvoll" ist, oder nicht. Die bloße sich ereignete unerhörte Begebenheit" muß, trotz ihrer Unerhörtheit, die das bisher Bekannte und das aus dem Bekannten abgeleitete allgemeine Gesetz in Frage stellt, schließlich das neu und tiefer erkannte Gesetz bestätigen.

Emil Staiger hat Kleists Bestreben gezeigt, eine ganze Novelle „in *einem Satz"* zu erzählen und noch das Divergierendste mit einem einzigen syntaktischen Bogen zu überspannen.[30] Wolfgang Kayser hat als strukturelle Eigenheit der kleistschen Novelle die Gleichzeitigkeit von Offenheit und Geschlossenheit beschrieben,[31] die ich als sprachlich-strukturelles Äquivalent des gleichzeitigen Bestrebens sehe, einerseits kein noch so zufälliges Geschehen aus der Beschreibung auszuschließen, andererseits auch noch das scheinbar Zufälligste einer neu zu entdeckenden Gesetzmäßigkeit einzugliedern. Hans Peter Herrmann hat ausgehend von der „dergestalt, daß"-Formel diesen Sachverhalt zu präzisieren versucht: das zufällige Ereignis „wird in seinem Modus durch seine Folge bestimmt (,dergestalt, daß'), seine Folge aber wächst nicht organisch aus ihm heraus, sondern entsteht auf dem Umweg über das Tun der Menschen".[32] Obwohl Kleist das Kontinuum des Ablaufs seiner Novellen in das handelnde Subjekt verlegt, sieht er dabei keineswegs das Subjekt als ein „Allgemeines" – das Subjekt selbst wird durch das Kontingente seiner Erlebnisse konstituiert – das „Allgemeine" ist vielmehr das „Handeln", das tätige Eingreifen in die Welt, die Reaktion auf Ereignisse, auch dann, wenn sie sein bisheriges Weltbild sprengen. Einheit ist somit für Kleist „überhaupt nichts Gegebenes, somit auch kein Gegenstand der Erkenntnis, sondern ein Gegenstand des Handelns . . . Allmähliche Verfertigung der Welt als wechselseitige Determination von Ereigniskette und Person: das ist die Grundfigur Kleistscher Novellen".[33]

W. Müller-Seidel bezeichnet in seinem Vortrag, „Kleists Weg zur Dichtung", das Paradox als Kleists „bevorzugte Denkfigur" und schreibt: „Der Denkvorgang selbst beruht in der Überführung mathematischer Gesetzlichkeiten in eine Welt, in der diese Gesetze nicht mehr wie bisher gelten. Mit mathematischen Begriffen, die jeden Widerspruch ausschließen, wird eine Spannung erzeugt, in der das Widersprüchliche dominiert."[34] Darauf aufbauend und Müller-Seidels Formulierung präzisierend, hat Michael Moering gezeigt, daß hinter der Erscheinung Paradoxon Kleists Maxime steht: „es waltet ein gleiches Gesetz über die moralische wie über die physische Welt" (5/43) und daß das Paradoxon bei Kleist nichts anderes ist als ein „witziger", d. h. geistreicher Vergleich, bei dem die Phänomene der physischen Welt mit solchen der moralischen Welt in Beziehung gebracht werden.[35] „Bei sämtlichen genannten Paradoxen handelt es sich nicht allein um die Übertragung physischer Gesetzmäßigkeiten auf die moralische Welt, sondern in gleicher Weise um die Übertragung menschlicher ‚Gesetze' auf die Phänomene der Natur: D. h. Naturphänomene werden immer schon personifiziert, vergleichsweise beschrieben, so daß sich die Übereinstimmung zwischen den beiden ‚Welten' häufig nicht so unvermutet herstellt, wie es den Anschein hat."[36] Moering verfolgt diesen Gedanken dann nicht weiter und gibt sich damit zufrieden, daß Kleist in seinen Novellen „beunruhigende Beispiele für die Rätselhaftigkeit und Gebrechlichkeit der Welt" bieten will.[37] Bei genauerer Untersuchung stellt sich aber heraus, daß die Annäherung der physikalischen an die moralische spezifisch der Denkweise Kleists vor der Kantkrise entspricht; später weicht der Versuch, für die moralische Welt ähnliche Gesetzmäßigkeiten zu finden wie für die physikalische, obwohl nie ganz aufgegeben, mehr und mehr der Erkenntnis, daß die beiden Bereiche sich nicht ohne weiteres auf einanderprojizieren lassen; damit bezeichnet das Paradoxon bei Kleist nach der Kantkrise eben jene Differenz, die Kant zwischen den kausalen Kategorien der Natur und den teleologischen Kategorien der Ethik andererseits postuliert hatte. Im Gegensatz zu der immer wieder geäußerten Meinung unterscheidet Kleist nämlich sehr wohl zwischen dem „Aufstand der Natur" und dem „Aufstand der Menschen", zwischen dem Erdbeben und dem lynchenden

Mob, zwischen der Pest und dem erschreckenden Verhalten Piachis.

Die Ähnlichkeit ergibt sich schließlich nur noch in einer Methode, der die vordergründige Ansicht in der Betrachtung der Natur und der moralischen Welt gleich suspekt ist. Clemens Heselhaus hat daraufhingewiesen, daß Kleist mit der Aufwertung des Paradoxons den anthropologischen Standpunkt der Antike, der Aufklärung und der Klassik außer Kraft setzt.[38] Das ist insofern richtig, als Kleist den Begriff des auf dem allen zugänglichen Augenschein beruhenden Konsensus, wie ihn z. B. Herbert von Cherbury 1621 in *De veritate* formuliert hat, radikal in Frage stellt; für Herbert von Cherbury ist der natürliche Instinkt dasjenige Vermögen, mit welchem eine *certitudo mathematica* zu erreichen ist; der *consensus universalis*, die Übereinstimmung aller auf Grund der jeweils individuell erreichten Einsicht, ist für ihn daher Merkmal ewiger Wahrheiten. Das ist nicht so zu verstehen, daß Kleist den Konsensus überhaupt aufheben und die Meinung aller grundsätzlich abwerten möchte; er wendet sich mit dem Paradox ja eben an diejenigen, die die *opinio omnium* teilen, um sie aus ihrem uninformierten, also schlechten Konsensus zu reißen, und um einen neuen, der Wahrheit angemesseneren Konsensus herzustellen. Daher ist bei Kleist das Paradoxon nicht nur Grundfigur einzelner Sätze oder Denkoperationen, sondern Strukturmerkmal der Erzählung als ganzer.[34] Die paradoxe Struktur der *Marquise von O . . .* hat erst kürzlich Erika Swales wieder untersucht und dabei die Widersprüche herausgearbeitet, die die scheinbar heroische Geste einer scheinbar in der unerschütterlichen Sicherheit der Unschuld ruhenden Frau unterminieren: eine Dame von „vortrefflichem Ruf", die Mutter „von mehreren wohlerzogenen Kindern" ist willens, den Mann zu heiraten, der sie vergewaltigt hat, und zwar „aus Familienrücksichten". Weder psychologisch noch moralisch noch gesellschaftlich ist dieser Schritt „verständlich": würde die Familie der Marquise, ganz zu schweigen von der Gesellschaft, einen solchen Ehemann hinnehmen? Ist ein solcher Mann als Vater „wohlerzogener Kinder" tragbar? Wie kann eine so sensitive Frau ihren Vergewaltiger heiraten, ihre Entscheidung veröffentlichen und dann den Spott der Welt ertragen?[40] Schon Heselhaus hat darauf hingewiesen, daß in dieser Erzählung der paradoxe Satz an mindestens drei Stellen in verschiedenen Transformationen steht: „als paradoxe Tat am Anfang, die Kleist selbst als ‚einen so sonderbaren, den Spott der Welt reizenden Schritt bezeichnet' . . . als Bericht von einer pradoxen Leistung der Erkenntnis in der Mitte . . .; als zusammenfassender paradoxer Satz am Ende, wenn die Marquise dem Vater ihres Kindes gesteht: ‚er würde ihr damals nicht wie ein Teufel erschienen sein, wenn er ihr nicht, bei der ersten Erscheinung, wie ein Engel vorgekommen wäre.'"[41] Es handelt sich bei diesem letzten Satz aber nicht, wie oft angenommen wird, um eine „Moral", eine zusammenfassende Sentenz: zwar ist die „gebrechliche

Einrichtung der Welt" erkannt, zwar wird in diesem Satz die Absolutheit allgemeiner moralischer Sätze um des Lebens willen zurückgewiesen, aber die Ursachen der gebrechlichen Einrichtung der Welt bleiben weiterhin verschlossen, und es bedürfte, ausgehend vom Ende der Novelle, einer neuen paradoxen Erkenntnis des Lesers, von der aus durch tätiges ethisches Handeln die verlorengegangene Allgemeinheit wieder hergestellt werden könnte.

Weil Kleists Sprache sich dauernd vom bestehenden Konsensus weg auf die Erstellung eines neuen Konsensus hinbewegt, überschreitet Kleist ständig die Grenze des schon Sagbaren zum Unaussprechlichen hin; in diese Richtung gehen seine Versuche, das Privateste, die Abgründe des Ichs, das Unbewußte und Vorbewußte gesellschaftlich und öffentlich zu machen. Politzer spricht von der Ironie, die bei Kleist gelegentlich so tief greift, daß er hinter der Rede auch das Unbewußte des Redenden, ja sogar sein, des Dichters eigenes schöpferisches Unbewußtes durchblicken läßt. Das äußert sich in Andeutungen und Korrespondenzen, in Leitmotiven und Paradoxen, die das auf dem Boden der Realität Erzählte zu gleicher Zeit transparent machen und *ad absurdum* führen.[42] Was sich der öffentlichen Ratio während der Epoche der Aufklärung sperrte, was daher einerseits aus dem Bereich des rationalen Diskurses ausgesperrt, andererseits von den Gegenbewegungen zur Aufklärung (Irrationalismus, Pietismus, Romantik) als geheimer Einstiegspunkt des Göttlichen und eigentlich Poetischen gefeiert wurde, die Nachtseite des Ichs, spricht sich bei Kleist, wenn schon nicht in Worten, so doch in sprechenden Gesten aus, die das noch nicht Begriffene nicht als Unbegreifliches feiern, sondern es als noch Unbegriffenes dem Begreifen näher bringen. So wird das, was sich hinter dem „witzigen" Gedankenstrich in der *Marquise von O . . .* als „Unsagbares" verbirgt, in der Versöhnungsszene von Vater und Tochter so deutlich gezeichnet, als wäre sie, im Gegensatz zu der tabuisierten Vergewaltigung, „standesgemäß und gesellschaftsfähig":[43] die Unnahbarkeit der Marquise zerbricht als Maske einer bisher verborgenen „ungeheuren Schamlosigkeit",[44] unter der erstarrten Form der Konvention wird die Glut der lebendigen „Natur", das erotische Verhältnis sichtbar, in dem Vater und Tochter gefangen sind, das bisher durch die „Zensur" des Über-Ichs unsichtbar geblieben war. Wenn der rationale Diskurs sich vorher nur dadurch als rationaler durchhalten konnte, da er diesen Bereich als wahnhaft, als Blendwerk und Scharlatanerie diskreditierte und ausschloß, so erweitert Kleist das als gesetzlich Erfahrbare in seiner Dichtung in diesen Bereich hinein. Noch die Ohnmachten, das Gestammel des Unbewußten und die scheinbar sprachlos-irrationale Handlungsweise der Leidenschaft wird als einer Gesetzmäßigkeit unterlegen dargestellt. Hatte die Aufklärung, an die Kleists autodidaktische Erziehung sich unzweifelhaft unmittelbar anschließt, um der Würde des Menschen willen, die sie optimistisch als grundsätzlich bereits gegeben sah, das Irrationale am Menschen ausgespart, verschwiegen, als abnorm und unmoralisch verdammt, zeigt Kleist, daß diese Würde etwas noch zu Erringendes ist: das Wahre, Schöne und Gute, Wertbegriffe, die er ebenso wie die Klassiker als verbindlich ansah, sind erst noch aus dem Sumpf des Tierischen herauszuläutern.

In diesem Prozeß ist die Änderung der Denkweise, die zu einer Neuorientierung der Praxis führt, entscheidend. Der Verstand, der, im Irrtum der konventionellen Denkweise befangen, bisher die falschen Handlungsanweisungen gab, hat dabei die paradoxe Aufgabe, seinen eigenen Irrtum zu berichtigen – eine Aufgabe, die er nur durchführen kann, wenn ihm die irrigen Voraussetzungen seiner bisherigen Denkweise (der *communis opinio*) durch die dadurch entstehenden Widersprüche (Paradoxien) als ungültig erfahrbar werden. Wegen dieser falschen Denkweise nämlich liegt der Mensch, „auf verwunderungswürdige und unbegreifliche Weise, in Ketten und Banden; das Höchste, vom Irrtum geblendet, läßt er zur Seite liegen, und wandelt, wie mit Blindheit geschlagen, unter Jämmerlichkeiten und Nichtigkeiten umher. Ja, er gefällt sich in seinem Zustand;" (5/59) nur die Erinnerung an frühere Zeiten in den alten Dichtungen lassen ahnen, „von welchen Gipfeln . . . der Mensch um sich schauen kann" (5/59). Raimund Belgardt[45] hat gezeigt, daß der Irrtum, der den Menschen in seinem gegenwärtigen Zustand festhält, nach Kleists Auffassung durch den Eigennutz verursacht wird. Um zum Bewußtsein seiner wahren, königlichen Bestimmung zu gelangen, muß er ein Denken und eine Sprache finden, die sich auf das Wohl der anderen richtet. Eine Sonderform des Eigennutzes ist sowohl die Sklaverei, die das Blutbad in der *Verlobung in St. Domingo* verursacht, als auch der Standesdünkel, der z. B. im *Erdbeben in Chili* und im *Bettelweib von Locarno* die Katastrophe heraufbeschwört. Die Marquise von O . . .,„*will nichts* wissen", denn die Erkenntnis, daß der Graf der Vergewaltiger ist, würde auch sie selbst in ihrem Selbstverständnis als Frau aus den besseren Klassen, denen eine Vergewaltigung nur als Unfall zustößt, erschüttern; der Graf, Mitglied ihrer eigenen Klasse, darf nicht, wenn sie ihr Selbstbild als Vertreterin derselben Klasse aufrechterhalten will, der Vergewaltiger sein; eher ist sie bereit anzunehmen, daß der Diener Leopardo der Vater ihres Kindes ist; denn wie immer „wohlerzogen" er auch sei, er ist von „niederem Stande", ihm ist also nach der *communis opinio* eine solche Tat durchaus zuzutrauen.[46]

Was sich in Sprache einfangen läßt, ist bereits unter das Allgemeine subsumiert und also durch die Bewußtmachung „zivilisiert"; das Unbewußte ist nicht nur das noch nicht Domestizierte, es ist auch das Sprachlose. Kommerell hat also recht, wenn er schreibt: „Beim Lesen einer Kleistischen Szene wird uns, als spräche man hier anders, als wäre das Sprechen Mühe, als ränge sich in ihm das Unaussprechliche herauf"; widersprochen muß ihm aber werden, wenn er fortfährt: „und zwar vergeblich, obwohl der Stammelnde dem Stockenden, der Taube dem Stummen zu Hilfe kommt, und einer dem andern mit aufgeregten und äußersten Gebärden abfragt, was doch nicht über die Lippen will."⁴⁷ Mit nie erlahmender Energie hebt Kleist gerade, was seinen Gestalten sprachlos ist und gerne sprachlos bleiben möchte, in die Klarheit und Durchsichtigkeit der künstlerischen Struktur seiner Werke; nie erlaubt er seinen Gestalten, sich vor den letzten Konsequenzen ihrer unaussprechlichen Gedanken zu drücken, und indem er die Widersprüche, in denen seine Gestalten stehen, bis aufs Äußerste zuspitzt, zwingt er sie, das Unaussprechliche zu konfrontieren. Nicht notwendigerweise in dem, was seine Gestalten aussprechen, sondern in der Beschreibung des Autors, die nicht aussetzt, bevor solche Klarheit geschaffen ist, werden so verborgene gesellschaftliche und individuelle Abgründe durchschaubar.

Nur so ist der scheinbare Widerspruch zwischen zwei Aussagen Kleists zu begreifen, in denen er einmal die Form des Kunstwerks als das Allerwichtigste, ein anderes Mal als etwas bezeichnete, was für das Auge des Betrachters völlig verschwinden müßte. In einem Brief an Heinrich Joseph von Collin schreibt er: „. . . in der Kunst kommt es überall auf die Form an, und alles, was eine Gestalt hat, ist meine Sache" (7/61); in dem *Brief eines Dichters an einen anderen* dagegen sagt er: „Erlaube mir, dir zu sagen, daß dein Gemüt hier auf Vorzügen weilt, die ihren größten Wert dadurch bewiesen haben würden, daß du sie gar nicht bemerkt hättest. Wenn ich beim Dichten in meinen Busen fassen, meinen Gedanken ergreifen, und mit Händen, ohne weitere Zutat, in den deinigen legen könnte: so wäre die Wahrheit zu gestehen, die ganze innere Forderung meiner Seele erfüllt." (5/79). Kleist fährt fort: „dem Durstigen kommt es, als solchem, auf die Schale nicht an, sondern auf die Früchte, die man ihm darin bringt. Nur weil der Gedanke, um zu erscheinen, wie jene flüchtigen, undarstellbaren, chemischen Stoffe, mit etwas Gröberem, Körperlichem, verbunden sein muß: nur darum bediene ich mich, wenn ich mich dir mitteilen will, und nur darum bedarfst du, um mich zu verstehen, der Rede, Sprache, Rhythmus, Wohlklang usw., und so reizend diese Dinge auch, insofern sie den Geist einhüllen, sein mögen, so sind sie doch an und für sich, aus diesem höheren Gesichtspunkt betrachtet, nichts, als ein wahrer, obschon natürlicher und notwendiger Übelstand; und die Kunst kann, in bezug auf sie, auf nichts gehen, als sie möglichst verschwinden machen" (579f.). In diesen Zusammenhang gehört auch jene Briefstelle (aus der Zeit vor der Guiskardkrise), die gern herangezogen wird, um die Kategorie des „Unaussprechlichen" in Kleists Gedankengebäude zu belegen: „Ich weiß nicht, was ich Dir über mich *unaussprechlichen* Menschen sagen soll. – Ich wollte, ich könnte mir das Herz aus dem Leibe reißen, in diesen Brief packen, und Dir zuschicken. – Dummer Gedanke." (6/252). Kleist, der Kenner des sprachlos Unbewußten, wünscht, daß der Umweg über die Sprache, jener mühsame Prozeß, übersprungen werden könnte, in dem notwendigerweise immer wieder die Nuancen und Feinheiten des Erfühlten bei der geringsten Nachlässigkeit verloren gehen, und das unmittelbar Erfahrene verfälscht, während er es formt. Was Kleist nicht sagt, ist, daß „das Unaussprechliche" deswegen unaussprechlich bleiben muß – es kann im „Gröberem, Körperlichem" der Rede erscheinen, allerdings nur, wenn es vollständig Form geworden ist, so vollständig, daß die Form als Form, die Gestaltung als Gestaltung, unsichtbar wird, verschwindet.

Damit kehren wir zu jenem Paradox zurück, daß die Novelle das oberflächlich Triviale des bloß „zufällig" Geschehenen mit der strengsten Gesetzlichkeit der Form, die Lebensunmittelbarkeit des tatsächlich Geschenen mit der lebensfernen Form vereinigt, und zwar so, daß erst durch die Form die „Wirklichkeit" des geschilderten Geschehens gegeben ist. Was uns unmittelbar entgegen tritt, ist nicht die konkrete Wirklichkeit. Um „die Sache selbst" begreifen und andern vermitteln zu können, bedarf es einer gewissen Anstrengung, in der Kunst des Umwegs durch die Form. Kleist möchte zwar seinen Gedanken unmittelbar ergreifen und ihn „ohne weitere Zutat" dem anderen vermitteln, aber weiß, daß er so nicht nur dem anderen unverständlich, sondern auch sich selbst unaussprechlich bleibt – sich selber das Herz aus dem Leibe zu reißen und es als Brief verschicken, so erkennt er sehr wohl, ist ein dummer Gedanke.

Lukács begreift das Umschlagen von Inhalt in Form als den wesentlichsten Vorgang bei der Entstehung des Kunstwerks: „Die bloße Mitteilung eines, wenn auch noch so stark gefühlsbeladenen Inhalts, ohne eine solche vermittelnd-evozierende Rolle der Form, bleibt ein Inhalt des Lebens, der natürlich, wie dort, Emotionen, Gedanken etc. erwecken kann, jedoch ohne die für das Ästhetische spezifische Gedoppeltheit: diese ist ein Herausgehobensein aus dem Leben des Alltags, jedoch ohne damit den Kontakt mit der Wirklichkeit verloren zu haben; das, was wir die Welthaftigkeit der Kunstwerke genannt haben, besteht ja gerade in einem solchen Konfrontieren des Rezeptiven mit dem Wesen der Wirklichkeit selbst, das eben deshalb unmöglich das unmittelbare Leben selbst sein kann, sondern, bloß' seine künstlerische Widerspiegelung."[48]

Doch bleibt gerade bei Kleist die Frage nach dem genauen Wie dieses Umschlagens von Inhalt in Form deswegen weiterhin bestehen, weil es Kleist sehr bestimmt um die Aussage *seines* Ichs geht, um den „ewigen Sinn *seiner* endlichen und konkreten Existenz".[49] Die Worte jeder nur denkbaren Sprache sind nicht nur „grob und körperlich", sondern immer schon „allgemein", im Doppelsinn des Verallgemeinernden und des allgemein

Verständlichen. Die Frage, wie das jeweils Besondere des Individuellen in seiner Umsetzung ins Allgemeine der Sprache bewahrt werden kann, ist nicht, wie Lukács im Anschluß an Hegel glaubt, dadurch zu lösen, daß die Kunst das bloß Einzelne, Partikulare am Subjekt aufhebt – das wäre eben gerade ein Ausweichen vor dem, was Kleist als sein eigenstes Problem formuliert – das Problem wird auch nicht dadurch gelöst, daß dieses Aufheben nicht „in abstrakter Radikalität" vorgenommen wird, „vielmehr – da auch bestimmte partikuläre Züge der menschlichen Persönlichkeit oft sehr intim mit ihrem Wesen verbunden sind – stark aufbewahrend, also bloß soweit es sich um eine bloße Partikularität handelt."[50] Kleists Erzählungen demonstrieren, daß auch ein so verstandenes Besonderes nichts anderes ist als ein bloß weiter gefaßter Begriff vom Typischen und Charakteristischen, da es immer schon einen vorgefaßten Begriff dessen voraussetzt, was so partikulär ist, daß es aus dem Diskurs des Kunstwerks ausgeschieden werden muß. Die Aufhebung der „willkürlichen" und „zufälligen" Partikularität, des „trivial" Kontingenten, ist nicht dadurch zu leisten, daß man es ausklammert, sondern nur dadurch, daß auch das scheinbar Partikulärste sich in der „Arbeit" der Formung des Kunstwerks als Ausdruck der allgemeinen Gesetzlichkeit fassen läßt. Durch diese „Arbeit" am Stoff macht Kleist sichtbar, was dem traditionellen Realismus unsichtbar bleiben mußte, „daß das Ich in seinem Wesen von seinem Verhältnis zu einem ‚Äußeren' konstituiert ist, daß seine Verbindung nach draußen, zur Welt, im Grunde seinen Innenraum bildet."[51] Daß das vordergründige Ichbewußtsein, das Schicksal als Konsequenz des Charakters versteht, nur dadurch aufrechterhalten werden kann, daß das Kontingente als Partikuläres aus dem Bewußtsein verdrängt wird. Kleists Erschrecken vor der Zufälligkeit der Welt und sein unablässiges Suchen nach einem Sinn, der das Äußerliche, Kontingente, Triviale mit dem „Zweck" des menschlichen Lebens, seiner „Idee" verbindet, hat ihn über die Grenzen der subjektzentrierten Weltanschauung hinausgetragen, ohne daß er schon fähig gewesen wäre, die Gesetzmäßigkeiten, die „Außen" und „Innen" verbinden, anders als kasuistisch, von Erzählung zu Erzählung, anschaulich zu machen. Das ist die Anstrengung, an der die Kleistische Novelle, noch dort wo sie scheitert, ihren künstlerischen Rang aufzeigt.

Anmerkungen

1 Johann Peter Eckermann: *Gespräche mit Goethe* (Hrsg. von H. Houben) Wiesbaden: Brockhaus 1949, S. 178 (29. Januar 1827).
2 Friedrich Schlegel: *Literary Note Books 1797–1801* (Hrsg. von H. Eichner) London: Athlone 1957, Nr. 1154.

3 August Wilhelm Schlegel: *Vorlesungen über schöne Literatur und Kunst* III. Teil (1803–1804) (Hrsg. von J. Minor) – Heilbronn: Henninger 1884, S. 247.

4 Carl Friedrich von Rumohr: *Novellen II. Bd.* München: Franz 1835 zitiert nach Karl Konrad Pohlheim (Hrsg.): *Theorie und Kritik der deutschen Novelle von Wieland bis Musil.* – Tübingen: Niemeyer 1970, S. 47.

5 Rumohr (Anm. 4), S. 51.

6 Vgl. Heinz Politzer: Der Fall der Frau Marquise. Beobachtungen zu Kleists *Die Marquise von O . . .* in: *DVjs* 51 (1977), S. 106 f.

7 A. W. Schlegel (Anm. 3), S. 245.

8 Für weitere Beispiele der in fast jeder Anekdote Kleist nachweisbaren Wahrheitsversicherung, vgl. Michael Moering: *Witz und Ironie in der Prosa Heinrich von Kleists,* München 1972, S. 114 f.

9 Alle Zitate nach Heinrich von Kleist, *Gesamtausgabe,* München: dtv 1964 (Band/Seite).

10 *Goethes Werke. Hrsg. im Auftrage der Großherzogin Sophie von Sachsen* (Vierte Abteilung: Briefe). Weimar 1887–1919, Bd. 11, S. 273.

11 Hans Gerhard Gräf und Albert Leitzmann: (Hrsg.) *Der Briefwechsel zwischen Schiller und Goethe.* – Leipzig 1955, Bd. II, S. 172.

12 Gräf/Leitzmann (Anm. 11), S. 58.

13 Gräf/Leitzmann (Anm. 11), Bd. 1, S. 261.

14 Georg Wilhelm Friedrich Hegel, *Vorlesungen über die Ästhetik, Dritter Teil: Die Poesie.* Stuttgart: Reclam 1971, S. 44 f.

15 A. W. Schlegel (Anm. 3), S. 247.

16 Vgl. Heinz Hamm: *Der Theoretiker Goethe.* – Kronberg/Taunus 1976 S. 192.

17 Goethes Werke (Anm. 10), Bd. 45, S. 260.

18 *Schillers Werke. Nationalausgabe.* (Hrsg. von Julius Petersen und Gerhard Fricke). Weimar 1943 ff., Bd. 21, S. 57.

19 Johannes Klein: *Geschichte der deutschen Novelle von Goethe bis zur Gegenwart.* – Wiesbaden: Steiner 1954, S. 1.

20 Theodor W. Adorno: *Ästhetische Theorie.* – Frankfurt: Suhrkamp 1970 S. 281.

21 Hegel (Anm. 14), S. 45.

22 Hegel (Anm. 14), S. 43.

23 Hegel (Anm. 14), S. 43.

24 Hegel (Anm. 14), S. 32, 33 und 45.

25 Hegel (Anm. 14), S. 51.

26 Politzer (Anm. 6), S. 125.

27 Josef Kunz: *Die deutsche Novelle zwischen Klassik und Romantik.* Berlin: Schmidt 1966, S. 126.

28 Günter Blöcker: *Heinrich von Kleist oder das absolute Ich.* – Berlin: Argon 1960, S. 140.

29 Georg Lukács: „Die Tragödie Heinrichs von Kleist" – In: *Deutsche Realisten des 19. Jahrhunderts.* – Berlin: Aufbau 1953, S. 202.

30 Emil Staiger: Heinrich von Kleist: ‚Das Bettelweib von Locarno'. In: *Meisterwerke deutscher Sprache im 19. Jahrhundert.* – Zürich ³1957, S. 114.

31 Wolfgang Kayser: Kleist als Erzähler. – In: *Die Vortragsreise.* – Bern 1958.

32 Hans Peter Herrmann: Zufall und Ich. Zum Begriff der Situation in den Novellen Heinrich von Kleists. – In: *GRM NF* 11 (1961), S. 77.

16

33 Herrmann (Anm. 32), S. 81 f.
34 W. Müller-Seidel: Kleists Weg zur Dichtung. In: *Die deutsche Romantik*, – Göttingen: Vandenhoek 1967, S. 117 und 118. Zum Kleistschen Paradox vergleiche auch W. Müller-Seidel: Die Struktur des Widerspruchs in Kleists ‚Marquise von O . . .' – In: *DVjs* 28 (1954), S. 497–515; John Geary: *Heinrich von Kleist. A study in Tragedy and Anxiety* Philadelphia 1968; Hans Joachim Kreutzer: *Die dichterische Entwicklung Heinrich von Kleists.* – Berlin 1968; R. B. J. Tebje: *Das Paradoxe als Strukturelement in den Dramen Heinrich von Kleists.* – University of Natal: M.A. 1973.
35 Moering (Anm. 8), S. 91.
36 Moering (Anm. 8), S. 92 f.
37 Moering (Anm. 8), S. 94.
38 Clemens Heselhaus: Das Kleistsche Paradox. – In: H. Sembdner (Hrsg.): *Kleists Aufsatz über das Marionettentheater.* – Berlin: Schmidt 1967.
39 Noch überzeugender leistet das Klaus Müller-Salget: Das Prinzip der Doppeldeutigkeit in Kleists Erzählungen. – In: *ZfdPh* 92 (1973), S. 192 ff.
40 Erika Swales: The beleaguered citadel: a study of Kleist's *Die Marquise von O . . .* – In: *DVjs* 51 (1977) S. 132.
41 Heselhaus (Anm. 38), S. 122.
42 Politzer (Anm. 6), S. 103; zum Begriff des Unbewußten bei Kleist vgl. auch Blökker (Anm. 28), S. 178; Kunz (Anm. 27), S. 129–134.
43 Politzer (Anm. 6), S. 114.
44 Politzer (Anm. 6), S. 120.
45 Raimund Belgardt: Kleists Weg zur Wahrheit. Irrtum und Wahrheit als Denkformen und Strukturmöglichkeit. – In: *ZfdPh* 92 (1973), S. 166.
46 Vgl. Swales (Anm. 40), S. 141.
47 M. Kommerell: Die Sprache und das Unaussprechliche. Eine Betrachtung über Heinrich von Kleist. In: *Geist und Buchstabe der Dichtung*. Frankfurt 1956, S. 244. Kleist galt vor allem seit Fricke als „Dichter des Gefühls". Gegen Blöckmanns Ansicht, daß Kleists Dichtungen die „Verrätselung des Daseins" darstelle, muß ebenso Einspruch erhoben werden wie gegen die Auffassung, bei Kleist unterliege der Verstand und das Bewußtsein immer der Täuschung, und Wahrheit, „letzte Gewißheit" sei nur im „innersten Gefühl" zu finden (P. Böckmann: *Formensprache.* Hamburg 1966). Günter Blöcker (vgl. Anm. 28, S. 194) hat dagegen zu Recht betont: „Kleist war ein poetischer Denker, einer, der in seinem, dem dichterischen Material dachte". Walter Müller-Seidel wies darauf hin, daß die Funktion des Erkennens und nicht die des Versehens bei Kleist strukturbestimmend sei. (*Versehen und Erkennen.* Köln 1961).
48 Georg Lukács: *Ästhetik, Bd. 3,* Neuwied, Darmstadt: Luchterhand 1972, S. 7 f.
49 G. Fricke: *Gefühl und Schicksal bei Heinrich von Kleist. Studien über den inneren Vorgang im Leben und Schaffen des Dichters.* Berlin 1929, S. 28.
50 Lukács (Anm. 48), S. 42.
51 Herrmann (Anm. 32), S. 84.

Zur Originalität und Individualität verdammt

Zur Stellung und zum Anspruch des bürgerlichen Schriftstellers am Beispiel von Heinrich von Kleist

„Die gewaltige Höhe der künstlerischen Gestaltungskraft Heinrich von Kleists ist zu steil, als daß sie einer Volkstümlichkeit zugänglich wäre",[1] „Diese stolze Einsamkeit ist das Maß seiner Größe"[2] und „Warum soll Kleist populär werden? Das stimmt zu ihm nicht. Popularität ist an Zeit und Umstände gebunden."[3] So urteilen Kleist-Kenner immer wieder. Aber dieselben Kräfte, denen Kleist zu schade fürs Volk und zu zeitenthoben für Popularität war, benutzen ihn dann eifrig als künstlerisches Alibi für ihre „stählerne Romantik"[4] und ihren brutalen, unverhüllten, faschistischen Imperialismus. Schwankend zwischen zartem, empfindlichem Ästhetentum, das von Kleist jedes Zuglüftchen politischer Aktualität fernhalten will, und brutal kriegerischer Machtentfaltung, zu dessen Glorifizierung ihnen Kleists „Hermannsschlacht" gerade recht war, entwarf die bürgerliche Literaturgeschichtsschreibung ein Zerrbild von Kleist, dessen innere Widersprüchlichkeit keineswegs mit der Widersprüchlichkeit erklärt werden kann, die Kleists eigenem Werk schon innewohnt. Da schon dem wilhelminischen Imperialismus „Heinrich von Kleist als der vornehmste Verfechter des Deutschtums im Kampf gegen die fremden Heere und Nationalitäten (erschien), die diesem den Todesstoß zu versetzen suchen"[5] und ihm Kleist „von der Idee der Sittlichkeit und Notwendigkeit eines Vernichtungskrieges gegen eine fremde Nation durchdrungen"[6] (erschien), ist es verständlich, daß Marxisten wie Mehring und Lukács in Kleist, bei allem Verständnis für seine Größe und seine Tragödie, nicht mehr sahen als einen „bornierten preußischen Junker", und einen „dekadenten Individualismus"[7] an ihm diagnostizierten. Nun sind ja auch Lessing, Hölderlin und Büchner von reaktionären Kräften für ihre Zwecke „faschistisch verfälscht worden", ohne daß Mehring und Lukács sich durch derartige Manöver hätten irreführen lassen. Die Problematik Kleists ist letztlich die, daß nationalistische und faschistische Kräfte ihn mit sehr viel mehr Berechtigung für ihre Zwecke reklamieren können als den Aufklärer Lessing, den Jakobiner Hölderlin und den sozialen Revolutionär Büchner. Man mag Hermann Schneider bestreiten, daß der *Katechismus der Deutschen* „den Gipfel der prosaischen Leistungen des patriotischen Schriftstellers"[8] bildet, man kann ihm nicht bestreiten, daß Kleist nicht nur in dem Katechismus die „höchste Brutalität" zu fordern scheint. Es mag nun zu einem Zeitpunkt, da sich die Germanistik lange vernachlässigten Aufgaben zuwendet, so z. B. der Wiederentdeckung der fortschrittlichen Gestalten der Aufklärung, des Jakobinismus und des Vormärz, der vergessenen Literatur der Arbeiterklasse des 19. und 20. Jahrhunderts, mäßig erscheinen, einen Dichter einer genauen Analyse zu unterwerfen, dessen Werk in dieser Weise bedenklich und mit einigem Recht von den reaktionären Kräften für ihre Zwecke gebraucht und mißbraucht worden ist. Dagegen möchte ich mit Brecht geltend machen, daß gerade eine wirklich revolutionäre Klasse versuchen muß, ihre Geschichte in Ordnung zu bringen: die Verarmung der bürgerlichen aber auch der sich radikal gebenden linken Literaturkritik liegt doch auch darin, daß sie keine wirkliche Tradition sondern nur blinde Aktion und Reaktion kennt. Das hin und her springende Pendel von Wertungen, die nicht in der genauen Kenntnis der Vergangenheit fundiert sind, aus der heraus die Gegenwart wirklich verständlich wird, erlaubt nicht mehr als Ablehnung oder Zustimmung, keine Erkenntnis. Eine Literaturwissenschaft, die sich nicht darum drückt, nach der historischen und aktuellen Funktion der Literatur zu fragen, wird kaum umhin können, zu fragen, in welche politisch-gesellschaftliche Zusammenhänge das Werk Kleists zum Zeitpunkt seiner Entstehung verflochten war, warum sein Werk, das fast sechzig Jahre über einen winzig kleinen Kreis von Enthusiasten nicht hinausgelangte, in der Gründerzeit plötzlich von einem größeren Publikum rezipiert wurde, und er von da an bis 1945 (und danach) immer stärker in die Stellung eines deutschen Nationaldichters und Klassikers aufrückte. Dabei kann es nicht nur darum gehen, die faschistische Verfälschung, die bis vor kurzem (und weiterhin) die Mehrheit der Werke über Kleist kennzeichnet, zu bekämpfen, wie Rolf Busch fordert,[9] denn eine solche ideologiekritische Auseinandersetzung hätte doch nur dann Sinn, wenn zunächst einmal der wirkliche Ort der Schriften Kleists im historischen Prozeß sich umreißen ließe; so notwendig es ist, die Geschichte der Kleist-Rezeption und Forschung zu problematisieren, so ist doch eine Analyse des Kleistschen Werks in seiner objektiven Verwurzelung in dem Kampf der Feudalklasse gegen die aufstrebende Bourgeoisie und in den nur teilweise erfolgreichen Versuchen Kleists, sich von seiner Klasse und ihrem Wertsystem zu trennen, vorrangig. Erst wenn nicht nur gezeigt werden kann, daß Kleist sich nie wirklich „mit der bürgerlichen Klasse verbindet und unzweideutig zu den politischen Positionen ihrer fortschrittlichsten Vertreter vordringt",[10] sondern auch welche ökonomischen, politischen und ideologischen Mechanismen Kleist zwingen, sich nicht nur von seiner eigenen Klasse, sondern auch von der Klasse zu distanzieren, die er dennoch für grundsätzlich fortschrittlich hält, können wir den ambivalenten Charakter des Werks von Kleist im gesellschaftlichen Systemzusammenhang begreifen, und den gesellschaftlichen Gebrauch und Mißbrauch seiner Werke innerhalb dieses Systems in seiner geschichtlichen Wandlung begreifen. Gewiß ist die Analyse, die Busch von der Klassenlage Kleists gibt, ein Schritt in die richtige Richtung:

Die Distanz zu seiner eigenen Klasse verleiht dem Dichter nicht nur gegenüber dem Adel, sondern auch gegenüber dem Bürgertum jene Sensibilität, die ihn in den Stand setzt, die negativen Züge sowohl der herrschenden als auch der aufstrebenden bürgerlichen Klasse überdeutlich zu erkennen. Sowohl die Zugehörigkeit zum preußischen Adel und die Übernahme etlicher Standesvorurteile als auch die realen Erfahrungen Kleists mit der gesellschaftlichen Alternative, dem Bürgertum, tragen die Verantwortung dafür, daß der Dichter sich letztlich weder für die eine noch für die andere Klasse entscheiden kann. Er nimmt schon früh eine Position zwischen und über beiden ein, in der jene in der Rezeption sich offenbarende Ambivalenz begründet ist. Mehr noch als Rousseau hindert Kleist die Erkenntnis vom Dialektischen, antagonistischen Charakter alles zivilisatorischen Fortschritts daran, aus der Kritik der Feudalgesellschaft entschieden Konsequenzen zu ziehen.[11]

Zu fragen wäre, über die ideologiekritische Position hinaus, welche konkreten Erfahrungen Kleists ihn in den luftleeren, neutralen Raum abdrängten, der gewöhnlich mit Mannheims Wort von der „freischwebenden Intelligenz" auf den Begriff gebracht wird, und welche Funktion ein solches freies Schweben in der geistigen und politischen Entwicklung eines Volkes haben mußte, in der die politische Revolution Frankreichs kaum ein Echo fand, die ökonomische und industrielle Revolution Englands sich nur höchst zögernd durchzusetzen begann, in der seit der Radikalisierung der Französischen Revolution das Großbürgertum und ein Teil des Adels bewußt auf einen Klassenkompromiß zwischen Bourgeoisie und Junkertum hinarbeiteten, in der also jeder, der nicht entschieden sich auf die fortschrittlichsten Positionen der Französischen Revolution stellte, objektiv die heraufkommende Restauration unterstützte. Zu fragen wäre allerdings auch, ob ein Schriftsteller, der die entscheidenden Jahre seiner Jugend als Soldat in der preußischen Armee und als Kämpfer gegen die Französische Revolution verbracht hat, der, nach seinem Austritt aus der Armee und seinem Versuch sich von den Vorstellungen und der ökonomischen Grundlage seiner Klasse zu lösen, 1799 die Alternative, das Bürgertum, nicht länger als Alternative sehen konnte, überhaupt objektiv eine Möglichkeit hatte, sich unzweideutig mit den fortschrittlichen Kräften zu identifizieren, die es als politische Macht damals nicht mehr gab, nicht mehr in Frankreich der Konsularregierung Napoleon Buonapartes und der reichgewordenen Revolutionsgewinnler, und schon gar nicht in Deutschland, wo im Laufe des ersten Jahrzehnts die Frage, ob man Napoleon als Befreier begrüßen oder als kolonialen Eroberer zu bekämpfen habe, bis 1813 keineswegs eine eindeutig „fortschrittliche" Antwort hatte.

Kleists ambivalente Haltung gegenüber der Bourgeoisie ist weder aus einer subjektiven reaktionären Einstellung auf Grund seiner Klassenlage

noch gar als voluntaristische Entscheidung zur Neutralität im Klassen-
kampf seiner Zeit zu verstehen, sondern hat ihre Wurzel in der doppeldeu-
tigen Haltung der Bourgeoisie selber, die nach dem Thermidor die ent-
schiedenen Jakobiner, das heißt die fortschrittlichsten Vertreter der eigenen
Klasse, bereits zu Feinden von Gesetz und Ordnung diffamiert. Die Bourgeoisie des späten achtzehnten und vor allem des frühen neunzehnten Jahrhunderts ist, von unserem Blickpunkt aus, sowohl fortschrittlich als auch
reaktionär in dem Sinne, daß sie zu diesem Zeitpunkt noch eine im Aufstieg
befindliche Klasse ist, gleichzeitig aber schon eine historisch zum Untergang verurteilte Klasse – eine Klasse, die nach den Erfahrungen des Terrors
und nach den ersten Regungen eines wenn auch noch utopischen Sozialis-
mus in der Form der Verschwörung der Gleichen unter François Babeuf,
bereits nicht mehr ungebrochen ihre eigenen fortschrittlichen Parolen von
der Freiheit, Gleichheit und Brüderlichkeit unterschreiben kann, obwohl
sie vor allem in Deutschland das Ziel, die Macht des Feudalismus und des
Absolutismus zu brechen und die Herrschaft der Bourgeoisie durchzusetzen, keineswegs erreicht hat. Das objektive Dilemma, in dem der Junker
Kleist also steht, als er sich aus der Domestizierung seiner Klasse, des kleinen Adels, zum Hof-, Beamten- und Militäradel des absolutistisch regie-
renden Königs von Preußen lösen will, ist, daß es außerhalb der staatlichen
Bürokratie und des Militärs keine für ihn mögliche konkrete Chancen einer
Laufbahn gibt, es sei denn die des bürgerlichen Gelehrten oder die des bürgerlichen Schriftstellers, daß aber eben die bürgerliche Klasse, die er als be-
stallter Professor oder als „freier" Schriftsteller anzusprechen hatte, vorwiegend selbst in der staatlichen Bürokratie tätig, und durch ihre vom
Feudalismus abhängige Stellung auch ideologisch geprägt war, und von ihren Schriftstellern eine idealistisch verklärte Darstellung des *status quo* oder
aber ein Ausweichen ins völlig Unverbindliche, die reine Unterhaltung verlangen mußte. Die ökonomische Zurückgebliebenheit Deutschlands gab
freien, unabhängigen und fortschrittlichen Geistern kaum eine materielle
Grundlage, auf der sie sich entfalten konnten, und wer sein Leben nicht als
lakaienhafter Hofmeister verbringen wollte, mußte entweder finanziell unabhängig oder durch eine feste Lebensstellung in der Bürokratie abgesichert
sein. Das erste war Kleist nicht, das zweite hat er mehrmals versucht und
als mit seiner Kunst unvereinbar erlebt. Da Kleist durch seinen ungeregel-
ten Bildungsgang und durch den frühen Abbruch seiner Schullaufbahn,
trotz eifriger autodidaktischer Studien, für die Laufbahn eines Gelehrten
sich schließlich nicht eignete – diese Erkenntnis spielt wahrscheinlich bei
der sogenannnten Kant-Krise und seiner „Abkehr von den Wissenschaften" eine wesentliche Rolle –, sah er als einzige Möglichkeit, sich innerhalb
der Gesellschaft eine seinen Fähigkeiten angemessene Stellung zu verschaffen, die ihn nicht erneut in ein beamtenmäßiges Abhängigkeitsverhältnis

brachte, die Tätigkeit eines „freien Schriftstellers".[12] Kreutzer hat mit Recht darauf hingewiesen, daß es keine Beweise dafür gibt, daß Kleist sich vor 1802 in überdurchschnittlichem Maße für die Dichtung interessierte. Daß Kleists schriftstellerischen Pläne immer zugleich mit dem Bildungsideal und der Ablehnung des Amtes auftreten, deutet darauf hin, daß Kleist das Dichtertum zunächst nur als Fluchtweg ansah: durch Ludwig Wieland, Zschokke und Heinrich Geßner in der Einschätzung seiner Fähigkeiten bestärkt, begann Kleist zu glauben, daß er durch die Dichtung seinen Lebensunterhalt werde bestreiten können. Erst Anfang Februar 1802 ringt sich Kleist auch äußerlich zu einer Bejahung des Dichterberufes durch, der von nun an in seinem Lebensplan die Stelle eines wissenschaftlichen Berufes einnimmt.[12a]

Will man die objektiv reaktionäre Wirkung Kleists bis auf unsere Zeit nicht einfach aus der irrationalistischen Denkstruktur Kleists erklären, sondern diese ihrerseits, wenn auch vielfach „vermittelt", aus der gesellschaftlichen, politischen und ökonomischen Entwicklung Deutschlands um die Wende vom 18. zum 19. Jahrhundert ableiten, dann genügt es nicht, Kleist als individuellen Vertreter einer Klasse, die sich selber auf Grund der Erfahrung der Französischen Revolution bereits als im Abstieg begriffen sieht, zu verstehen; eine solche Einschätzung würde Kleists progressive Züge, seine komplexe Ambivalenz, seine ziellos anarchische Radikalität ebenso unverständlich machen wie seine Wirkungslosigkeit zu seinen Lebzeiten und die noch nach seinem Tode lange verzögerte Wirksamkeit; die Unzulänglichkeit der Kleistschen Lösungsversuche ist letztlich nicht auf individuelle Schwächen Kleists zurückzuführen, sondern auf die objektive gesellschaftliche Situation, die dem Ausbruchsversuch aus den erkanntermaßen rückständigen feudalen Bindungen keinerlei Widerhall zu geben vermochte, und den Dichter daher immer wieder auf individualistische, anarchistische, irrationale und schließlich sogar reaktionäre Lösungsversuche zurückwarf. Wenn Kleist sich im Jahre 1804 noch einmal um eine Anstellung im Zivildienst bewirbt und 1805 eine Stelle als Diätar an der Domänenkammer annimmt, wenn er sich im Jahre 1811 noch einmal um ein Staatsamt oder um die Stellung eines Hofdichters bewirbt, dann handelt es sich beidemale nicht um reaktionäre Rückschläge, sondern um Verzweiflungstaten eines Dichters, der materiell vor dem Ruin steht. Viele Widersprüche in Kleists Leben und Werken lassen sich aus dem Bemühen erklären, ein Publikum zu finden, das es für seine Dichtung noch nicht gab. Wenn man also wie Lukács von einer „Tragödie Heinrich von Kleists" sprechen will,[13] dann muß man sagen, daß die Ursache dieser Tragödie in erster Linie darin besteht, daß ein Dichter, der aus den ihm anerzogenen Vorstellungen und Bindungen des Feudalismus und des Absolutismus auszubrechen versucht, diesen Ausbruch nicht politisch durchführen kann, weil dazu weder subjektiv noch objektiv die Voraussetzungen gegeben waren, dann in den Bereich der Literatur gedrängt wurde, dort aber ebenfalls weder materielle Sicherheit noch die Zustimmung eines großen Publikums fand, und sich so dem Druck des literarischen Marktes und der literarischen Cliquen in einem Maße ausgesetzt sah, wie wenige deutsche Schriftsteller des 19. Jahrhunderts.

Die Tragödie Kleists ist zunächst eine ökonomische: der „freie" Schriftsteller hatte am Anfang des 19. Jahrhunderts, in dem die Buchherstellung noch in den Händen kleiner und kapitalschwacher Handwerksbetriebe, günstigsten Falles mittlerer Manufakturen lag, und in dem Bücher noch keineswegs ein Massenprodukt waren, in dem die Verbreitung der Bücher noch vorwiegend im Tauschverkehr auf den Buchmessen vor sich ging, und in dem die Entlohnung des Schriftstellers ungesichert und gering war, in dem Landesgrenzen und Zensurbestimmungen die Verbreitung der Literatur hemmten, keine tragfähige ökonomische Basis. Die von Kleist angestrebte „Unabhängigkeit" von den Strukturen des feudalabsolutistischen Staates, die sich in seinem Widerwillen gegen die öde Disziplin des Heeres und die mechanisch-sinnlose Arbeit des Kameralbeamten ausdrücken, verlangte aber, daß er sein Leben rein aus den Einkünften seiner Schriftstellerarbeit bestreiten konnte. Trotz des Anstiegs der im Meßkatalog verzeichneten Bücher von über 1000 im Jahre 1695 auf 4000 im Jahre 1800, was eine Steigerung der Buchproduktion um etwa das Vierfache anzeigt, trotz der im Laufe des 18. Jahrhunderts verbesserten Verlags- und Urheberrechte, hatte sich die Bezahlung der Schriftsteller in Deutschland nicht wesentlich gebessert. „Die exklusive Bezahlung einiger weniger, wie Schiller, Goethe und Wieland, der z. B. 1787 für seinen *Lucian* 15 Thaler 10 gr. pro Bogen erhielt, war selten, ihr standen klägliche Durchschnittshonorare gegenüber."[14] Die Lektüre der Briefe Kleists hinterläßt den Leser mit dem Eindruck, daß hier ein Mensch verzweifelt und erfolglos gegen die finanzielle Ausbeutung seines Talents ankämpft. Es ist bezeichnend, daß man in Kleists Briefen mehr Stellen über seine finanzielle Misere auffinden kann als Stellen, in denen er über seine Dichtung spricht. Aus diesem Grunde versucht er im Jahre 1807 das Privilegium[15] für eine Buch-, Karten- und Kunsthandlung zu kaufen, weil er glaubt, nur als Verleger seiner eigenen Werke genügend an seiner Schriftstellerei verdienen zu können. Sehr deutlich steht es in seinem Brief an Ulrike vom 17. September 1807:

> Er (Pfuel), sowohl als ich, haben jeder ein Werk drucken lassen, das unsern Buchhändlern 6mal so viel eingebracht hat, als uns. Vier neue Werke liegen fast zum Druck bereit; sollen wir auch hiervon den Gewinn andern überlassen, wenn es nichts als die Hand danach ausstrecken kostet, um ihn zu ergreifen. (7/43)[16]

Aber es kostete eben mehr als nur die Hand danach ausstrecken: es kostete Geld (1200 Reichsthaler) und vor allem Einfluß, den weder Kleist noch seine Mitarbeiter hatten, um das Monopol der etablierten Buchhändler zu brechen. Auf so schwankender Kapitalbasis und gegen den Widerstand einer mächtigen Interessengruppe,[17] die auf die Heimarbeit der Schriftsteller angewiesen war, ließ sich Kleists Traum vom unabhängigen, auch ökonomisch freien Schriftsteller nicht verwirklichen. Und wäre er selbst dann wirklich „unabhängig" gewesen? Hätte er nicht nur eine Abhängigkeit gegen eine andere eingetauscht, die materielle Abhängigkeit von seinem Verleger gegen die ebenso bedrückende Abhängigkeit von seinen Käufern, einem Publikum, das einerseits durch die Weimarer Schule, andererseits und vor allem durch die aufkommende Trivialliteratur an eine bestimmte Art von Dichtung gewöhnt war – eine Trivialliteratur, der Kleist so oder so Konzessionen machen mußte, wie wir sehen werden. Beweist nicht schließlich die Unverkäuflichkeit des *Phoebus* und der gedruckten Werke Kleists, die massive Kritik am *Phoebus* und an Kleists Werken, daß auch der selbständige Verleger-Dichter Kleist zwar möglicherweise einen größeren Teil der Einkünfte aus dem Buchverkauf seiner Werke gezogen hätte, mit seinem Programm aber wohl nicht sehr erfolgreich gewesen wäre. So oder so also finanzielle Misere, Armut, Verzweiflung, Bettelbriefe an Freunde und Stiefschwester, der Kampf um eine wahrscheinlich ihm nie zugesprochene Pension durch das preußische Königshaus, entwürdigende Demütigung durch die eigene Familie, und schließlich, als er gar keinen Ausweg mehr sah, den Selbstmord. Noch einer seiner letzten Briefe war eine Bitte an Hardenberg um ein Darlehen von 20 Louisdors. Auf diesem Brief ist die grausige, handschriftliche Notiz Hardenbergs erhalten:

> H. v. Kleist bittet um ein Privatdarlehen von 20 St.Fr.dor. Zu den Akten, da der p. von Kleist 21.11.11 nicht mehr lebt.
> Berlin, den 22. Nov. 11. Hardenberg. (7/128)

Noch im Juli hatte er versucht, den Verleger Georg Andreas Reimer dazu zu veranlassen, ihm ein besseres Honorar für einen damals (höchstwahrscheinlich) überhaupt noch nicht existierenden Roman zu bezahlen:

> Dabei zeige ich zugleich an, daß ich mit einem *Roman* ziemlich weit vorgerückt bin, der wohl 2 Bände betragen dürfte, und wünsche zu wissen, ob Sie imstande sind (falls er ihnen gefiele), mir bessere Bedingungen zu machen, als bei den Erzählungen. Es ist fast nicht möglich, für diesen Preis etwas zu liefern, und so ungern ich außerhalb der Stadt drucken lasse, so würde ich doch mit Cotta wieder in Verbindung treten müssen, der, wie ich glaube, nicht abgeneigt ist, meine Sachen zu verlegen. (7/119)

Reimer geht auf diesen Erpressungsversuch nicht ein, ja, er druckt nicht einmal den *Prinzen von Homburg*, den er schon in Händen hat. In seinen letzten verzweifelten Monaten wird Kleists völlige Abhängigkeit vom Markt und den „privilegierten" Kontrolleuren des Markts, den Verlegern, auf grausige Weise deutlich. Auch der Versuch, das Rad der Geschichte zurückzudrehen und als Hofpoet des preußischen Hofes eine Pension von 100 Thalern zu bekommen, scheitert an der Borniertheit des preußischen Hofes, aber ebenso an der Unfähigkeit des „freien" Schriftstellers, sich selbst so sehr zu verleugnen, daß er – etwa durch ein „verschönendes" Umschreiben des *Prinzen von Homburg* – für das Amt des speichelleckerischen Lakaien wirklich in Frage käme.

Es wäre ein leichtes, die Zahl der Zitate aus Kleists Briefen zu vervielfältigen, die sowohl seine finanzielle Misere als auch seine Abhängigkeit von Publikums- und Verlegergunst beweisen. Was mir bedeutend wesentlicher erscheint, ist zu zeigen, daß Kleist in einer äußerst verschärften Konkurrenzsituation stand, in der er abgesehen von Geschenken, Krediten und Darlehen seiner Schwester, seiner Stiefschwester und einiger weniger Freunde, und seiner kleinen, schnell verbrauchten Erbschaft völlig auf das angewiesen war, was er sich durch seine Feder verdienen konnte. Nur so wird ein Phänomen verständlich, das sonst zwar bemerkt, aber nie wirklich erklärt wurde: die, wenn auch oft ziellose Radikalität Kleists. Diese Radikalität Kleists ist, daran lassen die zahlreichen reaktionären und irrationalen Züge Kleists kaum einen Zweifel, trotz der frühen Auseinandersetzung mit der französischen und deutschen Aufklärung, in ihrer Zielrichtung nicht primär politisch: sie hängt eng zusammen mit dem Phänomen der Originalität, das geistesgeschichtlich mit der Entwicklung des Individuums in der europäischen Geschichte in Verbindung gebracht wird. Arnold Hauser hat zurecht darauf hingewiesen, daß der Typus des „Originalgenies" erst im 18. Jahrhundert erscheint, als die Künstlerschaft bei dem Übergang vom Mäzenatentum zum offenen, schutzlosen Markt um ihre materielle Existenz einen härteren Kampf zu führen hat als je zuvor. „Der Wille zur Originalität wird zu einer Waffe im Konkurrenzkampf."[18] Der Schriftsteller, der nicht in den Fabrikationsprozeß literarischer wertloser Massenware, die nur auf buchhändlerischen Profit schielte, einbezogen werden wollte, der nicht zum Auftragsschreiber für die Almanach-, Kalender- und Taschenbuchproduktion absinken wollte, der sich ein Minimum an Entscheidungsfreiheit erkämpfen wollte, mußte sich selbst als unverwechselbaren Markenartikel verkaufen. Da der Absatz „genialer Literatur" ohnehin begrenzt war, weil sich der größte Teil des Leser„bedürfnisses" auf populärwissenschaftliche Zeitschriften oder banale Unterhaltungsliteratur richtete,[19] wurde die unverwechselbare Profilierung des Schriftstellers Voraussetzung seiner Existenz als „freier" Schriftsteller. Vom „Dichter" wird immer lauter verlangt, er müsse in ganz besonderer Weise ein Einzelner sein: man erwartet von ihm, daß er sich in auffälliger Weise von der Masse der Menschen abhebe und ganz sich selbst ausbilde. Im dichterischen Genie verherrlichte man in idealistischer Vergottung des Menschen die begnadete und auserwählte Persönlichkeit, die dem Postulat der Individualisierung am nächsten kam; die beschränkte Freiheit des bürgerlichen Individuums erscheint beim Dichter in der Gestalt vollendeter Autonomie des Geistes, auch dann und gerade dann, wenn er, wie Kleist, in den kümmerlichsten materiellen Verhältnissen lebt. Gerade der völlig verarmte und unter materiellen Notlagen leidende Künstler zeigt des Bürgers liebstes Traumbild: das vom Geist, der angeblich frei sei, selbst wenn der Körper in Ketten schmachtet.

Die Forderung nach Individualität und Originalität ist keineswegs eine immer und zu allen Zeiten geltende. Je kleiner aber der Markt für Belletristik, je größer das Angebot an Schreibenden, je geringer also auch das Angebot anderweitiger anziehender Berufe für Gebildete und Intellektuelle, desto mehr muß der einzelne Schriftsteller sich der Forderung des antagonistischen Marktes anpassen, der im Bereich der Kunst nur das verkaufen kann, „was es noch nicht gibt", das Neue, Individuelle, Originelle.[20] Die Daseinsform der „freien" Individualität ist undenkbar ohne den beschränkten Markt, auf dem die konkurrierenden Künstler nicht nur ihre Kunstwerke, sondern gleichsam sich selbst als Original verkaufen müssen. So sehr man einerseits geneigt sein mag, die Rolle der Konkurrenz auf dem sogenannten offenen Markt[21] als stimulierend zu begrüßen – immerhin entsteht unsere große klassische Literatur von Lessing bis zu Goethes Tod unter diesen Bedingungen –, so sehr muß man doch gleichzeitig sehen, daß die Befreiung aus den engen Bindungen des feudalistischen und des patrizischen Mäzenatentums keine Befreiung der individuellen Dichter darstellt, sondern allein einen Wechsel der Bindung. Waren ihre Produkte vorher auf die ideologischen Bedürfnisse der Fürsten und einzelner reicher und einflußreicher Mitglieder des Adels und des städtischen Patriziats zugeschnitten, so sind sie nun den kapitalkräftigen Verlegern ausgeliefert, deren Interesse natürlich ebenso wenig bei der Wahrheit oder bei der künstlerischen Qualität lag wie etwa das Interesse der Mäzenaten.[22]

Wenn der Wert eines Schriftstellers für den Verleger und Buchhändler darin besteht, daß er etwas ganz Neues zu bieten hat, daß er anders ist als andere Schriftsteller, daß er nicht sich selbst und andere wiederholt, wenn also nicht die Wahrheit seiner Darstellung der Welt an sich, sondern die Neuheit dieser Wahrheit verkäuflich ist, dann wird der Dichter dazu gedrängt, in Inhalt und Form das Neue und Ungewöhnliche darzustellen, ohne allzugroße Skrupel, ob das von ihm entdeckte Wahre auch wirklich die Wahrheit ist. Kritiker, die wie Hans Heinz Holz das Außerordentliche und Ungewöhnliche bei Kleist zu sehr aus werk- und gattungsimmanenten Ursachen ableiten, übersehen diesen massiven ökonomischen Zwang. So sagt Holz z. B.:

Das Abnorme ihrer Geschichten, die exzessive Verzerrung ihrer Persönlichkeit ist nicht einer Neigung des Autors zum Irrealen entsprungen, sondern liegt in der Gattung des abbreviativen Berichts begründet, der um des Fortgangs der Handlung willen auf die Ausschmückung der Normallage verzichtet, weil und soweit diese für den Fall belanglos ist.[23]

Eher läßt sich die Radikalität der Kleistschen Weltsicht aus dem Zwang ableiten, soweit wie möglich von der im Augenblick geltenden allgemeinen Denkart abzuweichen, um sich selbst um so deutlicher als einzigartig darzustellen. Die typische Denkweise, das allgemein Anerkannte, der *common sense*, bezeichnet also unter diesen Umständen einen Bereich, den er ganz im Gegensatz zu den Schriftstellern der Aufklärung, soweit wie möglich vermeiden muß, will er nicht als banal und alltäglich verurteilt werden. Den Bereich, der am weitesten von diesem allgemein anerkannten und banalen Denkbereich entfernt ist, bezeichnet man wohl am besten als den Bereich des Paradoxen: das, was seltsamerweise und gegen die Meinung der anderen doch wahr ist.[24] Je mehr ein Dichter, wie das bei Kleist der Fall war, in einer Situation der schärfsten Konkurrenz darauf angewiesen ist, sich gegenüber seinen Rivalen, die die Gunst der öffentlichen Meinung für sich haben, zu profilieren und damit seine Unentbehrlichkeit für das Leben der Literatur zu beweisen, desto eher wird er dazu neigen, die Allgemeingültigkeit der *communis opinio* zu verneinen und ihr das Unwahrscheinliche als das eigentliche und noch verborgene Wahre entgegensetzen. Wie stark der Konkurrenzdruck in eben den Jahren war, als Kleist anfing zu schreiben, dafür hier ein Zeugnis, ein Brief Wielands an seinen Sohn vom 9.–16. August 1802, in dem dieser erfolgreiche Schriftsteller seinem Sohn dringend rät, nicht Schriftsteller zu werden:

> Weißt du auch, was Schriftstellerei, als Nahrungszweig betrieben, an sich selbst, und besonders heutzutage in Deutschland ist? Es ist das elendeste, ungewisseste und verächtlichste Handwerk, das ein Mensch treiben kann – der sicherste Weg im Hospital zu sterben . . . Ich weiß, was du mir sagen wirst – Romane, Schauspiele, Zeitschriften, Taschenbücher – und die Beispiele von Goethe, Schiller, Richter, Kotzebue, Lafontaine. (8/61).

Wieland hätte noch sich selbst nennen können; denn in der Tat macht er mit diesen fünf eine Ausnahme unter den, wie er meinte 6000 Buchmachern, die es damals gab, und die maximal 5 Thaler pro Bogen bei einer Auflage von 1000 Exemplaren erwarten konnten. Und selbst das war nach 1802 keineswegs sicher, denn, so schrieb Wieland weiter:

> Der Buchhandel liegt in einem so tiefen Verfall und wird mit jeder Messe so viel schlechter, daß selbst angesehene Buchhändler erschrecken, wenn ihnen ein Manuskript, das nicht einen schon berühmten Namen zum Garant hat, angeboten wird. (8/61)

Die besonders schwierige Lage im Buchhandel ist ohne Zweifel mit der allgemeinen Krise der Jahre 1801 bis 1817 in Verbindung zu bringen, die teilweise mit der Kriegslage und der Kontinentalsperre, mehr aber noch mit dem Zusammenbruch der überschuldeten Landwirte zu tun hatte, die den gesamten Handel und das Kreditwesen in Deutschland stark beeinträchtigten.[25] Der Kulturgüterhandel ist ja immer besonders krisenanfällig. Unter solchen Umständen mußte man schon wirklich eine „vorgefühlte Gewißheit, *Sensation* zu machen", haben, wenn man sich zur Laufbahn eines Schriftstellers entschloß.

Als Kleist anfing zu schreiben, war die literarische Szene von zwei großen literarischen Gruppen beherrscht, die Weimarer Klassik und die Frühromantik, deren Hauptvertreter, Goethe und Friedrich Schlegel, Kleist gleichermaßen bewunderte. Es gab noch andere Gründe – ideologische, verschleiert politische, philosophische –, die es Kleist unmöglich machten, sich einer der beiden Gruppen anzuschließen. Ausschlaggebend war aber Kleists, durch die überhitzte Konkurrenzsituation noch verschärfter Ehrgeiz, ein Ehrgeiz, der bei der Lage der Dinge nur mit dem höchsten Platz auf dem deutschen Parnaß zufrieden sein konnte, ja über Deutschland hinaus sich einen Platz neben Aeschylos, Sophokles und Shakespeare erringen wollte. Bekannt ist Pfuels Anekdote über Kleist:

> Er hat seinem Freund Pfuel oft gesagt, daß es nur ein Ziel für ihn gebe, der größte Dichter seiner Nation zu werden; und auch *Goethe* sollte ihn daran nicht hindern. Keiner hat Goethe leidenschaftlicher bewundert, aber auch keiner ihn so wie Kleist beneidet und sein Glück und seinen Vorrang gehaßt. Dem Freunde gestand er in wilderregten Stunden, wie er es meinte: „*Ich werde ihm den Kranz von der Stirne reißen*", war der Refrain seiner Selbstbekenntnisse wie seiner Träume. (8/88 f.)

Wie sehr Kleist bereits im Jahre 1802 alle seine Lebenshoffnungen auf den Plan, Schriftsteller zu werden, vereinigt hatte, und wie sehr ihn dabei sein Ehrgeiz dominierte, geht aus einem Brief an seine Braut Wilhelmine von Zenge vom 20. Mai dieses Jahres hervor:

> Ich werde wahrscheinlicherweise niemals in mein Vaterland zurückkehren. Ihr Weiber versteht in der Regel ein Wort in der deutschen Sprache nicht, es heißt Ehrgeiz. Es ist nur ein einziger Fall, in welchem ich zurückkehre, wenn ich der Erwartung der Menschen, die ich törichter Weise durch eine Menge von prahlerischen Schritten gereizt habe, entsprechen kann. Der Fall ist möglich, aber nicht sehr wahrscheinlich. Kurz, kann ich nicht mit Ruhm im Vaterlande erscheinen, geschieht es nie. (6/248)

Nachdem Goethe, an dessen Urteil alles gelegen war, seine Werke kühl aufgenommen hatte, den *Zerbrochenen Krug* durch seine ungeschickte Aufführung in Weimar hatte durchfallen lassen, und sich vor allem mit der *Pen-*

thesilea nicht hatte befreunden können (vgl. 8/162), wurde aus der Rivalität sehr schnell ein offener Kampf, bei dem Kleist schließlich vor nichts zurückschreckte, sich aber gerade durch die offene Herausforderung Goethes seinen ohnehin unsicheren Ruhm verdarb; denn noch hatte Goethe einen starken Einfluß auf den literarischen Markt. Zunächst war es auf nichts anderes abgesehen als auf einen literarischen Wettstreit mit dem größten Dichter der Zeit; noch hoffte Kleist, Goethes Anerkennung gewinnen und den nach Schillers Tod freigewordenen Platz an Goethes Seite einnehmen zu können. Gerade seine bereits bewiesene dramatische Begabung gab ihm Hoffnung, auch Goethe den Rang abzulaufen. Sehr bald aber trieb Kleist, durch Goethes kühle und ablehnende Haltung verärgert, den Kampf über das Verhältnis der Rivalität, des Wettkampfes, des musischen Agons hinaus.[26] Die im *Phoebus* veröffentlichten Epigramme bezeugen die Heftigkeit von Kleists verwundetem Ehrgeiz. Mit aufs äußerste gereizter Sensibilität übertreibt er die Vorwürfe der Kritiker und versucht, sie so der Lächerlichkeit preiszugeben:

KOMÖDIENZETTEL
Heute zum ersten Mal mit Vergunst: die Penthesilea, Hundekomödie; Akteurs: Helden und Köter und Fraun. (1/28)
ROBERT GUISKARD, HERZOG DER NORMÄNNER
Nein, das nenn ich zu arg! Kaum weichet mit der Tollwut die eine
Weg vom Gerüst, so erscheint der gar mit Beulen der Pest. (1/29)

Noch schärfer, noch persönlicher polemisch ist Kleist in dem folgenden Epigramm:

HERR VON GOETHE
Siehe, das nenn ich doch würdig, fürwahr, sich im Alter beschäftigen!
Er zerlegt jetzt den Strahl, den seine Jugend sonst warf. (1/27)

und in dem auf Goethes intime Familienverhältnisse und auf seinen Sohn August gerichteten Epigramm:

DAS FRÜHREIFE GENIE
Nun, das nenn ich ein frühgereiftes Talent doch! bei seiner Eltern Hochzeit bereits hat er das Carmen gemacht. (1/30)

Daß Kleist sich trotz dieses gehässigen Spotts nie ganz von Goethe lösen konnte, beweisen Anspielungen, Polemiken und nur leicht verhüllte Wunschträume in seinen späteren Werken. Daß der hier offen erfolgte Bruch Kleist schließlich in die Nähe der Romantiker trieb, liegt nicht an einer Neigung Kleists zur Romantik. Zwar nennt er Ludwig Tieck und Friedrich Schlegel zusammen mit Goethe als die bedeutendsten Dichter der Zeit, zwar hat er Einzelnes aus dem Nachlaß des Novalis im *Phoebus* veröf-

fentlicht, zwar war er Mitglied der Christlich-Deutschen Tischgesellschaft
in Berlin, aber Achim von Arnim schreibt ganz richtig über ihn:

> Statt ihm vorzuwerfen, daß er der neueren Schule angehangen, wozu wohl kein
> Mensch so wenig Veranlassung gegeben wie Kleist, hätte man eher bedauern
> müssen, daß er keine Schule anerkannt, das heißt, nur in seltnen Fällen dem
> Hergebrachten und dem Urteile seiner Kunstfreunde nachgab, vielmehr seinem
> Eigensinne sich in dem Zufälligen ergab, was oft das Schöne und Tiefe seiner
> Erfindungen entstellt.[27]

Sein Ehrgeiz, sich von jeder typischen Denkweise abzusetzen, der es ihm
unmöglich machte, sich der klassischen oder der romantischen Schule als
gelehriger und folgsamer Schüler anzuschließen, ist aber seinerseits keine
voraussetzungslose Tatsache, die man ohne weiteres allein Kleists „Wesen"
zuschreiben könnte. Stärker als irgendeiner seiner Zeitgenossen war er auf
den Platz unter den ersten drei Schriftstellern der Nation angewiesen,
wollte er nicht in das Unterhaltungsgewerbe abtreiben, stärker als die meisten seiner Altersgenossen, die auf andere Einkommen zurückgreifen
konnten, war er von dem Einkommen abhängig, das er aus seiner literarischen Tätigkeit bezog.

So demonstriert Kleist bereits das Problem des Künstlers als Außenseiter, das von nun ab bis in unsere Zeit hinein das Signum des bürgerlichen
Künstlers geblieben ist. Vom subjektiven Erleben des Künstlers her heißt
Außenseiter sein, keiner Klasse des Volkes ganz anzugehören, sich keiner
ganz verständlich machen zu können, für keine aus vollem Herzen Partei
ergreifen zu können. Schon im Jahre 1800 klagt Kleist seiner Schwester Ulrike:

> Das Schlimmste bei dieser Ungewißheit ist, daß niemand mir raten kann, weil
> ich mich keinem anderen ganz erklären kann. (6/139)

Die sogenannte Kant-Krise ist viel mehr als nur eine Auseinandersetzung
mit Kant. Bei der Lektüre von Kant wurden Kleist die großen theoretischen
Ideen der bürgerlichen Aufklärung, die er selbst gegen die Ideale seiner eigenen Klasse als die richtigen zu verteidigen bereit war, unsicher gemacht:
der Erkenntnis des Absoluten wurde der Boden entzogen, damit aber
gleichzeitig seiner Parteinahme für das Bürgertum und seinen Anspruch,
Verteidiger dieses Allgemeinen und Absoluten gegenüber allen partikulären
Klasseninteressen zu sein. Zu Kleists Kant-Studium bemerkt zwar Johannes Hoffmeister teilweise richtig:

> Es ist eindeutig genug, wie unzulänglich das Kantstudium Kleists war, wie billig
> die Argumente sind, mit denen er seine Kant-Krise vor Schwester und Braut
> anscheinend sachlich, logisch, verstandes-, erkenntnismäßig vertrat – daß er zum
> Beispiel von den subjektiven Sinnesqualitäten her argumentiert, was Kant
> selbst ausdrücklich abgelehnt hatte, – daß er Erscheinung und Schein verwech-
> selt und damit auch den Charakter der Objektivität der Erkenntnis bei Kant

nicht bemerkt, und daß er vor allem die Konsequenzen, die Kant in praktisch-ethischer Hinsicht aus seiner Lehre zieht, unberücksichtigt läßt.[28]

Auch wenn man Hoffmeister zugestehen mag, daß Kleist wegen seiner mangelhaften Vorbildung und philosophischen Kenntnisse Kant in diesem und jenem mißverstanden hat, so darf man auf der anderen Seite nicht vergessen, daß gerade Kleists Reaktion auf Kants Philosophie damals durchweg von vielen geteilt wurde. So führt Hoffmeister selber den durchaus gediegenen Aufklärungsdenker Christian Garve an, der behauptete: „Wenn ich die Kritik der reinen Vernunft geschrieben hätte, ich wäre darüber verrückt geworden." Schopenhauer und noch Nietzsche erfuhren die Wirkungen der kantischen Philosophie auf sich selbst als Vereinsamung und Verzweiflung an der Wahrheit. Und Nietzsche legitimiert Kleists Reaktion auf die kantische Philosophie:

> Ja, wann werden wieder die Menschen dergestalt Kleistisch-natürlich empfinden, wann lernen sie den Sinn einer Philosophie erst wieder an ihrem ‚heiligsten Innern' messen?[29]

Wie immer unzulänglich das Kantstudium Kleists gewesen sein mag, im wesentlichen hat er das entscheidende Problem dieser Philosophie durchaus richtig gesehen,[30] vor allem, wenn man wie Ludwig Muth[31] annimmt, die Ursache der intellektuellen Krise Kleists sei der zweite Teil der *Kritik der Urteilskraft* gewesen (Kritik der teleologischen Urteilskraft).[32] Gegen Hoffmeister muß man auch darauf bestehen, daß Kleists Kantkrise nicht in erster Linie eine Kleistkrise war, auch wenn man zugestehen mag, daß Kleists persönliche ausweglose Situation die intellektuelle Krise bedeutend verschärft hat: es war der Kampf eines jungen, aus jeder gesellschaftlichen Gebundenheit gelösten Schriftstellers um einen geistigen Halt, den er in seiner Klasse nicht mehr fand, den er aber jetzt als absoluten Anspruch in der Ideologie der bürgerlichen Klasse ebensowenig anerkennen konnte. Kleist erkennt, daß er weder den Zweck des preußischen Staates und seines feudalen Junkertums, noch uneingeschränkt den in der bürgerlichen Aufklärung umrissenen Zielen des Bürgertums dienen kann, und daß er daher, weil keine Klasse uneingeschränkt das Allgemeine vertritt, aus allen Sicherheiten eines selbstverständlichen Bezugs zu einer Klasse und deren Idealen geworfen, in seiner weiteren Suche nach dem „Wahren" ganz auf sich selbst gestellt ist, kurz, er macht die Krise durch, die im neunzehnten Jahrhundert die Krise jeder „freischwebenden Intelligenz" seit dem Scheitern der Französischen Revolution ist: die Unfähigkeit sich mit einem größeren Ganzen zu identifizieren, weil ihm alle Gruppen als partikulär und daher in ihrem Anspruch auf Absolutheit unglaubwürdig erscheinen. Das heißt nicht, daß Kleist den Aufklärungsplan der Selbsterziehung und die Mitarbeit an einer Vervollkommnung des Menschengeschlechts völlig aufgibt. Aber ohne jede reale Klassenbasis, allein getragen von seinem noch unerschütterten Glau-

ben an Rousseau, war dieses Bemühen nicht nur bei aller Radikalität äußerst
zwiespältig und in seiner Abstraktheit durch die Konfrontation mit der widersprüchlichen Realität leicht abzulenken, sondern auch immer wieder der
Versuchung ausgesetzt, mit der schlechten Realität Kompromisse zu
schließen, gerade um sein vermeintlich reines Ideal, dessen Klassengebun-
denheit er nicht sieht, vor der Befleckung durch diese schmutzige Realität
zu bewahren. Diese französische Wirklichkeit hat er im Jahre 1801 kennengelernt, als er gemeinsam mit seiner Stiefschwester nach Paris fuhr, zu einem Zeitpunkt also, als Frankreich „formal immer noch im Zeichen von
Revolution und Republik zu stehen (scheint), aber in Napoleons Konsulat
bereits den Kontrast zum Rousseauismus wie zum rousseauistischen Jakobinismus überaus krass erkennen (läßt)."[33] Kleist mußte es erscheinen, als
haben die Verwirklicher des rousseauschen Ideals in der Verwirklichung
dieses Ideal verraten: „Rousseau ist immer das 4. Wort der Franzosen; und
wie würde er sich schämen, wenn man ihm sagte, daß dies *sein* Werk sei".
(6/191)
  Nur durch die immer erneuten Ent-Täuschungen seines aus der Lektüre
Voltaires, Helvetius' und Rousseaus geschöpften Idealbildes vom Menschen als mündiger und aufgeklärter *citoyen* wird verständlich, daß Kleist
sich nach 1809 von dem „patriotischen Trugbild" eines geeinten und freien
Deutschlands verführen läßt. Von einem ‚Umschlagen' seiner rousseauistischen Kulturkritik „in eine unzweideutig reaktionäre Verneinung der bürgerlichen Gesellschaft" kann bei Kleist nicht die Rede sein.[34] Selbst seine
Wendung gegen Frankreich ist keineswegs, wie es etwa auf Grund des *Katechismus* und der *Hermannsschlacht* scheinen möchte, eine „umfassende
Negierung alles dessen, was Frankreich und Franzosentum heißt",[35] noch
gar Beweis einer eindeutig reaktionären Tendenz, auch nur insofern, als
Kleist sich etwa „objektiv mit dem Kampf der Feudalklasse . . . gegen die
aufstrebende Bourgoisie im Bunde findet".[36] Man muß sich doch darüber
im Klaren sein, daß die deutschen fortschrittlichen Kräfte bereits seit dem
Fall von Mainz im Jahre 1793 nicht mehr auf Hilfe aus Frankreich hoffen
konnten, daß mit dem Sturz der Jakobiner „die *Träger* der Revolution ihren Platz den *Nutznießern* geräumt hatten, also den Neureichen, Kriegsge-
winnlern und Spekulanten. Die Thermidorianer und später die Direktoren
waren nicht im mindesten an der Errichtung einer einheitlichen demokratischen Republik in Deutschland interessiert. Eher neigten sie dazu, die er-
oberten Gebiete am Rhein als wirtschaftliche Ausbeutungsobjekte zu betrachten. Die Losungen von Freiheit und Gleichheit, denen die deutschen
Jakobiner immer noch den alten demokratischen Sinn unterlegten, waren
im Munde der neuen französischen Machthaber nur noch Phrase."[36a]
  Wie sehr Kleist bereits nicht mehr als preußischer Junker dachte, sondern
bereits ganz in den Kategorien des damaligen deutschen Bürgertums, zeigt

sich einerseits darin, daß er Napoleon und die Franzosen nie als die Vernichter der alten Ordnung angriff, sondern immer als die Kolonisatoren des französischen Weltreichs und die Versklaver der Völker Europas, daß seine Tendenz also auf einen Befreiungskrieg, nicht eine Restauration des Alten hinauslief, vor allem aber dadurch, daß er schon längst nicht mehr in preußisch dynastischen Kategorien, sondern im Bilde eines geeinten Deutschlands dachte, dessen politische Umgestaltung durch den Befreiungskrieg selbst und nach dem Kriege er als selbstverständlich voraussetzte. So heißt es im *Katechismus*: „Ich bin in Meißen geboren, und das Land, dem Meißen angehört, heißt Sachsen; aber mein Vaterland, das Land, dem Sachsen angehört, ist Deutschland, und dein Sohn, mein Vater, ist ein Deutscher." (5/82) Statt Kleist vorzuwerfen, daß er reaktionäre, junkerliche Vorurteile begünstigt hat, muß man ihm zugestehen, daß er gerade, radikaler als fast alle bürgerlichen Schriftsteller, dynastische Machtansprüche an dem mißt, was er als die Aufgabe des Fürsten ansieht, das Volk und das Land vor Sklaverei zu retten, und nicht zögert, die Fürsten als abgesetzt zu erklären, wenn sie den Aufgaben nicht nachkommen, die die Zeit ihnen stellt; über den König von Sachsen sagt der *Katechismus*, er sei jetzt nicht mehr legitimes Oberhaupt von Sachsen, weil er sich dem Rheinbunde angeschlossen hat:

> Das *war* dieser edle Herr, mein Vater, als er noch dem Vaterlande diente. Er wird es auch wieder werden, so gewiß als er zu seiner Pflicht, die ihm befiehlt, sich dem Vaterlande zu weihen, zurückkehrt. Doch jetzt, da er sich durch schlechte und bestochene Ratgeber verführt, den Feinden des Reiches verbunden hat, jetzt ist er es, für die Wackren unter den Sachsen, nicht mehr, und dein Sohn, so weh es ihm tut, ist ihm keinen Gehorsam schuldig. (5/89)

Nicht weniger scharf kritisiert Kleist die egoistische und engstirnige Haltung des Königs, der durch seine Angst vor den möglichen Forderungen der Stände und daher aus borniertem dynastischem Egoismus das Vaterland in Gefahr und in Sklaverei verkauft hat, und läßt durchblicken, daß auch ein der Sache des Befreiungskrieges abtrünniger König von Preußen auf die Loyalität der Bevölkerung nicht rechnen darf:

> Warum hat der König nicht gleich, bei Gelegenheit des Durchbruchs der Franzosen durch das Fränkische, seine Stände zusammengerufen, warum ihnen nicht in einer rührenden Rede (der bloße Schmerz hätte ihn rührend gemacht) seine Lage eröffnet . . . Und wenn sich diese Regung gezeigt hätte, wäre dies nicht die Gelegenheit gewesen, ihnen zu erklären, daß es hier nicht auf einen gemeinen Krieg ankomme? Es gelte Sein oder Nichtsein; und wenn er seine Armee nicht um 300 000 Mann vermehren könne, so bliebe ihm nichts übrig, als bloß ehrenvoll zu sterben . . . Wenn er alle seine goldenen Geschirre hätte prägen lassen, seine Kammerherren und seine Pferde abgeschafft hätte, seine ganze Familie ihm darin gefolgt wäre, und er, nach diesem Beispiel, gefragt hätte, was

die Nation zu tun willens sei? Ich weiß nicht, wie gut oder wie schlecht es ihm jetzt von seinen silbernen Tellern schmecken mag . . . (7/16)

Auch hier noch denkt Kleist im wesentlichen rousseauisch, wenn er wie sein Michael Kohlhaas dem Landesfürsten den Vertrag aufkündigt, weil er einem König, welcher ihn in seinen Rechten nicht schützen will, nicht länger zum Gehorsam sich verpflichtet fühlt (vgl. 4/22). Gegen Napoleon waren drei Mächte angetreten, die nur insofern gegen Napoleon verbündet waren, als die Niederlage Napoleons die Voraussetzung ihrer Existenz war, die aber nach der Niederlage Napoleons in einen Kampf untereinander verwickelt wurden, der in Deutschland nicht vor 1919 beendet wurde: die Industrienation England, die die offenen Märkte in Europa brauchte, und die die damals fortschrittlichste bürgerlich-kapitalistische Komponente der Opposition gegen Napoleon war, die kleinbürgerlich-nationalen Befreiungsbewegungen in Spanien und Deutschland, denen Kleist zugerechnet werden muß, und schließlich die feudal-monarchistische Reaktionsbewegung, deren führende Kräfte Rußland, Preußen und Österreich waren, die sich ja nach dem Krieg zur Heiligen Allianz zusammenschlossen und die weitere Entwicklung in Mittel- und Osteuropa beherrschten.[37] Daß Kleist bei aller Radikalität, die angesichts der Übermacht der französischen Armee nötig ist, und die er übrigens auch den Negern auf St. Domingo in ihrem Befreiungskampf gegen die Sklavenhalternation Frankreich zubilligt, bei aller notwendigen Härte eines Volkskrieges gegen einen Unterdrücker, sich nicht in einen blinden Haß gegen Frankreich oder Napoleon hineinsteigerte, zeigt die dialektisch komplexe Auseinandersetzung im Siebten Kapitel des *Katechismus* unter der Überschrift „Von der Bewunderung Napoleons", in der keineswegs das Genie Napoleons geleugnet wird:

> *Frage*   Gleichwohl, sagt man, soll er viel Tugenden besitzen. Das Geschäft der Unterjochung der Erde soll er mit List, Gewandtheit und Kühnheit vollziehn, und besonders, an dem Tage der Schlacht, ein großer Feldherr sein.

Hier wird in einer Weise, die Brechts Denkart vorwegnimmt, zugleich zugegeben, daß Napleon ein großes Genie ist, und die verderbliche Anwendung dieses Genies zur Unterdrückung anderer bloßgestellt, und damit die Bewunderung von Größe an sich, ohne Rücksicht auf die Interessen, denen diese Größe dient, zerstört. Das Gespräch wird wie folgt fortgesetzt:

> *Frage*   Meinst du nicht, daß er, um dieser Eigenschaften willen, Bewunderung und Verehrung verdiene?
> *Antwort* Du scherzest, mein Vater.
> *Frage*   Warum nicht?
> *Antwort* Das wäre ebenso feig, als ob ich die Geschicklichkeit, die einem Menschen im Ringen beiwohnt, in dem Augenblick bewundern wollte, da er mich in den Kot wirft und mein Antlitz mit Füßen tritt.

Frage	Wer also, unter den Deutschen, mag ihn bewundern?
Antwort	Die obersten Feldherrn etwa, und die Kenner der Kunst.
Frage	Und auch diese, wann mögen sie es erst tun?
Antwort	Wenn er vernichtet ist.

Auch Kleist ist sich darüber im klaren, daß der Haß gegen die Unterdrücker die Züge verzerrt, und daß derjenige, welcher haßt, in die Hölle kommt (5/ 88), denjenigen aber, der glaubt, in einem solchen Kampf beiseite stehen zu können, verdammt er in die „siebente, tiefste und unterste Hölle". (5/ 88).

Die Grenzen Kleists und seine Mißbrauchbarkeit im Dienste eines reaktionären Chauvinismus wilhelminischer Prägung sind nicht in einem etwaigen Rückfall in feudale Auffassungen zu suchen, sondern in einer Begrenzung, die er mit dem kleinbürgerlichen Denken seiner Zeit gemeinsam hat, der Unfähigkeit, sich diesen Befreiungskrieg als Volkskrieg vorzustellen, der nicht nur Napoleon, sondern auch gleich die Fürsten Deutschlands hinwegfegen würde, und so mit einem Schlag die nationale Einheit und die demokratische Freiheit herstellen würde. Wenn etwa Kleist von Kaiser Franz II. und dem Erzherzog Karl erwartet, sie werden sich an die Spitze eines *Volks*aufstandes stellen, dann übersieht er auf eine schon gefährlich anmutende Weise die dynastischen Hintergründe der österreichischen Politik, nur weil er sich einen Aufstand ohne legitimen Führer nicht vorstellen kann. Daher meint Busch zurecht:

> In der Fixierung auf den politischen Führer kündigen sich die Grenzen von Kleists politischem Bewußtsein an, die in der ‚Hermannsschlacht' eine noch schärfere Ausprägung erfahren werden. Es sind im Kern die Grenzen des antinapoleonischen deutschen Widerstandes. Die Prämissen, unter denen der Dichter dieses Herrschaftsverhältnis akzeptiert – verantwortliches, selbstloses Handeln des Herrschers – werden von denen, die sich dieses Herrschaftsprinzips später bedienen und daher auf historische Vorbilder sich berufen, nur rhethorisch erfüllt.[38]

Dieser Traum, daß ein realer absolutistischer Fürst mit seinen konkreten dynastischen Interessen im Sinne eines auch ihm übergeordneten Ganzen handeln würde, war allerdings bald ausgeträumt. Noch mehr als jeweils zuvor fand Kleist sich losgelöst von allen praktischen Zwecken und Interessen aller Gruppen des Volkes, von den Adeligen und dem Königtum nun mehr noch als vom Bürgertum, von der Masse des Volkes ganz zu schweigen. Skeptisch gegenüber der Ideologie der Französischen Revolution, ohne ihre grundlegenden Prämissen jemals völlig aufzugeben, weit entfernt von romantischer Rückschrittlichkeit in vergangene feudal-mittelalterliche Zeiten, auch wenn das eine oder andere Werk sich wie eine Konzession an den Zeitgeist liest, ließ Kleist sich in eine Außenseiterposition drängen, von

der aus er zwar fast alles und jeden kritisieren konnte – die Großstadt, den
Adel, die gescheiterte Revolution, die Sitten seiner Zeit, den König von
Preußen –, in der er aber sein eigentliches Anliegen nicht mehr verständlich
machen konnte, in der sich ihm, aus Mangel an lebendiger Gemeinsamkeit,
die Sprache als Mittel der Kommunikation versagte:

> Und gern möchte ich Dir alles mitteilen, wenn es möglich wäre. Aber es ist nicht
> möglich, und wenn es auch kein weiteres Hindernis gäbe als dieses, daß es uns
> an einem Mittel zur Mitteilung fehlt. Selbst das einzige, das wir besitzen, die
> Sprache taugt nicht dazu, sie kann die Seele nicht malen, und was sie uns gibt,
> sind nur zerrissene Bruchstücke. Daher habe ich jedesmal eine Empfindung,
> wie ein Grauen, wenn ich jemandem mein Innerstes aufdecken soll; nicht eben
> weil es sich vor der Blöße scheut, aber weil ich ihm nicht *alles* zeigen kann, nicht
> *kann*, und daher fürchten muß, aus den Bruchstücken falsch verstanden zu
> werden. (6/156)

Denn während Sprache normalerweise in einem eingespielten Kommuni-
kationsverhältnis funktioniert und das nicht Gesagte oder nicht Sagbare
vom Partner aus der Situation ergänzt wird, die „Bruchstücke" also in ein
beide Kommunikationspartner umgebendes Ganzes eingefügt werden
können, fühlt Kleist ganz zurecht, daß er als Außenseiter aus einem solchen
eingespielten gesellschaftlichen Verhältnis herausgefallen ist, und daß daher
das, was er sagt, auf ein solches ergänzendes Verständnis nicht mehr rechnen kann. Erst jemand, der „die Prämissen, als möglich", zugibt, d. h. bereit ist, jeden Einzelzug einer Aussage als Möglichkeit hinzunehmen, bis
alles, d. h. die Totalität der Kleistschen Welt auf ihn eingewirkt und ihn von
ihrer Folgerichtigkeit überzeugt hat, wird er „nachher nicht erschrecken,
wenn die Folgerung gezogen wird." (7/57). Weil die meisten Leser aber eine
Ganzheit der Weltsicht, die von ihrer eigenen so weit abweicht, nicht einmal verstehend sich anzueignen geneigt sind, muß er verzweifeln, jemals
verstanden zu werden:

> Ich weiß nicht, was ich Dir über mich *unaussprechlichen* Menschen sagen soll.
> – Ich wollte ich könnte mir das Herz aus dem Leibe reißen, in diesen Brief pak-
> ken, und Dir zuschicken. (6/252)

Das krasse Bild vermittelt blitzartig noch einmal Kleists Dilemma: da er
nicht in einem eingespielten Konsensus einer Gruppe steht (nicht einmal
in dem seiner Familie), da ihm Sprache nicht Mitspielen in einem schon bestehenden, tradierten Sprachspiel bedeutet, erlebt er immer wieder, daß das,
was ihm als einzelnen und für sich selber verständlich ist, allen anderen unverständlich bleiben muß, weil sie eben nicht in sein Herz sehen können,
nicht die Ernsthaftigkeit und Geschlossenheit seiner Weltsicht überprüfen
können, und nicht jeden einzelnen Gedanken, wie er selber, in der individuellen Totalität seiner Persönlichkeit verankern können.

Die Sprachproblematik war nun aber nicht Kleist eigentümlich, wenn sie sich bei ihm auch besonders ausgeprägt fand. Sie ergab sich aus der immer stärkeren Betonung des „Gefühls" von Klopstock über die Dichtung der „Empfindsamkeit" und des „Sturm und Drangs" bis hin zu Kleist, eine Wendung, die fälschlicherweise von der bürgerlichen Literaturwissenschaft als irrationale Gegenbewegung zur Aufklärung verstanden wurde, die in Wirklichkeit aber nur die dem absolutistischen Zeitalter eigentümliche Beschränkung der menschlichen Seelenkräfte auf die theoretischen Fähigkeiten des Erkennens und die praktischen des Wollens (und Handelns) wieder rückgängig machte. „Gefühl, das subjektivste aller Seelenvermögen", meint Leo Balet, „paßte nicht zum Absolutismus", denn

> der Verstand läßt sich entsubjektivieren und damit knechten . . . noch leichter fällt es (einem Gewalthaber), die Handlungen der von ihm Beherrschten zu regulieren und zu tyrannisieren. Das Gefühl dagegen läßt sich niemals entsubjektivieren. Denn Fühlung kann nur sein: Sich-Selbst-Fühlen. Das scheinbar objektive Fühlen ist im Grunde nichts anderes als das Wahrnehmen, das Empfinden, das Bewußtwerden des durch Eindrücke affizierten eigenen Inneren. Das einzig mögliche Objekt des Gefühls ist folglich das objektivierte Subjekt selber. Der Subjektivität des Gefühls steht also auch der Mächtigste der Erde, sogar der Fühlende selbst, machtlos gegenüber.[39]

Während die sprachliche Formulierung des Erkenntnisvorganges allgemein verbindlichen logischen Regeln unterworfen werden konnte, und jedenfalls idealerweise die Logik den Konsensus erzwingt, während die sprachliche Formulierung des Wollens als Ausdruck der Handlungsintention sich durch die Praxis selbst explizieren kann, unterliegt der sprachliche Ausdruck des Fühlens den Grenzen der expressiven Fähigkeiten der Sprache, die von Haus aus sich auf diesem der unmittelbaren Ein-Sicht nicht zugänglichen Gebiet als stark beschränkt erweist. So heißt es in dem bekannten Distichon Schillers: „*Spricht* die Seele, so spricht ach! schon die *Seele* nicht mehr."[40] Wo der bürgerliche Dichter, in Abwehr der in gesellschaftlichem Konsensus verankerten Theorie und Praxis, das Akthafte des Fühlens übersteigert und die Grenzen des Gefühls zu überschreiten versucht, wo er das Gefühl zur Erkenntnisquelle erklärt und den Verstand usurpiert, dort bleibt ihm mangels Mitteilbarem nichts anderes übrig, als ein rational nicht mehr begründbares Vertrauen zu fordern, ein Vertrauen, das die Gesellschaft ihm, dem Außenseiter, verweigern mußte. „Gefühl" und „Vertrauen" spielen in Kleists Denken eine zentrale Rolle, nicht weil er von Anfang an dem Irrationalen zuneigte, sondern weil er ein in der Praxis und in der Ratio nicht mehr aufrechtzuerhaltendes Absolutes wenigstens als Erlebnis des innersten Gefühls retten wollte. Kleist steht mithin genau an dem Punkt, an dem die Denkbewegung der Aufklärung, ein solches Absolutes außerhalb der Religion zu begründen, abbricht, weil die Praxis der

Französischen Revolution zu beweisen schien, daß es ein solches Allgemeines, auf das sich die Praxis aller Klassen vereinigen ließe, nicht gab. Immerhin muß festgehalten werden, daß Kleist nun nicht wie die Romantiker auf die an sich bereits überwundene Begründung eines solchen Allgemeinen im Jenseits zurückgreift, sondern dem bürgerlichen Denken entsprechend, das nur Vereinzelte kennt, dieses Allgemeine in dem Bereich der Seele zu finden hofft, der von dem Zweifel der Ratio noch am wenigsten berührt ist: dem Gefühl. Zwar muß auch Kleist nun ein Vertrauen fordern, das sich nicht auf eine rationale Argumentation stützen kann, sondern nur auf eine innere Sicherheit; aber diese Verinnerlichung des Allgemeinen und des Absoluten ist nichts als der getreue Ausdruck der bürgerlichen Welt einander gleichgültiger Individuen. Die Überbetonung der Begriffe „Gefühl" und „Vertrauen" machen deutlich, daß Kleist als in dieser Weise Vereinzelter sich nicht mehr im Einklang mit einer bestimmten Klasse der Gesellschaft befindet und seine „Wahrheit" daher nicht mehr als allen verständlich voraussetzen kann, sondern sie als Ganzes, ohne rationale Begründung ihrer einzelnen Elemente gegen die *communis opinio* verkündet.

An einem Beispiel soll gezeigt werden, wie diese Forderung nach Vertrauen nicht nur auf die Werke Kleists beschränkt ist, sondern auch in seinem Leben eine entscheidende Rolle spielt; an einem zweiten, in welcher Weise sich diese Forderung dem Irrationalen annähert, wenn die Kategorie des „Gefühls" und des „Vertrauens" zu einer absoluten Forderung überspannt wird. Gemeint ist zunächst der Brief vom 10. und 25. Oktober 1801, in dem Kleist seine Braut auffordert, ihm in die Schweiz zu folgen, um dort Bäuerin zu werden. Als die Braut sich – mit einiger Berechtigung – weigert, einen derartig wahnwitzigen Plan gutzuheißen, bricht Kleist kurzentschlossen die langdauernde Verlobung mit den Worten: „Liebes Mädchen, schreibe mir nicht mehr. Ich habe keinen Wunsch als bald zu sterben." (6/ 249). Wilhelmine wurde mit der Waage des absoluten Vertrauens gewogen, eines Vertrauens, das Vater und Mutter, Stand und Einkommen aufgibt für den Geliebten, und das ihm gegen allen Schein vertraut, und ist zu leicht befunden worden. Alle rationalen Gründe sind auf Seiten Wilhelmines, aber sie hätte nach Kleists Auffassung Konvention und Verstand über Bord werfen müssen, sich ihm bedingungslos hingeben müssen, ohne Fragen, ohne Zweifel.

Das dichterische Gegenbild zu Wilhelmine in den Erzählungen ist Toni in *Die Verlobung von St. Domingo*. Toni ist die wirklich Liebende, die alle Trennungen durch Familienbindung und Rassenzugehörigkeit überwindet und ihr Leben für den Geliebten aufopfert, denn Liebe ist unbedingtes Zugehören. Hier ist es der Mann, der sich durch den Schein mißverstandener Tatsachen täuschen läßt und dem Gebot des unbedingten Vertrauens nicht nachkommt. Als Toni ihn im Schlaf bindet, um ihn so vor der Wut des heimkehrenden Congo Hoango zu retten und für die Vorbereitung zur Flucht Zeit zu gewinnen, mißversteht er diese Handlung als Verrat. Als er schließlich befreit wird, erschießt er Toni, bevor sie und die Familie Strömli ihn über seinen Irrtum aufklären können. Ihre letzten Worte, „du hättest mir nicht mißtrauen sollen" (4/177), sind das zentrale Thema nicht nur dieser Novelle; sie sind die immer wieder auftauchende Klage des vereinsamten Dichters in einer Welt, die er nicht begreift, und die ihn nicht begreifen kann.

Ein solcher Appell an ein nicht weiter rational zu begründendes Vertrauen konnte natürlich am Ende des 18. Jahrhunderts politisch zu einem zweischneidigen Schwert werden, und wurde es auch. Gegen die kritische Ratio gerichtet, beinhaltet er eine Kritik an der angeblich immer unzulänglichen Kritik und einen Aufruf zum blinden Vertrauen in den Status Quo und die herrschenden Klassen: die Anwendung von Verstand und Vernunft wird als Ursache der Krise gesehen. Kleists Parteinahme für das Gefühl kann allerdings so leicht für die Erhaltung des Bestehenden nicht vereinnahmt werden, da er gerade dem Bestehenden – der in Preußen etablierten Verbindung von Aufklärung und Absolutismus – den Kampf ansagt: nicht die Vernunft an sich greift er an, sondern die unzulängliche Vernunft, die sich als absolute tarnt, die in Vorurteilen befangen, den Sprung in das Neue, noch Unerhörte nicht wagt. Nur gegen eine solche verknöcherte Karikatur des Wissens ruft er die Sicherheit des Gefühls an – wie er auch umgekehrt eine falsche Gefühlssicherheit immer wieder an den Tatsachen scheitern läßt. Es geht Kleist darum gegen jede Absolutsetzung, die Grenzen von Verstand, Wollen und Gefühl aufzuzeigen, und so überhaupt erst die Voraussetzung einer Praxis zu schaffen, die sich nicht in tragischer Blindheit an der Realität versieht.

In seinem Bemühen, so die Dichotomien seines Zeitalters dichterisch gestaltend bis ins letzte zu durchdenken, mußte Kleist seinen Zeitgenossen, die sich überwiegend damit beschäftigten, die aufgebrochenen Klassengegensätze mit Hilfe komplizierter Kompromisse zu verschleiern, so fremd wie ein „der Meerestiefe entstiegener Taucher"[41] vorkommen. Schon in seinem frühen „Aufsatz, den sicheren Weg des Glücks zu finden und ungestört – auch unter den größten Drangsalen des Lebens – ihn zu genießen", in dem er noch begeistert und gläubig die popularisierten Glaubenslehren der Aufklärung verteidigt, dementiert er von innen her, während er noch für sie argumentiert, die mittlere, die ausgeglichene Lage, die Position des Kompromisses. Kleist argumentiert in seinem Aufsatz, daß nur die Tugend der Weg zum Glück ist, und daß der Weg zur Tugend durch Erfahrung, sicheres Urteil, Verstand und Wissen gehe. Zusammenfassend sagt er:

Und nun mein Freund, will ich Ihnen eine Lehre geben, von deren Wahrheit mein Geist zwar überzeugt ist, *obgleich mein Herz ihr unaufhörlich wider-spricht*. Diese Lehre ist, von den Wegen, die zwischen dem höchsten äußersten Glück und Unglück liegen, grade nur auf der Mittelstraße zu wandern, und unsere Wünsche nie auf die schwindlichen Höhen zu richten. So sehr ich jetzt noch die Mittelstraßen aller Art hasse, weil ein natürlich heftiger Trieb im Innern mich verführt, so ahnde ich dennoch, daß die Zeit und Erfahrung mich einst davon überzeugen werden, daß sie dennoch die besten seien. (5/43) (Meine Hervorhebung).

Dazu kam es nie, und schon in diesem Text legt Kleist seine inneren Widersprüche bloß, den Gegensatz zwischen einem alles auf ein Mittelmaß herunterschraubenden Lebensideal des Bürgertums und seinem eigenen Standpunkt, der um des Wissens und der Gewißheit willen alle Erlebnisse, die diese Welt zu bieten hat, bis in ihre extremsten Zustände hinein verfolgen muß. Die Mittelstraße, jene als Altersweisheit gelobte Unfähigkeit zu Entscheidung, Kampf und notfalls zur Tragödie, das Zurückschrecken vor jedem Engagement, vor jeder Art des vollen Einsatzes, die dem deutschen Bürgertum durch die rückständige Lage Deutschlands aufgenötigt wurde, war eine für Kleist zwar theoretisch nachvollziehbare Haltung, vor allem in der Jugend, als er seinen eigenen Standpunkt noch suchte, aber nie eine in der Praxis nachvollziehbare Lebensweise. Die Fremdartigkeit Kleists liegt daher auch nicht letztlich und allein in seinem Wesen und seiner Persönlichkeit begründet, sondern zumindest ebenso stark in seiner Lage in einem Land, das durch die Französische Revolution verschreckt ist, in einem Land, das mangels politischer Masse und wegen der politischen Zersplitterung zu einer wirklich revolutionären Handlung unfähig ist, und daher einem radikalen Denker nicht die Funktion einer vorwärtstreibenden Kraft, sondern nur die eines hoffnungslosen Außenseiters zuweisen kann.

Es war das Unglück Kleists und das Unglück des deutschen Geisteslebens der Zeit, daß es damals, abgesehen von wenigen Jakobinern, vor allem im Rheinland, kaum weithin vernehmbare radikale politische Stimmen in Deutschland gab, kein publizistisches Organ von Bedeutung, das diesen Stimmen Widerhall hätte verschaffen können, keine politische Organisation, die Kleists Widerwillen gegen den faulen Kompromiß im politischen Leben Deutschlands hätte klären können. Gleichermaßen abgestoßen von der Stupidität des damaligen preußischen Königs, der Engherzigkeit und Kleinlichkeit des Adels, der Mittelmäßigkeit des deutschen Kleinbürgertums, wurde Kleist in ein gesellschaftlich-politisches Vakuum hinausgestoßen, das er mit radikalem Wollen, aber einem Wollen ohne Ziel und Rückhalt zu füllen versuchte. Das Unglück wollte es weiter, daß Goethe diesen Rebellen ohne klar definiertes Ziel aus Gründen der geistigen Selbsterhaltung zurückstieß, und ihn damit den Berliner Romantikern und den stockkonservativen Kommensalen von der antisemitischen und antidemokratischen Christlich-Deutschen Tischgesellschaft in die Arme stieß, den

Brentanos, den Müllers, den von Arnims, den Beckedorffs und Möllendorffs, zu denen Kleist seinem ganzen seelischen Habitus nach gewiß nicht gehörte, die aber doch die einzigen waren, die etwas für Kleist taten, wenn sie allerdings auch Kleists ungerichteten Radikalismus für ihre Zwecke auszunutzen versuchten. In seinen letzten furchtbaren Monaten geistiger Isolation bewegte sich Kleist daher auf einem Boden, der ständig unter seinen Füßen schwankte, klammerte sich an Ziele, die er längst verworfen hatte, um sich überhaupt noch aufrecht zu halten, und kämpfte doch in seiner Dichtung gegen eben diese Ziele, die seine Tischgenossen verfolgten. In diesem Zusammenhang erst wird die Auswahl und Herausgabe, und teilweise die Vervollständigung oder Niederschrift seiner Erzählungen verständlich.

Brentano schrieb am 1. Dezember 1811 an Arnim aus Prag, Kleist habe ihm gesagt, „daß sich vom Drama zur Erzählung herablassen müssen, ihn grenzenlos gedemütigt habe" (LS 579a, S. 404). In einer Zeit, in der Erzählung und Roman (trotz Wilhelm Meister) immer noch als eher der volkstümlichen Unterhaltung dienende Genres und das „dramtische Gedicht" (neben dem im Grunde bereits archaischen Versepos) als die aristokratische Krone der Dichtkunst betrachtet wurden, bedeutet die Veröffentlichung der Erzählungen in den Augen Kleists selbst ein Abstieg von der Höhe des eigenen Anspruchs, sich als Dramatiker neben den Größen der Weltliteratur, neben Aeschylos, Sophokles und Shakespeare behaupten zu können. Aber nicht nur gekränkter persönlicher Ehrgeiz hat Kleist seine eigenen Erzählungen als Notlösung und bloße Brotarbeit betrachten lassen; ihm schwebte noch die Vision eines großen nationalen Theaters vor, das ähnlich wie das griechische und elisabethanische Schule und Tribunal einer Nation sein könnte. Von diesem hohen politisch-öffentlichen Anspruch zeugen vor allem sein *Guiskard*-Fragment, seine *Penthesilea*, sein *Amphitryon*, seine *Hermannsschlacht* und sein *Prinz von Homburg*, aber auch seine realistisch-kritische Komödie *Der zerbrochene Krug*. Hier folgt Kleist durchaus in den Fußstapfen Lessings und Schillers, die von einem „Nationaltheater" und dem Theater als „moralische Anstalt" träumten. Schon Lessing war in seinem Bemühen, das borniert städtisch-bürgerliche Theater zu einer Bühne von nationaler Bedeutung zu heben, gescheitert, Schillers kurze Laufbahn als Dramaturg der Mannheimer Bühne endete ebenfalls als Fehlschlag. Die Verwandlung der Bühne in eine Tribüne oder Laienkanzel, von der aus die Ethik der neuen aufstrebenden Bürgerklasse propagiert werden sollte, war in Deutschland, im Gegensatz etwa zu Frankreich, nie ganz gelungen, obwohl von Lessing bis zum Sturm und Drang Stücke genug geschrieben wurden, die diesem Zweck hätten dienen können. Der *Wallenstein* bereits bedeutete einen Kompromiß des bürgerlichen Dramas mit der höfischen Bühne, und solange Weimar die richtunggebende Bühne

Deutschlands war, konnte ein *Zerbrochener Krug* mit seiner sozialen Kritik, eine *Penthesilea* mit der ad absurdum geführten aristokratischen Heldenmoral, eine *Hermannsschlacht* mit ihrem nationalen Freiheitspathos, ja sogar ein *Prinz von Homburg* mit der so ärgerlichen Todesfurchtszene, neben einer *Iphigenie*, neben einem *Tasso*, neben der *Jungfrau von Orleans* und der *Maria Stuart* den Weg zum Publikum nicht finden. Außer der Hofbühne gab es nur noch das bürgerliche Unterhaltungsdrama, das Kleist zwang, mit seiner *Familie Schroffenstein* und seinem *Käthchen von Heilbronn* mit einem Iffland und einem Kotzebue zu konkurrieren. In einem Theater, in dem es Öffentlichkeit nur noch als schönen Schein gab, konnten die öffentlichen Konflikte nur noch als harmonisierte und ästhetisierte erscheinen. Das bedeutete aber, daß Kleist, gerade wegen seines dramatischen Talents, Konflikte bis zum Äußersten auszuspielen, auf dieser Bühne nur dann tragbar war, wenn er sein eigenes Anliegen unter der populären Form der Rittertragödie und des romantischen Rührstücks versteckte.

War die Bühne in der Hand des Hofes oder einer einsetzenden Unterhaltungsindustrie, dann mußte der Schriftsteller auf die Medien ausweichen, die es ihm ermöglichten, Öffentlichkeit herzustellen, ohne durch die feudale Etikette des Hofes oder durch die Anforderungen einer hirnlosen Unterhaltung gebunden zu sein. Der Abstieg zum Journalisten und Erzählschriftsteller brachten zwar eine solche Ungebundenheit nicht, erlaubten Kleist aber, zwischen seinen Mord- und Polizeiberichten, die als Köder dienten, Fragen der politischen und gesellschaftlichen Öffentlichkeit in Aufsätzen, Anekdoten und kurzen Erzählungen zu diskutieren. Auch hier aber stellten sich sehr bald die Grenzen einer solchen Öffentlichkeit heraus: Kleist wurde in unzählige kleine und größere Kämpfe um das Fortbestehen seiner Zeitung verwickelt, in denen seine Forderung nach Gedankenfreiheit vom Staat her durch den Entzug der für ihn lebenswichtigen Polizeinachrichten und vom Verleger her durch Entzug der Finanzierung seiner Zeitung beantwortet wurde.

So sah sich Kleist schließlich, aus Geldnot, und als letzte Möglichkeit überhaupt noch ein Publikum zu erreichen, dazu gezwungen, seine verstreut veröffentlichten Erzählungen (*Kohlhaas, Erdbeben in Chili, Marquise von O . . .*) zu sammeln, umzuschreiben und neue Erzählungen zu schreiben. In der zweiten Band seiner Erzählungen sammelte er die in den Berliner Abendblättern veröffentlichten Erzählungen *Das Bettelweib von Locarno* und *Die heilige Cäcilie* und die in Kuhns „Freimüthigen" veröffentlichte *Verlobung in St. Domingo*, zu denen er nun noch den *Findling* und den *Zweikampf* fügte. Der zweite Band, und wohl überhaupt alle in ihm enthaltenen Erzählungen entstanden so wohl nur, weil Kleist Material für seine Zeitung brauchte, und weil ihm Reimer für einen zweiten Novellenband ein gutes Honorar in Aussicht stellte.[42] Wenn Kleist nun (möglicherweise abgesehen von den ersten drei Erzählungen) seine Erzählungen als Auftragsarbeit und aus Geldnot schrieb, bedeutet das keineswegs, daß die Erzählungen etwa, an objektiven ästhetischen Maßstäben gemessen, deswegen minderwertig wären; im Gegenteil, die Zeitgenossen schätzten im allgemeinen die Novellen höher ein als die von ihm damals bekanntgewordenen Dramen, von denen keines damals auf der Bühne oder als Buch zum Erfolg wurde, während der erste Band der Erzählungen immerhin so erfolgreich war, daß Reimer von sich aus Kleist für einen zweiten Band Erzählungen 100 Reichsthaler, also das doppelte Honorar anbot.

Inzwischen hat Kleist sein Publikum so gut kennengelernt, daß er bereit ist, Zugeständnisse zu machen: die *Marquise von O* . . . war sensationell und skandalös genug, so daß Änderungen kaum nötig waren, das *Erdbeben in Chili* abenteuerlich und spannend; schon im *Kohlhaas* fügte er dem Zeitgeschmack entsprechend die Zigeunergeschichte ein, als er ihn zum Druck vollendete, das *Bettelweib von Locarno* nahm seine Handlung von den trivialen Gespenstergeschichten, die *Cäcilie* ist oberflächlich eine katholisierende Wundergeschichte im Geschmack der Romantik, *Die Verlobung von S. Domingo* wird aus der Schweiz in die exotische Tropenwelt Mittelamerikas verlegt, der *Zweikampf* ist eine Rittergeschichte aus dem von der Romantik neuentdeckten Mittelalter, der *Findling* eine der damals üblichen Doppelgängergeschichten. Doch wenn Kleist sich auch so oberflächlich an den Zeit- und Publikumsgeschmack anpaßte, bedeutet auch das nicht, daß er die billigen Bedürfnisse des Massenkonsums wirklich befriedigte: das triviale Erzählschema wird zum Vehikel einer aufs breite Publikum gerichteten Auseinandersetzung über wichtige Fragen der Zeit, zum Ersatz für das ihm unzugängliche Theater: wie die Szene zum Tribunal wird ihm die Erzählung zur Fallgeschichte, anhand deren die „moralischen" Fragen der Zeit abgehandelt werden können. Der Anschein des Dokumentarischen, den z. B. in der *Marquise* die auf Anfangsbuchstaben abgekürzten Namen erwecken, dient sowohl dazu den Vorwurf abzufangen, er erfinde moralisch bedenkliche Erzählungen, als auch den Eindruck zu erwecken, hier werde Wirklichkeit reproduziert, mit der man sich auseinandersetzen müsse. Schon K. Günther machte darauf aufmerksam, daß die vielen von Kleist benutzten Epitheta in auffälliger Übereinstimmung zu denjenigen der zeitüblichen Moralischen Erzählungen stünden. Besonders bei August Lafontaine, den Kleist kannte und schätzte, findet er ähnliche: z. B. wildeste Verzweiflung, heiße Bitterkeit, rüstige Söhne, drei wackre Diener, unbegreiflicher, gräßlicher Mörder, schändlicherweise, mit einem unbeschreiblichen Blick usw.[43] Auch Kleist hatte ja ursprünglich vor, seine Erzählungen unter dem Titel „Moralische Erzählungen" herauszugeben. Anhand des *Findlings* wird allerdings nachzuweisen sein, daß Kleist das Wort „moralisch" nicht in unserem Wortsinn und auch nicht in dem Lafontaines gebraucht: seine Erzählungen sind weder moralische Muster noch moralische Warnungen im Sinne einer hausbackenen Moral, die gut und böse zu rein individuellen Kategorien verharmlost. Die bürgerliche Moral des 18. Jahrhunderts, und auch in dieser Hinsicht ist Kleist durchaus Bürger, war, soweit sie nicht ins Borniert-Engstirnige verkommen war, gesellschaftlich-politische Kritik im Emanzipationskampf des Bürgertums, die sich selber als moralisches Urteil mißverstand und so vor sich selber ihre eigentliche Funktion verschleierte. „Die bürgerliche Moral", sagte Peter Bürger zurecht, „ist Ideologie im strengen Sinne, d. h. rationale und doch zugleich verzerrte Erfassung der Wirklichkeit. Verschleiert wird der Herrschaftsanspruch einer Klasse unter dem Begriff des Menschen, verschleiert wird auch die dezidiert politische Zielsetzung der moralischen Kritik. Aber diese ‚Verschleierungen' sind historisch notwendig, sie ergeben sich aus der realen gesellschaftlichen Lage der Bewußtseinsträger; das Bürgertum *mußte* der Illusion erliegen, mit der Befreiung von den Fesseln des Feudalismus und des diesen stützenden absolutistischen Staats zugleich die Befreiung aller Menschen zu befördern; und zwar deshalb, weil das Bürgertum in der Tat in dieser Epoche die einzige Klasse war, die den – wie immer zu problematisierenden – Fortschritt der Gesellschaft voranzutreiben vermochte".[44] Ein Proletariat als geschlossene Klasse gab es noch nicht, sondern nur eine „über das ganze Land z e r s t r e u t e und durch Konkurrenz z e r s p l i t t e r t e Masse"; die Hauptklasse der Stadtbevölkerung bildeten die Kleinbürger, d. h. der lokale Handel, das Handwerk und die auf Handarbeit beruhende Manufaktur mit geringem Kapitalbedarf und entsprechend lokal beschränkten Interessen. Wenn in Frankreich und England die Bourgeoisie mit einigem Recht für sich in Anspruch nehmen konnte, als revolutionäre Klasse die Interessen aller gegen den Adel zu vertreten, so war dieser Anspruch im Munde des konservativen deutschen Kleinbürgers kaum gerechtfertigt.[45] An der Wende vom 18. zum 19. Jahrhundert hatte sich die Situation höchstens insofern verschärft, als die Illusion der menschheitsfördernden und fortschrittlichen Rolle des Bürgertums sich nicht mehr so ungebrochen aufrechterhalten ließ und daher in Kleists Analyse bereits kritische Elemente einfließen, die im Ansatz zumindest eine Kritik der bürgerlichen Ideologie meinen. Daß diese Kritik an der bürgerlichen Ideologie zweideutig und zum Teil gefährlich nahe an der reaktionären Kritik gerade der revolutionären Momente der bürgerlichen Bewegung steht, soll hier nicht verschwiegen werden, ebensowenig wie die Tatsache, daß Kleists Kritik klassenmäßig nicht abgestützt war, weil es für eine fortschrittliche Kritik an der bürgerlichen Idee eben überhaupt noch keine Klasse gab, auf die er sich stützen konnte. Das breite Volk, also Handwerksgesellen, Tagelöhner, Leibeigene, kleinere Bauern und Landarbeiter, war weithin politisch ohne Bewußtsein, und zudem von fast allen Medien der Bewußtseinsbildung abgeschnitten. Das Schulwesen für die Masse des Volkes bestand aus nicht viel mehr als ein wenig Lesen und Schreiben und sehr viel Religionslehre. Zwar förderte z. B. Stein in seinen Reformplänen eine Verbesserung des Schulwesens, vor allem der Landschulen, auch anderweitig bemühte man sich um neuartige Erziehungsarten, z. B. auf Grund der Schulreformideen von Pestalozzi, aber die Reformpläne stießen auf den erbitterten Widerstand einiger Konservativer und machten sich in ihren Auswirkungen erst lange nach Kleists Tod voll bemerkbar. So schrieb zum Beispiel der damalige preußische Minister von Voß:

> Wer den Kindern dieser arbeitsamen Klasse mehr aufpfropfen und selbst diese wenigen Gegenstände über einen sehr mäßigen Grad anbauen will, macht sich eine vergebene und undankbare Mühe, auch handelt er dem wahren und großen Interesse dieser genügsamen Menschen, der Ruhe der Gemüter, dem Fleiß und der Emsigkeit im Berufe und damit dem Wohl des Staates entgegen . . . Die Kinder der arbeitsamen Volksklasse . . . sollen ihren Katechismus, Bibel und Gesangbuch lesen, ihren geringen und eingeschränkten Verhältnissen gemäß schreiben und rechnen, Gott fürchten, lieben und danach handeln, die Obrigkeit achten und den Nächsten lieben lernen.[46]

Zwar gab es schon seit etwa 1775 in Deutschland eine Gruppe von engagierten Publizisten, die auf Wirkung und Öffentlichkeit drängten und sich deshalb einer Sprache bedienten,

> die weniger für ‚Kenner‘ gemeint ist als für jene, die der ‚Kenntnis bedürfen‘. So setzt sich etwa ein Mann wie Johann Pezzl ausdrücklich für die ‚kleinen Schrifthefte‘ ein, die auch den kleinen Mann auf der Straße erreichen, während er die dicken „Folianten" als Gelehrten und Reiche-Leute-Lektüre bezeichnet. Überhaupt bezieht man gern den Standpunkt des Durchschnittslesers.[47]

Aber die tatsächliche Wirkung (abgesehen von kurzen Pamphleten und Gedichten, die vorgelesen werden konnten) war zunächst wegen der Kosten der Bücher, der mangelnden Bildung und der immer wachsamen Zensur doch verhältnismäßig gering.

Diese kurze Skizze der historischen, gesellschaftlichen, klassenmäßigen und individuell-biographischen Bedingtheit der inneren Widersprüchlichkeit der Dichtung Kleists ist keineswegs in der Absicht geschrieben, die objektiv-reaktionäre Wirkung der Werke Kleists zu verharmlosen, sondern allein in der, die im Werk selbst enthaltene Zwiespältigkeit der ideologischen Haltung von dem in der Kleist-Rezeption massiv verfälschten Bild Kleists insoweit abzuheben, daß neben den Resten feudaler Ideologie, die Kleist nie völlig von sich abstreift, neben den Zugeständnissen an den herrschenden Zeitgeist romantischer Rückwärtsgewandtheit, auch und vor allem die Züge an Kleist hervortreten, die Kleist als aktiv Mitdenkenden und als dichterischen Gestalter der zeitbewegenden antagonistischen Konflikte der Französischen Revolution und der Napoleonischen Kriege ausweist. Im Einzelnen allerdings kann ein neues, und so hoffe ich, adäquateres Bild Kleists nur anhand einer Interpretation der Werke Kleists auf der Grundlage historischer und gesellschaftlicher Bezüge und in dauernder kritischer Auseinandersetzung mit der bisherigen Kleist-Literatur erfolgen. Rolf Busch hat gezeigt, „daß und auf welche Weise die in der Kleist-Rezeption sich artikulierende Ideologie ‚falsches Bewußtsein' darstellt, das nur als Bestandteil und Substrat des in einer Klassengesellschaft wie der Wilhelminischen, der Weimarer und der faschistischen herrschenden Bewußtseins verstanden werden kann."[48] Aufzuzeigen wäre nun, wie die Erzählungen Kleists z. B. selbst die in der Kleist-Rezeption aufspürbaren Ideologeme enthält, bzw. wie die Rezeption Kleists seine Intentionen verfälscht.

Anmerkungen

1 Helmut Sembdner: *Heinrich von Kleist. Nachruhm. Eine Wirkungsgeschichte in Dokumenten.* – Bremen: Schünemann 1969, S. 442 f. (von nun an als *Nachruhm*).
2 Nachruhm, S. 440.
3 Nachruhm, S. 439 f.
4 Nachruhm, S. 455.
5 Hermann Schneider: *Studien zu Heinrich von Kleist.* – Berlin: Weidemann 1915, S. 2.
6 a.a.O., S. 2.
7 Nachruhm, S. 459.
8 Schneider: a.a.O., S. 16.
9 *Imperialistische und faschistische Kleist-Rezeption 1890–1950. Eine ideologiekritische Untersuchung.* – Frankfurt/Main: Akademische Verlagsanstalt 1974, S. 13.
10 a.a.O., S. 29.
11 a.a.O., S. 29 f.
12 Tieck charakterisierte ihn folgendermaßen: „Da er sich früher zum Soldaten bestimmt hatte, so war seine Erziehung nicht die eines künftigen Gelehrten gewesen, und es war daher natürlich, daß er jetzt, im dreiundzwanzigsten Jahre, viele der Studierenden an Erfahrung, Ausbildung und entwickelten Gedanken übersah, wie er in den nötigen Vorkenntnissen hinter den meisten zurückblieb." (In: Helmut Sembdner: *Heinrich von Kleists Lebensspuren. Dokumente und Berichte der Zeitgenossen.* – München: Dtv 1969, S. 27). „Es ist natürlich, daß die meisten Autodidakten dasjenige, was sie auf ihre eigentümliche, zufällige und heftige Weise erlernen, viel zu hoch anschlagen; es ist ebenso begreiflich, daß sie in anderen Stunden, wenn ihnen Wissen und Lernen nicht diese ruhige Genugsamkeit gibt, die unsere Seele gelinde erweitert, und unvermerkt bereichert, dann alles Wissen, Denken und Lernen, alle Kenntnisse und Gelehrsamkeit tief verachten, und einen geträumten und unmöglichen Naturstand höher stellen als alle Kultur,

ja ihn für den wahrsten und glücklichsten halten." (a.a.O., S. 41).

12a Joachim Kreutzer: *Die dichterische Entwicklung Heinrich von Kleists.* – Berlin: Schmidt 1968, S. 106, S. 110 f.

13 So der Titel seines Aufsatzes in: Georg Lukács: *Deutsche Realisten des 19. Jahrhunderts.* – Berlin: Aufbau Verlag 1953.

14 Martin Vogel: ,Der literarische Markt und die Entstehung des Verlags- und Urheberrechts bis zum Jahre 1800'. – Joachim Goth u. a.: *Rhetorik. Ästhetik. Ideologie. Aspekte einer kritischen Kulturwissenschaft.* – Stuttgart: Metzler 1973, S. 126.

15 Zum Begriff des Buchhändler-Privilegiums im 18. Jahrhundert vgl. Vogel: a.a.O., S. 119 und passim.

16 Alle Werke Kleists werden nach Helmut Sembdner (Hrsg.): *Heinrich von Kleist. Gesamtausgabe.* – München: dtv 1964–1969 unter Angabe des Bandes und der Seitenzahl zitiert. Wo die Angabe des Bandes fehlt, handelt es sich um Bd. 4 (Erzählungen).

17 Vgl. *Lebensspuren*, S. 141–147.

18 Arnold Hauser: *Sozialgeschichte der Kunst und der Literatur.* – München: Beck 1967, S. 350.

19 Vogel: a.a.O., S. 132.

20 Vgl. Hans Heinz Holz: *Vom Kunstwerk zur Ware.* – Darmstadt: Luchterhand 1972, S. 24.

21 Dirk Grathof: ,Die Zensurkonflikte der Berliner Abendblätter. Zur Beziehung von Journalismus und Öffentlichkeit bei Heinrich von Kleist'. – In Klaus Peter u. a.: *Ideologiekritische Studien zur Literatur.* – Frankfurt/Main: Athenäum Verlag 1972, S. 40.

22 Vgl. die Schilderung des Leipziger Verlegers Philip Erasmus Reich bei Vogel: a.a.O., S. 127.

23 Hans Heinz Holz: *Macht und Ohnmacht der Sprache.* – Fischer: Athenäum 1962, S. 133.

24 Ich beziehe mich hier auf Ciceros Formel „mirabilia contraque opinionem omnium". Vgl. Regine Tebje: *Das Paradox als Strukturelement in den Dramen Heinrich von Kleists.* – M. A. Diss. Durban 1973, S. 1. Vgl. auch Clemens Heselhaus: ,Das Kleistsche Paradox'. – In: *Kleists Aufsatz über das Marionettentheater. Studien und Interpretationen.* – Berlin: E. Schmidt Verlag 1967, S. 114.

25 Vgl. Wilhelm Abel: *Agrarkrisen und Agrarkonjunktur. Eine Geschichte der Land- und Ernährungswirtschaft Mitteleuropas seit dem Mittelalter.* – Hamburg: Passey 1966, S. 205 ff.

26 Vgl. Katharina Mommsen: ,Kleists Ringen mit Goethe im Spiegel des dichterischen Werkes'. – In: *Castrum Peregrini* 90 (1964), S. 9f. und Katharina Mommsen: *Kleists Kampf mit Goethe.* – Heidelberg: Stiehm 1974, S. 13, die allerdings weder die ökonomischen Zwänge, die diesen Zweikampf bestimmen, noch die Schärfe des Kampfes adäquat darstellt.

27 Zitiert nach Günter Blöcker: *Heinrich von Kleist oder das absolute Ich.* – Berlin: Argon 1960, S. 8.

28 Johannes Hoffmeister: ,Beitrag zur sogenannten Kantkrise Heinrich von Kleists'. – In: *Deutsche Vierteljahresschrift* 33 (1959) S. 575.

29 Zitiert nach Hans Mayer: *Heinrich von Kleist. Der geschichtliche Augenblick.* – Pfullingen: Neske 1962, S. 23.

30 Vgl. Mayer: a.a.O., S. 24.

31 ,Kleist und Kant. Versuch einer neuen Interpretation'. – Ergänzungsheft der *Kantstudien*, Köln 1954, Nr. 68.

32 Vgl. auch Theodorus C. von Stockum: ,Heinrich von Kleist und die Kant-Krise'. – In: *Neophilologus* 39 (1955), S. 66.

33 Mayer: a.a.O., S. 25.

34 Lukács: a.a.O., S. 205, vgl. auch Busch: a.a.O., S. 31.

35 Mayer: a.a.O., S. 45.

36 Busch: a.a.O., S. 31.

36a Walter Grab/Uwe Friesel: *Noch ist Deutschland nicht verloren. Eine historisch-politische Analyse unterdrückter Lyrik von der französischen Revolution bis zur Reichsgründung.* – München: dtv 1970, S. 46 ff.

37 Vgl. Joachim Streisand: *Deutsche Geschichte von den Anfängen bis zur Gegenwart.* – Köln: Pahl-Rugenstein 1972, S. 133 f.

38 Busch: a.a.O., S. 43.

39 Leo Balet/E. Gerhard: *Die Verbürgerlichung der deutschen Kunst, Literatur und Musik im 18. Jahrhundert* (Hrsg. von Gert Mattenklott). – Frankfurt: Ullstein 1973, S. 300.

40 Friedrich Schiller: *Sämtliche Gedichte. Zweiter Teil.* – München: dtv 1965, S. 81.

41 Vgl. Blöcker: a.a.O., S. 30 f. Der Ausspruch stammt von einem Zeitgenossen Kleists, dem Kriegsrat Johann George Scheffner.

42 Vgl. Kreutzer: a.a.O., S. 189–193.

43 Michael Moering: *Witz und Ironie in der Prosa Heinrichs von Kleist.* – München: Fink 1972, S. 244 f., Anm. 31.

44 Peter Bürger: ,Moral und Gesellschaft bei Diderot und Sade'. – In: Klaus R. Scherpe/Gert Mattenklott (Hrsg.): *Literatur der bürgerlichen Emanzipation im 18. Jahrhundert. Ansätze materialistischer Literaturwissenschaft.* Kronberg: Scriptor 1973, S. 80 f.

45 Vgl. Lienhard Wawrzyn: ,Büchners „Leonce und Lena" als subversive Kunst'. – In: Gert Mattenklott/Klaus R. Scherpe (Hrsg.): *Demokratisch-revolutionäre Literatur in Deutschland: Vormärz.* – Kronberg: Scriptor 1974, S. 85 f.

46 Rolf Ibbeken: *Preußen 1807–1813. Staat und Volk als Idee und Wirklichkeit.* – Köln und Berlin: Grote 1970, S. 68.

47 Jost Hermand: *Von Mainz nach Weimar (1793–1919). Studien zur deutschen Literatur.* – Stuttgart: Metzler 1969, S. 12 f.

48 Busch: a.a.O., S. 5.

Was geht uns eigentlich der Gerechtigkeitsbegriff in Kleists Erzählung „Michael Kohlhaas" noch an?

Kleist hat in seiner Erzählung das Urteil vorweggenommen, das Goethe später gegen die Erzählung formulierte, als er sagte, „es gehöre ein großer Geist des Widerspruchs dazu, um einen einzigen Fall mit so durchgeführter, gründlicher Hypochondrie im Weltlauf geltend zu machen".[1] Bei Kleist erscheint dieses Urteil als Vorwurf des Bürgertums gegen Kohlhaas, er bringe „in einer so nichtigen Sache, zur bloßen Befriedigung seines rasenden Starrsinns" (S. 55)[2] das ganze System des Staates in gefährliche Bedrängnis; und Kleist selbst scheint vom Anfang an diesem Urteil zuzustimmen, wenn er sagt: „Das Rechtsgefühl aber macht ihn zum Räuber und Mörder." Will er damit nicht ausdrücken, daß die an sich gerechte Sache des Kohlhaas, bis zur letzten Konsequenz getrieben, zum Unrecht an der Gesellschaft ausarten muß? Gegen diese Art der Argumentation hat allerdings schon Körner eingewandt: wer „ein moralisches Urteil fällt, ist nicht Kleist der Dichter aus dem ersten Jahrzehnt des 19. Jahrhunderts, sondern der vorgebliche Chronist aus der Reformationszeit";[3] dann fragt man allerdings, auf Grund welcher Merkmale man so zuversichtlich zwischen „Chronist" und Dichter unterscheiden kann,[4] und welche Funktion dieses Urteil am Anfang der Erzählung haben sollte.

Man hat Goethe sein hartes Wort über den „Michael Kohlhaas" oft als Verständnislosigkeit einem jungen, genialen Schriftsteller gegenüber übel genommen, es ihm gar als Konkurrenzneid ausgelegt – aber hatte Goethe eigentlich so unrecht? Geht es im „Kohlhaas" nicht in der Tat um eine pathologisch-rechthaberische Auseinandersetzung,[5] um eine Lapalie, um eine „Plackerei und Stänkerei" eines „unnützen Querulanten" (S. 19), wie es mehrmals in den Resolutionen der verschiedenen Kanzleien heißt; gibt nicht Kohlhaas selbst zu, daß er den „gleichen Schmerz empfunden (hätte), wenn es ein paar Hunde gegolten hätte" (S. 19), daß also der Verlust der beiden Pferde nicht mehr als Anlaß zu einer Auseinandersetzung ist, dessen Größe auf Motive anderer Art schließen läßt, als sie der Verlust zweier Pferde ist. Die Frage läßt sich nicht abweisen, warum ein Mann wie Kohlhaas, von dem gesagt wird, daß er ein „richtiges, mit der gebrechlichen Einrichtung der Welt schon bekanntes Gefühl besitzt" (S. 11), diesen einzelnen Übergriff nicht einfach der Unvollkommenheit der Menschen und „der allgemeinen Not der Welt" (S. 9) zuschreibt, sondern die doch gute Einrichtung der Welt so empfindlich stört, daß nicht nur seine eigene kleine Welt vernichtet wird, sondern das Leben vieler Bürger, ja die Ordnung zweier ganzer Staaten in Gefahr gebracht wird.

Denn daß die Welt des Michael Kohlhaas am Beginn der Erzählung eine durchaus heile Welt ist, in der auch Kohlhaas sich wohl fühlt, ist der Erzählung unzweideutig zu entnehmen: „Dieser außerordentliche Mann", heißt es da zum Beispiel, „würde bis an sein dreißigstes Jahr für ein Muster eines guten Staatsbürgers haben gelten können. Er besaß in einem Dorf, das noch von ihm den Namen führt, einen Meierhof, auf welchem er sich ruhig ernährte; die Kinder, die ihm sein Weib schenkte, erzog er, in der Furcht Gottes, zur Arbeitsamkeit und Treue; nicht einer war unter seinen Nachbarn, der sich nicht seiner Wohltätigkeit oder seiner Gerechtigkeit erfreut hätte; kurz, die Welt würde sein Andenken haben segnen müssen..." (S. 5). Es scheint also, als gebe F. Martini Kleists Meinung richtig wieder, wenn er sagt, „Kohlhaas tritt uns als ein wohlhabender, geachteter Staatsbürger entgegen, der voll und gerecht in der anerkannten Ordnung der geschichtlich gewordenen Gesellschaft lebt, sich ihr reibungslos einfügt und als Christ, Gatte, Vater und Händler und Untertan die ihm bestimmten Pflichten voll und gern auf sich nimmt, in ihnen sich selber genügt".[6] Eine solche Auffassung von einer grundsätzlich heilen Welt, die nur durch einen Zwischenfall gestört wird, scheint auch das Ende der Erzählung zu bestätigen. Mit theatralischer Symbolik wird zuletzt das Unrecht aufgehoben und der ursprüngliche, heile Zustand wieder hergestellt:

> Denn der Erzkanzler, Herr Heinrich, hatte die Klage, die er, im Namen seines Herrn, in Dresden anhängig gemacht, Punkt für Punkt, und ohne die mindeste Einschränkung gegen den Junker Wenzel von Tronka, durchgesetzt; dergestalt, daß die Pferde, nachdem man sie durch Schwingung einer Fahne über ihre Häupter ehrlich gemacht, und aus den Händen des Abdeckers, der sie ernährt, zurückgezogen hatte, von den Leuten des Junkers dickgefüttert, und in Gegenwart einer eigens dazu eingesetzten Kommission, dem Anwalt, auf dem Markt zu Dresden übergeben worden waren. Demnach sprach der Kurfürst, als Kohlhaas von der Wache begleitet, auf den Hügel zu ihm heranschritt: Nun, Kohlhaas, heut ist der Tag, an dem dir dein Recht geschieht! Schau her, hier liefere ich dir alles, was du auf der Tronkenburg gewaltsam eingebüßt, und was ich, als dein Landesherr, dir wieder zu verschaffen schuldig war, zurück: Rappen, Halstuch, Reichsgulden, Wäsche, bis auf die Kurkosten sogar für deinen bei Mühlberg gefallenen Knecht Herse. Bist du mit mir zufrieden?

Unter der komplexen Geschichte von Michael Kohlhaas verbirgt sich also ein verhältnismäßig einfaches, fast märchenhaftes Handlungsschema: Am Anfang steht, kurz skizziert, eine durch Ordnung und Gesetz gekennzeichnete Idylle, die durch den Übergriff der Tronkas und noch mehr ihr unrechtmäßiges Eingreifen in die Gerichtsbarkeit empfindlich gestört wird. Durch das korrupte Vorgehen einiger miteinander konspirierender Untergebener wird so die durch den Kurfürsten von Brandenburg repräsentierte Gerechtigkeit, die die Grundlage der ursprünglichen Idylle war, gefährdet; weil der um sein Recht betrogene Kohlhaas sich nun seinerseits aus dem

Rechtsverband des Staates lossagt, wird die bereits gestörte Ordnung nun auch noch öffentlich sichtbar in Frage gestellt. Durch die Rückgabe der Rappen und durch die Erfüllung seiner weiteren Ansprüche wird das ursprüngliche Unrecht aufgewogen. Damit ist aber die ursprüngliche Idylle wiederhergestellt, in deren Genuß zwar nicht Kohlhaas selbst, aber zumindest seine Kinder kommen.

Es steht also hinter dem Geschehen, hinter der radikalen Auflehnung des Kohlhaas gegen Staat und Ordnung doch scheinbar der noch unerschütterte Glaube an eine Gerechtigkeit, die sich in der Person des Kurfürsten von Brandenburg symbolisiert; eine Gerechtigkeit, die zwar durch die Korruption einiger Untergebener gestört, aber letztendlich nicht zerstört werden kann. Daß dieses Schema des „happy end", denn um ein solches handelt es sich trotz der Hinrichtung des Kohlhaas – ein fast unausrottbares Schema vom Märchen bis zum zeitgenössischen Illustriertenroman, von China bis nach Hollywood, immer wieder in Anspruch genommen –, ein Ausdruck unerschütterter Obrigkeitsgläubigkeit ist, die alle Vergehen der Staatsmacht mächtigen intrigierenden Bürokraten und einflußreichen Adelscliquen anlastet und den absoluten Fürsten mit der Bemerkung freispricht, er habe von dem Unrecht nichts gewußt oder sei falsch beraten worden, ist kaum zu bezweifeln. Auch Kohlhaas sagt ja: „Und weil hier ein Mißverständnis obwalten muß: So habe ich mich entschlossen, meine Klage noch einmal, persönlich bei dem Landesherrn selbst, einzureichen." (S. 21 f.) und fährt dann fort: „Der Herr selbst, weiß ich, ist gerecht; und wenn es mir nur gelingt, durch die, die ihn umringen, bis an seine Person zu kommen, so zweifle ich nicht, ich verschaffe mir Recht" (S. 22). Es handelt sich hier um einen Topos der zeitgenössischen apologetischen Literatur, der übrigens gerade auch gegen die französische Revolution immer wieder geltend gemacht wurde – obwohl doch gerade da die Korruption und Unfähigkeit des Staatsoberhauptes kaum zu leugnen war –, zum Beispiel in Klemens Aloys Baaders Buch „Eduards Briefe über die französische Revolution" (1796): „Wer drückt aber? – Der König? Dieser seiner Herzensgüte wegen gewiß liebenswürdige Fürst glaubte seine Nation glücklich und sich angebetet, wollte von den Millionen, die er beherrscht, nicht einen unglücklich wissen . . . Ludwig XVI war kein Tyrann . . . Der allgemeine Druck, die spannende Kraft der nun zerschnellten Saiten kam von unzähligen kleinen Despoten, einer Menge Pächter und Blutigel, die im Namen, aber so ganz wider Wissen und Willen des Königs preßten und mordeten".[7] Ähnlich optimistisch äußerten sich noch die Beschwerdebriefe der Generalstände aus dem Jahre 1789: „Jetzt ist es vorbei mit den Worten: ‚Wenn das der König wüßte!' Der König, der beste aller Könige, der Vater einer großen und einsichtsvollen Familie, wird es jetzt wissen. Alle Laster werden ausgerottet werden. Beglückender, tugendsamer Fleiß, Anstand,

Schamgefühl, Ehre, Sittsamkeit, Vaterlandsliebe, Güte, Freundschaft, Gleichheit, Eintracht, Arbeit, Mitleid, Sparsamkeit – alle diese schönen Tugenden werden zu Ehren kommen, und nur die Weisheit wird das Szepter führen".[8] Aber dieselbe Gesinnung, die 1789 eine zwar naive, aber glühend ehrliche Hoffnung auf ein ganz nahe gerücktes Paradies auf Erden ist, kennzeichnet nach 1793 die Haltung konservativer Reformisten und solcher Despotengegner,

> die zwar auch eine ‚Republik' wollen, sich aber nicht von der üblichen Fürstenvorstellung freimachen können und somit ideologisch bei der konstitutionellen Monarchie landen. Ihr politisches Leitbild ist ‚der gute Landesvater', wie man ihn in Gestalten wie Friedrich II. von Preußen, Joseph II. von Österreich, Ernst II. von Gotha, Karl August von Sachsen-Weimar oder Karl Wilhelm Ferdinand von Braunschweig-Wolfenbüttel vorgeprägt fand, deren ‚subtiler Despotismus' von vielen als ein weises Vernunftsregime gepriesen wurde.[9]

In Deutschland des 18. Jahrhunderts läßt sich dieses Schema konkret als Ausdruck eines Bündnisses des absoluten Fürsten mit dem Bürgertum gegen die ständischen und die Einheit des absolutistischen Staats sprengenden partikularen Interessen des Adels deuten. Der absolute Fürst, dessen Interessen auf die Zentralisierung der Macht und daher auf die Vereinheitlichung des Rechts zielen, kämpft gegen die vielfältig verschiedenen Privilegien des Adels, die einer solchen Zentralisierung im Wege stehen. Als „aufgeklärter" Fürst unterwirft er scheinbar auch sich selbst dem allgemein gültigen Gesetz; aber auch diese Fiktion vom Fürsten als dem „ersten Diener" des Landes, der gewissermaßen den Absolutismus von oben her auflöst, ist nur ein formeller Kompromiß mit dem Bürgertum, das in der Phase seiner Expansion die Sicherheit und Einheitlichkeit des Rechtes auch dann noch der Willkürherrschaft vieler einzelner Adeliger und ihrer kaum überschaubaren Privilegien vorzieht, wenn der Grundvertrag der Gesellschaft (wie in der Hobbeschen Version des Gesellschaftsvertrages) einseitig vom Fürsten diktiert wird. Auch die (gegenüber Hobbes fortschrittliche) Rousseausche Fiktion eines Gesellschaftsvertrages, der durch eine Verletzung seitens des Fürsten null und nichtig wird, ist konkret historisch zu diesem Zeitpunkt nichts anderes als die Wunschvorstellung eines Bürgertums, das diesen Vertrag nicht als einseitig gesetzt, sondern als gegenseitig ausgehandelt verstanden wissen will. Erst die Aufkündigung eines solchen Vertrags in der französischen Revolution hat die Fiktion des Staatsvertrags zu einem politischen Faktum gemacht, das nun auch *die* Fürsten zu handeln verpflichtet, als ständen sie selbst strikt unter dem Gesetz, die das Gesetz im Grunde immer noch behandelten, als unterliege es der Willkür des absoluten Fürsten.

So gesehen ist die Erzählung „Michael Kohlhaas" sogar eine verhüllte

Drohung an die Fürsten Deutschlands, daß sie nur dann einer allgemeinen Aufkündigung des Vertrages entgehen könnten, wenn sie sich selbst buchstabengetreu an den Vertrag hielten, den sie mit den Bürgern ihres Landes abgeschlossen hätten. Von dieser Fiktion eines gegenseitigen Vertrages her kann Kohlhaas sagen: „weil ich in einem Lande, liebste Lisbeth, in welchem man mich, in meinen Rechten, nicht schützen will, nicht bleiben mag" (S. 22).[10] Darum kann Kohlhaas als ein von der Gerechtigkeit des Staates Ausgeschlossener, „kraft der ihm angeborenen Macht" (S. 25), das heißt in den Naturzustand zurückgekehrt und wieder mit allen Machtmitteln ausgerüstet, die er dem Staat nur geliehen, einen Rechtsschluß verfassen, der den Junker Wenzel von Tronka dazu „verdammte, die Rappen, die er ihm abgenommen, und auf den Feldern zu Grunde gerichtet, binnen drei Tagen nach Sicht, nach Kohlhasenbrück zu führen, und in Person in seinen Ställen dick zu füttern" (S. 25). Auf Grund dieser selben Fiktion kann der durch die Rechtsverweigerung des Staates nicht länger geschützte Untertan sich von seinen Pflichten gegen den Staat befreien und sich einen „Reichs- und Weltfreien, Gott allein unterworfenen Herrn" (S. 30) nennen. Auch gegenüber Luther hält Kohlhaas an dieser Fiktion fest, selbst wenn er zugibt: „Der Krieg, den ich mit der Gemeinheit der Menschen führe, ist eine Missetat, sobald ich aus ihr nicht, wie ihr mir die Versicherung gegeben habt, verstoßen war!" (S. 38).[11] Diese Fiktion wird bis zum Schluß der Erzählung aufrechterhalten und auch in dem Prozeß gegen Kohlhaas als juristisches Faktum dadurch anerkannt, daß nicht der Kurfürst von Sachsen gegen ihn klagt, der durch den Vertrag von Lützen Kohlhaas quasi den Status einer fremden Heeresmacht gegeben hat, sondern der Kaiser „wegen Verletzung des öffentlichen, kaiserlichen Landfriedens" (S. 38).

Durch den absolutistischen Staats-„Vertrag" begibt sich der Bürger aller seiner politischen Rechte und handelt in diesem Ausverkauf nur das Recht ein, in seiner Person und vor allem in seinem Besitz vor der Willkür anderer durch den Staat geschützt zu werden. Gerade dieses Recht aber macht aus dem Staatsbürger einen in seinen Interessen reduzierten und beschränkten Einzelnen, denn die Erhaltung des eigenen Lebens und des eigenen Besitzes ist gerade das, was jeden Einzelnen von allen anderen Einzelnen trennt, ihn aus dem umgreifenden Zusammenhang von Natur und Gesellschaft isoliert und ihn in einen Konkurrenzkampf aller gegen alle hineinzwingt.[12] In diesem Rahmen erst werden zwei Besonderheiten des Kampfes gegen die Staatsgewalt im „Michael Kohlhaas" verständlich:

1. Der Kampf wird überhaupt erst durch ein Vergehen gegen den Besitzstand von Kohlhaas ausgelöst. Er findet sein Ende in dem Augenblick, in dem Kohlhaas für seinen ursprünglichen materiellen Verlust voll entschädigt wird.

2. Der Kampf ist trotz der schließlich über 400 Mann starken Armee von Kohlhaas der Kampf eines Einzelnen und kein Volksaufstand.

Gewiß kommen nach dem ursprünglichen Anlaß noch weitere Übergriffe
der Tronkas (gegen Herse) und der Staatsgewalt (gegen seine Frau) hinzu.
Gerade das letztere geschieht allerdings nicht ohne Verschulden Elisabeths,
die sich „zu dreist an die Person des Landesherrn vorgedrängt, und, ohne
Verschulden desselben, von dem bloßen rohen Eifer seiner Wache, die ihn
umringte, einen Stoß mit dem Schaft seiner Lanze, vor die Brust erhalten"
(S. 24) hatte. Obwohl Kleist davon spricht, daß Kohlhaas nach dem Tod
seiner Frau „das Geschäft der Rache" (S. 25) übernahm, daß also der Tod
seiner Frau ihn so sehr bewegte, daß er wenigstens zeitweise den ursprünglichen Streitpunkt vergaß, so schlägt er doch nicht eher los, als bis ihm die,
wie er meint, endgültige „landesherrliche Resolution auf die Bittschrift zu-
gestellt wird . . . des Inhalts: er solle die Pferde von der Tronkenburg abholen, und bei Strafe, in das Gefängnis geworfen zu werden, nicht weiter in
dieser Sache einkommen" (S. 25). Auch dann noch will er sich nicht für den
Tod seiner Frau rächen, sondern nur zeigen, „daß sie in keinem ungerech-
ten Handel umgekommen ist" (S. 39). Wie Lucas[13] anmerkt, hat sich Kohlhaas ja schon vor dem Tode seiner Frau auf eine kriegerische Auseinandersetzung vorbereitet, und als der Versuch seiner Frau „ganz seiner
Erwartung gemäß" fehlschlägt, führt er seine Handlungen nur dort fort,
wo er sie vor ihrer Abreise nach Berlin unterbrochen hat. Daß der Tod seiner Frau für den Beginn der Revolte einen nicht mehr als auslösenden Charakter hat, meint auch Fricke, wenn er feststellt, „daß Kohlhaas auch weiterhin sofort bereit ist, seine ‚Rache'-Aktion abzubrechen, sobald sich nur
die Möglichkeit eines geordneten Gerichtsverfahrens zeigt".[14] Bei all dem
tiefen und wirklich ernsten Schmerz um seine Frau, verliert Kohlhaas nie
den Anlaß aus dem Auge, der ihm überhaupt erst ein Recht zu seinem Ausbruch aus dem Staatsverband gibt: der mangelnde Rechtsschutz des Staates.
Vor allem anderen Unrecht trifft ihn nämlich am empfindlichsten nicht der
Verlust der Pferde, sondern die Unsicherheit und die Rechtlosigkeit, die
seinen Besitz der *Willkür* des Junkers von Tronka ausliefert, und die Tatsache, daß ihm der Staat gegen diese Willkür keinen Schutz gewährt: „Denn
dieses Schutzes, *zum Gedeihen meines friedlichen Gewerbes*, bedarf ich;
ja er ist es, desselben ich mich, mit dem Kreis dessen, *was ich erworben*,
in diese Gemeinschaft flüchte." (S. 38) Dennoch gibt es Kritiker, die diesen
doch so deutlichen Tatbestand dadurch zu relativieren versuchen, daß sie
die Verletzung der Menschenwürde in den Vordergrund schieben und die
Bedrohung der Existenz „als Händler und Bürger"[15] demgegenüber als
zweitrangig abzuwerten versuchen.[16]
    Bezeichnend ist in diesem Zusammenhang, wie Kleist die beiden Rappen
als zentrales Symbol der gestörten und wiederhergestellten Rechtsordnung

gebraucht. In Kleists Quelle, bei Hafftiz, verschwinden die beiden Pferde, um die doch der Kampf ursprünglich entbrannt ist, später völlig aus dem Blick des Lesers. Bei Kleist ist dagegen die Erzählung von Anfang bis zum Ende auf die beiden Rappen hin angelegt.[17] Am Anfang der Erzählung, als die Rechtsordnung noch ungestört ist, heißt es, sie seien „wohlgenährt alle und glänzend" (S. 5). Als Kohlhaas sie von der Tronkenburg abholen will, findet er sie als ein „paar dürre, abgehärmte Mähren ... denen man, wie Riegeln, hätte Sachen aufhängen können; Mähnen und Haare, ohne Wartung und Pflege, zusammengeknetet: das wahre Bild des Elends im Tierreiche!" (S. 9) Und gleichzeitig: das wahre Bild des Elends der Rechtsordnung dieses Staates. In Dresden, wo die Korruption des sächsischen Staates überdeutlich wird, erscheinen die Pferde „dürr und wankend" an einen Wagen gebunden auf dem Markt, und es stellt sich heraus, „daß die Pferde schon, um derentwillen der Staat wanke, an den Schinder gekommen wären!" (S. 50). Von den Tieren wird gesagt, daß sie „alle Augenblicke sterben zu wollen schienen" (S. 50) und daß ihr Zustand „heillos" (S. 52) sei. Kleist beschreibt weiter, wie die Tiere „auf wankenden Beinen, die Häupter zur Erde gebeugt, dastanden, und von dem Heu, das ihnen der Abdecker vorgelegt hatte, nicht fraßen" (S. 53). Als zuletzt die Rechtsordnung sichtbar wieder hergestellt wird, treffen wir die beiden, nun „von Wohlsein glänzenden, die Erde mit ihren Hufen stampfenden Rappen" (S. 90). Bei aller Offenheit für symbolische Bedeutungsbereiche sollte man festhalten, daß diese Pferde Besitz und Handelsgut sind, das, was Kohlhaas „sich erworben" hat und womit er sein „friedliches Gewerbe" treibt. Nur so kann man verhindern, daß die weitere Diskussion sich an abstrakten Leerformeln sinnlos abarbeitet.

Da es sich um ein individuelles Unrecht – ein Unrecht am privaten Besitzstand eines Einzelnen – handelt, kann sich Kohlhaas auch nicht zum Volksführer einer Revolution erheben, und darf keineswegs als solcher mißverstanden werden. Michael Kohlhaas selbst zwar sieht sich zeitweilig als heroische Gestalt im Kampf um die Freiheit, als Individualisten im Kampf gegen alle gesellschaftlichen Verhältnisse, aber diese Selbsteinschätzung entspricht keineswegs der in der Erzählung selbst geschilderten Wirklichkeit. Der Kern seiner Bande besteht aus seinen Knechten, denen sich einige unzufriedene Knechte Tronkas wegen der Aussicht auf Beute anschließen. Vor seinem Angriff auf Wittenberg verfaßt er ein Mandat, in dem er „,jeden guten Christen', wie er sich ausdrückte, ,unter Angelobung eines Handgeldes und anderer kriegerischer Vorteile' aufforderte, ,seine Sache gegen den Junker von Tronka, als dem allgemeinen Feind aller Christen, zu ergreifen'" (S. 30), eine Aufforderung, die ihm „bei dem Klang seines Geldes und der Aussicht auf Beute, unter dem Gesindel, das der Friede mit Polen außer Brot gesetzt hatte, Zulauf in Menge verschaffte: dergestalt, daß er in der Tat dreißig und etliche Köpfe zählte, als er sich zur Einäscherung von Wittenberg, auf die rechte Seite der Elbe zurückbegab" (S. 30). Auch der Aufruf an das Volk von Schloß Lützen aus, „sich zur Errichtung einer besseren Ordnung der Dinge, an ihn anzuschließen" (S. 34) bleibt ohne Folgen, wenn auch sein Trupp schon vorher „durch die sonderbare Stellung, die er in der Welt einnahm, auf hundert und neun Köpfe herangewachsen" (S. 33 f.) war. Zwar sind auch die Bewohner des Landes Sachsen dem Junker von Tronka keineswegs gut gesinnt und nennen ihn – während seines Aufenthaltes in Wittenberg – „einen Blutigel, einen elenden Landplager und Menschenquäler, den Fluch der Stadt Wittenberg, und das Verderben von Sachsen" (S. 32 f.), aber diese Empörung reicht keineswegs dazu aus, daß sie sich mit Kohlhaas gegen die korrupte Adelsherrschaft verbünden; im Gegenteil: die Furcht vor dem „Mordbrenner" (S. 33) und die Furcht um ihren Besitz flößen ihnen vor ihrem potentiellen Befreier nur Entsetzen ein und den dringenden Wunsch, den Junker Wenzel aus ihrer Stadt zu entfernen. Ähnlich verhält sich die Bürgerschaft von Dresden: „in einer dringenden Supplik" gibt sie der Landesregierung zu verstehen, sie wolle „vor Überwältigung des Mordbrenners, von dem Aufenthalt des Junkers in der Residenz nichts wissen" (S. 33). Auch die Bürger von Leipzig und ihr Magistrat, „der den Reichtum der Stadt nicht aussetzen wollte" (S. 35) zeigen keinerlei Sympathie für den Rebellen, der doch angeblich ihre Sache verficht.

Martin Luther, als Sprecher dieser städtisch-bürgerlichen Gesellschaft, weist darum auch bestimmt Kohlhaasens Anspruch ab, für eine gerechtere Ordnung des Staates zu kämpfen: „Das Schwert, wisse, das du führst, ist das Schwert des Raubes und der Mordlust, ein Rebell bist du und kein Krieger des gerechten Gottes, und dein Ziel auf Erden ist Rad und Galgen, und jenseits die Verdammnis, die über Missetat und Gottlosigkeit verhängt ist" (S. 36). Auch während seines Aufenthaltes in Dresden bleibt diese ambivalente Haltung des Volkes ihm gegenüber bestehen. Einerseits bestaunt ihn die Menschenmenge als den „Würgengel . . . der die *Volksbedrücker* mit Feuer und Schwert verfolgte" (S. 46), aber das Interesse ist nicht unmittelbar ein revolutionäres Interesse, es ist (wegen der Aussichtslosigkeit eines solchen Unternehmens) zu Schaulist, Neugier und Sensationslust verkümmert: „man mußte die Haustür vor dem Andrang des neugierigen Haufens verriegeln, und die Jungen kletterten an den Fenstern heran, um den Mordbrenner, der darin frühstückte, in Augenschein zu nehmen" (S. 46). Auch bei der Ankunft der beiden Rappen findet sich ein „von Augenblick zu Augenblick sich vergrößernder Haufen von Menschen, den das Schauspiel herbeigezogen" (S. 50) ein, die sich dem Junker gegenüber durchaus feindlich benehmen. Der für den Junker unangenehme Auftritt gipfelt in der Weigerung eines seiner Knechte, die „unehrlichen" Pferde anzurühren, in dem Wutausbruch des Kämmerers und der Empörung des Volkes über die Behandlung des Knechtes. Nur die „Erscheinung eines Trupps berittener Landsknechte" (S. 54) rettet die Tronkas vor der Wut der Menge. Wenn hier auch Kohlhaasens Beispiel und das Verhalten der Junker eine kurze Rebellion heraufbeschwört, so siegt doch der Pakt der „Gemäßigten und Besseren" mit dem Fürsten, also wohl der Wohlhabenderen, die von einer Revolte nichts Gutes zu erwarten haben. Deren beiderseitiges Interesse besteht darin, gegenüber den „Straßenjungen und Tagedieben" (S. 55) die Ordnung aufrechtzuerhalten – wie Kohlhaas selbst an einer Revolte, deren Ursachen für ihn nun beseitigt zu sein scheinen, nicht mehr interessiert ist. Die wohlhabenderen Bürger, durch den Aufruhr erschreckt, neigen nun sogar dazu, Kohlhaasens an sich gerechte Sache zu verurteilen, da sie durch seine Handlungen und den durch sie indirekt verursachten Tumult, ihre eigene Sicherheit gefährdet sehen: „Man fand das Verhältnis desselben zum Staat ganz unerträglich, und in Privathäusern und auf öffentlichen Plätzen, erhob sich die Meinung, daß es besser sei, ein offenbares Unrecht an ihm zu verüben, und die ganze Sache von neuem niederzuschlagen, als ihm Gerechtigkeit, durch Gewalttaten ertrotzt . . . zukommen zu lassen (S. 55).[18]

Man kann also nicht gut behaupten, daß in Michael Kohlhaas, „angesichts der Übermacht einer machiavellistischen, nur eigensüchtigen Staatsräson und damit der Entheiligung dieses Staates, d. h. der geschichtlichen Ordnung überhaupt, in der er leben soll", als Einzigem „das Bewußtsein der Heiligkeit der staatlichen Rechtsgemeinschaft" zum Erlebnis wird und daß er so die Berufung erfährt, „für sich und alle seine Mitbürger diese wahre, allein eine ursprüngliche und wesenhafte Ordnung sichernde Gemeinschaft zu errichten".[19] Zwar tritt Kohlhaas zeitweilig mit einem ähnlich formulierten Anspruch auf – aber, und das scheint mir bezeichnend, von diesem Anspruch ist nur solange die Rede, als der das Volk für seine Sache zu gewinnen hofft. Nachdem man ihm die Wiederaufnahme seines Prozesses zugesichert hat, schickt er seine Anhänger heim und verhält sich dem rebellierenden Volk in Dresden gegenüber ablehnend; ja, er bemerkt ausdrücklich, daß er „so wie die Sachen standen, überhaupt noch zur Entscheidung seines, im besten Fortgang begriffenen Rechtsstreites, keiner Hülfe von Seiten eines Dritten bedürfe" (S. 58 f.), als Johann Nagelschmidt erneut die Kohlhaassche Bande zusammenruft, um die einträgliche Räuberei fortzusetzen – unter dem Vorwand „über die Befolgung der ihnen von dem Kurfürsten angelobten Amnestie zu wachen" (S. 57).

So nahe es also in den Jahren der Niederschrift der Erzählung gelegen haben mag, Kohlhaas als revolutionären Führer des Volkes darzustellen, ihn gewissermaßen als Gegenstück zu Schillers Karl Moor zu entwerfen, so wenig ist Kleist bei der Niederschrift der Erzählung auf solcherlei Gedanken eingegangen.[20] Abgesehen von einigen übersteigerten Ansprüchen in seinen Mandaten gibt es in der Erzählung keine Anzeichen dafür, daß Kleist hier der besonderen Form des Anarchismus, wie er sich während der Sturm- und Drangjahre herausbildete, also der Freiheitsrhetorik der großen außergewöhnlichen Gestalt, zuneigt. Michael Kohlhaas ist nicht der erträumte *Citoyen*, der für das Ganze handelt, er ist der reale *Bourgeois*, der nur sein eigenes Recht durchsetzt. Gewiß steht, wie Müller Seidel meint,[21] das Ganze der gesellschaftlichen Ordnung in Frage; der Fehler von Michael Kohlhaas ist aber gerade, daß er das nicht begreifen kann, daß er nicht das Ganze mit dem ganzen Volk zusammen verändern will, sondern nur sein eigenes Unrecht als einzelner. Ganz richtig sieht Karl Schultze Jahde: „Die Selbsthilfe ist doch nur ein Umweg zu derselben Welt, in der er sich bisher gefiel, für chiliastische Zukunftsstaatlerei und rechtsfreies Friedensparadies ist Kohlhaas zu nüchtern auf die Bedingnisse *seines gewerblichen Alltags* gestellt".[22]

Worum geht es also im „Michael Kohlhaas"? Um die „Ordnung" als „Weltordnung"[23] wohl nicht. Noch nicht einmal um eine grundsätzliche Neuordnung des Verhältnisses von Individuum und Staat, wie sie die Französische Revolution kurz vorher doch wenigstens angestrebt hatte. Dazu war Deutschland auch während der Napoleonischen Epoche noch nicht reif. Es geht allein um eine – ziemlich zaghafte – Neubestimmung der Beziehungen zwischen dem besitzenden Bürgertum und dem aufgeklärten Fürsten, also trotz Revolte und Gewalttat um eine bescheidene Reform – eine Reform, die zudem auf der Erfüllung eines Paktes bestand, den der aufgeklärte absolute Fürst implizite schon lange mit dem Bürgertum geschlossen hatte; eine Reform, die zudem durchaus in das zeitgenössische Programm der preußischen Reformer paßte, die sich in denselben Jahren anschickten, das Bestehende angesichts der revolutionären und napoleonischen Drohung durch einige Änderungen grundsätzlich zu erhalten. Die Einlösung des Versprechens, die in der Rede vom „ersten Diener des Staates" implizite enthalten ist: daß der Staat nicht mehr des Fürsten wegen da sei, sondern umgekehrt der Fürst des Staates wegen; daß also der Sinn des Staates, wenn er überhaupt einen Sinn hat, der Schutz der Rechte des Bürgers sei, ist immerhin für das im europäischen Sinn damals rückständige Deutschland ein wichtiger Schritt vom „absoluten Kabinettsstaat zum freiwillig verantworteten Volksstaat";[24] daß schließlich in dem anonymen Gewirr der Zuständigkeiten der Fürst als der bezeichnet wird, der letztlich sich auch dem Einzelnen gegenüber für den Staat zu verantworten hat. Diese „radikale" Auffassung wird allerdings dadurch wieder abgeschwächt, daß der Fürst nicht für das verantwortlich gemacht werden kann, was ihm an Ungerechtigkeiten unbekannt bleibt; daß er zwar solche Korruption bestrafen muß, wenn er sie nachträglich entdeckt, nicht aber selbst zur Rechenschaft gezogen werden kann; daß also trotz der „grundsätzlich" neuen

Auffassung vom Verhältnis des Bürgers zum Staat sich soviel doch nicht ändert. Die Problematik solcher unsicherer und zweifelhafter Kompromisse wird undeutlich und verschwimmt in der Schlußapotheose der „absoluten" Gerechtigkeit, in der ein Menschenleben gegen zwei Pferde eingehandelt wird – eine grandiose und erschreckende Sicht in eine Welt, die die Gerechtigkeit nicht als Dienerin des Menschen zur Aufrechterhaltung erträglicher menschlicher Beziehungen, sondern als abstrakte Gerechtigkeit „an sich" (also losgelöst von ihren konkreten Zwecken) betrachtet – aber damit deren Funktion als Mittel zur Erhaltung des absolutistischen Staates mystisch vernebelt.

Kleist erzeugt so zwar die Fiktion, daß die das Recht durchsetzende Gewalt auf der freien Einsicht und dem vernünftigen Willen aller Einzelnen beruht – aber diese Fiktion wird gerade dann am unglaubwürdigsten, wenn sie am konsequentesten durchgeführt wird, wenn nämlich Kohlhaas seinem eigenen Todesurteil zustimmt, solange nur sonst Recht geschieht. Aber hinter dieser Fiktion beginnen sich doch gewisse gesellschaftliche Realitäten abzuzeichnen. Vielfach überdeckt durch idealisierende Gesten versteckt sich im „Michael Kohlhaas" die Krise eines Bürgertums, das zwar im Zuge aufklärerischer (spezifisch: rousseauscher) Rechts- und Staatsvorstellungen die als Schranken empfundenen Grenzen des absoluten Feudalstaates zu überwinden versucht, das aber aus Furcht vor der Revolte der besitzlosen Massen (repräsentiert zum Beispiel in der Gestalt des Nagelschmidts[25] und seines „zu allen Schandtaten aufgelegten Gesindels" und den Dresdner „Tagedieben") die letzten Konsequenzen aus seinem eigenen Denken nicht zu ziehen wagt, die Besitzlosen als Bundesgenossen ablehnt und sie als „nichtsnutzig", „Spitzbuben" und „Tagediebe" defamiert, um ihre Ansprüche von vornherein als gesetzlos abwehren zu können, und lieber einen faulen Kompromiß mit dem absoluten Fürsten und damit der realen auf Gewalt fußenden Herrschaft aufrechterhält, als die eigene und die Unzufriedenheit der Masse als revolutionäre Triebkraft gegen das Fürstentum einzusetzen. Das Bürgertum kommt allerdings so unter Umständen wie Kohlhaas in die Zwangslage, seine eigene Vernichtung wollen zu müssen, um die Zerstörung seiner eigenen Basis durch die Masse zu verhindern. Hier bereits begegnen wir einem Problem, das Kleist in seinen Erzählungen immer wieder ansprechen wird: dem Widerspruch zwischen dem in der konkreten Tat wurzelnden Rechtsgefühl des Individuums und den von außen an den Einzelnen herangetragenen, abstrakten Gesetzesnormen. In unserer Erzählung glaubt Kleist noch, was ihm später mehr und mehr zweifelhaft wird, daß der Einzelne sich in freier Zustimmung dem unpersönlichen und unzerstörbaren Gesetz aufopfern könne, um sich so durch die Strafe mit dem beleidigten Gesetz versöhnen zu können, ohne zu bedenken, daß gegen das abstrakte Gesetz des Staates immer „das ungeschriebene Gesetz der konkreten Selbstbehauptung das höchste Recht ist".[26] Für Kohlhaas ist noch „das Gesetz das Höchste" und „jeder Gedanke einer Vergebung ketzerisch": Kohlhaas muß seinem eigenen Todesurteil zustimmen und damit die als Gerechtigkeit getarnte Gewalt des Kurfürsten verherrlichen helfen, weil sonst seine private Rebellion zum Muster einer allgemeinen Revolution werden könnte. Ohne diese Zusammenhänge zu durchschauen, schildert Dürst den Vorgang doch ganz richtig, wenn er schreibt: „Nach Hegel kann das Gesetz ‚die Strafe nicht schenken, nicht gnädig sein, denn es höbe sich selber auf' . . . Solange indessen Gesetze überhaupt das Höchste seien, fährt Hegel fort, könne der Gerechtigkeit nicht entflohen werden: ‚solange muß das Individuelle dem Allgemeinen geopfert, d. h. es muß getötet werden' . . . Wer auf seinem Recht besteht und vom Recht leben will, muß nach diesem Recht verurteilt werden, wenn er dagegen verstößt".[27]

Diese Widersprüche,[28] die durch den „harmonischen" Ausgang der Erzählung verdeckt werden, sich aber in vielen inneren Brüchen der Erzählung manifestieren, machen aus dem „Michael Kohlhaas" ein Abbild des Bürgertums der Jahre 1805 bis 1811 (allerdings in die Mitte des 16. Jahrhunderts hinein verfremdet), einer Zeit also, die nach Kleists eigenen Worten „eine neue Ordnung der Dinge herbeiführen zu wollen" schien, aber in Deutschland nicht einmal „den Umsturz der alten" zuwege brachte.[29] Der grundsätzlichste dieser Widersprüche, aber auch der, der der Kritik bisher völlig verborgen bleiben mußte, ist der, daß es im „Michael Kohlhaas" um die Rechtsordnung des Staates geht, um eine Frage der politischen Gesellschaft also, daß aber die Kontrahenten der Auseinandersetzung immer nur Einzelne sind, niemals Gruppen, Klassen oder das Volk als ganzes. Kohlhaas versucht gewissermaßen im Alleingang zu tun, was dem Bürgertum als Klasse im 17. und 18. Jahrhundert nicht gelungen ist: die gerechte Gesellschaftsordnung herzustellen, oder in Kohlhaasens eigenen Worten: „zur Errichtung einer besseren Ordnung der Dinge" (S. 34) beizutragen. Da der Bürger nie den echten Verbündeten kennt – er ist ja durch sein Konkurrenzverhältnis mit allen anderen grundsätzlich auf sich allein gestellt –, muß er als Einzelner, trotz heroischer Übersteigerung seines Ichs „tragisch" an der Aufgabe scheitern, die nur die Gesellschaft als Ganze lösen könnte.[30]

Die Überspitzung und das Absolutsetzen des Ichs, die dem „Michael Kohlhaas" und seinem Dichter oft vorgeworfen wurden, ja die ihm von Gegnern des Naziregimes geradezu die Anklage einbrachte, ein geistiger Vorläufer Hitlers gewesen zu sein, können nicht einfach abgelehnt werden. Aber sicher geht das Urteil Jean Cassous aus dem Jahre 1937 nicht nur zu weit, sondern ganz einfach fehl: „Scheußliche Übersteigerung von Minderwertigkeitskomplexen, keinerlei begründete Ansprüche, aber Freude daran, Ansprüche um der Ansprüche willen zu erheben, Menschen- und Götterdämmerung, Verherrlichung einer kosmischen Sintflut: der ganze Hitler ist da".[31] Zwar hat sich der nationalsozialistische Literaturbetrieb Kleists freudig angenommen und ihn zum „Eck- und Grundpfeiler eines Spielplans der stählernen Romantik" erhoben und ihn als „Kreuzungen für unser neues bluts- und ehrbewußtes Wollen" angerufen und sich nicht gescheut, in ihm den „Instinkt der germanisch-deutschen Rasse gegen Bändigung, Zähmung und Entartung ihres Lebens durch alles fremde Gedankengut"[32] zu bestätigen; aber auch diese Urteile beruhen auf einem Mißverständnis, wenn nicht platter Ignoranz.[33]

Gerade Kohlhaas zeigt keine „Minderwertigkeitskomplexe", er zeichnet sich vor allen anderen Gestalten der Erzählung durch ein starkes Selbstbewußtsein und eine lobenswerte Zivilcourage aus, die keinerlei pathologische Übersteigerung zeigt (sieht man einmal von seinen Mandaten ab), sondern im Gegenteil ruhiges, fast unnatürlich sorgfältiges Abwägen aller gesetzlich möglichen Schritte. Gerhard Fricke zeigt, wie Kohlhaas selbst auf grobe und unbegründete Zumutungen der Tronkas „höflich, sachlich, bescheiden" antwortet und ohne nachtragenden Groll ob der erlittenen Schikane mit dem Junker spricht. „Er zeigt sich hier wie vorher vor dem Schlagbaum als das erstaunliche Gegenteil eines Starrkopfes und Rechtsfanatikers. Er weiß, wie es in der Welt zugeht und daß der Schwächere und Klügere, mag er zehnmal im Recht sein, gut tut, nachzugeben".[34] Daß Kohlhaas keinerlei gesetzlich begründete Ansprüche hat, kann niemand ernstlich behaupten, der die Erzählung wirklich gelesen hat und der die allmähliche Steigerung der Ungerechtigkeit von der Gewalttätigkeit der Tronkasippe bis zu dem höchst undurchschaubaren korrupten Treiben der höheren Staatsbeamten verfolgt hat. Gewiß vertritt Kohlhaas diese Ansprüche auch dann noch, wenn ein übermächtiger, anonymer Staatsapparat keinerlei Aussicht auf Erfüllung seiner gerechten Ansprüche bietet, wenn also die meisten schon vor der Übermacht resigniert hätten – gewiß, Starrköpfigkeit und Trotz spielen da eine Rolle, aber es ist eine Art von Starrköpfigkeit, ohne die ein Bürger eines absoluten und korrupten Feudalstaates seine Interessen nicht durchsetzen kann.[35] Schließlich sehe ich das Ende keineswegs als „Verherrlichung einer kosmischen Sintflut", denn es geht Kohlhaas keineswegs darum, Recht geschehen zu lassen, was immer sonst geschehen mag; keineswegs vertritt er die Auffassung, es geschehe Recht, wenn auch die Welt dabei untergehe. Im Gegenteil, seine verantwortungsvolle und gewissenhafte Auseinandersetzung mit Luther zeigt gerade, daß er sich der Grenzen seiner selbstherrlichen Rechtsfindung durchaus bewußt ist.

Dennoch sind Vorwürfe dieser Art, zu der auch Goethes Wort von der „Hypochondrie" und dem „Widerspruchsgeist" gehören, nicht völlig aus der Luft gegriffen. Eine stark individualistische Haltung, die den Einzelnen dem Ganzen gegenübersetzt, ist in besonders konsequenter Weise durchaus ein Kennzeichen der Kleistschen Erzählung; allerdings darf man dabei nicht vergessen, daß der Konflikt zwischen dem privaten Interesse des Einzelnen und dem Staate in einer weniger scharfen Form ein Kennzeichen aller bürgerlicher Literatur der Zeit ist. Ja, man kann noch weitergehen, dieser Konflikt und verschiedene Versuche, ihn zu lösen, unterliegen eingestandenermaßen oder verdeckt allem, was das Zeitalter als geistige Objektivationen hervorgebracht hat, am deutlichsten aber der Rechtsphilosophie Hegels und dem *Code Napoléon*, der großen theoretischen und der großen praktischen Rechtslehre der Zeit, die beide an der Naturrechtslehre der vorrevolutionären Zeit weiterdenken und die beide die Errungenschaft der französischen Revolution, die abstrakte Gleichheit der Rechtspersonen, also die Gleichheit der Menschen unter formalen und generellen Gesetzen, mit der Notwendigkeit, diese abstrakte Freiheit zum positiv geltenden Gesetz zu machen, zu verbinden suchen, und die beide aus denselben inneren Widersprüchen eine ein für allemal geltende Synthese nicht zustandebrachten: Widersprüche, die in der einen oder anderen Form aller „bürgerlicher" Rechtslehre und jedem „bürgerlichen" Gesetzbuch immanent sein müssen. Diese Widersprüche ergeben sich daraus, daß drei Grundsätze als geschichtsunabhängige und voraussetzungslose Prämissen des abstrakten Rechts eingeführt werden: Besitz, Eigentum und Vertrag,[36] und damit die neurotischen Zwangsstrukturen von Konkurrenz und abstraktem Individualismus – abstrakt deswegen, weil bei aller richtigen Betonung der individuellen Freiheit von der konkreten Bindung des Individuums an die Gesellschaft abgesehen wird, und weil man glaubte, das Recht des Individuums aus der abstrakten Logik des Naturrechts statt aus dem Konsensus der Gemeinschaft herleiten zu können. Horkheimer kennzeichnete diese Zwangsstrukturen der „liberalen" Gesellschaft so:

> Je reiner die bürgerliche Gesellschaft zur Herrschaft kommt, je uneingeschränkter sie sich auswirkt, desto gleichgültiger und feindseliger stehen sich die Menschen als Individuen, Familien, Wirtschaftsgruppen, Nationen und Klassen gegenüber, desto mehr gewinnt das ursprünglich fortschrittliche Prinzip des freien Wettbewerbs auf der Grundlage sich verschärfender ökonomischer und sozialer Gegensätze den Charakter des dauernden Kriegszustandes nach innen und nach außen. Alle, die in diese Welt hineingezogen werden, bilden die egoistischen, ausschließenden, feindseligen Seiten ihres Wesens aus, um sich in dieser harten Wirklichkeit zu erhalten.[37]

In dieser Erkrankung des Ichs, die zwar bei Kohlhaas noch nicht die ausgebildet pathologischen Züge der bürgerlichen Spätzeit, aber ohne Zweifel schon einige ekstatisch übersteigerte Züge der ersten großen Krise des Bürgertums zeigt, tritt er als Einzelner allen anderen Menschen gegenüber.

Dieser verzweifelte Kampf des Einzelnen trägt bereits Anklänge an gewisse Züge des Größen- und des Verfolgungswahns.[38] Gleichzeitig läßt Kleist durchblicken, daß dieser „Wahnsinn stockblinder Leidenschaft" (S. 35) keine rein private Erkrankung, sondern eine gesellschaftlich bedingte Neurose ist. Gewiß ist es „Schwärmerei krankhafter und mißgeschaffener Art" (S. 30), wenn Michael Kohlhaas sich in folgerichtiger Steigerung zunächst einen „Reichs- und Weltfreien, Gott allein unterworfenen Herrn" (S. 30), dann einen „Statthalter Michaels, des Erzengels, nennt, der gekommen sei, an allen, die in dieser Streitsache des Junkers Partei ergreifen würden, mit Feuer und Schwert, die Arglist, *in welcher die ganze Welt versunken sei*, zu bestrafen" (S. 34) und dieses Mandat „in einer Art von Verzückung" unterzeichnet: „Gegeben auf dem Sitz unserer provisorischen Weltregierung, dem Erzschlosse zu Lützen" (S. 34). Kohlhaas wird für einen Augenblick zum Zentrum der Welt, die Welt zum bloßen Anlaß für seinen Wahnsinn. Der Wahnsinn, der in der Realität keinen festen Halt mehr findet, entartet zur fixen Idee: „er, Kohlhaas, habe die Stadt in Brand gesteckt, und werde sie, wenn man ihn den Junker nicht ausliefere, dergestalt einäschern, daß er . . . hinter keiner Wand werde zu sehen brauchen, um ihn zu finden" (S. 30).

Besonders interessant ist es, daß Kohlhaas in den Augenblicken, in denen er einer krankhaften Übersteigerung seiner Ansprüche am nächsten kommt, auf religiöse Ansprüche zurückgreift – besonders, wenn er sich einen Statthalter Michaels auf Erden nennt. Kleist läßt hier Anklänge an Thomas Münzer und all jene halb religiösen, halb sozialistischen Bauernbewegungen der Lutherzeit laut werden, die die Rolle des Michael Kohlhaas mit einem Anspruch belasten, dem er in Wirklichkeit wenig entspricht: dem Anspruch, auf Erden, Friede, Freiheit und eine neue rechtliche Ordnung einzuführen, kurz, für die Wiederherstellung eines irdischen Paradieses zu arbeiten. Wie schon mehrfach gesagt, spricht sehr wenig in der Erzählung dafür, daß Kohlhaas für mehr als nur die Wiedergutmachung eines ganz persönlichen Unrechts kämpft. Es scheint mir daher falsch, wie Joachim Kreutzer zu sagen: „Es geht Kohlhaas keineswegs um ein privates Rechtsgefühl".[39] Zwar heißt es, daß Kohlhaas „mit seinen Kräften der Welt in der Pflicht verfallen sei, sich Genugtuung für die erlittene Kränkung und Sicherheit für die zukünftigen seinen Mitbürgern zu verschaffen" (S. 11) und „daß es ein Werk Gottes wäre, Unordnungen gleich dieser, Einhalt zu tun" (S. 16), aber wenn Kohlhaas tatsächlich über sein ihm angetanes Unrecht hinausdenkt, dann doch nur soweit, als jedes irgendeinem Einzelnen angetane Unrecht als Verletzung der allgemeinen Rechtsordnung eben außer dem Einzelnen auch alle anderen bedroht. Es dürfte inzwischen deutlich sein, daß Kohlhaas (bei aller persönlicher Frömmigkeit) sich der chiliastischen Erwartungen der Massen, die sich während dieser turbulenten Jahre der Reformation ein auf Erden zu verwirklichendes Paradies erhofften, für seine eigenen Zwecke bedient. Trotz der Auflehnung gegen die Herrschenden versucht Kohlhaas ja gar nicht, die gesellschaftliche Ordnung als Ganze umzustürzen und eine neue Gesellschaftsordnung herbeizuführen, wie sie dem Volk in Erinnerung an neutestamentarischen Kommunismus vielleicht vorschweben mochte. Dennoch ist in dem religiösen „Wahnsinn" Methode: durch die Aufspreizung seiner Person in seinen Mandaten versucht Kohlhaas sich jene Weihe und Autorität zu geben, die dem Rebellen gegen die Staatsgewalt als einfachem Bandenführer fehlt.[40] Damit stärkt er nicht nur sein eigenes Selbstbewußtsein, sondern versucht auch seiner Räuberbande diese Sicherheit zu geben und den Bürgern des Landes die gedankenlose Selbstsicherheit des pharisäischen Staatsbürgers gegenüber dem „Kriminellen" zu nehmen. Und gerade in dieser letzteren Absicht hat er durchaus Erfolg: die Bürger betrachten den „Mordbrenner" mit einer aus Grauen und Neugier gemischten Ehrfurcht, die ihre Abwehrkraft gegenüber den aus der Gemeinschaft ausgeschlossenen weitgehend lähmt. Innerhalb seiner eigenen Bande ist Michael Kohlhaasens religiöse Statthalterschaft allerdings nicht mehr als eine Pose, die schon dadurch entlarvt wird, daß er für die meisten seiner Anhänger, die ja die neue Ordnung für ihn verwirklichen sollten, nichts als Verachtung übrig hat. So hatte Kohlhaas den Nagelschmidt „wegen auf dem platten Lande verübter Notzucht und anderer Schelmereien, kurz vor Auflösung des Haufens in Lützen . . . hängen lassen wollen" und spricht in einem Brief von dem „um ihn versammelten Gesindel" (S. 59).

Erhellend für die Stellung des Michael Kohlhaas in seiner Gesellschaft ist vor allem seine Beziehung zu Martin Luther.[41] Gleich beim ersten Eingreifen Luthers in den Gang der Handlung spricht Kohlhaas von dem „teuersten und verehrungswürdigsten Namen, den er kannte, von dem Namen Martin Luthers" (S. 37). Einer der Höhepunkte der endgültigen Versöhnung Kohlhaasens mit dem Gesetz ist „die Genugtuung, den Theologen Jakob Freising, als einen Abgesandten Doktor Luthers, mit einem eigenhändigen, ohne Zweifel sehr merkwürdigen Brief, der aber verlorengegangen ist, in sein Gefängnis treten zu sehen, und von diesem geistlichen Herrn in Gegenwart zweier brandenburgischen Dechanten, die ihm an die Hand gingen, die Wohltat der heiligen Kommunion" (S. 89) zu empfangen. Man sollte aus dieser Beziehung keine allzuweitgehenden Schlüsse ziehen, aber im Zusammenhang mit den schon analysierten Indizien auch nicht übersehen, wenn sogar ein der soziologischen Analyse durchaus abgeneigter Theologe nicht umhin kann zuzugestehen, daß er der Reformation „im ganzen einen bürgerlichen Charakter zuerkennen will und in einem gewissen Sinne auch kann, wenn man sie gegen die seigneurale frühmittelalterliche Kirche und die demokratisch proletarisch infizierten Sekten kontrastiert".[42] So sehr Michael Kohlhaas in seinen eigenen Verlautbarungen, in denen er ja ein besitzloses Proletariat von entlassenen Soldaten, herrenlosen Knechten und verarmten Städtern anspricht, im Ton der plebejischen Sektierer spricht, so sehr ist er doch andererseits ganz dem Bürgertum und seiner Form der Religion verpflichtet. Wie Luther selbst konnte Michael Kohlhaas sich nicht allein auf das besitzende Bürgertum stützen, seine Rebellion gegen den korrupten (übrigens bezeichnenderweise katholischen) Hof und Hofstaat von Dresden konnte nur mit Hilfe der Armen und Besitzlosen gelingen:

> Als Luther 1517 zuerst gegen die Dogmen und die Verfassung der katholischen Kirche auftrat, hatte seine Opposition durchaus noch keinen bestimmten Charakter. Ohne über die Forderungen der früheren bürgerlichen Ketzerei hinauszugehen, schloß sie keine einzige weitergehende Richtung aus und konnte es nicht. Im ersten Moment mußten alle oppositionellen Elemente vereinigt, mußte die entschiedenste revolutionäre Energie angewandt, mußte die Gesamtmasse der bisherigen Ketzerei gegenüber der katholischen Rechtsgläubigkeit vertreten werden.[43]

Aber schließlich schloß sich Luther der bürgerlichen, adligen und fürstlichen Seite an und ließ die popularen Elemente der Bewegung fallen:

> In Deutschland waren die besitzenden Bürgerkreise, von welchen die Entwicklung zu jener Zeit getragen war, in ihrer ganzen Politik auf die territorialen Fürsten angewiesen. Daß Luther sich diesen völlig unterwarf, folgt aus dem Wesen seiner ganzen Wirksamkeit . . . aus seiner gesamten Lage heraus mußte er dazu gelangen, der Obrigkeit eine höhere Stellung anzuweisen, als sie bisher jemals in der christlichen Welt besessen hatte.[44]

So ist Luther in Kleists Erzählung durchaus gezeichnet: zunächst ist er befremdet durch Kohlhaasens scheinbar proletarisches Sektierertum. Bezeichnenderweise hält Luther dem vermeintlichen auf der Seite der Plebejer kämpfenden Sektierer das Mißverhältnis zwischen dem „nichtigen Gut", um das der Streit gehe, und dem kaum noch absehbaren Schaden an Gut und Blut, der deswegen angerichtet sei, vor.[45] Der Arme soll eben nicht um sein eigenes „nichtiges Gut" das „höhere Gut" der besitzenden Klassen vernichten. Kohlhaasens Mandate kann er daher nur als Vermessenheit gegen die von Gott eingesetzte Obrigkeit interpretieren:[46]

> Kohlhaas, der du gesandt zu sein vorgibst, das Schwert der Gerechtigkeit zu handhaben, was unterfängst du dich, Vermessener, ihm Wahnsinn stockblinder Leidenschaft, du, den die Ungerechtigkeit selbst vom Wirbel bis zur Sohle erfüllt? (S. 36)

Das ist derselbe Luther, der gegen die Bauern geschrieben hat:

> (Es) ist in der Welt not ein strenges, hartes, weltliches Regiment, das die bösen zwinge und dringe, nicht zu nehmen noch zu rauben und wiederzugeben, was

sie borgen, ob's gleich ein Christ nicht soll wiederfordern noch hoffen; auf daß die Welt nicht wüste werde, Friede untergehe, und der Leute Handel und Gemeinschaft gar zunichte werde, welches alles geschehen würde, wo man die Welt nach dem Evangelico regieren und die Bösen nicht mit Gesetzen und Gewalt treiben und zwingen sollte, zu tun und zu leiden, was recht ist.[47]

Als Luther aber einsieht, daß Kohlhaas, wie er selber, sich des proletarischen „Gesindels" nur bedient hat, um einen rechtmäßigen Prozeß einzuleiten, daß seine sektiererischen Mandate also keine wirkliche Parteinahme für die Armen bedeuten, daß es nicht auf den Umsturz der bestehenden Ordnung hinausläuft, ist er bereit, sich für Kohlhaas beim Kurfürsten zu verwenden: „schau her, was du forderst, wenn anders die Umstände so sind, wie die öffentliche Stimme hören läßt, ist gerecht". (S. 40)! Luther sagt daher zu, „er wolle mit dem Kurfürsten seinethalben in Unterhandlung treten" (S. 40) und tut dies auch in einem Brief, der an Deutlichkeit in Hinblick auf die Handlungen der „Herren Hinz und Kunz, Kämmerer und Mundschenk von Tronka, welche die Klage, wie allgemein bekannt war, unterschlagen hatten", nichts zu wünschen übrig läßt – wie sich Luther tatsächlich gegenüber dem Feudaladel auch sonst kein Blatt vor den Mund genommen hat: „. . . es ist der Dreck auch vom Adel und mag sich wohl rühmen, er komme aus des Adlers Leibe, ob er wohl stinkt und nichts nütze ist".[48] Luthers Verhältnis zu den politischen und religiösen Parteien seiner Zeit ist also im „Michael Kohlhaas" in den wesentlichen Zügen ganz richtig abgebildet; denn Luther schlug sich auf die Seite der begünstigten Gruppen der sozialen Entwicklung des 16. Jahrhunderts, und das waren „das bürgerliche Patriziat, und das territoriale Fürstentum, die aristokratischen Schichten, die neuen partikularen Obrigkeiten der Stadt und des Landes", und gegen die weniger begünstigten Gruppen, „die Massen, das städtische Proletariat, die Bauern, und mit ihnen der mit dem bäuerlichen Schicksal verknüpfte . . . demokratisch charakterisierte kleine Adel des Landes".[49]
Allerdings unterscheidet sich Kohlhaasens Rechtsauffassung in einem ganz wesentlichen Punkte von der Luthers: Luther sieht das Recht als ein für allemal von Gott gegeben und nicht aus der Geschichte herausgewachsen an. Die Gesellschaftsordnung besteht nicht nur de facto, sie ist auch nach göttlichem Recht so, wie sie ist.[50] Für ihn gibt es daher bei aller Sympathie mit Kohlhaas keine Situation, in der der Untertan, von dem er völlige Unterwerfung unter den von Gott eingesetzten Souverän fordert, das Recht in eigene Hände nehmen darf. Kohlhaasens Auffassung, daß er, den das Recht des Staates nicht schützte, aus der Gemeinschaft der Menschen verstoßen sei, ist für ihn eine völlig unbegreifliche „Raserei des Gedankens" (S. 38). Dieses „göttliche Recht", das sich so augenfällig mit den Privilegierten verbündet, weist Kohlhaas zweimal ausdrücklich zurück: das erstemal, als er der stummen Bitte seiner sterbenden Frau, seinen Feinden zu verge-

ben, antwortet: „So möge mir Gott nie vergeben, wie ich dem Junker ver-
gebe", das zweitemal, als Luther von ihm verlangt, dem Junker zu vergeben: „‚Hochwürdiger Herr‘, sagte Kohlhaas errötend, indem er seine Hand
ergriff, – nun? – ‚der Herr auch vergab allen seinen Feinden nicht. Laßt
mich den Kurfürsten, meinen beiden Herrn, dem Schloßvogt und Verwalter, den Herren Hinz und Kunz, und wer mich sonst in dieser Sache ge-
kränkt haben mag, vergeben: den Junker aber, wenn es sein kann, nötigen,
daß er mir die Rappen wieder dick füttere.‘" (S. 41) Wenn Fricke die erste
Aussage Kohlhaasens so versteht, daß er bereit sei, „dem Junker zu vergeben, aber eben, wie man einem Erbärmlichen seine Erbärmlichkeit ver-
gibt",[51] dann steht das im Gegensatz zu Kohlhaasens tatsächlicher Handlungsweise und der klaren Absage an Luther später.

Es ist keineswegs richtig, in Luther, wie Gundolf meint, „das verkörperte
Gewissen, die gottgegebene Vernunft, das menschliche Maß"[52] zu sehen.
Zurecht betont Ruth Baumann gegen diese Auffassung: Luther „ist hier
nicht die ‚gottgegebene Vernunft‘, die Kohlhaas zur ‚Erkenntnis seines Unrechts‘ bringt, er ist der Vertreter des Staates und der Kirche."[53] Es ist ja
nicht die „radikale christliche Forderung"[54] Luthers, die Kohlhaas hier zu-
rückweist, sondern ihre gesellschaftliche Funktion, die Herrschenden vor
der Rache der Untertanen – aber nicht die Untertanen vor der willkürlichen
Gewalt der Herrschenden zu schützen.[55] Fricke selbst weist auf die gefährliche Zweideutigkeit in Luthers Gebrauch des Wortes „Vergebung" hin:
„Spricht Luther von der Bereitschaft des Christen, seinem Feinde vor Gott
zu vergeben – oder spricht er von jener Vergebung, die fünf gerade sein
läßt."[56] Tatsächlich verwischt Luther hier die Grenzen zwischen christli-
cher Nächstenliebe und einer politisch kommoden Religion, die in bedenk-
licher Weise echte religiöse Forderung mit weltlichen Zweckmäßigkeiten
verknüpft.

Aus all dem dürfte die gesellschaftliche Stellung von Michael Kohlhaas,
aber damit auch die Bedeutsamkeit der rechtlichen Problematik dieser Erzählung aus dem Zeitalter der Reformation für das Zeitalter der Französischen Revolution etwas schärfere Umrisse bekommen haben.

Es bleibt nun ein weiterer Problemkreis zu besprechen, die Wahrsagerin-Episode, die zunächst einmal scheinbar keinerlei Bezug zu den in diesem Aufsatz angesprochenen Problemen aufweist. Manche Kritiker haben
aber gerade diese Episode dazu benutzt, einen Gegensatz von natürlichem
und übernatürlichem Recht zu konstruieren und von daher für den „Michael Kohlhaas" eine irrational-metaphysische Rechtsauffassung zu postulieren, die unseren bisherigen Ergebnissen widerspricht. Aus diesem
Grunde müssen wir auch die Wahrsagerin-Episode in unsere Interpretation
mit einbeziehen.

In seiner Vorrede zu Kleists Hinterlassenen Schriften aus dem Jahre 1821 kritisiert Tieck „die phantastische Traumwelt" dieser Episode im „Michael Kohlhaas" und behauptet, diese „wunderbare Zigeunerin" passe nicht zu der realistischen Schreibweise des ersten Teils,[57] die den Leser „durch Wahrheit und Natur so lange angezogen hat",[58] und er, der selber Romantiker ist, wirft Kleist Nachgeben „an die gewöhnten Bedürfnisse der Lesewelt" vor.[59] Dem, der Kleist als romantischen oder existentialistischen Dichter versteht, bereitet diese Szene – wie auch andere, ähnliche Geister-, Gespenster- und Wundererscheinungen in Kleists Werk – wenig Kopfzerbrechen. Wenn nichts anderes hilft, kann man sie ja immer noch mystischtiefsinnig als Symbole deuten.[60] Demjenigen, der wie Tieck an Kleist gerade den „Realismus" bewundert, wird es bedeutend schwerer, in einer solchen Episode mehr als nur eine Verbeugung vor dem romantischen Zeitgeschmack zu sehen. Dennoch wird auch er, wenn er nicht den „Michael Kohlhaas" als ganzes verurteilen will, versuchen müssen, den Sinn dieser Episode in der Struktur der ganzen Erzählung zu deuten. So versucht z. B. John R. Cary das Werk „as a unified whole, including the apparently arbitrary plotting and the Romantic supernatural devices"[61] zu sehen und stellt die These auf „that the work centres in the struggle between the outlaw Kohlhaas and the Elector of Saxony".[62] Bereits dies erscheint mir als eine Vereinfachung, durch die die nicht weniger wichtigen Gestalten des Kurfürsten von Brandenburg, der verschiedenen Mitglieder der Tronka-Sippe, vor allen Dingen Wenzel von Tronka, der ja zunächst und bis weit in die Erzählung hinein als Gegner Kohlhaasens im Vordergrund steht, unzulässig vernachlässigt werden. Nicht weniger mißlich ist die Trennung von natürlichem und übernatürlichem Recht, die Cary einführen muß, um aus diesem Gegensatz heraus die Einheit der Novelle zu konstruieren: „The Elector attempts to fulfil the law of the realm in dealing with Kohlhaas, only to discover too late that from the very beginning, his relationship to this outlawed adversary was one which was governed not only by human, but also by extrahuman law. Kohlhaas, the rebel, has placed himself outside the jurisdiction of the human community, but supernatural law is on his side."[63] Diese Analyse ist von dem her, was wir bisher über Kleists Rechtsbegriff in dieser Erzählung gesagt haben, einfach falsch. Kleist würde Kohlhaasens Selbsthilfe gerade als das „natürliche" Recht – nämlich als das Recht des (rousseauschen) Naturzustandes – und ganz bestimmt nicht als „übernatürlich" beschrieben haben, während das Gesetz des Staates nicht nur „unnatürlich", weil staatlich organisiert und daher dem natürlichen Recht entfremdet, sondern zudem noch korrupt ist. Man kann zwar zugeben, „that the Elector of Saxony is nowhere shown to be acting in anything but good faith",[64] aber es stimmt nicht, daß er das Gesetz des Staates zu erfüllen sucht. Karl Schultz-Jahde behauptet, meiner Meinung nach mit Recht, egoistischer Opportunismus bestimme die Handlungen der Tronkas, Kallheims und des sächsischen Kurfürsten, staatsrechtlicher Opportunismus die Handlungen Luthers, Wredes, Geusaus und des brandenburgischen Kurfürsten.[65] Wenn wir den Kurfürsten von Sachsen aber mit dem Kurfürsten von Brandenburg vergleichen, dann schneidet der erste ziemlich schlecht ab. Zunächst einmal wälzt er viel zu viel von seiner absoluten Verantwortung für alles, was in seinem Staat geschieht, auf korrupte Untergebene ab (schon daß er so viele korrupte Untergebene hat, ist aufschlußreich). Auch dann, als ihm schließlich unter dem Druck der Verhältnisse endlich reiner Wein eingeschenkt wird, handelt er eher *taktisch richtig* als *gerecht* – selbst in der eingeschränkten Bedeutung von ‚den Gesetzen des Staates entsprechend'. So entscheidet er sich für die von Luther und dem Großkanzler Wrede vorgeschlagene Amnestie, nicht weil sie ihm gerecht, sondern bloß weil sie ihm angesichts „der allgemeinen Unzufriedenheit, die wegen der Unziemlichkeiten des Kämmerers im Lande herrschte" (S. 45) die einzige praktisch mögliche Handlungsweise erscheint, und weil die Anzahl der Anhänger von Kohlhaas inzwischen auf 400 gestiegen war und noch auf das Doppelte und Dreifache zu steigen drohte (S. 45). Man darf also wohl zu recht vermuten, daß der Kurfürst Kohlhaasens berechtigte Ansprüche ohne die Revolte auch dann nicht berücksichtigt hätte, wenn er von ihnen zu hören bekommen hätte, und eine Bestrafung der Tronkas nicht „zweckmäßig" erschienen wäre. Er sündigt auf diese Weise gegen den Geist des Vertrages zwischen Fürst und Untertan – nicht so sehr durch sein Handeln, als vielmehr durch sein passives Treibenlassen[66] – und zeigt damit eine ganz wesentliche Schwäche des absolutistischen Staates auf: er hängt ganz vom Charakter des Herrschers ab.

So gesehen ist es völlig verkehrt zu glauben, Kohlhaas vertrete eine absolute und transzendente Auffassung des Gesetzes gegen eine bloß geschriebene; dieser Unterschied ist angesichts der ganz abstrakten, naturrechtlichen Gesetzesauffassung im „Michael Kohlhaas" sowieso nicht zu vertreten. Kohlhaas beruft sich ja gerade auf das geschriebene Gesetz des Staates Sachsen, demzufolge seine Rechtssache gegen die Tronkas, wie ihm alle Rechtsgelehrten bestätigten, in der Tat ganz klar ist (S. 21). Nicht ein übernatürliches Recht berechtigt ihn zur Rebellion, sondern die Tatsache, daß ihm sein natürliches Recht vorenthalten wird, und daß er durch diesen Rechtsbruch aus der Gemeinschaft ausgestoßen wird. Schließlich bricht der Kurfürst von Sachsen das von ihm selbst gesetzte Recht der Amnestie, wenn er Kohlhaas verurteilen läßt, „mit glühenden Zangen von Schinderknechten gekniffen, geviertteilt, und sein Körper, zwischen Rad und Galgen, verbrannt zu werden" (S. 77). Dieser klare Rechtsbruch, der auch durch den verfänglichen Brief Kohlhaasens an Nagelschmidt nicht gerechtfertigt wird, zeigt, daß der Kurfürst selbst sich nicht an die Gesetze seines eigenen Landes hält – ganz abgesehen von den Umständen, die Kohlhaas

zu diesem Brief überhaupt erst treiben, also die Verwandlung der „Schutz-
haft" in eine wirkliche Haft, entgegen den ursprünglichen, rechtlich gültigen Vereinbarungen.[67]

Um eine Interpretation zu finden, die näher an Kleists Absichten ist, muß
man meiner Meinung nach die Episode mit der Wahrsagerin im Zusammenhang der ganzen Erzählung anders interpretieren. Auffällig ist zunächst einmal der in der Erzählung selbst klar herausgearbeitete Unter-
schied zwischen den Reaktionen des Kurfürsten von Sachsen und des
Kurfürsten von Brandenburg auf die Prophezeihungen der Zigeunerin.
Von Anfang an behandelt der Kurfürst von Brandenburg als aufgeklärter
Fürst die Wahrsagerei als einen Schwindel, den er höchstens der amüsanten
Abwechslung wegen mitmacht. Noch vor der Begegnung mit der Wahrsagerin beschließt er, „den Ruf dieser abenteuerlichen Frau . . . durch einen
Scherz im Angesicht alles Volkes zunichte zu machen". (S. 90) Auch die
Begegnung mit der Wahrsagerin flößt ihm keine tiefe Ehrfurcht ein. Zwar
ist er durch die gute Prophezeiung geneigt, fast wünschen zu wollen, die
Kunst der Wahrsagerin sei wahr, doch selbst danach zieht er noch in Erwägung, „die Prophezeiung (sei) eine alltägliche Gaunerei" (S. 93). Fast bis
zum Schluß dieses Zusammentreffens erweist sich der Kurfürst von Brandenburg also als „aufgeklärt". Allerdings ist auch er erstaunt, als der
Schlächterhund den toten Rehbock heranschleppt und „drei Schritte von
uns, verfolgt von Knechten und Mägden, auf den Boden fallen ließ" (S. 93),
ein Erstaunen, das bei einem ähnlichen Zufall wohl uns alle erfassen
würde.[68] Weitere Gedanken scheint sich der Kurfürst von Brandenburg
aber über diese Episode nicht gemacht zu haben, jedenfalls hören wir darüber nichts. Er scheint das alles als einen unerklärlichen, aber nichts weiter
zu bedeutenden Zufall abgetan zu haben.

Es ist der Kurfürst von Sachsen, der ganz anders reagiert, und der durch
seine Reaktion von Kleist als ein abergläubischer, hysterischer und etwas
schwächlicher Mensch gekennzeichnet wird, dem das Geschäft des Regie-
rens zu Unrecht anvertraut wird. Nicht durch die eigene Tatkraft und Um-
sicht, die eine so zweifelhafte (und im übrigen nie klar ausgesprochene)
Prophezeiung höchstens als Bestätigung des eigenen Wollens oder als An-
reiz zum eigenen Handeln sieht, sondern mit Neugier und krankhafter
Furcht vor dem Kommenden versucht der Kurfürst von Sachsen der Zukunft entgegenzutreten. Er, der nicht fest in sich selber ruht, wie der Kurfürst von Brandenburg, sondern passiv durch die Geschehnisse gedrängt
wird, berichtet über seinen Eindruck, als der Hund den toten Rehbock auf
den Markt schleift: „Der Blitz, der an einem Wintertag vom Himmel fällt,
kann nicht vernichtender treffen, als mich dieser Anblick" (S. 93), und er
setzt alles in Bewegung, um des Zettels habhaft zu werden, er versinkt endlich völlig in Selbstmitleid, Jammer und Apathie. Um ganz klar herauszu-

arbeiten, was er im Sinn hat, läßt Kleist auch noch zwei Astrologen namens Oldenholm und Olearius, „welche damals in Sachsen in großem Ansehen standen" (S. 98) auftreten und sich in durchsichtig unsinnigen Ratereien ergehen, so daß sie „nach einer, mehrere Tage lang im Schloßturm zu Dresden fortgesetzten, tiefsinnigen Untersuchung, nicht einig werden konnten, ob die Prophezeiung sich auf späte Jahrhunderte oder aber auf die jetzige Zeit beziehe, und vielleicht die Krone Polen, mit welcher die Verhältnisse immer noch sehr kriegerisch waren, damit gemeint sei" (S. 99). Bezeichnenderweise wird durch dieses leere Gerede, das Kleist ironisch als „gelehrten Streit" (S. 99) anspricht, „die Unruhe, um nicht zu sagen, Verzweiflung, in welcher sich dieser unglückliche Herr befand, nur geschärft und zuletzt bis auf einen Grad, der seiner Seele ganz unerträglich war, vermehrt." Man könnte auf Grund dieser Indizien Kleists ganze Wahrsagerinnen-Episode auch als Satire auf den Aberglauben und auf die den Aberglauben unterstützende romantische Schule lesen. Spätaufklärerische Schriftsteller, zu denen Kleist jedenfalls bedingt zu zählen ist, mokieren sich oft auf diese Weise über Hexenglauben und Wahrsagerei, man denke z. B. an Carl Ignaz Geigers „Hexen- und Gespensterpredigt", in der rein vordergründig „gegen die Aufklärung gepredigt und dem naiven Leser Amulette, Dreikönigswasser, Lukaszettel, Tolentinusbrot und Monikagürtel als einzig wirksamer Schutz gegen Hexen und Gespenster empfohlen"[69] werden. Es ist jedenfalls auffallend, daß Kleist diesen Teil der Erzählung nicht im „Phöbus" abdrucken ließ, also wohl erst in Berlin, rückblickend auf seine romantischen Freunde und die katholische Athmosphäre in Dresden schrieb, und es ist bezeichnend, daß seine romantischen Freunde sich gerade bei diesem Abschnitt des „Michael Kohlhaas" sehr unwohl fühlen.

Man kann sich fragen, warum Kleist soviel Mühe und soviel Papier nicht scheute, diesen ganz einfachen Kontrast von „aufgeklärt" und „abergläubisch" herauszuarbeiten! Meine These ist: weil es hier um das zentrale Thema der Erzählung geht. So zentral, daß Kleist um seinetwillen sogar ausgesprochene geschichtliche Fälschungen begeht; abgesehen davon, daß die ganze Wahrsagerinnen-Episode seine eigene Erfindung ist. Schon Tieck kritisierte: „und was soll man zu dem Kurfürsten selber sagen . . . der uns als ein romantischer, verliebter und seltsamer Phantast aufgeführt wird, da es doch nur Friedrich der Weise, oder der Standhafte sein können, die in den Umfang dieser Erzählung passen?"[70] Kleist brauchte aber als Gegengestalt zu seinem idealen Kurfürsten von Brandenburg eine Gestalt, die sich in einer ganz bestimmten Weise von diesem abhob; eine Gestalt, die zwar objektiv fast ohne Fehler war, die aber als Person das alte feudalistische und korrupte Fürstentum ebenso charakterisierte wie der Kurfürst von Brandenburg das aufgeklärte, moderne, dem fortschrittlichen Bürgertum nähere. In diesem Bild ist der Aberglaube, die Wahrsagerei und die Astrologie nicht nur ein Zug neben anderen, sondern der entscheidende, die innere

Verfassung des Kurfürsten von Sachsen aufdeckende Zug: er verrät den Kurfürsten von Sachsen als noch innerlich dem Mittelalter zuneigend: katholisch,[71] abergläubisch, feudalistisch und in seiner Moral noch durchaus dem bürgerlichen Bild von den losen Sitten bei Hofe entsprechend. Nur durch diese Charakterzüge erhält der an sich wertlose Zettel für Kohlhaas den Wert eines Pfandes.[72]

Die Katastrophe entsteht durch den Zusammenprall des „modernen", „aufgeklärten", bürgerlichen Kohlhaas mit einem noch „mittelalterlichen", korrupten Staat, der auf Grund seiner inneren Verfassung Kohlhaasens Rechtsanspruch überhaupt nicht ernst zu nehmen vermag. Kleists Kritik an dem Kurfürsten von Sachsen zielt auf einen Typ des Fürsten, der zu seiner Zeit weithin die Zielscheibe heftiger Angriffe von Seiten der reformierten und aufgeklärten Bürger war. So schreibt z. B. Nikolaus Vogt in seinem Buch „Über die europäische Republik" (1788): „Wenn aber oft der größte Teil des Volkes nicht satt zu essen hat, indes der Fürst den Schweiß seiner Arbeit mutwilligerweise verschwelget, wenn der Fürst über dem unmäßigen Genuß aller Wollüste und bei kindlichen Tändeleien die Verwaltung des Staates gänzlich hintansetzt oder das Volk den Bedrückungen und Ungerechtigkeiten seiner Lieblinge und Minister überläßt, dann sollte das Volk doch auch eine Stimme haben: Herr, du bist nicht mehr unser Fürst, wir sind nicht mehr deine Untertanen."[73]

Die Episode mit der Wahrsagerin ist weit entfernt davon, Kohlhaasens Ansprüche mit einer Art jenseitiger Würde zu versehen, sie dient im Gegenteil dazu, die sehr irdischen Fehler des Kurfürsten von Sachsen in aller Deutlichkeit darzustellen. Wenn John R. Cary meint: „Kleist supplies various clear hints that Kohlhaas has the protection of pagan divinities of classical origin",[74] dann muß er zuerst den Hirsch als „sacred animal of classical origin" interpretieren, wozu die Erzählung keinerlei Veranlassung gibt, und dann einen beiläufigen Hinweis auf die römische Sibylle[75] so umdeuten: „The gipsy, *who is none other* (sic!) than Lisbeth, Kohlhaas' wife returned from the dead, *is compared to* (sic!) a Roman sybil".[76] Die Anspielung auf Kohlhaasens Frau ist übrigens in der Erzählung keineswegs als Tatsache vermeldet; es heißt lediglich, daß der Roßhändler „eine sonderbare Ähnlichkeit zwischen ihr und seinem verstorbenen Weibe Lisbeth bemerkte" (S. 85).[77] Hier werden also in einem Vorgang Tiefsinnigkeiten hineingeheimnist, die weit über das hinausgehen, was man aus dem Text bei einigermaßen vernünftigem Lesen entnehmen kann.

Die Begegnung mit der Wahrsagerin ist durchaus unromantisch, alltäglich und realistisch geschildert. Kohlhaas selbst behandelt die Zigeunerin und ihre Kräfte ganz und gar nicht feierlich, sondern wie der Kurfürst von Brandenburg, als ein „Schauspiel", auf das er noch nicht einmal besonders neugierig ist. Er bezeichnet ihre Kunst etwas abschätzig als „aus dem Kalender wahrsagen" (S. 72) und hat selbst nicht das geringste Interesse, sich von ihr wahrsagen zu lassen (S. 75). Die geheimnisvolle Botschaft an den Kurfürsten von Sachsen betrachtet er lächelnd als eine Art Amulett: „die Wahrheit zu gestehen, hats mir in Dresden, so scharf es herging, das Leben nicht gekostet; und wie es mir in Berlin gehen wird, und ob ich auch dort damit bestehen werde, soll die Zukunft lehren" (S. 73). Er trägt das „Amulett", ohne über die Botschaft nachzudenken, die ihm darin von der Zigeunerin anvertraut wurde. Erst die zweite Begegnung mit der Zigeunerin bringt ihm seine Macht zum Bewußtsein. Aber auch in der Unterredung mit der Zigeunerin im Gefängnis vermeidet es Kleist peinlich, eine geheimnisvolle oder wunderbare Atmosphäre zu schaffen. Von einem „magischen Realismus"[78] kann also nicht die Rede sein. Die Zigeunerin ist und bleibt nichts anderes als eine Zigeunerin – nur der überhitzte Aberglaube des Kurfürsten von Sachsen sieht mehr in ihr.

Die „höhere Weihe" des Rechtsstreites von Kohlhaas erfolgt am Ende der Erzählung nicht aus einem jenseitigen, fabulösen Totenreich und heidnischen Göttersymbolen, sondern in einer ausgesprochen von der Chronikvorlage abweichenden Schlußwendung,[79] ganz irdisch durch das *Volk* und den *Kurfürsten von Brandenburg*:

> Man legte die Leiche unter einer allgemeinen Klage des Volks in einen Sarg; und während die Träger sie aufhoben, um sie anständig auf dem Kirchhof der Vorstadt zu begraben, rief der Kurfürst die Söhne des Abgeschiedenen herbei und schlug sie, mit der Erklärung an den Erzkanzler, daß sie in seiner Pagenschule erzogen werden sollten, zu Rittern. (S. 91).

Die göttliche Autorität des Kurfürsten von Brandenburg, die nötig ist, eine solche Weihe zu bestätigen, ist kurz vorher durch ein Ritual bekräftigt worden, in dem der Kurfürst, als der oberste Vertreter der Rechtssprechung, Kohlhaas, „den rechtschaffensten zugleich und entsetzlichsten Menschen seiner Zeit" (S. 6), fragt: „Bist du mit mir zufrieden?", und Kohlhaas, statt zu antworten, in einer wortlosen Handlung die göttliche Autorität des Kurfürsten bestätigt: „so ließ er sich, aus der Ferne, ganz überwältigt von Gefühlen, mit kreuzweis auf die Brust gelegten Händen, vor dem Kurfürsten nieder" (S. 90).

Wir sehen, einen Teil zur Verklärung eines Rechtsstreites, der zunächst einmal ein Streit um das Besitzrecht an einer Ware (nämlich zwei Pferden) ist, trägt Kleist selbst bei, ohne allerdings die Widersprüche dieser vom Ende her so verherrlichten Rechtsordnung ganz zu verwischen. Denn wenn der Kurfürst von Brandenburg auch gegenüber dem Kurfürsten von Sachsen als Idealgestalt[80] ausgeführt ist, so ist er doch trotz der Schlußapotheose keineswegs ganz frei von bedenklichen, ja sogar unmenschlichen Zügen. Nicht ganz unbedenklich ist gleich am Anfang der Erzählung, daß der Kurfürst die von Geusau eingereichte Supplik „seinem Kanzler, dem Grafen von Kallheim" (S. 18) übergibt, obwohl er doch über dessen

Verwandtschaftsverhältnisse zu den Tronkas kaum im Unklaren sein kann, und sich dann nie wieder darum kümmert, bis ihn Heinrich von Geusau ganz zufällig „von der Geschichte dieses sonderbaren und nicht verwerflichen Mannes unterrichtet" (S. 68). Auch der rohe Übereifer seiner Wache, der am Tode Lisbeths schuldig ist, verdüstert etwas das Idealbild des Kurfürsten. Das eigentlich Unmenschliche an dem Kurfürsten von Brandenburg ist aber eben jener Zug, um dessentwillen auch Kohlhaas selber von Kleist gleichzeitig gelobt und getadelt wird: seine abstrakte „Gerechtigkeit", die zwei Sachen auch räumlich voneinander trennt, die eng miteinander verknüpft sind, und so zu dem in sich widersprüchlichen Ergebnis kommt, daß zwar Kohlhaasens Rechtsanspruch gegen die Tronkas eindeutig anerkannt wird, aber seine Revolte, ohne die er sein Recht überhaupt nicht hätte erkämpfen können, verurteilt wird.[81] Wenn Kleist am Anfang der Erzählung seinem Helden vorwirft, er hätte in einer Tugend ausgeschweift und das „Rechtsgefühl" habe ihn zum „Räuber und Mörder" (S. 5) gemacht, dann trifft das in einem anderen Sinn auch auf den Kurfürsten von Brandenburg zu. Als sich ihm die Möglichkeit bietet, den Prozeß gegen Kohlhaas niederzuschlagen, da der Hauptgeschädigte, der Kurfürst von Sachsen, aus eigennützigen Absichten zwar, aber doch auch auf Grund der Amnestie von Lützen, sich an ihn wendet, verweigert er die Amnestie des Kohlhaas mit dem Verweis auf einen juristischen Winkelzug – daß nämlich nicht der Kurfürst von Sachsen, sondern der Kaiser selbst klage. Man gibt Kohlhaas also sein „Recht", indem man ihn darum betrügt. Auch die Erwartung des Volkes enttäuscht der Kurfürst von Brandenburg: als Kohlhaas verurteilt wird, „mit dem Schwerte vom Leben zum Tode gebracht zu werden", erwarten alle, daß der Kurfürst diese Strafe „durch ein Machtwort ... in eine bloße, vielleicht langwierige und beschwerliche Gefängnisstrafe" (S. 83) verwandeln würde. Paradoxerweise ist es aber gerade diese Unmenschlichkeit,[82] dieser Mangel an pragmatischer Anpassung an den jeweils besonderen Menschen und seine jeweils besondere Lage, ein notwendiger Bestandteil *dieser* Gesellschaft, die, weil es ihr an zwischenmenschlicher Güte fehlt, auf der absoluten Einhaltung des Vertrages bestehen muß, wenn sie nicht im Kampf aller gegen alle auseinanderbrechen soll. Die „Unmenschlichkeit" des Kurfürsten von Brandenburg ist also nicht ein rein persönlicher Zug, sondern unabdingbare Voraussetzung des Funktionierens einer im Grunde unmenschlichen Gesellschaftsstruktur, die nicht vom Vertrauen aller Einzelnen getragen wird, sondern von der Angst jedes Einzelnen vor jedem anderen beherrscht wird. In einer solchen Gesellschaft darf der Souverain aber nicht im Vertrauen auf das Einverständnis aller das Gesetz den jeweiligen Umständen anpassen und so wirklich gerecht sein, sondern muß, wegen der Angst aller vor allen, zum bloßen Verwalter starrer Gesetzformeln werden. So heißt es bezeichnenderweise in dem Auftrag an Geusau, es solle Kohlhaas Gerechtigkeit geschaffen werden, aber „ohne die Ruhe des Ganzen auf eine mißlichere Art, als die Rücksicht auf einen Einzelnen erlaubt, aufs Spiel zu setzen" (S. 68). Das eigentliche Motiv dieser Handlungsweise wird dann in dem Brief des Kurfürsten von Brandenburg an den Kurfürsten von Sachsen deutlich herausgearbeitet: „Dabei stellte er ihm vor, wie notwendig bei den fortdauernden Gewalttätigkeiten des Na-gelschmidt, . . . die Statuierung eines abschreckenden Beispiels wäre" (S. 79). Nichts beweist eindeutiger, daß Kleist bei aller Glorifizierung des Kurfürsten von Brandenburg durchaus die Schranken dieser Art Rechts-sprechung gesehen hat. Das Todesurteil gegen Kohlhaas ist nur formal juri-stisch begründet, im Kern aber parteilich politisch; im Entscheidenden weicht es nicht so weit von dem Dresdner Fehlurteil ab, wenn es auch mehr wie ausgleichende Gerechtigkeit aussieht. Die einzig wirklich gerechte Lö-sung wäre der Freispruch Kohlhaasens, die Verurteilung Wenzels von Tronka und aller beteiligter korrupter Staatsbeamten gewesen, und die Entschädigung aller durch Kohlhaas Geschädigten durch den Staat Sachsen unter Rückgriff auf den Besitz der eigentlichen Schuldigen, denn erst durch die Rechtsverweigerung des Staates ist all dieser Schaden ja entstanden. So aber werden die eigentlich brennenden Rechtsfragen durch den Schluß der Erzählung nicht einmal aufgegriffen, geschweige denn gelöst.

Kleist verlegt vielmehr den Streit dadurch auf eine „höhere Ebene", daß er aus dem Strei um zwei Pferde und einige korrupte Beamte, um den ganz konkreten Anspruch des Einzelnen vom Staat sein Recht verlangen zu kön-nen, fast einen Streit „um das ideale Rechtsgut",[83] einen Streit um abstrakte Grundsatzfragen des Rechts überhaupt macht. Er ist ganz Kind seiner Zeit, wenn er glaubt, es gäbe ein Naturrecht an sich, das unabhängig von der Ge-sellschaftsform (also auch in einem absolutistischen Staat) sich verwirkli-chen könnte. Aber ein solches Recht gibt es doch nicht: auch als grundsätz-licher Streit geht der Kampf immer noch darum, ob privater Besitz durch den Staat oder einige Privilegierte in Frage gestellt werden darf oder nicht. Zwar ist die Sache, um die es geht, verhältnismäßig geringfügig, doch der Rechtsstreit wirft unmittelbar ein zwar nicht ein für alle Mal geltendes Rechtsprinzip, sondern ein geschichtlich gewordenes Prinzip auf, das aller-dings die Grundlage alles bürgerlichen Rechtsdenkens ist: das Recht auf Besitz und das Recht auf den Schutz des Besitzstandes durch den Staat. Kleists Verklärung dieses historisch bedeutsamen Rechtsstreites zu einem Grundsatzstreit ist immerhin noch als engagierte Stellungnahme für das Bürgertum und für den absoluten Fürsten zu verstehen, der auf seiten des Bürgertums gegen die Korruption und die individuellen Privilegien des mittelalterlichen Feudalstaates kämpft; der höchstens durch seine (meist adeligen) Berater und Beamten getäuscht werden kann, aber bei klarer Ein-sicht in die Sache seinen Pflichten als aufgeklärter Souverän folgt. Hebbel hat in diesem Zusammenhang einmal die interessante Frage gestellt, „ob, wenn Kleist das *Gebrechliche* der Welt-Einrichtung zeigt, er (dieses System) nicht dadurch mehr erhebt, als wenn er (es) priese".[84] Auch mir scheint, als ob Kleist mehr zur Apologie des absoluten Staates dadurch beiträgt, daß er zu zeigen versucht, wie er, trotz aller Unzulänglichkeiten einzelner Staatsdiener, doch im Ganzen funktioniert, als wenn er ein direktes Loblied auf den absoluten Fürsten geschrieben hätte, das immer unglaubwürdig geblieben wäre.

Die völlige Verschleierung dieser Tatbestände tritt dann ein, wenn Literaturwissenschaftler diesen gegebenen Interessennexus, der Kleists Darstellung leitet, durch metaphysische Vernebelung unkenntlich zu machen suchen und so die klassengebundene Auseinandersetzung eines aufstrebenden Bürgertums mit einem in Korruption versinkenden Adelsstand zur „erschütternden Erfahrung der tragischen Gebundenheit des Menschen an die geschichtliche Wirklichkeit, in die er hineingestellt ist, an das Heilige und Urböse in ihr"[85] verundeutlicht wird und das konkrete gesellschaftliche Unrecht „zum verräterischen Sinnbild des Bösen in dieser Welt überhaupt aufwächst".[86] Zu diesem späten Zeitpunkt (1940), wo das Bürgertum alle Prätentionen, es sei der Vorkämpfer für das Recht, auch vor sich selbst längst aufgegeben hat und sich, schlechten Gewissens zwar, zum Partner des Nationalsozialismus hat machen lassen, können solche Konflikte, wie der des Kohlhaas, gar nicht mehr konkret zur Sprache gebracht werden. Sie werden symbolisch verschleiernd in systemkonforme, abstrakt tragische, also ungefährliche Scheinkonflikte uminterpretiert. So wird Kleist zum Blut- und Bodendichter, zum märkischen Heimatdichter deklassiert, wenn das die herrschende Ideologie so verlangt:[87] „Kleist fand hier zur heimatlichen Geschichte, weil er sie am tiefsten aus eigenem Wesen heraus durchleben und bejahen, in ihr eine vertraute Welt gestalten konnte. Es bezeichnet die *innere Wandlung* seiner Haltung gegenüber dem Stoffe, daß die ‚Phäbus'-Fassung noch eine genaue historisch-lokale Festlegung vermeidet".[88] Sembdner hat dagegen nachgewiesen, daß der reale Grund dafür, daß in der ersten Fassung „alle auf Sachsen bezüglichen Ortsbestimmungen" (S. 245) fehlen und daß in „der späteren Fassung dagegen der historisch-gegenständliche Lebensgrund genau – wenn auch nicht getreu – bestimmt wird",[89] nicht der ist, daß Kleist eine innere Wandlung des Heimatbegriffes durchgemacht hat, sondern daß der „Phäbus" in Dresden erschien, und Kleist politische Rücksichten nehmen mußte zu denen in Berlin bei der Buchausgabe keinerlei Veranlassung mehr war.

So wird in der Kleist-Literatur durch allgemeine Redensarten immer wieder das verschleiert, was Kleists besondere Position in der bürgerlichen Literatur der Goethezeit ausmacht, ebenso wie das, was ihn von der breiten Hauptströmung des bürgerlichen Denkens seiner Zeit trennt: seine radikale

Abkehr von der phronesis, prudentia, prudence, der pragmatischen Klug-
heit, die von Aristoteles bis Edmund Burke die Philosophie derer war, die
von einer radikalen Reform des Bestehenden oder gar einer Revolution
nichts zu erhoffen hatten und sich nur pragmatisch an die jeweils neue Situation anpaßten. Auch Goethe hat ja, in der Naturwissenschaft und in der
Politik, noch einmal den *common sense* (und damit die unmittelbare sinnliche Beobachtung) gegen die abstrakte Methodenstrenge und die über das
unmittelbar sinnlich Gegebene hinausschreitende Theoriebildung (etwa eines Newton) der modernen Naturwissenschaft und der Gesellschaftslehre
der Aufklärung beschworen. Zwar kritisiert auch Kleist im Grunde unbläs-
sig das abstrakte Rechtsbewußtsein der französischen Aufklärung und der
Französischen Revolution durch die dauernde Konfrontation mit dem konkreten Fall, dem gelebten Leben, dem Rechtsgefühl des Einzelnen – aber
nicht weil dieses Rechtsbewußtsein falsch wäre, sondern weil es (noch) unfähig ist, sich als Praxis zu realisieren, weil es in der bürgerlichen Gesellschaft unmöglich erscheint, zwischen Praxis und Theorie eine geschichtlich
mögliche Synthese zu finden; die dauernde theoretische und praktische
Anstrengung des Menschen über den *common sense* hinaus, die Wirklichkeit der Gesellschaft durch die Anstrengung des Gedankens und des Gefühls zu ändern – und zwar in der Auseinandersetzung mit dem rein Zufälligen – diese Anstrengung nimmt Kleist absolut ernst.

Was geht uns also heute noch der Gerechtigkeitsbegriff im „Michael
Kohlhaas" an? Man könnte meinen, eine Rechtsauffassung, die sogar zu der
damals zeitgenössischen Form des bürgerlichen Rechtsdenkens, wie es sich
in der Aufklärung, der Französischen Revolution und unter Napoleon in
Deutschland herausbildete, eine so ambivalente Haltung einnimmt, die also
damals bereits als „reaktionär" erscheinen mußte, hätte uns gar nichts zu
sagen. Eine solche Auffassung wäre dennoch völlig verkehrt, weil sie von
der Annahme ausgeht, eine Dichtung könne uns heute nur interessieren,
wenn sie in unserem heutigen Sinn fortschrittliches Gedankengut propa-
giere. Eine solche Auffassung wäre ebenso naiv vereinfachend wie eine rein
ästhetische Analyse der Dichtung, die ohne Rücksicht auf die geschichtliche Distanz in jedem Sprachkunstwerk ein zeitlos ewiges Gebilde sieht.
Schließlich ist festzustellen, daß nach unserer Analyse die Erzählung wegen
ihrer untergründig ambivalenten Haltung zu den erzählten Tatsachen und
Rechtsauffassungen und wegen ihrer ambivalenten Haltung zu der abstrakten „Natur"-Rechtslehre des 18. Jahrhunderts weder einfach konser-
vativ noch gar eindeutig reaktionär ist: Kleist macht nämlich gerade durch
die von Goethe so gerügte „*gründliche* Hypochondrie", das heißt durch
die radikale Konsequenz seiner Erzählung, bereits Widersprüche deutlich,
die im bürgerlichen System selbst liegen, und ist damit eine wichtige
Stimme in der Auseinandersetzung um dieses System in den Schlüsseljahren

der Entstehung des neuzeitlichen europäischen Bürgertums. Als solcher
verdient er unsere Aufmerksamkeit auch dann noch, wenn wir seinem Lösungsversuch nicht mehr zustimmen können.

Anmerkungen

1 *Goethes Gespräche. Erster Teil.* – Zürich: Artemis ²1964, S.616 (= Bd.22 der Gedenkausgabe).
2 Alle Zitate nach Heinrich von Kleist: *Erzählungen.* – Gesamtausgabe, Bd.4 – München: dtv. 1964.
3 Josef Körner: *Recht und Pflicht. Eine Studie über Kleists „Michael Kohlhaas" und „Prinz Friedrich von Homburg".* – Berlin 1926, S.5.
4 Vgl. Richard Matthias Müller: ,Kleists „Michael Kohlhaas"' – In: *DVjs* 44 (1970) S.109.
5 J. Collin: ,Heinrich von Kleist, der Dichter des Todes.' – In: *Euphorion* 27 (1926) S.92 spricht von einem „im Grunde kleinlichen Rechthaber".
6 Fritz Martini: *Heinrich von Kleist und die geschichtliche Welt.* – Berlin: Ebering 1940, S.111.
7 (Klemens Aloys Baader): Eduards *Briefe über die französische Revolution.* – Deutschland 1796, S.22 f.
8 Zit. nach François Furet/Denis Richet: *Die französische Revolution.* – Frankfurt am Main: Fischer 1968, S.86.
9 Jost Hermand: *Von Mainz nach Weimar (1793–1919). Studien zur deutschen Literatur.* – Stuttgart: Metzler 1969, S.33.
10 Zunächst erwägt Kohlhaas nur die Auswanderung nach der Levante oder nach Ostindien.
11 Auf die Beziehung zu Rousseau verweist auch Körner: a.a.O., S.9f.
12 Zu der Abstraktheit der Kategorie des Individuums als Grundbegriff des politischen Denkens der Zeit vgl. Max Horkheimer: *Traditionelle und kritische Theorie.* – Frankfurt am Main: Fischer 1970, S.188. Vgl. ebenfalls Alfred Schmidt: *Geschichte und Struktur.* – München: Hanser 1971, S.68, vor allem zum Begriff „Konkurrenz".
13 R. S. Lucas: ,Studies in Kleist. „Michael Kohlhaas".' – In: *DVjs* 44 (1970), S.133.
14 Gerhard Fricke: ,Kleists „Michael Kohlhaas".' – In: *Studien und Interpretationen.* – Frankfurt am Main: Menck 1956, S.226. Walter Müller-Seidels Auffassung, „aus Recht ist furchtbare Rache geworden" scheint mir daher falsch. Vgl. Walter Müller-Seidel: *Versehen und Erkennen. Eine Studie über Heinrich von Kleist.* – Köln: Böhlau 1961, S.109.
15 Martini: a.a.O., S.112.
16 Vgl. Müller-Seidel: a.a.O., S.109.
17 Vgl. Joachim Kreutzer: *Die dichterische Entwicklung Heinrich von Kleist.* – Berlin: Schmidt 1968, S.247.
18 Nicht nur die Obrigkeit, die ihr eigenes Unrecht vertuschen will, ist also schuld

an der weiteren Entwicklung (vgl. R. M. Müller, a.a.O., S. 114), sondern auch das wohlhabende Bürgertum, das lieber Unrecht geschehen lassen will, als den eigenen Besitz gefährden. Benno von Wieses Interpretation (*Die deutsche Novelle von Goethe bis Kafka. Interpretationen.* – Bd. I. – Düsseldorf: Begel 1957), die die Entflechtung von Recht und Unrecht innerhalb der Novelle für unmöglich, ja für ihren eigenen Sinn zuwiderlaufend ansieht, verabsolutiert die quietistische Haltung des Bürgertums (die sich Kohlhaas, resignierend, zeitweilig zu eigen macht) zum Gesamtsinn der Novelle, und relativiert damit, was für Kleist absolute Geltung hat: das Recht; denn für Kleist ist eine Gesellschaft gerichtet, die auf Grund innerer Widersprüche Recht nicht mehr verwirklichen kann.

19 Martini: a.a.O., S. 113.
20 Richtig charakterisiert Müller: a.a.O., S. 117 die Erzählung als „ein (verzweifelt-) gläubiges Preislied auf den Weg Preußens, den dritten Weg zwischen Ancien Régime und Revolution, den Weg des ‚guten Staates' (verkörpert im Herrscherstil des Kurfürsten von Brandenburg)". Vergleiche mit Karl Moor zieht Körner: a.a.O., S. 8. Eine Parallele zu Wilhelm Tell sieht Müller: a.a.O., S. 118: „Kohlhaas gleicht Tell in so vielen Zügen, daß er bei nur wenig veränderten Umständen in derselben Weise wie Tell zum Helden einer Volkserhebung geworden wäre". Richtig ist, daß Tell wie Kohlhaas als Einzelner handelt und nur zufällig zum Anlaß einer Volkserhebung wird.
21 a.a.O., S. 82.
22 In: *Jahrbuch der Kleistgesellschaft 1933–37.* – Berlin: 1937, S. 111.
23 Martini: a.a.O., S. 112.
24 Josef Nadler, zitiert nach: Helmut Sembdner: *Heinrich von Kleist. Nachruhm. Eine Wirkungsgeschichte in Dokumenten.* – Bremen: Schünemann 1969, S. 444 (von nun an als *Nachruhm*).
25 Rolf Dürst: *Heinrich von Kleist. Dichter zwischen Ursprung und Endzeit. Kleists Werk im Lichte idealistischer Eschatologie.* – Francke: Bern 1965, S. 208 setzt Nagelschmidt mit dem Kommunismus – also wohl mit dem Proletariat – gleich. Abgesehen davon, daß Nagelschmidt wohl eher unter das Lumpenproletariat einzuordnen wäre, ist es interessant zu sehen, wie hier wieder einmal der Nationalsozialismus und der Kommunismus als auf der gleichen Ebene stehend abgeurteilt werden, und die „fatale innere Leere" der modernen Welt auf die „Vermehrung äußerer Werte" zurückgeführt wird, alles Begriffe, die weder in Kleists Werk noch bei seinen Zeitgenossen zu belegen sind. Durch geschickte Manipulation wird Kleist hier wieder einmal zum Vorläufer des modernen Irrationalismus gemacht und ihm ein „Kampf gegen eine atheistische materialistische Welt unterstellt".
26 Jürgen Habermas: *Theorie und Praxis. Sozialphilosophische Studien.* – Frankfurt am Main: Suhrkamp 1971, S. 139.
27 Dürst: a.a.O., S. 141 f. Auch Müller-Seidel: a.a.O., S. 106 spricht von der paradoxen Lage des Michael Kohlhaas und von einem „deutlichen Widerspruch" zwischen „Rechtsgefühl und Rechtsbruch". Er fährt fort: „Seine tragisch-paradoxe Situation beruht darin, daß er zu dem Schluß kommt, als Einzelner und Bürger Herr sein zu müssen: Herr des Landes und Herr dieser Welt". (S. 109).
28 Ohne sein Unbehagen deuten zu können, verweist schon Körner: a.a.O., S. 28

auf den Widerspruch, daß „einerseits der Dichter seinen Helden als in allewege gerechtfertigt angesehen haben will, andererseits ihn aber doch irgendwie mit Schuld belasten muß, soll sein Henkerstod als moralisch ertragen werden können".

29 Heinrich von Kleist: *Briefe 1805–1811. Lebensdaten.* – München: dtv 1964 (= dtv-Gesamtausgabe, Bd. 7), S. 16.

30 Vgl. Diether Huhn und Jürgen Behrens: ‚Über die Idee des Rechts im Werk Heinrich von Kleists.' – In: *Jahrbuch des Wiener Goethe Vereins* 69 (1965) S. 180.

31 In: *Nachruhm* S. 445.

32 Ebenda, S. 455 f.

33 Die „Rache" des Kohlhaas wurde von Clemens Lugowski: *Wirklichkeit und Dichtung. Untersuchungen zur Wirklichkeitsauffassung Heinrich von Kleists.* – Frankfurt am Main 1936, S. 194 durch eine Art neugermanische Ethik erhöht. Schon Müller-Seidel: a.a.O., S. 147 hat dies überzeugend und entschieden zurückgewiesen.

34 Fricke: a.a.O., S. 217.

35 Vgl. auch Müller: a.a.O., S. 105 f. und R. S. Lucas: ‚Studies in Kleist. „Michael Kohlhaas".' – In: *DVjs* 44 (1970) S. 124 f. Lucas ist allerdings der Auffassung, „Kohlhaas' belief in earthly corruption is already too gratifying to himself" und Kohlhaas fürchte sich davor, daß sein Fall sich mit der Rückgabe der Pferde einfach auflösen könne. Lucas' Argument gründet sich meiner Meinung nach auf der falschen Interpretation des Satzes: „und mitten durch den Schmerz, die Welt in einer so ungeheuren Unordnung zu erblicken, zuckte die innerliche Zufriedenheit empor, seine eigene Brust nunmehr in Ordnung zu finden".

36 Habermas: a.a.O., S. 133.

37 Horkheimer: a.a.O., S. 98.

38 Müller: a.a.O., S. 106 spricht von „pathologischen Zügen", behauptet aber gleichzeitig, daß Kohlhaas nie eigentlich „die Grenzen der Sittlichkeit und Vernunft verläßt". Müller-Seidel: a.a.O., S. 146 spricht von „Maßlosigkeit und Raserei" und einer „äußersten, durch nichts mehr zu überbietenden Ekstatik menschlichen Verhaltens".

39 Kreutzer: a.a.O., S. 247.

40 Fricke: a.a.O., S. 227 überschätzt meiner Meinung nach die „religiöse Begründung seines Handelns".

41 Man versteht die Beziehung Kohlhaasens zu Luther vielleicht besser, wenn man sich Luthers Stellung in der Vorstellung des Volkes und der preußischen Staatsideologie fürs Volk ins Gedächtnis ruft: „Wir fanden einen kleinen Katechismus, der mit drei Bildern eingeleitet war: Das erste Bild zeigte den lieben Gott, bunt in rot und weiß und golden ausgeschmückt, eine Krone auf dem Haupt, mit wallendem Bart, in den Händen Zepter und Reichsapfel, die Füße auf einem Wolkenschemel; das zweite Bild zeigt Martin Luther, in schwarz-weiß, ein mächtiger kluger Bauernkopf, in den Händen die Bibel; das dritte Bild: der König von Preußen, Oberhaupt der Kirche seines Landes, in prächtigbunter Gardeuniform, eine Hand auf einen langen Degen gestützt. – Diese Dreieinigkeit war das Zentrum der ‚Pädagogik' von damals, wenigstens in den Dorfschulen, und man kann die Wirkung solcher Jugendeindrücke für die Prägung des allgemeinen und nai-

ven Denkens im Volke gar nicht hoch genug veranschlagen". Rudolf Ibbcken: *Preußen 1807–1813. Staat und Volk als Idee und Wirklichkeit.* – Köln/Berlin: Grote 1970, S. 19. Dieselbe staatserhaltende Triade (Kaiser, Luther, Kurfürst von Brandenburg) finden wir auch im „Michael Kohlhaas".

42 E. Troeltsch: ‚Die Soziallehren der christlichen Kirchen und Gruppen'. – In: *Gesammelte Schriften.* Bd. I. – Tübingen 1923, S. 432. Vgl. auch W. Dilthey: ‚Weltanschauung und Analyse des Menschen seit Renaissance und Reformation'. – In: *Gesammelte Schriften,* Bd. II. – Leipzig 1914, S. 216.

43 Friedrich Engels: *Der deutsche Bauernkrieg.* – Berlin: Dietz 1972, S. 52.

44 Horkheimer: a.a.O., S. 128.

45 Vgl. Fricke: a.a.O., S. 228.

46 Clifford A. Bernd: ‚Der Lutherbrief in Kleists „Michael Kohlhaas".' – In: *Zeitschrift für deutsche Philologie.* 84/4, S. 627–633 bezeichnet den Lutherbrief als verwirrend, er sei ein rhetorisches Machwerk, der Luthers Unkenntnis der Sachlage, oder noch schlimmer, seine bewußte Verdrehung der Sachlage, beweise.

47 Martin Luther: Von Kaufhandlung und Wucher. – In: *Ausgewählte Werke.* (Hrsg. von H. H. Borchert) Bd. VI – München 1923, S. 123 f.

48 Martin Luther: Ob Kriegsleute auch im seligen Stande sein können. – In: a.a.O., S. 158.

49 Horkheimer: a.a.O., S. 128.

50 Vgl. François Furet/Denis Richet: a.a.O., S. 14.

51 Fricke: a.a.O., S. 225.

52 Friedrich Gundolf: *Heinrich von Kleist.* – Berlin: Bondi 1922, S. 161.

53 Ruth Baumann: *Studien zur Erzählkunst Heinrichs von Kleist. Die Gestaltung der epischen Szene.* – Diss. Hamburg 1928, S. 23. Ähnlich auch Körner: a.a.O., S. 7. Erstaunlich ist, daß Elmar Hoffmeister noch 1968 eine obrigkeitsgläubige und irrationale Gegenüberstellung zwischen dem von seinem „Rechtsgefühl besessenen Kohlhaas" und Luther („eine rationale, auf das Walten der Obrigkeit vertrauende Gestalt") glaubt vertreten zu können. Mit antiaufklärerischem Affekt heißt es dann weiter: „Das einseitige Übergewicht der verstandesmäßigen Weltansicht führt also zu schwerwiegenden Irrtümern, wenn der Verstand nicht lernt, in dienender oder anerkennender Haltung die Einsichten des Gefühls mit in das Blick- und Handlungsfeld zu rücken." Elmar Hoffmeister: *Täuschung und Wirklichkeit bei Heinrich von Kleist.* – Bonn: Bouvier 1968, S. 70.

54 Fricke: a.a.O., S. 225.

55 Vgl. auch Lucas: a.a.O., S. 122 (Anm. 6).

56 Fricke: a.a.O., S. 232.

57 Gegen Otto F. Best: ‚Schuld und Vergebung. Zur Rolle von Wahrsagerin und „Amulett" in Kleists „Michael Kohlhaas".' – In: *Germanisch-Romanische Monatsschrift* 20 (1970) S. 181 möchte ich darauf beharren, daß die Wahrsagerinnen-Episode den „letzten Teil der Erzählung" ausmacht, denn der Erzähler und der Leser gehen eben nicht von der erzählten Zeit, sondern von der Erzählzeit aus.

58 Zitiert nach *Nachruhm,* S. 636.

59 Zitiert nach *Nachruhm,* S. 636 f. Vgl. auch Wilhelm Schäfer: ‚Der Dichter des Michael Kohlhaas' – In: *Jahrbuch der Kleistgesellschaft 1933–1937.* – Berlin: Weidemann 1937, S. 31 ff.

60 Am annehmbarsten ist noch die Deutung Otto F. Bests: a.a.O., S. 186 „daß die Gestalt der Zigeunerin . . . eine Art ‚gegenständliches Korrelat' für die durch die Intention der ‚Rache' bedingte, zunächst unsichtbare Verbindung zwischen Kohlhaas und dem Kurfürsten von Sachsen gedeutet werden kann". Vgl. aber meine Einwände oben gegen den Begriff „Rache" und meine Einwände gegen John R. Cary unten.

61 John R. Cary: ‚A reading of *Michael Kohlhaas'*. – In: *PMLA* 85 (1970), S. 212.

62 a.a.O., S. 212.

63 a.a.O., S. 212.

64 a.a.O., S. 215.

65 Schultze-Jahde: a.a.O., S. 118 ff.

66 Miller: a.a.O., S. 112 spricht von „moralisch-politischer Abdankung".

67 Ähnlich interpretiert auch Fricke: a.a.O., S. 236 und Müller: a.a.O., S. 111 f.

68 Auf die Abhängigkeit dieses Motivs von einer sogar dem gleichen Zweck dienenden Episode aus L. A. von Arnims „Wintergarten" verweist W. Kienast in: *Jahrbuch der Kleistgesellschaft 1923/24*. – Berlin: Weidemann 1924, S. 118 ff.

69 Jost Hermand: a.a.O., S. 67.

70 *Nachruhm*, S. 636. Gemeint sein kann wohl nur Johann Friedrich I. (1532–1547), genannt der Großmütige, in der Schlacht bei Mühlberg von Kaiser Karl V. geschlagen, letzter Ernestiner auf dem kursächsischen Thron. Durch die Wittenberger Kapitulation verlor er Kurwürde und Kurländer an den Albertiner Moritz. Er behielt nur die thüringischen Länder Weimar, Jena, Eisenach und Gotha. Sein Gegenspieler war Kurfürst Joachim II. von Brandenburg (1535–1571), der 1539 in Brandenburg die Reformation einführte.

71 Kleists antikatholischer Affekt, wie er immer wieder in seinen Werken und Briefen nachzuweisen ist, ist nicht nur dadurch zu erklären, daß er selber reformierter Preuße ist, sondern auch dadurch, daß er stark unter dem Einfluß der französischen antiklerikalen Aufklärungsphilosophie stand.

72 Vgl. Best: a.a.O., S. 184.

73 Zitiert nach Hermand: a.a.O., S. 36.

74 Schultze-Jahde: a.a.O., S. 131 vertritt ähnliche Auffassungen. Auch Fricke: a.a.O., S. 237 verweist auf die „göttliche Welt": „Sie allein vermag eingreifend und lenkend das Verworrene aufzulösen, das Heillose einem hohen Sinn dienen zu lassen und die ineinander verstrickten Fäden von Recht, Unrecht und Schicksal in allseitige Gerechtigkeit, vom Glanz der Gnade und Versöhnung milde überstrahlt, aufzulösen."

75 „daß er sonst nicht, und *wäre* sie auch die römische Sibylle selbst, an ihre Worte glauben könne." (S. 80).

76 Cary: a.a.O., S. 214.

77 Ein ähnliches Mißverständnis findet sich bei Jean Jaques Anstett: ‚A propos de „Michael Kohlhaas"'. – In: *Etudes germaniques* 14 (1959) S. 155 („. . . devenue après sa mort la bohémienne Elisabeth"). Ebenso kategorisch behauptet Clara Kuoni: *Wirklichkeit und Idee in Heinrich von Kleists Frauenerleben*. – Leipzig: Huber 1937, S. 246: „Durch die rätselhafte Identität der Zigeunerin mit der toten Lisbeth wird gleichsam Kohlhaasens Rechtsgefühl vom transzendenten Bereich her unmittelbar gutgeheißen und ihm die volle Befriedigung geschenkt". Dage-

gen zeigt Best: a.a.O., S. 186, daß die Wahrsagerin, „die mit den Kindern scherzt, von Hunden freundlich beschnüffelt wird, nichts eigentlich Geisterhaftes hat".

78 Hoffmeister: a.a.O., S. 93.

79 Die Chronik berichtet: „Weil aber die Verbitterung so groß gewesen, ist er zum Tode des Rades verurtheilet worden. Und ob man ihn wohl mit dem Schwert begnaden wollen, hat ihn doch der Nagelschmidt abgehalten, daß ers nicht thun solte. Denn wenn sie gleiche Brüder gewesen, so wollten sie auch gleiche Kappen tragen. Sind also alle drey mit einander fast hoch auf den Tag hinaus geführet und auffs Rad gelegt, darauff Kohlhase lange Zeit und über einen Monat lang frisch geblutet". Zitiert nach Rudolf Schlösser: *Die Quellen zu Heinrich von Kleists Michael Kohlhaas.* – Bonn 1913, S. 10.

80 So ideal war Preußen, und seine Kurfürsten und Könige, keineswegs. Selbst das immer wieder erwähnte Beispiel, Friedrich II. habe am 3. 6. 1740 die Tortur abgeschafft, ist falsch. Bei Majestätsbeleidigung, Landesverräterei und Mord war die Tortur auch weiterhin offiziell zugelassen; in der Praxis änderte diese „epochemachende Änderung des Strafverfahrens" (Friedrich Giese) gar nichts. 1745 waren von 11515 anhängigen Prozessen 4594 liegengeblieben; „dazu eine Rechtsanwaltschaft, die in den Klauen der sogenannten Prokuratoren fast schon zu einer fratzenhaften Institution geworden war". Vgl. Rudolf Augstein: *Preußens Friedrich und die Deutschen.* – Frankfurt am Main: Fischer 1968, S. 203. „Friedrich bestand also, selbst wenn das Kollegium ihm erklärte, daß sein Befehl dem Gesetz zuwiderlaufe, darauf, seinen Willen durchzusetzen" (Augstein: a.a.O., S. 210). Wie sehr die willkürliche Kabinettsjustiz noch 1779 in Preußen üblich war, zeigt der Fall des Müllers Arnold (Augstein: a.a.O., S. 214).

81 Dazu vgl. auch Schultze-Jahde: a.a.O., S. 119.

82 Vgl. auch Müller-Seidel: a.a.O., S. 70: „Ein solches Spannungsverhältnis entsteht immer erneut dort, wo die Unmittelbarkeit menschlicher Beziehungen durch juristische Regelungen gestört wird". Vgl. auch Huhn/Behrens: a.a.O., S. 181: „Die Ordnung der Gesetze setzt sich rücksichtslos durch, im Angesicht ihrer fällt alle Besonderheit dahin, ohne Ansehen der Person bleibt sie dem Prinzip getreu. Dadurch aber gerät sie in die Gefahr, über dem Prinzip die Idee zu vergessen, der jenes nur dienstbar ist, und um einer formalen Gesetzmäßigkeit willen an der Gerechtigkeit vorbeizugehen".

83 Körner: a.a.O., S. 16.

84 Zitiert nach *Nachruhm*, S. 259.

85 Martini: a.a.O., S. 110.

86 Martini: a.a.O., S. 112.

87 Ausführlicher habe ich diese Deformation in der Kleist-Literatur in dem Abschnitt „Hatte Kleist Rassenvorurteile?" – Eine kritische Auseinandersetzung mit der Literatur zur „Verlobung in St. Domingo'" analysiert.

88 Martini: a.a.O., S. 110.

89 Martini: a.a.O., S. 110.

Ichbildung und Ichbehauptung in Kleists „Marquise von O . . .‟

Marie Louise Fleißer kennzeichnete einmal den Gehalt von Kleists Erzählung mit folgenden Worten: „die Entdeckung ihrer selbst an Widerständen, ein unbeschreiblich überquellendes Erlebnis ihrer eigenen Persönlichkeit, die Selbstbehauptung der Individualität gegenüber der feindlichen Masse.‟[1] Dieser Ausspruch bezieht sich sicher auf die Stelle, die oft als Schlüssel zum Verständnis der Erzählung verstanden wurde und in der es von der Marquise heißt: „Durch diese schöne Anstrengung mit sich selbst bekannt gemacht, hob sie sich plötzlich, wie an ihrer eigenen Hand, aus der ganzen Tiefe, in welche das Schicksal sie herabgestürzt hat, empor‟ (S. 114).[2] Die wirkliche Problematik dieser Stelle, die besser als seitenlange Abhandlungen in den zweideutigen Kern von Kleists Erzählkunst führt, hat Marie Louise Fleißer in ihrer Deutung allerdings verfehlt.

Die „Selbstbehauptung der Individualität‟ suggeriert uns nämlich zunächst eine Individualität, ein Ich, das schon da ist, eine Art Wesenheit, die, um behauptet werden zu können, sich selbst gleich bleiben muß. Daß der Mensch seine „Identität‟ und seine „Individualität‟ erst entdecken muß, bildet für eine solche statische Auffassung vom Ich des Menschen anscheinend keinen Widerspruch, obwohl dann die Frage unbeantwortet bleibt, worin denn diese Identität bestanden haben kann, bevor sie entdeckt, also dem Ich bewußt wurde. Gerade diese Frage werfen die Erzählungen Kleists aber immer wieder auf, ob nämlich das Ich nicht etwas sei, was überhaupt erst in der Begegnung eines Menschen mit dem Zufall, den die Außenwelt an ihn heranträgt, entsteht, indem er den Zufall durch seine Entscheidung beantwortet, durch diese Antwort aber eben sein Ich definiert. Wenn man also nicht an eine nebelhaft-metaphysische Identität des Ichs mit sich selbst glaubt, eine Identität, die nicht durch nach außen sichtbare Handlungen belegt ist – und gerade Kleists fast durchgehende Außensicht gibt uns keine Handhabe, eine solche Innenwelt zu konstruieren –, dann ist das Ichbewußtsein etwas, das immer neu in immer neuen Antworten auf die Herausforderung der Außenwelt geformt wird und sich als Antwort auf diese Anforderungen zu behaupten sucht.

Eine zweite Frage wird von Marie Louise Fleißer gar nicht aufgeworfen, wohl weil sie deren Antwort zu sehr als gegeben ansieht. Wenn nicht nur die Marquise von O., sondern fast alle Kleistschen Gestalten ihr Selbst an „Widerständen‟ entdecken, wenn der Mensch nur durch „Anstrengungen‟ mit sich selbst bekannt gemacht wird, wird dann nicht von Kleist unter dem Vorwand eines ewig gültigen Axioms eine durchaus zeitgebundene

Wahrheit gepredigt – eine Wahrheit, die ihren höchsten idealistischen Ausdruck in dem Kleist zutiefst vertrauten Kantschen Begriff der Pflicht[3] erhielt, den Kleist für ewig und allgemein erachtete, der aber deswegen keineswegs weniger eine geschichtlich geformte Antwort des Bürgertums in der Phase seines Aufstiegs ist, wie Max Weber schon 1904 in seiner Arbeit *Die protestantische Ethik und der Geist des Kapitalismus* belegt hat. Weber zeigte, wie der Protestantismus, vor allem seine calvinistische Spielart, später auch der Pietismus, das katholische Ideal einer „außerweltlichen Askese" in die „rationellere Form" einer „innerweltlichen Askese" übergeführt hatte. Gewiß haben schon die Griechen gemeint, der Mensch, der nicht geschunden werde, lerne nichts, und noch Nietzsche behauptete als ewig gültige sado-masochistische Wahrheit: nur, was nicht aufhört, *weh zu tun*, bleibt im Gedächtnis.[5] Noch heute setzt sich die Auffassung, daß die Prügelerziehung nicht notwendigerweise die beste Art ist, einen Charakter zu bilden, nur zögernd durch; und selbst dann noch wird die brutale äußere Gewalt meist durch ebenso wirksamen psychischen Druck ersetzt, der nun statt der Prügel die Leistung erzwingen muß.

In der *Marquise von O . . .* geht es verhältnismäßig frei von äußerer Gewalt zu, wenn auch nicht ganz ohne Gewaltandrohung.[6] Die Marquise wird zwar von ihrer Familie verstoßen, aber sie behält ihr Vermögen, und wird so in ihrer und ihrer Kinder Existenz nicht ernsthaft bedroht. Zwar richtet ihr Vater seine Pistole auf sie, als ihr „Vergehen" offenkundig wird, aber nicht in der ernsthaften Absicht, sie wie eine zweite Emilia Galotti zu erschießen; nur aus Versehen geht die Pistole – unschädlich – nach oben los (S. 113). Im Ganzen unterliegt die Marquise von O. also weder einem so handgreiflichen seelischen Druck noch dem Zwang so brutaler Gewalt wie etwa Gretchen im *Faust* oder Klara in Hebbels *Maria Magdalena*. Die Grausamkeit der Gewalt und die Öffentlichkeit der Strafe sind bei der Marquise von O. fast völlig verinnerlicht. Das bedeutet aber keineswegs, daß die Handlungen und Gedankengänge der Marquise allein von ihrem Inneren her zu begreifen wären, denn Verinnerlichung bedeutet ja immer Verinnerlichung eines einmal äußerlichen Zwangs. Es ist also nur bedingt richtig, wie Ruth Baumann zu sagen:

> In der „Marquise von O.", deren Entwicklung rein innerlich, unbeeinflußt von äußeren, sozialen oder nationalen Bedingungen verläuft, bildet die Umwelt nichts weiter als den Hintergrund, auf dem sich das Geschehen abspielt und wird nur in ihren wechselnden Schauplätzen benannt, aber niemals irgendwie charakterisiert oder in ihrer Räumlichkeit gesehen. Auch die einzelnen Gegenstände des Raumes werden nur dort erwähnt, wo sie für die Handlung wichtig werden und stehen stets in rein äußerlicher Beziehung zu ihr.[7]

Bezeichnend ist schon, daß Baumann „Umwelt" fast durchgehend nur als physische Umwelt versteht, und die in der Familie repräsentierte gesellschaftliche Umwelt, ganz abgesehen von der als Krieg und Gewalt auftretenden politischen Umwelt, als scheinbar unbedeutend vernachlässigt. Unsichtbar wird bei einer solchen Darstellung, daß die Verinnerlichung ein Prozeß, nicht ein ein für alle Mal gegebener Zustand ist, ein Prozeß zudem, der in der Erzählung selbst als eine Folge der „Anfälle der Welt" bezeichnet wird: erst dann beschließt die Marquise sich „ganz in ihr Innerstes zurückzuziehen" (S. 114) und in „ewig klösterlicher Eingezogenheit zu leben" (S. 114). Diese Art der Verinnerlichung als Flucht in eine Art negativer Idylle der Berührungs- und Schmerzlosigkeit ist außerdem nur dadurch möglich, daß die Marquise im Gegensatz zu Gretchen und Klara nicht Kleinbürger, sondern Angehörige der gehobenen Stände ist, für die ein Skandal dieser Art zwar furchtbar genug ist, der aber dadurch weder die Lebensmöglichkeit entzogen wird noch irgendwelche handgreifliche Strafen drohen. Deshalb enthält diese Erzählung Momente, die unserer eigenen Situation näher sind, als das kaum noch vorstellbare barbarische Verfahren, dem Gretchen unterworfen ist.

Gerade die Verinnerlichung der Gewalt zu einem „Gewissen", das als ethische Instanz „freiwillig" die Funktion einer äußeren Gewalt übernimmt, birgt aber Gefahren in sich, die man keineswegs unterschätzen sollte: vor allem die Gefahr, daß als Gewalt nicht mehr sichtbar wird, was doch unzweifelhaft das Individuum vergewaltigt, soweit sogar, daß die ursprüngliche und natürliche Abscheu des Menschen vor Schmerzen, seien sie seelischer oder körperlicher Art, zu einer Art masochistischer Freude an der Selbstbestrafung wird. Eine solche Form der Selbstquälerei ist ohne Zweifel die Inquisition, die die Marquise gegen sich selbst in Bewegung setzt, und die zu eben jenem von der Kritik so triumphal bewerteten Sich-Selbst-Kennenlernen führt, von dem wir anfangs gesprochen haben.

Gewiß hat solche Selbstüberwachung auch ihre emanzipative Seite, die hier nicht übersehen werden soll. Gerade die englischen Puritaner riefen gegen die brutale Gewalt des Schwerts, des Galgens und der Peitsche das Gewissen an, ein revolutionärer Akt, der im Prinzip die Notwendigkeit des Staates und des Herrschers aufhob und an seine Stelle die heilige Wachsamkeit aller setzt: wer Brüder hat, braucht keinen Meister, und wer sich selbst Gesetze gibt, braucht keinen Gesetzgeber über sich. Die Veröffentlichung des eigenen unbewußten Fehltritts in der Zeitung ist ein Schritt in die Richtung, die Rousseau befürwortete, als er forderte, daß alle Menschen „durchsichtig" werden müßten, etwas, das weder Henker noch Tortur erreichen kann, was aber die Voraussetzung einer „gerechten" Gesellschaft ist. So wenig man allerdings Kleists Neigung in diese Richtung unterschätzen sollte, und so sehr ihm eine solche *épuration* auch als zeitgenössische Idee von der Praxis der Jakobinerklubs her nahegelegen haben mag, so wenig darf man doch übersehen, daß die von der Marquise geübte Selbstquälerei in erster Linie – wie noch zu zeigen sein wird – nicht eine Enthüllung, sondern ein Versuch der geschicktesten Verschleierung ist, der die gewagteste Enthüllung nur als Vorwand für eine noch gewagtere Verschleierung benutzt.

Diese Selbstquälerei ist umso intensiver und umso unsinniger, als ja ein Grund, die Angelegenheit vor der Welt zu verheimlichen, gar nicht besteht, die Marquise jedenfalls eine solche Verheimlichung gar nicht anstrebt, ja im Gegenteil alles tut, um eine solche Verheimlichung unmöglich zu machen. Es geht also auch nicht um die Reinigung ihres Namens von der Schmach – dem wäre ein Stillschweigen und eine Annahme der „Mittel . . . wie man in solchen Fällen dem Leumund der Welt ausweichen könne" (S. 113) eher zuträglich als eine Annonce in den Zeitungen: „daß sie, ohne ihr Wissen, in andere Umstände gekommen sei, daß der Vater zu dem Kinde, das sie gebären würde, sich melden solle; und daß sie, aus Familienrücksichten, entschlossen wäre, ihn zu heiraten" (S. 94) – es geht darum, sich vor der Instanz ihres eigenen Gewissens freizusprechen von aller Schuld. Aber eben dieser Freispruch wird ihr nie gewährt: die Erzählung endet damit, daß sie sich selbst schuldig spricht, ihr eigenes Gewissen der unmenschlichen Überheblichkeit zeiht: „er würde ihr damals nicht wie ein Teufel erschienen sein, wenn er ihr nicht, bei seiner ersten Erscheinung, wie ein Engel vorgekommen wäre" (S. 130). Die abstrakte Absolutheit der Wertungen, ohne Rücksicht auf die „gebrechliche Einrichtung der Welt" (S. 130), ist ein Akt des totalen Mißtrauens in sich selbst und andere: da sie dem Menschen, also auch sich selbst, so wie er ist, nicht trauen kann, verlangt sie von ihm eine unmögliche Vollkommenheit und wirft ihm zugleich jedes Abweichen von diesem Idealbild als völliges Versagen vor.

Dieses Mißtrauen als Grundhaltung zeigt die Marquise vor allem sich selbst gegenüber, so z. B. nach dem Besuch des Arztes: „Sie durchlief, gegen sich selbst mißtrauisch, alle Momente des verflossenen Jahres, und hielt sich für verrückt, wenn sie an den letzten dachte" (S. 109). Eben der aufs Absolute gespannte Anspruch, der ein noch so unbewußtes Fehlen nicht zulassen darf, zwingt ihr dieses Mißtrauen als Grundhaltung auf. Wie könnte sie sonst, die sich völlig rein glaubt, auch nur mit dem Gedanken spielen, „daß sie in gesegneten Leibesumständen wäre" (S. 99), lange bevor der Arzt einen solchen Verdacht äußert. Ihre Mutter hält ihr noch nach der ärztlichen Untersuchung vor: „Wenn dein Bewußtsein dich rein spricht: wie kann dich ein Urteil, und wäre es das einer ganzen Konsulta von Ärzten, nur kümmern? Ob das seinige aus Irrtum, ob es aus Bosheit entsprang: gilt es dir nicht völlig gleichviel?" (S. 109). Aber eben dieses Mißtrauen, das sich weder mit dem Offensichtlichen noch mit dem Vernünftigen zufrieden gibt, das die von ihm selbst geforderte Vollkommenheit doch nicht für möglich halten kann, entwickelt sich zum grausamen Folterinstrument der Seele. Dieses Mißtrauen, und nicht der Arzt, der nur sein Werkzeug ist, erzeugt in ihr „Schmerzen, grimmigere, als ich empfand" (S. 110) und zwingt sie, den Prozeß der verletzenden Selbstenthüllung auf die Spitze zu treiben: „wie kann ich mich beruhigen. Hab ich nicht mein eignes, innerliches, mir nur allzuwohl bekanntes Gefühl gegen mich? Würd ich nicht, wenn ich in einer andern meine Empfindung wüßte, von ihr selbst urteilen, daß es damit seine Richtigkeit habe?" (S. 110). Nicht das Bewußtsein einer wirklichen Verfehlung, wenn sie ein solches Bewußtsein hätte, könnte so schmerzhaft sein, wie ihr in diesem Augenblick der Zweifel an der eigenen Integrität sein muß, gewiß zum Teil ein Zweifel, der ihr von ihrer Mutter, von außen also, entgegengebracht wird, wenn diese sagt: „Ein reines Bewußtsein, und eine Hebamme!" (S. 110). Aber dieser von außen aufkommende Zweifel ist nur das objektive Korrelat einer viel tieferen Verzweiflung, des Zweifels an der Kontinuität des Ichs. Dieser Zweifel öffnet den schrecklichen Bereich der Desintegration eines scheinbar festgefügten und mit sich selbst identischen Ichs in Teilbereiche, die voneinander nichts mehr wissen, eröffnet die Möglichkeit eines Doppelgängertums von der Art von Jekyll and Hyde: die Möglichkeit taucht auf, daß die Marquise – ohne daß ihr gutes Ich davon weiß – ein böses Ich in sich beherbergt, das ihr unbewußt eine Verfehlung begangen hat, die nun in ihren Folgen das gute Ich überwältigt. Das Mißtrauen erweist sich – in Freudscher Terminologie – als das Mißtrauen eines Über-Ichs gegen ein ihm nicht zugängliches Es, als Mißtrauen einer die gesellschaftliche Autorität verkörpernden Instanz der Seele gegen einen Bereich der Seele, der ihm verschlossen ist, der aber eine verschlagene Art hat, die ihm von der Autorität verbotene Befriedigung seiner Triebe unter Ausschluß des Bewußtseins doch noch zu erreichen.[8] Der Verlust des Bewußtseins ist eine Methode der Ausschaltung dieses Über-Ichs: und wenn das Über-Ich sich verzweifelt von jenem Augenblick des Bewußtseinsverlustes an bis zu dem Augenblick der Erkenntnis sträubt, die Wahrheit anzuerkennen, dann doch deswegen, weil das Bewußtsein auch schon vor der Möglichkeit zurückschrecken muß, daß jener verachtete Bereich des Es sich jedenfalls für einen Augenblick als stärker erwiesen hat. Nur so ist ihr emphatischer Ausruf „Ich *will nichts* wissen" zu verstehen, als der Graf F. bei seiner Rückkehr aus Neapel den Versuch macht, „sich an ihrem Busen zu erklären" (S. 117). Hier bricht übrigens „ die rätselhafte Undurchdringlichkeit dieser verschwiegensten aller Gestalten Kleists"[9] auf, und ermöglicht uns die Doppelsinnigkeit des Unbewußten als einen Bereich, dessen Inhalt man weiß und gleichzeitig nicht weiß, zu durchschauen; und das gibt uns die Möglichkeit, objektive Aussagen über die inneren Vorgänge der Marquise zu machen, die unabhängig von den Grenzen sind, „in denen die Heldin sich selbst Rechenschaft über ihre Entscheidungen abzulegen vermag."[10] Dieser Ausruf bestätigt, daß das, was uns am vertrautesten ist, uns am wenigsten bekannt ist, gibt uns schließlich einen Zugang zu dem Verhalten der Marquise in der Erkennungsszene, das nur scheinbar gegen jede Vernunft ist, in Wirklichkeit nichts als der letzte konsequente Versuch, nicht wahrhaben zu wollen, was doch als wahr längst erkannt ist; längst erkannt nicht nur von der Marquise selbst, sondern von ihrer Mutter, wenn sie im entscheidenden Augenblick ausruft: „ich bitte dich, Julietta! . . . wen erwarten wir denn – ?" (S. 127). Entgegen der Auffassung von Hans Heinz Holz läßt sich also gerade dieser Handlungsablauf durchaus verständlich machen, durchaus in Worte fassen, und ist weder unaussprechlich noch „unmittelbar individuell".[11] Die „Unsäglichkeit des ‚Eigentlichen'" liegt eine Schicht tiefer. Und wenn man Kleist irgendwelche Affinität zu der „irrationalistischen Position der Romantik"[12] überhaupt nachsagen kann, dann liegt sie gewiß nicht in Kleists Unfähigkeit, den „jähen Umschlag der Empfindung in ihr Gegenteil und die Einheit dieser beiden Gegensätze als Stücke ein und derselben Gemütsbewegung" mehr als nur ahnen zu lassen, weil es sich angeblich um „etwas überhaupt Unbeschreibliches, in Worten nicht Faßbares handelt", oder weil das Verhalten der Marquise im Augenblick der Krisis aus Gründen nicht ableitbar wäre; das „Unsägliche", das heißt das in den Worten dieser Erzählung nicht Sagbare, nicht ins Auge zu Fassende, nicht rational Diskutierbare, und damit die Stelle, an die die Erzählung einen irrationalen Sprung vollziehen muß, ist, daß der Graf F. als Offizier eine Tat begangen hat, um derentwillen seine Untergebenen die Todesstrafe erleiden mußten.

Die Verdoppelung im Innern der Marquise projeziert sich nach Außen als das verwirrende Doppelgängertum des Mannes, der ihr einerseits wie ein Engel, andererseits wie ein Teufel erscheint,[13] je nachdem, ob er von der Kontrollinstanz des Über-Ichs als Retter vor dem Es oder als geheimer Verbündeter des Es erscheint. Von diesem Doppelgängersymbol sagt Josef Kunz:

> Es ist – wenn man das in bezug auf den geistesgeschichtlichen Zusammenhang sagen darf – ein Wagnis, das die vergangene Dichtung des Idealismus in dieser Weise nicht kennt. Denn der Idealismus vermochte noch das Gute und das Böse, das Heilige und das Dämonische sauber zu trennen. Die Erfahrung aber, daß das eine in das andere hineinreicht und damit alles unsicher wird, führt über den Idealismus hinaus . . . Daher die Bedeutung des Motivs vom Doppelgängertum in dieser ganzen Zeit, bei E. T. A. Hoffmann, bei Jean Paul und vor allem im Werke Kleists, also jenes Motiv, in dem sich diese Wirrnis besonders erschreckend verdichtet. In diesen geschichtlichen Zusammenhang führt auch unsere Novelle.[14]

Wenn die Marquise schon dem eigenen Ich in der Krise der Selbstbezweiflung nicht trauen kann, dann um wie viel weniger dem ihr völlig verschlossenen Ich eines anderen. Wenn der Mann, der ihr erst wie ein Engel erschien, ihr nun wie ein Teufel vorkommt, wie kann sie da überhaupt noch einem anderen Menschen trauen. Also muß der Graf F. in einer langen Prüfungszeit den Ernst seiner Gesinnungen beweisen. Auch ihm bleibt also die Qual nicht erspart, die sich das die Gesellschaft vertretende Über-Ich für die Verfehlungen des Es ausgedacht hat. Das Einfachste, den Fehltritt durch eine sofortige Ehe auszulöschen, wird ihm nicht erlaubt. Seine Scheu, seinen Fehler öffentlich einzugestehen und vor aller Welt dafür einzustehen, wird gebrochen.

> Weder die aufrichtige Reue – „die Unschuld der Gefallenen (Schroff.) – noch selbst die praktische Wiedergutmachung des Unrechts, welche die Marquise unvergleichlich schonen würde, genügen, ihm die Vergebung zu erwirken. Die Demütigung des öffentlichen Eingeständnisses wird ihm nicht erspart, selbst auf Kosten der unschuldigen Frau.[15]

Darüber hinaus wird ihm eine Buße auferlegt, mit der er die Echtheit seiner Reue beweisen muß: der Graf muß einen Heiratskontrakt unterschreiben, „in welchem dieser auf alle Rechte eines Gemahls verzichten tat, dagegen sich zu allen Pflichten, die man von ihm fordern würde, verstehen sollte" (S. 129). Aber selbst dies reicht zur Prüfung nicht aus. Es wird eine Hochzeit gefeiert, während der die Marquise starr auf das Altarbild schaut: „nicht ein flüchtiger Blick ward dem Manne zuteil, mit welchem sie die Ringe wechselte" (S. 129). Erst nach einer mehrere Monate lang dauernden Verbannung darf er sich wieder im Hause des Kommandanten sehen lassen. Und dann hat er es „nur seinem zarten, würdigen und völlig musterhaften Betragen überall, wo er mit der Familie in irgend eine Berührung kam, . . . zu verdanken, daß er, nach der nunmehr erfolgten Entbindung der Gräfin von einem jungen Sohne, zur Taufe desselben eingeladen ward" (S. 129f.). Erst als er dem Sohn 20 000 Rubel schenkt und der Mutter testamentarisch sein ganzes Vermögen übermacht, wird er von seiner Schwiegermutter öfters eingeladen; es kommt schließlich zu jener wirklichen Versöhnung und Heirat, mit der die Erzählung schließt.

Eine Frage allerdings bleibt offen, ja sie erscheint in der Novelle überhaupt nur unter der kleistschen Formel von der „gebrechlichen Einrichtung der Welt": ob nämlich diese Prüfungen überhaupt sicher stellen können, was niemals sicher sein kann. Sowohl die Marquise, als auch der Graf, vor jenem Vorfall auf der Burg völlig unverschuldete Menschen, sind durch eine einzige Handlung, auf die nichts in ihrem bisherigen Leben hinwies, in diese absurde Lage geraten. Wenn ihr vorheriges Leben als „Prüfung" für ihr zukünftiges Verhalten angesehen werden kann, dann hat nichts darauf hingewiesen, daß gerade sie so stürzen würden – wie kann nun diese zweite (sicherlich strengere) Prüfung sicherstellen, daß eine Wiederholung des

Sündenfalls nicht mehr vorkommt? Die Prüfung ist eine Form des Zweifels an den eigenen und den fremden Kräften. Wo der Zweifel so absolut gesetzt wird und auf diese Weise völlig unsicher wird, „daß der Mensch die ihm in der Welt und durch die Welt gestellten Aufgaben auch bewältigen kann",[16] dort kann auch die aufs Äußerste getriebene Prüfung den Zweifel selbst nicht mehr abwehren: der Zweifel wird der konstitutive Faktor der Gesellschaft. Alle Bindungen, die letztlich auf Vertrauen beruhen, zerbrökkeln.

Sogar der Vater der Marquise muß sich dann einer solchen „Prüfung" unterziehen, weil er in immerhin berechtigtem Mißtrauen sich an die rational nächstliegende Erklärung des Tatbestandes klammerte und so das Vertrauensverhältnis zwischen Vater und Tochter durch seinen Zweifel an ihrer Reinheit zerbrach. Indem er so handelt, ist er aber nichts anderes als das äußere Korrelat jenes Mißtrauens, das die Marquise sich selbst gegenüber hegt. In dieser Familie, in dieser Gesellschaft, ist Zweifel, nicht Vertrauen, die Norm – auf diese Norm läßt sich allerdings keine Gesellschaft aufbauen. Zweifel und Mißtrauen trennt die Tochter von dem, der sie eigentlich und wirklich liebt, trennt sie von ihren Eltern, und trennt schließlich die Mutter vom Vater, wenn sie diesen dazu zwingt, sich vor seiner Tochter förmlich für etwas zu entschuldigen, was andererseits der Norm dieser Familie entspricht. Das Mißtrauen, das die ganze Gesellschaft durchzieht, macht vor den Toren der Familie nicht halt: das, was dem vereinzelten Individuum in der Konkurrenzgesellschaft allein noch Halt und Sicherheit, Stütze und Schutz geben könnte, erweist sich bei genauem Hinsehen als ein in den intimsten Bereich des Individuums hineinreichender verlängerter Arm der Gesellschaft, als Instrument der Moral dieser Gesellschaft, ohne den die Gesellschaft eben diesen intimsten Bereich gar nicht kontrollieren könnte. Wenn Kleist der Marquise Eltern und einen Bruder beigegeben hat, dann gerade um dies zu zeigen, daß sie zur Zeit der Not nicht nur völlig versagen, sondern sie auch aufs Grausamste kränken und mißhandeln: „sie erschweren ihre Lage im höchsten Grade, ja alles, was der Marquise Schmerzen verursacht, kommt eigentlich von ihnen allein. Sie stellen ihr gegenüber die Welt in ihrer Verdammung und Feindseligkeit dar, in der denkbar gesteigertsten Form, da die Marquise mit ihnen so innig verbunden ist."[17]

Nachdem der Vater den Beweis für die Unschuld seiner Tochter angehört hat, kommt es nicht, wie Kuoni meint, zu einer „Erlösung der alten, versteinerten Vaterseele ... durch die Reinheit eines weiblichen Gefühls",[18] sondern zu einem Zusammenbruch seines Verstandes und zu „einer Sorge erregenden Auflösung seines ganzen Wesens".[19] Die schamlose Selbstentblößung, das Eindringen in letzte versteckte Seelenwinkel, eine letzte Konsequenz des zum obersten Grundsatz erhobenen Zweifels an allem, fordert eben nicht nur das Opfer von der Marquise und von dem Grafen, die eigene Schuld durch die Zeitung zu veröffentlichen, sondern auch vom Vater das zerrüttende Eingeständnis seines Fehlers. Die Wiederherstellung der Ordnung führt immer wieder in Situationen, in denen jede Ordnung zerstört wird. Da beugt sich der Kommandant „ganz krumm und heulte, daß die Wände erschallten" (S. 124), gebärdet „sich ganz konvulsivisch" (S. 125). Im völligen Zusammenbruch seiner üblichen Verhaltensweise belauscht ihn schließlich seine Frau: die Marquise saß „auf des Kommandanten Schoß, was er sonst in seinem Leben nicht zugegeben hatte . . . die Tochter still, mit zurückgebeugtem Nacken, die Augen fest geschlossen, in des Vaters Armen liegen; indessen dieser, auf dem Lehnstuhl sitzend, lange, heiße und lechzende Küsse, das große Auge voll glänzender Tränen, auf ihren Mund drückte: gerade wie ein Verliebter! Die Tochter sprach nicht, er sprach nicht; mit über sie gebeugtem Antlitz saß er, wie über das Mädchen seiner ersten Liebe, und legte ihr den Mund zurecht, und küßte sie . . . Sie (die Mutter) nahte sich dem Vater endlich, und sah ihn, da er eben wieder mit Fingern und Lippen in unsäglicher Lust über den Mund seiner Tochter beschäftigt war" (S. 125 f.). Schließlich gehen beide „wie Brautleute" zur Abendtafel.[20]

Hier wird mehr dargestellt als nur die „Gewalt der Reue",[21] hier wird in der unzweifelhaft erotischen Besitznahme der Tochter durch den Vater die Auflösung der familiären Grundbeziehungen und des zentralen, familienerhaltenden Inzesttabus, die Auflösung der Gesellschaft dort sichtbar, wo sie nicht mehr auf Liebe und Vertrauen, sondern nur noch auf Prüfung und Beweis beruht.

Als Traumbild, als Wunschbild, und als erlösende Idylle, und als deutender Wahrtraum entwirft Kleist an einer Stelle der Erzählung ein Gegenbild zum Zweifel an sich selbst und an den anderen, der zur Verzweiflung und zur Auflösung der Gesellschaft führen muß, und erzeugt so im Leser eine Vorstellung, wie auch die Marquise handeln könnte. Ich spreche von dem Traum, den der Graf nach seiner Genesung erzählt:

> Hierauf erzählte er mehrere, durch seine Leidenschaft zur Marquise interessante Züge: wie sie beständig, während seiner Krankheit, an seinem Bette gesessen hätte; wie er die Vorstellung von ihr, in der Hitze des Wundfiebers, immer mit der Vorstellung eines Schwans verwechselt hätte, den er, als Knabe, auf seines Onkels Gütern gesehen; daß ihm besonders eine Erinnerung rührend gewesen wäre, da er diesen Schwan einst mit Kot beworfen, worauf dieser still untergetaucht, und rein aus der Flut wieder emporgekommen sei, daß sie immer auf feurigen Fluten umhergeschwommen wäre, und er Thinka gerufen hätte, welches der Name jenes Schwans gewesen wäre, sie an sich zu locken, daß er aber nicht im Stande gewesen wäre, sie an sich zu locken, indem sie ihre Freude gehabt hätte, bloß am Rudern und In-die-Brust-sich-werfen (S. 105).

Was der Traum beschreibt, ist – in utopischem Überspringen der Wirklichkeit – die Möglichkeit einer selbstverständlichen Erneuerung, einer Wiedergeburt aus den eigentlichen Kräften des Menschseins. Aber dieser Traum steht nicht ein für das wirkliche Erlebnis der Marquise; denn für sie ist zwar nicht die Reinigung von den Anwürfen anderer, aber doch die Befreiung von dem eigenen, eingewurzelten Zweifel, ein qualvolles, nie zu Ende gehendes Unternehmen. Die „Harmonie eines noch unbewußten Sich-Eins-Fühlen mit Gott und Welt"[22] wird ihr nie zuteil. Das Traumbild bleibt Traumbild, in der Erzählung nie verwirklichte Möglichkeit. Es ist eben nicht so, daß „um der inneren Reinheit der Frau willen alles Unheilige ihrer Empfängnis von ihrer Person ab(fällt), wie der mit Kot beworfene Schwan Thinka leuchtend weiß aus der Flut wieder emportauchte".[23] Das könnte nur der Fall sein, wenn sie imstande wäre, nicht nur sich völlig aus den Bindungen einer Gesellschaft zu lösen, die dem Augenschein mehr traut als der inneren Wahrheit, sondern auch die von ihr selbst verinnerlichten Normen und Verhaltensweisen dieser Gesellschaft in ihr Bewußtsein zu heben, um sie so kritisierbar zu machen und zu überwinden. Gerade das aber kann die Marquise nicht.

Um das Motiv des Doppelgängertums nicht nur als werkimmanentes und geistesgeschichtliches Phänomen zu schildern, was bedeuten würde, rein zufällige Übereinstimmungen innerhalb der Dichtung und mit anderen Dichtungen der Zeit einfach festzustellen oder sie von einem problematischen Zeitgeist abzuleiten, sondern sie auch in der realen Geschichte zu verankern, müssen wir jene Erschütterung der bürgerlichen Intelligenz kurz umreißen, die sich bei Kleist biographisch in der sogenannten Kant-Krise äußert. Von Kleist selbst schon stark vereinfacht, läßt sich diese Krise daraufhin reduzieren, daß dem Bürgertum um die Jahrhundertwende vom 18. zum 19. Jahrhundert, genauer in der Periode zwischen der Französischen Revolution (1789) und der bürgerlichen Revolution (1848), der sichere Besitz einer absoluten Wahrheit, die von jedem Standpunkt aus gleichermaßen als wahr anerkannt werden kann, problematisch wurde. Da Kants kritische Auflösung der großen theoretischen Ideen der vernunftgläubigen Aufklärung – Wahrheit, Freiheit und Unsterblichkeit – selbst nur ein Reflex jener tiefgreifenden ideologischen Erschütterung des Bürgertums ist, ist es in unserem Zusammenhang auch gleichgültig, ob wir von einer Kant-Krise oder einer Kleist-Krise sprechen.[24] Kleist erfährt in dieser Krise, „daß alles objektiv-Geistige (!), an dem seine subjektive-endliche Natur einen Halt gesucht zu haben vorgegeben hatte, alle idealen Zwecksetzungen und Vornahmen, alle Erfüllung von Lebensplänen, wie er sie früher von sich und anderen hochgemut genug verlangt hatte, für ihn nicht mehr gültig seien."[25] Man kennt die Stelle aus dem berühmten Brief vom 22. März 1801, wo es heißt:

Wir können nicht entscheiden, ob das, was wir Wahrheit nennen, wahrhaft Wahrheit ist, oder ob es uns nur so scheint. (6/163).

Diese „Erkenntnis" kommt nicht zufällig mehr oder weniger gleichzeitig mit der Identitätskrise des Bürgertums angesichts der Französischen Revolution: das Bürgertum verfängt sich in dem Widerspruch, einerseits den Anspruch vertreten zu müssen, die universale Freiheit und Gleichheit für alle gegen den feudalistischen und absolutistischen Staat durchsetzen zu wollen, andererseits angesichts der Drohung des vierten Standes, eben diese Freiheit und Gleichheit für den vierten Stand in Wirklichkeit nicht wollen zu können. Während das gehobene Bürgertum vor der Französischen Revolution noch mit dem ungebrochenen Selbstbewußtsein derer auftreten konnte, die angeblich nicht klassenbedingte Interessen, sondern die allgemeine und „vernunftbedingte" Freiheit und Gleichheit aller verteidigten, sind in der Revolution selbst die klassenbedingten Grenzen dieser Freiheit und Gleichheit und die sehr realen Interessen des gehobenen Bürgertums gegenüber denen des kleinen Handwerkers, Bauern und des städtischen Proletariats sichtbar geworden.[26] In dieser geschichtlichen Lage wird der Anspruch des Bürgertums, die Interessen aller zu vertreten, Wahrheit und Lüge zugleich: Wahrheit, insofern die treibenden Kräfte der Revolution gegen Aristokratie und Absolutismus immer noch das wohlhabende Bürgertum sind, so wie es in den Jakobinerklubs in Frankreich organisiert ist; Lüge, insofern er nicht mehr die Interessen aller oder auch nur einer Mehrheit des Volkes vertritt, sondern nur seine eigenen, und sich zu Kompromissen mit der Masse des Volkes höchst ungern nur dann herbeiläßt, wenn sonst seine Stellung durch den Druck von unten gefährdet erscheint.

Im Symbol des Doppelgängertums spricht sich also die doppelte und gebrochene Ethik des Bürgertums aus, das seine eigenen programmatischen Forderungen von Freiheit, Gleichheit und Brüderlichkeit gegen sich selbst ausgespielt sieht. Diese Erfahrung eines inneren Widerspruchs in der zur Ideologie gewordenen Aufklärung drückt sich allerdings um die Jahrhundertwende nur als ein rein „metaphysisch-gnostischer Dualismus"[27] aus, der über das bloße Enthüllen eines solchen Widerspruchs, einer solchen Bewußtseinsspaltung nirgends hinauskommt. Im Gegensatz zur Romantik, in der das Doppelgängersymbol mehr und mehr zum Zeichen einer ethischen Haltlosigkeit wird, versucht Kleist mit seinem streng objektiven Erzählstil diese Wertverwirrung zu überwinden: „Für den Dichter der Marquise ist das bezugslose Nebeneinander von Gut und Böse kein Faktum mehr, das er passiv entgegenzunehmen hat, sondern Anlaß, alle Kräfte zu entbinden, um diese unheilvolle Spaltung in einer lebendigen Einheit zu überwinden und eine neue Form des Einbegreifens zu ermöglichen."[28]

Daß ein solcher Versuch zu der Zeit und mit diesen Mitteln zum Scheitern verurteilt war, konnte Kleist nicht sehen, da er sich weder über die gesellschaftlichen Ursachen dieser Bewußtseinsspaltung klar ist, noch irgendwelche Wege zu ihrer Beseitigung sieht. Damit verfällt auch Kleist der vorherrschenden idealistischen Neigung seiner Zeit, die geistige Anstrengung der Analyse und Kritik für die Veränderung selbst zu halten; und so geschieht die „Überwindung" dieser Bewußtseinsspaltung bei Kleist „in der Weise, daß vor dem unbeirrbaren Blick dieses Dichters die gegensätzlichen Größen ihre Fixiertheit und den Charakter von eindeutig konturierten Mächten verlieren, und zwar nicht nur das Böse, sondern auch das Gute . . .".[29] Indem das Böse und das Gute ihre Eindeutigkeit verlieren, wird die Moral, die Kleists Erzählung vorträgt, in einem Maße zweideutig, die den Kritikern, die hier so unbekümmert von Zweideutigkeit sprechen, wohl kaum bewußt gewesen sein mag: allerdings müssen der Graf und die Marquise „sich erst gegenseitig von dem Denken in den normalen moralischen Maßstäben freimachen, damit sich ihr Verstand ‚unter der großen, heiligen und unerklärlichen Einrichtung der Welt gefangen geben kann'".[30] Und ebenso gewiß ist diese Überwindung der konventionellen Moral, soweit sie nur ihr gegenseitiges Verhältnis betrifft, ein Fortschritt zum Humanen, eine Überwindung einer starren, menschenfeindlichen Sexualmoral, die eben gerade nicht dem Menschen, sondern der Ordnung diente, aber ebenso gewiß ist diese „Überwindung" der konventionellen Moral die Aufhebung der gesellschaftlichen Verantwortung beider denjenigen gegenüber, die unter dieser Moral und den von ihr ausgehenden Zwängen physisch litten und weiterhin leiden werden. Diese „Überwindung" einer bestehenden Moral ist also nichts weiter als die Ausklammerung derjenigen gesellschaftlichen Aspekte, die noch im Drama des Sturm und Drang, z. B. in Lenzens *Soldaten*, sichtbar wird, und daher im besten Fall eine Fiktion und eine Täuschung: indem sie die realen Widersprüche der Gesellschaft nicht wirklich behebt, sondern nur in sehr begrenztem Umfange ihre philosophischen und ethischen Folgen zu kurieren versucht; sie tendiert daher dazu, die bestehende Wirklichkeit in der Darstellung zu verschleiern. Diese Tendenz zur Verschleierung der Tatbestände, die bereits in Kleists Erzählung angelegt ist, setzt sich konsequent in der Kleistkritik fort, die die geistige Überwindung der realen Widersprüche der Gesellschaft in Kleists Werk feiert, ohne zu sehen, daß diese geistige Überwindung an der Fortdauer dieser Widersprüche nichts geändert hat. So kann zum Beispiel Walter Müller-Seidel die „Struktur des Widerspruchs als bestimmendes Baugesetz aufzuzeigen" versuchen, und sehen, daß diese Struktur der „Mittelpunkt ist, in dem, nach vorwärts und nach rückwärts, das Geschehen zusammenläuft", daß die Eigentümlichkeit dieses Punktes bei Kleist „in dem rätselhaften Zugleich von zwei Dingen, die dem Verstand als logisch unvereinbar erscheinen müssen", besteht und dennoch „alle Versu-

che, ihr vom Verstand oder von gesellschaftlichen Ordnungen her zu begegnen", als aussichtslos abtun, und statt dessen eine übernatürliche
Widerspruchslosigkeit postulieren, die in der Tragödie im Grunde schon
immer als ihre „Überwindung" mit eingeschlossen ist. So kann Kunz
schreiben: „Indem der Schritt aus dem Spielraum der Mächte hinüber in
den der Bewährung getan wird, ist das verhängnisvolle Nebeneinander dä-
monischer Gestalten überwunden, der Mensch wird zum Richter über die
Mächte und hört auf, als willenloser Spielball bald dahin, bald dorthin ge-
schleudert zu werden."[31] Eine solche Analyse übersieht zunächst einmal,
daß die Mächte, von denen die Erzählung selbst spricht, weder Schicksals-
noch sonst unbegreifliche und undurchschaubare Mächte sind, sondern allemal menschliche Taten, Gesinnungen und Einstellungen. Das Böse und
das Gute des Grafen F. wird in seinem Handeln in einer konkreten Situation sichtbar, in der er einmal die Marquise von O. vor der Vergewaltigung
durch seine Soldaten rettet, dann selber aber ihre Ohnmacht ausnutzt, um
sie zu vergewaltigen. Die Relativierung dieser Tatbestände,[32] die darin bestehen, daß die Marquise den adeligen Vergewaltiger schließlich heiratet,
die Soldaten um des bloßen Versuchs willen aber mit dem Tode bestraft
werden, kann doch nur bedeuten, daß das Böse, wenn es von der eigenen
Klasse ausgeübt wird, nicht so böse ist, wie das Böse, das von der Unter-
klasse ausgeführt wird.[33] Das entspricht aber genau jener doppelten Moral
der Bürgerklasse, die zwar Freiheit, Gleichheit und Brüderlichkeit fordert,
aber nur für sich, die zwar die Unterdrückung durch den feudalen Absolutismus auf das Schärfste verurteilt, die aber die Unterdrückung der unteren
Klassen durch das Bürgertum selbst nicht verurteilen kann, ohne sich selbst
in Frage zu stellen. Die Relativierung von Gut und Böse ist also keineswegs
eine „Überwindung" dieses „verhängnisvollen Nebeneinanders", sondern
nur die zeitgemäße idealistische Tendenz, die Widersprüche der bestehenden Wirklichkeit zu negieren: „am Zwiespalt tiefster Gemeinheit und
höchster Reinheit im Gemüte"[34] des Grafen F. ändert sich damit gar nichts,
nicht nur solange dieser Zwiespalt einfach Verhängnis bleibt, sondern auch
dann noch, wenn er, wie bei Kleist, zwar als Schicksal auf die Freiheit und
Verantwortung des Einzelnen bezogen ist,[35] aber nicht in seiner konkreten
Realität als vom Menschen so gemacht durchschaut ist, und damit wirklich
verändert werden kann. Nur ein solches Verstehen, das eine Änderung herbeiführen kann und will, ist ein wirkliches Verstehen. Ohne ein solches
Verstehen muß, wie bei Kleist immer wieder sichtbar, jede „freie Entscheidung zum bloßen Raten zwischen lauter undurchsichtigen Möglichkeiten"[36] herabsinken.

In der stark existentialistischen Interpretation, die bis vor kurzem[37] das
Bild der Kleistforschung fast ohne Konkurrenz beherrschte, wird immer
wieder davon gesprochen, daß die Marquise von O. mit einem Male „aus

der ganzen erklärbaren Welt herausfällt".[38] Immer wieder ist dann die Rede davon, daß in dieser Erzählung der gesunde Menschenverstand dem Irrationalen und Absurden weicht, und daß eine solche auf Kierkegaard, Heidegger und Kafka vorausdeutende Haltung Kleists das eigentlich Moderne an Kleists Werk ausmache. Diese Auffassung hat sich so eingebürgert, daß sogar ein marxistischer Kritiker wie Lukács sie bedenkenlos seiner Kleistkritik als Voraussetzung unterlegt.[39] Ein genauerer Vergleich allerdings, wie ihn Walter H. Sokel zwischen Kleists Marquise von O . . ., Kierkegaards Abraham und Musils Tonka vorgenommen hat, zeigt aber gerade, daß trotz einiger auffallender Ähnlichkeiten in der Problemstellung der drei Werke, die Antwort auf das Problem bei Kleist radikal anders ist als bei Kierkegaard oder Musil. Bei Kleist wird ja nicht nur am Ende eine, wenn auch prekäre Harmonie hergestellt, sondern auch das nur scheinbar Unerklärliche erklärt (und zwar ganz rational), während zum Beispiel bei Musil das Unerklärte am Ende der Erzählung das Unerklärliche wird. Der Pragmatismus des Naturwissenschaftlers Musil ist zwar fähig, objektive und verifizierbare Daten und ihre Beziehungen zueinander festzustellen, menschliche Beziehungen werden aber in seiner Erzählung undurchsichtig, unaussprechlich und daher mystisch. Was so einmalig ist wie die jungfräuliche Zeugung, fällt für den Pragmatiker Musil aus allen Naturgesetzlichkeiten als einzigartiges Geschehen heraus und wird zum mystischen Geheimnis.

Auch für Kleist gibt es nun zwar die Erfahrung der menschlichen Einsamkeit auf Grund eines (wenn auch nur scheinbar) aus allen Regelmäßigkeiten herausfallenden Erlebnisses. Aber diese Einsamkeit ist keine existentielle, sondern eine durch die gesellschaftliche Organisation geschaffene, die durch das gesellschaftliche Handeln wieder aufgelöst werden kann. Die innere Überzeugung der Marquise, daß sie subjektiv schuldlos ist, wird öffentlich bestätigt.[40] Im Gegensatz dazu gäbe es, falls Abraham tatsächlich seinen Sohn opfern würde, für ihn nichts, worauf er sich berufen könnte, es sei denn seine eigene innere Überzeugung, daß er es auf Gottes Befehl hin tue. Ebenso gibt es für Tonkas Liebhaber nicht den geringsten objektiven Anhaltspunkt, daß Tonka genau wie die Marquise rein ist. Niemand könnte für Abrahams barbarische und unglaubliche Handlungsweise das geringste Verständnis aufbringen, weil es eben für diese Handlungsweise mitteilbare, verständliche und einsichtige Gründe nicht gibt. Für alle, außer Tonka selbst, bleibt es in Musils Erzählung zweifelhaft, ob sie nicht doch ihren Liebhaber mit einem anderen betrogen hat. Die innere Gewißheit bleibt für die Außenwelt entweder Täuschung und Betrug oder Wahnsinn.

Nicht so bei Kleist: auch dort, wo die Welt völlig verrätselt erscheint, ist sie in Wirklichkeit nur unbegriffen – nie unbegreiflich. Obwohl Kleist die Vereinsamung des Außenseiters in der sich entwickelnden modernen Gesellschaft am eigenen Leib erlebt hat, sieht er diese Vereinsamung noch nicht als existentielle Grundposition des Menschen, sondern in Übereinstimmung mit der Gesellschaftskritik der Aufklärung, vor allem Rousseaus, als Folge der gesellschaftlichen Ordnung, in der zu leben er gezwungen ist. Noch ist die Rätselhaftigkeit der Welt nicht Ausflucht vor der Forderung nach rationaler Rechenschaft, sondern nur nicht unmittelbar erklärbares Faktum, dessen rationelle Erklärung grundsätzlich möglich ist. Nur scheinbar handelt es sich bei unerklärlichen Ereignissen um einen „Mutwillen des Himmels" und um den „Griffel Gottes", in Wirklichkeit liegt der Nachdruck gleichermaßen auf der Unwahrscheinlichkeit der berichteten Tatsachen wie auf ihrer Wahrhaftigkeit: berichtet wird, was gegen alle Wahrscheinlichkeit dennoch wahr ist und daher letztlich rational begreifbare Ursachen haben muß, wobei es gleichgültig ist, ob die wahren Ursachen in der Erzählung selbst aufgedeckt werden – wie in der *Marquise von O . . .* – oder wie in den Anekdoten als noch nicht aufgefunden dem Leser zu eigenem Nachdenken überliefert werden.

Wenn Kleist nun keineswegs zum Vorläufer des modernen Irrationalismus umstilisiert werden kann, so zeigt sein Werk dennoch Brüche, Verschleierungen und Widersprüche, die für die ideologische Position des Bürgertums seiner Zeit kennzeichnend sind. Hier muß ich nun auf einen Aspekt zurückgreifen, den ich gleich anfangs angesprochen habe: die Idee der asketischen Selbstzucht. Diese Idee verbürgt nämlich für das bürgerliche Denken die Versöhnung des entscheidenden Widerspruchs der bürgerlichen Ideologie.[41] Während das Bürgertum einerseits die privilegierte Stellung des Adels angreift, die sich ja zumindest in historisch ferner Vergangenheit aus besonderen Diensten und Verdiensten ableitet, will es andererseits seine eigenen Privilegien, die auf dem Privateigentum beruhen, nicht opfern, und muß so seine Stellung gegenüber den Massen als durch eine besondere Leistung und durch Konsumverzicht schwer und redlich erworbene verteidigen. Während, so sagt man, das Volk einfach in den Tag hinein lebt, und alles das, was es verdient, wieder ausgibt, um seine unmittelbaren Bedürfnisse zu befriedigen, leisten die höheren Klassen einen Verzicht auf unmittelbare Befriedigung und ermöglichen so erst die Anhäufung von Kapital.[42] Diese Ideologie des Verzichts auf unmittelbare Befriedigung aller Bedürfnisse, die ausgesprochen oder implizit als apologetischer Mythos vorgetragen wird, um das Recht des Bürgers zu sichern, sich fremde unbezahlte Arbeit oder deren Produkt anzueignen,[43] durchdringt in vielfältiger Weise die gesamte Ethik des Bürgertums, von praktischen Verhaltungsmaßregeln im Wirtschaftsleben über die bürgerlichen Vorstellungen über die Sexualität bis hin zu den sublimsten Forderungen der Religion und der Philosophie. Aufschub der Triebbefriedigung, Askese und im

Zusammenhang damit der verfeinerte Masochismus der Gewissenserforschung bezeichnen daher zentrale Vorstellungen des Bürgertums. Auch bei Kleist setzt Ichbildung und Ichbewußtsein die bürgerliche, puritanische Askese voraus.

Als das Bürgertum nämlich vor der Notwendigkeit stand, einerseits die Macht des klerikalen und feudalen Adels zu brechen, mußte es die Religion als irrational abwerten, andererseits aber das bisher durch die Religion begründete Moralsystem auch ohne die theologische Begründung aufrechterhalten, weil nur so im Übergang von den feudalistischen zu den neuzeitlich-bürgerlichen Verhältnissen die Interessen des Bürgertums als die allgemein ethischen Grundlagen des Staates erscheinen konnten, und nur so ihre praktische ökonomische Macht und die daraus fließenden Privilegien gerechtfertigt werden konnten. Dabei stand das Bürgertum vor der beinahe unlösbaren Aufgabe, die Pflicht der gegenseitigen Achtung als Grundlage der Ethik aus einem Gesetz der Vernunft ableiten zu müssen, dessen konstitutives Prinzip aber gerade nicht die Nächstenliebe, sondern die Selbsterhaltung ist.[44] Nach außen hin, im Schein der bürgerlichen Morallehre, ist die Achtung vor dem anderen und damit vor dem alle gleichermaßen beherrschenden Moralgesetz im „vernünftigen" Selbstinteresse jedes Einzelnen verankert; in Wirklichkeit siegt das unqualifizierte, also auch das unsoziale Selbstinteresse überall dort, wo dieses Selbstinteresse die reale Macht hat sich durchzusetzen. Dieses Moralgesetz ist zudem so ausgelegt, daß seine Schranken zwar formal auch die Schranken des Selbstinteresses der Reichen ist, in der Praxis aber fast niemals von ihnen an eigener Haut verspürt wird.

Die Methode Kleists, sich mit dieser Diskrepanz zwischen rechtlichem Schein und wirklicher Ungerechtigkeit auseinanderzusetzen, ist die Methode des Skandals. Bewußt und pointiert fängt seine Erzählung mit einem Zeitungsbericht an, der in die Öffentlichkeit trägt, was sonst verheimlicht wird, eine sogenannte sexuelle Verfehlung. Die „gute" Gesellschaft, die vornehme Welt, die „gesitteten" Zirkel (von denen ein zeitgenössischer Kritiker, Karl August Böttiger, im Zusammenhang mit der „Marquise von O . . ." spricht), kurz

> die Welt des verarmten Adels, der desto empfindlicher auf Wahrung des „guten Rufs", Einhaltung von ausgesprochenen und unausgesprochenen Konventionen und Beachtung der Etikette aus ist, je mehr ihn das nachfolgende Bürgertum in seiner Führungsposition bedrängt,

ein soziales Milieu also, in dem die Redensart von der „unerhörten" Begebenheit den Überton moralischer Entrüstung besitzt, und synonym zu „skandalös" gebraucht wird,[45] wie Moering richtig anmerkt, wird durch Kleists Novelle in einem Grade schockiert, der keineswegs aus der Prüderie des frühen neunzehnten Jahrhunderts allein erklärlich ist. Das eigentliche Skandalöse ist die Aufdeckung der Diskrepanz zwischen dem, was die herrschende Moral der herrschenden Klasse als moralisches Gebot verkündet und der vor den Augen der Öffentlichkeit im allgemeinen verborgenen moralischen Praxis, die nur durch den Skandal aus dem Verborgenen ins Offene gezerrt wird und damit die herrschende Moral als ideologische Verschleierung entlarvt. Nun wird aber schon in der normalen Praxis der Skandal dadurch entschärft, daß man einerseits die moralische Verfehlung nicht als Indiz einer allgemeinen moralischen und praktischen Ungerechtigkeit des Systems, sondern nur als gewissermaßen individuelle Panne eines verbrecherischen Einzelnen sieht, und dadurch, daß man den Einzelnen, der so dumm ist, sich auch noch erwischen zu lassen, fallen läßt – jedenfalls so lange der Skandal dauert.

Bei Kleist wird der Skandal darüber hinaus einmal scheinbar seines gesellschaftlich relevanten Charakters entkleidet: es scheint, es handele sich um eine rein private Angelegenheit der Marquise, die niemanden etwas angeht, außer sie selbst und den Vater des Kindes. Dann wird der Eindruck hervorgerufen, daß der Skandal eigentlich gar kein Skandal ist, da ja die Marquise, die im Mittelpunkt des Skandals steht, völlig unschuldig ist. Darüber hinaus wird noch der Eindruck erweckt, als bedürfe gerade die herrschende Klasse nicht der Kontrolle durch die Gesetze und durch die Gesellschaft, weil gerade sie selbst jede auch nur scheinbare Verfehlung mit unnachgiebiger Strenge gegen sich selbst untersucht und bestraft. Daß alle diese Mittel der Darstellung Mittel sind, die gesellschaftliche Realität zu verschleiern, wird nur dann deutlich, wenn wir die Erzählung gegen den Strich lesen. Sobald wir aber den Schein durchschauen, stoßen wir auf das eigentliche Problem, das unlösbar bleibt, solange wir es als ein nur moralisches betrachten. Erst als Klassenproblem wird es voll verständlich. Moralisch formuliert lautet das Problem etwa so: „Wie darf (der Graf F. als) der eigentlich Schuldige es mit ansehen, daß er da straffrei ausgeht, wo andere, weniger Schuldige, mit dem Tod bestraft werden?"[46] Bei dieser Fragestellung wird nichts weiter erkennbar als die Unmoral des Grafen F. Verborgen bleibt dagegen völlig, daß eine solche Frage an die Soldaten gar nicht gerichtet wird: ihnen wird die Entscheidung über die Frage, ob sie es moralisch verantworten können, straffrei ausgehen zu können, von einem sehr summarischen Militärgericht abgenommen, und sie können sich auch nicht, wie der Graf F., eine Strafe aussuchen, die zwar ihrem Gewissen angemessen erscheint, aber nicht tödlich ist.

Die Frage, die Kleist selbst nicht stellt, die sich aber aus dem, was er berichtet, als die entscheidende herauszuschälen beginnt, müßte also lauten: Warum wird der Graf am Ende, als sich herausstellt, daß er genauso wie die einfachen Soldaten „ein Schandkerl (ist), der den Namen des Kaisers brandmarkt" (S. 97), nicht ebenso niedergeschossen wie die Soldaten? Warum wird ihm, aber nicht den Soldaten, „um der gebrechlichen Einrichtung der Welt willen, verziehen" (S. 130)? Warum wird er schließlich noch dadurch belohnt, daß er die von ihm „geschändete" Marquise heiraten darf und mit ihr sogar glücklich wird? Doch unzweifelhaft deswegen, weil er ein Mitglied einer zweifach privilegierten Klasse ist: er ist Adeliger und er ist vor allen Dingen reich. Zurecht hat Michael Moering darauf hingewiesen, daß „die Ehrerbietung und die Höflichkeit, die die Kommandantenfamilie dem Grafen auch dann noch entgegenbringt, als sein Betragen immer sonderbarer und ‚unschicklicher' wird" auf ihre untergeordnete gesellschaftliche Stellung hinweist. Nicht nur Dankbarkeit dem Retter ihrer Tochter gegenüber, sondern auch die Verbeugung vor dem Grafentitel bestimmt ihr Verhalten, – daran läßt Kleist keinen Zweifel.[47] Wohl nicht ganz zufällig hängt seine Erlösung auch damit zusammen, daß er seinem Sohn 20 000 Rubel und seiner Frau sein ganzes Vermögen übermacht. Es stellt sich heraus, daß die Gerechtigkeit, die vielen Worte um die Gewissensnot der Marquise und des Grafen, die selbstquälerische Tortur des Gewissens ein Schirm ist,[48] hinter dem die eigentliche Problematik des Geschehens so völlig verborgen bleibt, daß der Skandal, die Selbstanklage der Marquise in der Zeitung sogar zur Apologie des herrschenden Systems werden kann, indem eben der Skandal „beweist", daß die herrschende Klasse auch dann, wenn der äußere Schein ihnen eine moralische Verfehlung fast unabweisbar vorwirft, „im Grunde" unschuldig ist. Die Zeitgenossen, die trotz Halsbandskandal und Französischer Revolution noch glaubten, eine solche problematische Apologie der oberen Schichten sei überhaupt unnötig, die noch glaubten, man dürfe die moralische Unbescholtenheit der herrschenden Klassen nicht einmal anzweifeln, warfen Kleist vor, „nur ein verstimmtes Gemüt (könne) Befriedigung in so greller Disharmonie der Gemeinheit äußerer Zufälle und innerlichen sittlichen Adels (!) finden, oder sich gar am Zwiespalt tiefster Gemeinheit und höchster Reinheit im Gemüte selber ergötzen"[49] und wünschten sich, daß Kleist seine „außerordentliche Genauigkeit und Gründlichkeit" . . . „auf einen anderen Stoff verwendet hätte".[50] Es war in Deutschland damals wohl noch weniger klar, daß die Umwälzungen und Enthüllungen der Französischen Revolution eine Situation geschaffen hatten, in der es nicht mehr genügte, wie der Graf zu versichern, „daß er . . . ein *ehrlicher* Mann sei und die *Versicherung* anzunehmen bitte, daß *diese Versicherung wahrhaftig sei*" (S. 101). Man glaubte, ein völliges Verheimlichen des Skandals, der darin bestand, daß es einen Adel und eine Ausbeutung der Armen durch die Reichen überhaupt gab, sei noch möglich, als Kleist bereits ganz klar sah, daß eine Apologie nur dann möglich war, wenn man die allzu öffentlichen Skandale nicht verschwieg, sondern nur in ihrer Wirkung durch eine geschickte Darstellung abschwächte. Was die reaktionäre Oberschicht vor allem in Preußen noch glaubte, völlig verheimlichen zu können, pfiffen ja längst die Spatzen von allen republikanischen Dächern.

Das komplizierte dialektische Verfahren, das zwar einerseits die Realität des Skandals nicht ableugnet, aber gerade in der Behandlung dieses Skandals die völlige Rehabilitierung der Hauptpersonen in den Augen des Lesers erreichen will, verlangt natürlich eine völlige Beherrschung der Kunstmittel, ein Zug, der gerade an der *Marquise von O . . .* immer wieder gerühmt wird. Gegenüber dem Vorbild[51] Montaignes derber Anekdote aus dem „Essai über die Trunksucht" (1588) wird immer wieder Kleists viel „tiefer"[52] gehende psychologische und sprachliche Gestaltungskraft gerühmt: „Montaignes vulgäre Anekdote wird (bei Kleist) zu einer psychologischen Novelle, die in Abgründe führt, und die in der notwendigen Gegensätzlichkeit der Charaktere, die sie zeichnet, etwas Ewig-Menschliches symbolisiert";[53] und Braig behauptet von Kleists Erzählung im Gegensatz zu Cervantes' ‚La fuerza de la sangre', „erst durch die Verknüpfung mit dem Amphitryonproblem (habe) Kleist den rohen Vorwurf zur Höhe seiner Kunst erhoben".[54] Daß die künstlerische Vollendung der Marquise aufs engste damit zusammenhängt, daß der Dichter einen kaum gangbaren, schwindelnden Weg finden mußte, auf dem das Skandalöse „so dargestellt werden kann, daß die Betroffenen daran schuldlos sind", daß das, was nicht entschuldigt werden kann, entschuldigt werden muß (wobei das Unentschuldbare keineswegs in erster Linie der „Fehltritt" des Grafen ist), ist der Kleistkritik durchweg entgangen. Allein aus der skandalösen Widersprüchlichkeit der bürgerlichen „Moral" und Gesellschaftsauffassung heraus, verlangt die Frage Hölderlins, „wodurch das Schöne hervorgebracht wird", nunmehr nach einer differenzierten Begründung: deswegen ist die Welt fragwürdig geworden, in der das Schöne sich behaupten muß, deswegen allein „begibt sich freilich auch die Novelle der Möglichkeit, vorwiegend zu unterhalten oder zu belehren".[55] Die Gesellschaft, die man erzieht oder bildet, gibt es bei Kleist ja nur deswegen nicht mehr als fraglose Gegebenheit, weil diese Gesellschaft sich eben selbst durch den Widerspruch in ihrer Ideologie in Frage stellte, ein Widerspruch, der eben nicht nur Widerspruch im Geiste selbst ist, wie Fritz Strich meinte,[56] sondern ein Widerspruch in der Praxis der Gesellschaft, den auch eine „höhere Logik"[57] nicht anders als illusorisch auflösen kann, solange er nicht in Wirklichkeit aufgelöst ist.

Daß die Darstellung Kleists also das eigentlich Unentschuldbare dadurch den Augen des Lesers entzieht, ohne es verschweigen zu können, daß sie sich statt auf das Todesurteil der Soldaten und die Schuld des Grafen F. fast ausschließlich auf die Gewissensnöte der Marquise von O. beschränkt, hat auch die Kritiker verleitet, die wie Müller-Seidel sorgfältig interpretieren und mit einem Minimum an existentialistischen „Wesentlichkeiten" und ähnlichen Verschleierungen auskommen, über die entscheidendste Frage in der Novelle hinwegzusehen. Statt die mit stilistischem Geschick unsichtbar gemachte doppelte Moral der Erzählung und damit die Berechtigung der Bezeichnung „Teufel", die von der Marquise bewußt als Steigerung über das konventionelle „Lasterhafte" hinaus gesetzt wird, zu analysieren, erliegt auch er der in der Erzählung selbst angelegten Relativierung, die das Tierische in den Soldaten *sichtbar macht*, das Teuflische im Grafen F. nur als Urteil der Marquise *ausspricht*, um es umso entschiedener als den einzigen Fehler eines sonst unbescholtenen und guten Menschen zu verharmlosen; nur darum kann Müller-Seidel schreiben:

> Dabei ist zum Verständnis des Grafen nicht ganz nebensächlich, daß er im Verlauf der Erzählung immer deutlicher in einer Weise geschildert wird, die jene Vorstellung der Marquise (daß er teuflisch ist) widerlegt. Wie er die Schuld auf sich nimmt und mit dem Tode zu sühnen bereit ist, wie er alle Demütigungen erträgt: dies und anderes sind nicht eben Zeichen teuflischen Verhaltens, da wir ihn denn als „Engel" gewiß nicht bezeichnen wollen.[58]

Das Teuflische des Grafen kann um so weniger in das Blickfeld des Lesers kommen, als es eben außer durch die Aussage der Marquise im Augenblick der entscheidenden Begegnung in der Erzählung ausgespart, nicht wirklich präsent ist. Gegenüber dieser rein abstrakten Verurteilung durch die Marquise setzt sich dann doch das durchweg positive Bild des Grafen durch, das die Erzählung dem Leser bietet. Nicht nur der Marquise kommt er von Anfang an „wie ein Engel" vor (S. 130), auch dem Leser wird er so vorgestellt, als tapferer Offizier, der die die Marquise bedrohenden Soldaten mit wütenden Hieben zerstreut, der daraufhin, als sei das nichts, der Marquise „unter einer verbindlichen, französischen Anrede den Arm" bietet (S. 95) und sie in „Sicherheit" bringt, und dann den Kampf um die Festung zu Ende führt. Nach dem Kampf gibt er Befehl, „der Flamme, welche wütend um sich zu greifen anfing, Einhalt zu tun, und er leistete selbst hierbei Wunder der Anstrengung" (S. 95) und rettet das Fort vor der völligen Zerstörung, indem er Pulverfässer und Bomben vor den Flammen in Sicherheit bringt. Noch sein Zögern, die Namen der Schuldigen zu nennen, kann als Versuch verstanden werden, die ihm untergebenen Soldaten vor einer übermäßig harten Strafe zu bewahren.

Auch nach dieser ersten Begegnung erscheint er in der Erzählung als „junger Gott" (S. 99), dem man einige gesellschaftliche Unschicklichkeiten und Seltsamkeiten nachsehen kann, vor allem, da er, vom Tode wieder auferstanden, ungestüm um die Hand der Marquise anhält, und so weit geht, über dieser Werbung die ihm aufgetragenen militärischen Pflichten zu vergessen und sich so unter Umständen eine schwere Strafe zuzuziehen. Bei seiner Rückkehr aus Neapel gibt er weitere Beweise seines Edelmuts, z. B. als er dem Bruder der Marquise gegenüber auch dann noch auf seiner Absicht beharrt, die „Nichtswürdige" zu heiraten, als dieser ihm die Schande verdeutlicht, die sie über die Familie gebracht habe, und darauf besteht, „daß sie mehr wert wäre, als die ganze Welt, die sie verachte" (S. 116). So vorbereitet kann der Leser schließlich das Schuldgeständnis des Grafen F. entgegennehmen, ohne ihn so hart verdammen zu müssen, wie die Soldaten. Schließlich wird ihm das Geständnis auch noch insofern erleichtert, als er weder seine „Lasterhaftigkeit" noch seine „Teufelei" vor der Marquise (und damit vor dem Leser als dem letztlich Urteilenden) in derselben Deutlichkeit aussprechen muß, mit der die Untat der ihm untergebenen Soldaten beschrieben wird. Abgerundet wird dieser Eindruck, daß die Bezeichnung „Teufel" nicht eigentlich auf den Grafen zutrifft, schließlich noch durch die Aussage der Marquise:

> er würde ihr damals nicht wie ein Teufel erschienen sein, wenn er ihr nicht bei seiner ersten Erscheinung wie ein Engel vorgekommen wäre. (S. 130)

Wenn Kleist den Grafen von F. auch nicht entschuldigt, so doch um Verständnis für ihn wirbt, indem er aus der Erzählung alle die Züge entfernt, die seine einmalige Verschuldung wirklich verständlich machen würde, und indem er gerade das unsichtbar bleiben läßt, was die Kleist-Forschung seine „Dämonie" nennt, so verfährt er bei der Beschreibung der Soldaten anders: er verstärkt von Anfang an nicht etwa die „dämonischen", sondern die ausgesprochen Abscheu erweckenden Züge der gemeinen Soldateska, um sie nachher mit Zustimmung des Lesers hinrichten zu können. So führen die Soldaten die Marquise „unter abscheulichen Gebärden" mit sich fort, sie wird von der „entsetzlichen, sich untereinander selbst bekämpfenden Rotte bald hier, bald dorthin gezerrt", es ist die Rede von den „schändlichsten Mißhandlungen". Die Scharfschützen werden als „die Hunde, die nach solchem Raub lüstern waren" bezeichnet, es ist von einem „letzten, viehischen Mordknecht" die Rede (S. 95). Der Eindruck wird unterschwellig verstärkt, wenn Kleist die russischen Soldaten „Asiaten" und „Rotten" (S. 96) nennt. Auf diese Weise sorgt Kleist durch Wortwahl und Stil dafür, daß der Leser den im wörtlichsten Sinn kurzen Prozeß, den er mit den Scharfschützen macht, als gerechte Verurteilung schrecklicher Verbrecher hinnimmt, ohne später allzu eindringlich das Verhalten des Grafen mit dem dieser Soldaten zu vergleichen:

> Der General ließ diesen hierauf durch die Wache herbeiführen, ein kurzes Verhör über ihn halten; und die ganze Rotte, nachdem jener sie genannt hatte, fünf an der Zahl zusammen, erschießen. Dies abgemacht (S. 97) . . .

gibt der General das Zeichen zum Aufbruch, und der Leser kann sich nach

dieser unangenehmen Episode wieder interessanteren Dingen zuwenden.
Obwohl eine ganze Reihe Epitheta, mit denen Kleist die Soldaten bedenkt, auf den Grafen von F. ebenfalls zutreffen würden, verschweigt nicht
nur der Graf F. „schamhaft den letzten Grund"[59] seines späteren Verhaltens, sondern auch Kleist selbst, um nur ja nicht im Leser den unerwünsch-
ten Vergleich zwischen dem Verhalten der Soldateska und dem des Grafen
aufkommen zu lassen. Die „Veredelung" der Erzählung läßt sich aber nun
präzise an der Distanz ablesen, die rein durch die Kunst der Erzählung zwischen dem an sich tatsachengleichen Verhalten des Grafen von F. und dem
der Soldaten hergestellt wird. Auch bei Kleist wird ja durchaus noch der
„rohe" und „derbe" Vorwurf sichtbar, als Handlung der Soldaten nämlich,
während genau die gleiche „rohe" und „derbe" Handlung nicht etwa nur
„verschönert", sondern mit unendlichem Geschick mit Hilfe von Sprache
aus dem Bereich der Sichtbarkeit weggezaubert wird, wenn sie von einem
Grafen begangen wird.[60] Zu dieser „Unsichtbarmachung" dessen, was
doch bei genauem Hinsehen dennoch nicht zu übersehen ist, trägt nun ohne
Zweifel, wie die Kritik vielfach bemerkt, aber keineswegs kritisch untersucht hat, die „Verknüpfung mit dem Amphitryonproblem" ihr Teil bei.
Der Graf von F. ist, wie Hoffmeister richtig bemerkt, kein Jupiter,[61] und
die Marquise von O. der Alkmene nur insofern vergleichbar, als auch sie
angeblich jene „siegende, unverwirrbare Gewißheit des innersten Gefühls"[62] durchhält, als das „subjektive Gefühl, das (sie) von sich hat, mit
den objektiven Tatsachen in Widerspruch gerät".[63] Günther Blöcker weist
zurecht darauf hin, daß „was sich in ,Amphitryon' auf der Höhe eines
schwindelerregenden Gedankenspiels zuträgt, das ist in der Novelle in die
kleine Realität übersetzt", und fährt fort:

> Wo sich Alkmene zum Äußersten getrieben fühlt, da setzt die Marquise sich
> hin und strickt Mützchen und Kinderstrümpfe . . . Das Thema ist verbürger-
> licht . . .[64]

Ein solches Schrumpfen der Dimensionen ist aber nicht nur rein quantita-
tiv, so als ließe sich auch in diesen Dimensionen „der Kosmos des Gefühls
. . . zu unüberbietbarer Entfaltung bringen",[65] ein solches Schrumpfen der
Dimensionen bedeutet auch die Unmöglichkeit, die göttlichen Dimensionen glaubhaft darstellen zu können, und muß daher das Absolute in den
Menschen selbst verlegen. Zurecht behauptet daher Ernst Fischer: „Die
Marquise von O. . . . . ist die *entmythologisierte* Alkmene."[66] Was übersehen wird, ist, daß in dem Augenblick, in der der Ich-Welt Absolutheit zugeschrieben wird, „teils in der Weise, daß sie unabhängig von der Wirklichkeit ist, teils so . . ., daß sie die Wirklichkeit erfaßt hat und Wahrheit
enthält",[67] die Wirklichkeit lückenlos entschuldigt und legitimiert werden
kann, auch dort, oder gerade dort, wo der Verstand im Angesicht der wi-

dersprechenden Wirklichkeit gegen dieses Bewußtsein Einspruch erhebt und es als falsches Bewußtsein zurückweisen müßte. Und gerade das wird von Kleist als falsches Bewußtsein gleichzeitig entlarvt, aber noch in der Entlarvung glorifiziert, was der Kritik eine Berechtigung zu geben scheint, von einer Parallele zum „Amphitryon" überhaupt zu sprechen, bei jener Stelle nämlich, wo die Marquise über das Kind nachdenkt, „das sie in der größten Unschuld und Reinheit empfangen hatte, und dessen Ursprung, eben weil er geheimnisvoller war, auch göttlicher zu sein *schien*, als der anderer Menschen" (S. 115, meine Hervorhebung). Das ist die Apotheose des Als-Ob, der Verdrängung des unbewußt Gewußten, die Beatifizierung des falschen Bewußtseins: daß das zu erwartende Kind nämlich nicht nur die Frucht einer frevlerischen Tat ist, deren Opfer sie geworden ist, sondern auch eine Frucht ihres eigenen Unbewußten, das im Nichtwissen der Ohnmacht die Zustimmung zu diesem Liebhaber gegeben hat, dem nicht nur um der „gebrechlichen Einrichtung der Welt" willen, dem auch „um des unbezwinglichen Gefühls willen vergeben (wird), das ihn zu Fall brachte",[68] und der sie daher stürmisch wie eine Festung erobert und unterworfen hat. Sie gibt sich also nicht nur, wie immer wieder gesagt wird, „in die widersprüchliche Wirklichkeit gefangen und läßt das Widerspruchsvolle als Schicksal auf sich beruhen",[69] sondern ohne es sich selbst einzugestehen, begreift sie intuitiv, daß die Vergewaltigung nur technisch eine Vergewaltigung, in Wirklichkeit aber bereits ein Akt der Liebe mit ihrer (unbewußten) Zustimmung war; und daß die Anerkennung dieser Tatsache, und damit der sie selbst und den Grafen so unendlich schmerzende Prozeß der Wahrheitsfindung nur deswegen nicht durch eine unmittelbare liebende Vereinigung abgekürzt werden konnte, weil ein solches Eingeständnis durch die Gewalt der Konventionen, Rücksichten und des falschen Gefühls verhindert wird. Es ist darum keineswegs richtig, wie Günter Blöcker davon zu sprechen, daß die Marquise von O. „um in der Sprache des Aufsatzes ‚Über das Marionettentheater' zu reden – durch ‚ein Unendliches'"[70] geht, denn dieses Durchgehen würde ja eben ein „unendliches Bewußtsein" (V, S. 77 f.) erfordern. Die „wahre Entdeckung ihrer selbst", nicht „an Widerständen", sondern ein Eindringen in ihre eigenen ihr unbewußten Wünsche und in die Mechanismen der Verdrängung und Disziplinierung bleibt aber aus, denn ein solches Verstehen hätte nicht nur das Selbstbewußtsein der Marquise, sondern das Selbstbewußtsein der Gesellschaft gesprengt, der Kleist diese Erzählung als Spiegel entgegenhielt.

106

Anmerkungen

1 Helmut Sembdner (Hrsg.): *Heinrich von Kleist. Nachruhm. Eine Wirkungsgeschichte in Dokumenten.* – Bremen: Schünemann, S. 654.

2 Zitiert nach: Heinrich von Kleist: *Erzählungen.* – München: Deutscher Taschenbuchverlag ³1968 (= dtv-Gesamtausgabe, Bd. 4). Als Schlüsselpartie der Erzählung sieht diese Stelle z. B. Josef Kunz: *Die deutsche Novelle zwischen Klassik und Romantik.* – Berlin: Schmidt 1966, S. 129. Vgl. auch Friedrich Koch: *Heinrich von Kleist. Bewußtsein und Wirklichkeit.* – Stuttgart: Metzler 1958, S. 38.

3 In einem Brief-Aufsatz für Wilhelmine von Zenge vom 16. September 1800 heißt es zum Beispiel: „Aber in uns flammt eine Vorschrift – und die muß göttlich sein, weil sie ewig und allgemein ist; sie heißt: *erfülle Deine Pflicht;* und dieser Satz enthält die Lehren aller Religionen" (5/51).

4 Vgl. Joachim Streisand: *Deutsche Geschichte von den Anfängen bis zur Gegenwart.* – Köln: Pahl Rugenstein 1972, S. 78 f.

5 *Zur Genealogie der Moral.* Musarion-Ausgabe, Bd. IV/2, S. 323.

6 Michael Ossar „Kleist's *Das Erdbeben von Chili* und *Die Marquise von O . . .*". In: *Revue des langues vivantes* 34 (1968), S. 151 sagt dazu: „The evident brutality which resolves the drastic situation at the end of *Das Erdbeben* is the story's most salient feature, while in *Die Marquise* there seems to be no real physical danger – the danger is psychological . . . Yet on closer inspection we shall see that the cruel . . . plays an important part in the story, too." Ossar gibt aber keinerlei Gründe für eine solche „Verinnerlichung".

7 Ruth Baumann: *Studien zur Erzählkunst Heinrichs von Kleist. Die Gestaltung der epischen Szene.* – Diss. Hamburg 1928, S. 47.

8 Das erfaßt Blöcker, wenn er sagt, daß der Graf der Marquise auf eine „jeden Einwand ausschließende Weise als Mann kam". (Ein unübertrefflicher Euphemismus für eine Vergewaltigung.) „Die Witwe, die sich geschworen hatte, nicht wieder zu heiraten, erwacht in diesem unfaßlichen Augenblick zu ihrer verleugneten Weiblichkeit. Gefühl stößt auf Gefühl. Sie sinkt in Ohnmacht. Ihr Unbewußtes gewährt, was ihr Bewußtsein verbieten würde. Kleists selbstironisches Epigramm: Dieser Roman ist nicht für dich, meine Tochter. In Ohnmacht! Schamlose Posse! Sie hielt, weiß ich, die Augen bloß zu – spricht im Kern eine, wenn auch trivialisierte Wahrheit aus. Vor Julietta tun sich . . . Bereiche der Natur auf (der eigenen Natur!), in denen sie ihrer Person nicht mehr sicher ist; und solche Offenbarungen unseres Ichs pflegen wir – in wildem Protest gegen uns selbst – allerdings teuflisch zu nennen." *Heinrich von Kleist oder das absolute Ich.* – Berlin: Argon Verlag 1960, S. 178. Vgl. auch Michael Moering: *Witz und Ironie in der Prosa Heinrich von Kleists.* – München: Fink 1972, S. 247 und Dorrit Cohn: ‚Kleist's „Marquise von O . . .": The Problem of Knowledge.' – In: *Monatshefte* Bd. 67 (1975) S. 131 und 135; vgl. dagegen Ossar, a.a.O., S. 163 f.

9 Kunz, a.a.O., S. 131.

10 Kunz, a.a.O., S. 129; in diesem Sinne ist es naiv von „wahrer Seelenkeuschheit" zu sprechen und zu behaupten: „ihre Seele weiß nichts von dem, was ihrem Kör-

per geschehen ist", wie Franz Servaes das tut: *Heinrich von Kleist*. – Leipzig: Seemann 1902, S. 74.

11 Hans Heinz Holz: *Macht und Ohnmacht der Sprache*. – Frankfurt: Athenäum 1962, S. 133.

12 Holz, a.a.O., S. 104.

13 Walter Müller-Seidel: „Die Struktur des Widerspruchs in Kleists ‚Marquise von O . . .'" – In: *DVjs* 28 (1954), S. 508 f., wehrt sich zurecht gegen eine religiöse Interpretation der Bezeichnungen Engel, Cherub, Herrliche, Überirdische durch die Eltern: „denn Rettung in den Augen dieser Menschen heißt Rettung gegenüber dem Ruf der Welt". Die Marquise von O. und der Graf F. sind weder Engel noch Teufel, sondern Menschen. Vgl. auch Ossar, a.a.O., S. 152.

14 Kunz a.a.O., S. 141.

15 Clara Kuoni: *Wirklichkeit und Idee in Heinrich von Kleists Frauenerleben*. – Leipzig: Huber 1937, S. 227.

16 Benno von Wiese: „Der Tragiker Heinrich von Kleist und sein Jahrhundert." – In: *Vom Geist der Dichtung. Festschrift für Robert Petsch*. – Hamburg 1949, S. 254.

17 Heinrich Meyer-Benfey: *Kleists Leben und Werke dem deutschen Volke dargestellt*. – Göttingen: Otto Hapke 1911, S. 239.

18 Kuoni: a.a.O., S. 230.

19 a.a.O., S. 229.

20 Auf die Abhängigkeit dieser Szene von Rousseaus *Nouvelle Heloise* weist Erich Schmidt: *Richardson, Rousseau und Goethe. Ein Beitrag zur Geschichte des Romans im 18. Jahrhundert*. – Jena: Frommann 1875, S. 239 ff. hin.

21 Kuoni, a.a.O., S. 229.

22 Rolf Dürst: *Heinrich von Kleist. Dichter zwischen Ursprung und Endzeit. Kleists Werke im Licht idealistischer Eschatologie*. – Bern: Francke 1965, S. 116.

23 Kuoni, a.a.O., S. 227.

24 Vgl. Johannes Hoffmeister: „Beitrag zur sogenannten Kantkrise Heinrichs von Kleist." – In: *DVjs* 33 (1959), S. 577.

25 a.a.O., S. 575. Nicht zuzustimmen ist Hoffmeister allerdings, wenn er die Kantkrise vorwiegend als seelischen Vorwand ansieht, mit dem Kleist seine Flucht vor einem Amt und dem akademischen Lehramt zu verschleiern versucht. Bei aller Unzulänglichkeit der Auseinandersetzung kommt in der Kantkrise eben doch mehr als nur Subjektives zum Ausdruck. Auf die Literatur zu der sogenannten Kantkrise Kleists kann hier nur verwiesen werden: Als erster ist auf die Kantkrise ausführlicher eingegangen: Wilhelm Herzog: *Heinrich von Kleist. Sein Leben und sein Werk*. – München: Beck 1911, S. 65. Wichtig sind Ernst Cassierer: „Heinrich von Kleist und die kantische Philosophie." – In: *Idee und Gestalt*. Darmstadt Wissenschaftliche Buchgesellschaft 1971; D. F. S. Scott: „Heinrich von Kleist's Kant crisis." – In: *Modern Language Review*, 42 (1947), S. 474.

26 Dazu kommt in Deutschland noch das Fehlen einer revolutionären Tradition, die versteinerte gesellschaftliche Formation und die Unterentwicklung der Produktivkräfte. Deutschland ist so am Ende des 18. Jahrhunderts ein noch intakter agrarischer Ständestaat mit nur schwach ausgebildeten kapitalistischen Wirtschaftsformen. Vgl. Helmut Böhme: *Prolegomena zu einer Sozial- und Wirtschaftsgeschichte Deutschlands im 19. und 20. Jahrhundert*, 1968, S. 9.

27 Kunz, a.a.O., S. 141.
28 Kunz, a.a.O., S. 142.
29 Kunz, a.a.O., S. 142.
30 Elmar Hoffmeister: *Täuschung und Wirklichkeit bei Heinrich von Kleist.* – Bonn: Bouvier 1968, S. 70.
31 Kunz, a.a.O., S. 142.
32 z. B. bei Servaes, a.a.O., S. 74: „Aber auch ihr Verführer, der junge Graf F . . ., obwohl er nicht völlig rein zu sprechen war, war *nahezu unschuldig zu seiner Missetat gekommen.* Die ungeheure Erregung, die allein schon eine feindliche Invasion in eine fremde Stadt mit sich bringt; sodann die besonderen Umstände, in denen er die Marquise trifft, und die, indem sie seinen Edelmuth wachriefen, zugleich seine Sinnlichkeit aufs Höchste reizen mußten, endlich die rasch im Wirbel tumultarischer Ereignisse so verführerisch-bequem bereitete Gelegenheit wirken als starke Entschuldigungsmomente für die That. Sie ist in einer Verwirrung der Sinne vollführt worden." Bezeichnenderweise entschuldigt Servaes nicht die Soldaten, die ja ebenfalls unter einem sexuellen Notstand litten. Gegen die Relativierung dieser Tatsachen wehrt sich schon Erich Schmidt in seiner Einleitung (Werke, Bd. III, S. 132), wenn auch noch ohne die eigentlichen Voraussetzungen dieser Relativierung aufzudecken: „der laxe, versöhnende Schluß . . . (ist) und bleib(t) anstößig." Vgl. auch H. A. Korff: *Der Geist der Goethezeit.* 1953, Bd. IV, S. 88.
33 Man kann also nicht ehrlicherweise wie Ruth Baumann sagen (a.a.O., S. 18), daß die Tat des Grafen F. von ihm „gesühnt wird, indem er die schlimmen Folgen zum Guten wendet", es sei denn, man banalisiert das gesellschaftliche Problem zu einem im engsten Sinne moralischen: daß er durch seine Bereitschaft die Marquise zu heiraten, die „Schande" von der Familie und dem Kind nehme.
34 Nachruhm, S. 625.
35 Kunz, a.a.O., S. 137.
36 Max Horkheimer: *Traditionelle und kritische Theorie.* – Frankfurt: Fischer, 1970, S. 215.
37 z. B. noch 1967 Walter H. Sokel: „Kleist's Marquise of O., Kierkegaard's Abraham, and Musil's Tonka: three stages of the absurd as the touch-stone of faith." – In: *Festschrift für Bernhard Blume. Aufsätze zur deutschen und europäischen Literatur.* – Hrsg. von Egon Schwarz, u. a. Göttingen: Vandenhoek & Ruprecht 1967, S. 323–332.
38 Dürst, a.a.O., S. 110.
39 Georg Lukács: „Die Tragödie Heinrich von Kleists." – In: *Deutsche Realisten des 19. Jahrhunderts.* – Berlin: Aufbau 1953, S. 19–48.
40 Sokel, a.a.O., S. 326.
41 Der Einwand, die *Marquise* spiele aber doch im adeligen Milieu und könne daher als Beispiel bürgerlicher Haltungen nicht verwendet werden, ja Kleist selbst sei schließlich adelig gewesen und daher der bürgerlichen Problematik fremd, verfällt in beiden Fällen dem oberflächlichen Scheinen. Daß Kleist selbst schon früh durch Erziehung, Entscheidung und Umstände aus seiner Klasse gefallen ist, und in seinen Schriften fast ausschließlich die Problematik des (gehobenen) Bürgertums behandelt, wird heute kaum noch bezweifelt. Daß auch die Darstellung der

Familie der Marquise, trotz des Adelstitels, im wesentlichen dem einer wohlhabenden Bürgerfamilie entspricht, kann bei genauer Analyse kaum verborgen bleiben. Wie gut bürgerliche Problematik in einem Roman über eine Adelige verborgen sein kann, hat Peter Uwe Hohendahl anhand von Marivauxs *La Vie de Marianne* (1731 ff.) kürzlich gezeigt („Empfindsamkeit und gesellschaftliches Bewußtsein". – In: *Jahrbuch der Schillergesellschaft*, Bd. 12 (1972), S. 176 ff.). Kleist legt in der Marquise denn auch keineswegs auf den sozialen Status der Marquise Wert als vielmehr auf die seelische Größe, den Adel des Herzens. Gerade diese Eigenschaft wird immer wieder von bürgerlichen Schriftstellern gegen die starren Standesgrenzen geltend gemacht. Blöcker, a.a.O., S. 172, findet, das Thema der Marquise sei „verbürgerlicht". Arnold Hauser: *Sozialgeschichte der Kunst und Literatur.* – München: Beck 1967, S. 519 schreibt zu dieser Frage: „Ein eigentümlicher, schon von Tocqueville beobachteter Zug der sozialen Entwicklung des 18. Jahrhunderts bestand darin, daß, wie sehr auch die Grenzen zwischen den verschiedenen Ständen und Klassen betont wurden, die kulturelle Nivellierung sich nicht aufhalten ließ und die äußerlich sich voneinander so ängstlich absondernden Menschen einander immer ähnlicher wurden, so daß es am Ende nur mehr zwei große Gruppen gab: das Volk und die Gemeinschaft derjenigen, die über dem Volke standen. Die Leute, die zu der letzteren Gruppe gehörten, hatten die gleichen Lebensgewohnheiten, den gleichen Geschmack und sprachen die gleiche Sprache. Die Aristokratie und die höhere Bourgeoisie verschmolzen zu einer einzigen kulturtragenden Schicht . . ."

42 Kleists Darstellung ist insofern abstrakt, als sie den Zusammenhang zwischen Kapitalansammlung und innerweltlicher Askese verschweigt. Der Zusammenhang zwischen Puritanismus und Kapitalismus, der hier explizit zu machen versucht wurde, wird bei ihm fast unsichtbar. Wenn ich in der Interpretation dennoch auf diesem Zusammenhang bestehe, mag mir das als Verfehlen des Textes angekreidet werden. Dennoch muß die Interpretation aber gerade diejenigen Zusammenhänge aufdecken, die im Text verschleiert und versteckt anwesend sind.

43 Vgl. Louis Althusser / Etienne Balibar: *Das Kapital lesen.* Bd. II. Hamburg: Rowohlt 1972, S. 372.

44 Vgl. Peter Bürger: „Moral und Gesellschaft bei Diderot und Sade." – In: Gert Mattenklott / Klaus Scherpe (Hrsg.): *Literatur der bürgerlichen Emanzipation im 18. Jahrhundert.* – Kronberg: Scriptor 1973, S. 78 ff.

45 Moering, a.a.O., S. 232 f.

46 Kunz, a.a.O. Völlig undiskutabel ist die „Psychologie" von Hermann Pongs: *Das Bild in der Dichtung*, Bd. II. – Marburg: Elwert 1963, S. 107, der behauptet: „Hier ist hellsichtig hineingeblendet in das unbewußte Chaos dieser russischen Seele mit ihrer dämonischen Anlage zum Bösen und der Sehnsucht nach dem Reinen." Müller-Seidel, a.a.O., S. 509 distanziert sich zwar von dieser Auffassung, schreibt aber dann doch: „Dabei liegt über dem Grafen – einem *russischen* Menschen! – . . . das Rätsel alles Menschlichen. Er ist nicht von der Art seiner Landsleute, die sich wie Tiere an der Reinheit dieser Frau vergreifen wollen, und er tut doch das, woran er jene hindert."

47 Moering, a.a.O., S. 232.

48 Das wird jedenfalls insofern von Akira Kaminishikawara gesehen, als auch er die Fragwürdigkeit des Grafen in den Mittelpunkt seiner Untersuchung ,Über „Die

Marquise von O . . .'" stellt. In: *Doitsu Bungaku* 29 (1962), (mit deutscher Zusammenfassung) S. 15–23.

49 Nachruhm, S. 639.

50 Nachruhm, S. 625.

51 Alle Quellenangaben zu Kleists Erzählung sind sehr fragwürdig, von keiner ist belegt, daß Kleist sie tatsächlich gekannt hat. Bereits Julian Schmidt, in der Einleitung zu seiner Kleistausgabe, wies auf die „Maitresse anonyme" aus den *Cent Nouvelles Nouvelles* der Mme de Gomez; Alfred Klaar (Hrsg.): *Heinrich von Kleist. Die Marquise von O . . . Die Dichtung und ihre Quellen.* – Berlin: Prophyläenverlag (1922), nennt neben Montaigne (Essais II,2), Cervantes *La fuerza de la sangre*, eine Kriminalgeschichte aus Pitavals *Causes célèbres*, vor allem die Erzählung „Gerettete Unschuld" aus dem Berlinischen „Archiv der Zeit" (1738) als unmittelbare Vorlage. Vgl. auch Georg Witkowski: „Die Marquise von O . . . und ihre Vorfahren." – In: *Leipziger Tageblatt und Handelszeitung,* 29. 11. 1922 (Nr. 254), S. 7; A. Horodisch: „Eine unbekannte Quelle zu Kleists ,Die Marquise von O . . .'." – In: *Philobiblon* Bd. 7 (1963), S. 136–139; Richard Maria Werner: „Kleists Novelle, ,Die Marquise von O . . .'" – In: *Vierteljahresschrift für Literaturgeschichte,* Bd. 3 (1890), S. 483; Richard Moritz Meyer: „Otto Ludwigs ,Maria'." – In: *Euphorion* Bd. 7 (1900), S. 104; A. Fuckel: Ein älteres Seitenstück zu Kleists „Marquise von O . . .". – In: *Euphorion* Bd. 23 (1921) S. 295; Lorenzo Bianchi: *Studien über Heinrich von Kleist. 1. Die Marquise von O . . .* – Bologna: Nicola Zanichelli (1921); Georg Minde-Pouet: „Zu Heinrich von Kleist. III. Zur Marquise von O . . ." – In: *Euphorion.* Bd. 4 (1897), S. 542–545.

52 Eine in der Kleistliteratur weitverbreitete aber kaum jemals belegte oder gar untersuchte Wertung. Vgl. z. B. Siegfried Bokelmann: „Die Gestaltung der Innenwelt in Kleists Novelle ,Die Marquise von O . . .'." – In: *Stuttgarter Musikblätter,* Bd. 5 (1964) ohne Seitenangabe.

53 Herzog, a.a.O. Vgl. auch Meyer-Benfey, a.a.O., S. 238: „So mag der Blick auf die ,Quelle' hier immerhin lehrreich sein, um uns das volle Gefühl zu geben für die sittliche Hoheit des Dichters, der aus einer häßlichen und rohen Anekdote eine der wunderbarsten Kunstwerke geschaffen hat."

54 Friedrich Braig: *Heinrich von Kleist.* – München: Beck 1925, S. 449 f.

55 Müller-Seidel: a.a.O., S. 515.

56 Fritz Strich: *Deutsche Klassik und Romantik oder Vollendung und Unendlichkeit.* – Bern: Francke 1949, S. 64.

57 Vgl. Novalis: *Werke und Briefe.* Hrsg. von P. Kluckhohn und R. Samuel, 1939, Bd. 2, S. 369.

58 Walter Müller-Seidel: *Versehen und Erkennen.*

59 so Holz, a.a.O., S. 103.

60 Das wird besonders in Moerings ansonsten meisterhafter Interpretation der Novelle deutlich, in der die Kunstfertigkeit der ironischen Darstellungsweise gerade im Bezug auf den Grafen F. eingehend analysiert wird, ohne daß allerdings die Verschleierungsfunktion dieser Kunstfertigkeit in den Blick kommt.

61 E. Hoffmeister: a.a.O., S. 69.

62 Gerhard Fricke: *Gefühl und Schicksal bei Heinrich von Kleist. Studien über den inneren Vorgang im Leben und Schaffen des Dichters.* – Darmstadt: Wissenschaftliche Buchgesellschaft 1963.

63 Müller-Seidel: *Versehen und Erkennen*, S. 110.
64 Blöcker, a.a.O., S. 172.
65 ebenda.
66 Ernst Fischer: „Heinrich von Kleist." – In: *Sinn und Form*, Bd. 13 (1961), S. 821.
67 Koch, a.a.O., S. 104.
68 Blöcker, a.a.O., S. 177.
69 Müller-Seidel: DVJs 28 (1954), S. 503.
70 Blöcker: a.a.O., S. 176.

Anarchie und Mobherrschaft in Kleists „Erdbeben in Chili"

Am Schluß einer kurzen Analyse der Kleistschen Novelle kommt Hans M. Wolff[1] zu der Auffassung:

> „Es ist nicht zu verkennen, daß sich gerade in dieser Blutszene ein gewisser Umschwung Kleists zugunsten des Staates bemerkbar macht. Nicht der Staat schlachtet die Opfer der allgemeinen Wut dahin, sondern eine Menschenmasse, in der sich die staatliche Ordnung noch nicht wieder etabliert hat. Sowohl der Staat wie die Volksmenge nehmen zwar dieselbe Haltung gegenüber Jeronimo und Josephe ein, beide fordern ihren Tod, aber was beim Staat wenigstens als eine nach menschlicher Satzung gerechtfertigte Tat und als Resultat eines gesetzmäßigen Verfahrens erschienen wäre, das wird jetzt zum Ausdruck wildesten Hasses, tierischer Mordgier und eines grauenerregenden Fanatismus. Wenn es schon eine Gesellschaft geben muß, dann ist eine staatlich organisierte jedenfalls einer Gemeinschaft vorzuziehen, die, auf einen unheimlichen Massentrieb gegründet, den wildesten Leidenschaften freie Bahn läßt. Der Staat mag dem Individuum unter Umständen Verständnis entgegenbringen, gegenüber dem wilden Volkshaufen ist er verloren. Und so vollzieht sich gerade in dieser Novelle, so scharf auch die Ablehnung einer Gemeinschaft ist, eine leise Annäherung an die Staatsidee unter dem Gesichtspunkt, daß der Staat gelegentlich das geringere Übel sein kann."

Ich muß gleich hier sagen, daß ich diesem Gedankengang nicht folgen kann. Wenn man die Diskussion um Kleists Novelle nicht auf der niedrigsten Ebene führen will, auf der man sich darüber streiten kann, ob der vom Staat verordnete Feuertod und der nur durch das Erdbeben verhinderte Tod durchs Schwert weniger endgültig und schmerzhaft sei als der schnelle Tod durch einen Keulenschlag, und ob der Tod von vier Unschuldigen schrecklicher sei als der von zweien, dann sehe ich jedenfalls keinen Grund, warum Kleist auf Grund des von ihm in der Novelle Dargestellten den Staat als das geringere Übel sollte angesehen haben. Wenn man schon einen Vergleich zwischen der staatlich verordneten Hinrichtung am Anfang und dem fanatischen Mord am Ende zieht, dann muß man doch zugeben, daß es sich in beiden Fällen um den Mord an Unschuldigen handelt. Weder aus der Novelle noch aus Kleists sonstigen Schriften kann man aber belegen, daß Kleist einen formaljuristisch korrekten Mord einem wie auch immer fanatischen Lynchmord vorzog. Ein Vergleich zwischen der Beschreibung der Hinrichtungsvorbereitungen am Anfang und der Beschreibung des Mordes am Ende zeigt, daß Kleist beides gleichermaßen verurteilt. In einem Stil, der nur dem flüchtigen Leser sachlich und chronikhaft erscheinen kann, der keineswegs „selbst die ungeheuerlichsten Erschütterungen zur Kühle des Unabänderlichen erstarren läßt",[2] sondern schärfste Parteinahme[3] Kleists

gegen eine Gesellschaft verrät, die „ihre eigenen törichten Gesetze für göttliche Einrichtungen" hält,[4] beschreibt er, wie Josephe, „ohne Rücksicht auf
ihren Zustand, sogleich in ein Gefängnis"[5] gebracht wurde, und wie ihr,
„kaum war sie aus den Wochen erstanden . . . auf Befehl des Erzbischofs,
der geschärfteste Prozeß gemacht ward".[6] Mit bitterem Zorn und schnei-
dender Ironie berichtet er, wie „zur großen Entrüstung der Matronen und
Jungfrauen von St. Jago"[7] der Feuertod in eine Enthauptung verwandelt
wurde. Und was soll man schließlich von einer Gesellschaft sagen, die den
Justizmord als *Schauspiel* genießt, „das der göttlichen Rache gegeben
wurde"?[8] Schärfer verurteilt Kleist auch nicht den Schuster Pedrillo, „den
fanatischen Mordknecht, der diese Greuel veranlaßte".[9] Gewiß wird hier
die ungesättigte Mordlust der Masse sichtbarer als bei der Hinrichtung, wo
sich die tierische Mordgier und der grauenerregende Fanatismus hinter dem
staatlich organisierten Zeremoniell eines ritualisierten Schauspiels verbirgt,
aber bei genauerem Hinsehen erblicken wir hier wie dort dieselbe bigotte
Engstirnigkeit, dieselbe künstlich aufgepeitschte Empörung der Masse und
dieselbe Hilflosigkeit der Beamten des Staates angesichts des allgemeinen
Willens, die Stadt durch einen Mord von unschuldigen Sündenböcken zu
reinigen. Am Anfang ist es der Erzbischof, der den Befehl zum geschärfte-
sten Prozeß gibt, am Ende ist es einer der ältesten Chorherren, der „im
Flusse priesterlicher Beredsamkeit"[10] . . . „umständlich des Frevels erwähnte, der in dem Klostergarten der Karmeliterinnen verübt worden war;
die Schonung, die er bei der Welt gefunden, gottlos nannte, und in einer
von Verwünschungen erfüllten Seitenwendung, die Seelen der Täter, wört-
lich genannt, allen Fürsten der Hölle übergab!"[11] Daß die Menge, durch
das Erdbeben um das Ende des Mordschauspiels gebracht, schließlich selbst
Hand anlegt, um das gesetzlich Begonnene ohne die Hilfe der Gesetze aber
mit voller Zustimmung, ja auf Drängen der Kirche zu Ende zu bringen, ändert die Sachlage nur insofern, als nun statt zweier Unschuldiger deren vier
umgebracht werden. Und der Marineoffizier von bedeutendem Rang erweist sich am Ende als ebenso unfähig, der wütenden Volksmenge Einhalt
zu tun, wie schon vorher der Vizekönig der Rache der Kirche.
Wenn aber rein sachlich und in der Bewertung des Erzählers zwischen
dem Justizmord und dem Lynchmord kein wesentlicher Unterschied besteht, ja umgekehrt, auf die durch die Legalität nur verhüllte Ungerechtigkeit des rechtmäßigen Urteils nachträglich durch die grausige Szene vor
dem Dom ein entlarvendes Licht fällt, dann wird auch die andere Schluß-
folgerung Wolffs suspekt, die Kleist unterstellt, es gebe nur die Wahl zwischen der Tyrannei eines willkürlichen und nach törichten Gesetzen regier-
ten Staates und eines noch schlimmeren Zustandes, der auf dem
„unheimlichen Massentrieb gegründet, den wildesten Leidenschaften freie
Bahn läßt".[12] Kleist wird hier unterschoben, er vertrete die Lehre von

Hobbes, daß sich die Notwendigkeit der Souveränität der Staatsgewalt daraus ergebe, daß sie die Gültigkeit des Vertragssystems erzwingen müßte; daß sich dieses Vertragssystem selbst aus der Notwendigkeit ergebe, ein Überleben in Frieden und Ordnung zu ermöglichen; und daß sich das gemeinsame Interesse an Frieden und Ordnung schließlich aus der Notwendigkeit ergebe, den existierenden Widerspruch des Naturzustandes zu beseitigen, der selbst schließlich durch die von Macchiavelli und den Reformatoren gleichermaßen vorausgesetzte böse Natur des Menschen bedingt sei.[13] Während Hobbes das Zusammenleben der Menschen durch den Streit charakterisiert, der in der menschlichen Natur begründet sei, zerstört nach Kleists Auffassung, der hier Rousseau folgt, gerade der Staat unsere wahre, nämlich gute Natur.[14] Kleists Novelle zeigt, daß der Staat auf die Ausnützung, Lenkung und Beherrschung derselben Massentriebe aufgebaut ist, die in der Lynchjustiz offen zutage treten. Was sich in der letzten Szene der Novelle austobt, ist nicht die fürchterliche Natürlichkeit, die angeblich immer dann hervorbricht, wenn die Staatsgewalt den Krieg aller gegen alle nicht länger durch physische Gewalt oder durch Gewaltandrohung unterdrücken kann, sondern die durch die Zivilisation bereits verbogene Natur des Menschen. Kleists Novelle zeigt deutlich, wie die Brutalität der Masse durch demagogische Manipulation hervorgerufen wird. Nur eine Interpretation, die diesen Aspekt übersieht, kann Kleist als Vorläufer jener Art von Soziologie sehen, die später zu apologetischen Zwecken das geschichtlich gewordene Phänomen der Masse von den konkret ökonomisch-politischen Ursachen isoliert, aus denen heraus es entstanden ist, und daher „Masse" als „ewige" Kategorie einer jeden Gesellschaft überhaupt behandelt.[15] Während eine solche Psychologie der Massen an den Massen das bloß Instinktive und Barbarische gegenüber der Vernünftigkeit und Zivilisiertheit des Einzelnen betont, unterstreicht Kleist gerade das Element der Verführung und betont die grundlegende Barberei derer, die die Masse verführen: die nackte Gewalt dieses verführten Mobs ist im Wesen identisch mit der Gewalt, die der Staat in seinem gesetzmäßigen Verfahren ausübt. So wie das Erdbeben die Fassaden der Häuser hat einstürzen lassen, so hat es die Fassaden der Rechtsstaatlichkeit einstürzen lassen, und sichtbar gemacht, was sich hinter der Fassade verbarg: die nach Rousseau durch die Vergesellschaftung verformte und verdorbene Natur des Menschen.

Die Masse der im Dom Versammelten ist weder eine Gruppe aus der Vergesellschaftung in den Naturzustand wieder entlassener Menschen noch ein führerloser Mob, der einzig und allein seinen Instinkten folgt, sondern eine zur Danksagung versammelte christliche Gemeinde, die erst durch die Predigt des alten Domherren zu ihren erschreckenden Untaten angefeuert wird. Durch die Versammlung, durch den gemeinsamen Gottesdienst und durch die Predigt wird die durch das Erdbeben aufgelöste

Gesellschaft wieder konstituiert: gerade der Mord ist ein wesentliches Mittel zur Herstellung der staatlichen „Ordnung", denn der Staat und seine Gewalt hat ja nur dann einen Sinn, wenn es Einzelne oder ganze Gruppen gibt, die grundsätzlich draußen bleiben,[16] und gegen deren „Machenschaften" der Staat seine Bürger „schützen" muß. Es ist nun nicht zufällig, daß Kleist den Staat sich in einer religiösen Zeremonie neu konstituieren läßt, und daß diese Zeremonie in der Beredsamkeit der Predigt gipfelt. Die Predigt verurteilt die „Laster" der Stadt und ermahnt die Massen, sie sollen in sich gehen, moralischer, genügsamer und ergebungsvoller werden. Sie dient der Erhaltung des *status quo* dadurch, daß sie Unzufriedenheit gar nicht aufkommen läßt, sondern von vornherein die die Unzufriedenheit auslösenden Mißstände durch eine allgemeine und nicht näher bestimmte Schlechtigkeit der Menschen erklärt. Ebenso geschickt handelt der Priester, wenn er die nun von ihrem eigentlichen Ziel abgelenkte Unzufriedenheit auf ein anderes bestimmtes Ziel hinlenkt, indem er die allgemeine Schlechtigkeit in Jeronimo und Josephe personifiziert, und auf diese Wiese den Terror auslöst. Die Zweckmäßigkeit dieses Verfahrens läßt sich leicht einsehen: der gegen die Ausgestoßenen ausgeübte Terror ist Ablenkung, billiges Korruptionsmittel und abschreckendes Exempel.[17]

Gleichzeitig verfolgt die Kirche damit das Ziel, das Zufällige – das Erdbeben – als Strafakt des Allmächtigen darzustellen,[18] und dadurch die ohnehin kirchenhörigen Massen noch stärker an die von der Kirche vorgeschriebene Gesellschaftsordnung und ihren Sittenkodex zu binden. Da aber keiner in der Versammlung bereit ist, seine eigenen Verfehlungen als „Greuel, wie Sodom und Gomorrha sie nicht sahen",[19] zu verstehen, also als ernst genug, daß sie Gott zu einem solchen Strafgericht hinreißen konnten, benutzt der Prediger psychologisch geschickt den allen bekannten Fall Jeronimos und Josephens und verfälscht die durch das Erdbeben selbst eingetretene Unterbrechung des Strafverfahrens in „die Schonung, die er bei aller Welt gefunden hatte".[20] Damit greift er alttestamentarische und heidnische Vorstellungen auf, daß Gott um einiger einzelner Sünder wegen ein ganzes Volk vernichten könnte; denn diese ganz unchristliche Vorstellung ist weitaus geeigneter, die Masse in Furcht und Abhängigkeit zu halten, als die christliche Vorstellung eines geduldigen und liebenden Gottes.

Der Terror verfolgt jedoch, wie Horkheimer[21] gezeigt hat, auch eine andere Absicht: die Befriedigung der eigenen Gefolgschaft. Die Predigt vom Weltgericht heißt für die Masse der Zuhörer, daß sie nach Wiederkehr der staatlichen Ordnung zu ihrer Unterordnung und Ohnmacht denen gegenüber zurückkehren werden, die ihnen eine Zeitlang als Gleiche gegenübergestanden haben. Dann soll wenigstens der, der es gewagt hat, die ihnen allen gesetzte Schranke des Standes zu überschreiten, ausgelöscht werden: das Ärgernis des Einzelnen, der durch seine Tat bewies, daß der Verzicht auf Glück und Genuß eigentlich unnötig ist, muß verschwinden, damit der Verzicht der anderen bestätigt wird. „Noch als Möglichkeit, als Idee müssen sie den Gedanken an jenes Glück immer aufs neue verdrängen, sie verleugnen ihn um so wilder, je mehr er an der Zeit ist. Wo immer er inmitten der prinzipiellen Versagung als verwirklicht erscheint, müssen sie die Unterdrückung wiederholen, die der eigenen Sehnsucht galt."[22] Zwar haben sie am Ende selbst nichts davon als die Freude, daß die andern auch nichts davon haben, immerhin aber erlaubt eine Situation wie diese, der Masse mit Zustimmung der Behörden seine Wut wegen des ihm auferzwungenen Verzichts auf Glück an andern abzureagieren.[23]

Aus der anonym bleibenden Masse ragen zwei namentlich Genannte heraus, die in ganz besonderer Weise in das Geschehen eingreifen: Meister Pedrillo, der Schuster, „der für Josephe gearbeitet hatte und diese wenigstens so genau kannte, als ihre kleinen Füße"[24] und der Vater des Jeronimo Rugera. Beide sind bezeichnenderweise Kleinbürger, die Jeronimos und Josephes Verhalten gerade deswegen als Affront auffassen müssen, weil sie einer der beiden Hauptpersonen so nahe stehen, und weil sie selbst ähnliche Wünsche so erfolgreich bekämpft haben, daß das von Jeronimo und Josephe genossene Verbotene für sie unwiderbringlich verloren ist. Weil sie weder ökonomisch noch sexuell auf ihre Kosten gekommen sind, hassen sie ohne Ende. Weil sie selbst keine Erfüllung kennen, wollen sie sie auch bei andern nicht dulden.[25] Der Schuster, der die intim-erotische Handlung – die kleinen Füße der Josephe zu messen – zur neutralen Dienstleistung unterdrücken mußte, und der Vater, der dem Sohn das Glück übel nimmt, das er selbst nicht erreichen konnte, tragen den beiden gegenüber ein tiefes erotisches Ressentiment, das sich in einer sadistischen Ersatzhandlung austobt. So entsteht eine Situation, in der „verblendete, der Subjektivität beraubte Menschen"[26] von Motiven getrieben, die ihnen selbst nicht bewußt sind, an Unschuldigen eine furchtbare Rache für die Sinnentleertheit ihres Lebens nehmen.

Die Mordgier steigert sich von Schlag zu Schlag bis zum Tod des Kindes. Zuerst streckt Jeronimos Vater diesen mit einem ungeheuren Keulenschlag zu Boden, dann der Schuster Donna Constanze und Josephe. Doch all das ist gewissermaßen nur ein Vorspiel zu dem eigentlichen Opfer: dem auch nach den engstirnigen Gesetzen der Stadt unschuldigen Kind, das aber als Inbegriff des der Masse unerreichbaren Glücks ganz besonders deren Haß aufreizt: „Doch Meister Pedrillo ruhte nicht eher, als bis er der Kinder eines bei den Beinen von seiner Brust gerissen, und, hochher im Kreise geschwungen, an eines Kirchenpfeilers Ecke zerschmettert hatte." Doch nun tritt die Ernüchterung ein: „Hierauf ward es still, und alles entfernte sich."[27] Die Brutalität hat der Masse für einen Augenblick das Gefühl der Allmacht verliehen: mit dem Tod der Menschen, über die sie diese Macht ausübten, verfliegt dieses Gefühl. Anstelle der Macht tritt wieder die reale Ohnmacht der Masse, und damit die Furcht für die Tat zur Verantwortung gezogen zu werden.

Es ist in diesem Zusammenhang interessant zu sehen, welche Rolle Kleist die beiden Familienoberhäupter spielen läßt. Am Anfang ist es Don Henrico Asteron, der durch sein starres Festhalten an den Standesgrenzen nicht nur Jeronimo, sondern auch seine Tochter Josephe dem fürchterlichsten Tode aussetzt. Am Ende ist es Jeronimos Vater selbst, der seinen Sohn mit einer Keule niederschlägt. Auch hier ist der Unterschied zwischen der Handlungsweise der beiden Väter ein rein äußerlicher: Don Asteron erzwingt den Gehorsam seiner Tochter dadurch, daß er sie ins Kloster schickt, und wird damit zur mittelbaren Ursache des kirchlichen und staatlichen Prozesses und des Todesurteils, ist also an der geplanten Hinrichtung seiner Tochter nicht weniger schuldig als Jeronimos Vater an dem Mord an seinem Sohn. Nun ist der Vater ja die unmittelbare Wurzel und das Vorbild jener Gewalt, die der moderne Staat dem primitiven Familienverbande genommen und sich selbst vorbehalten hat: der Gewalt des *pater familias* über Leben und Tod. Während Don Asteron diese Gewalt dem Gesellschaftsvertrag gemäß an den Staat delegiert hat, übt der Vater Jeronimos dieses Recht in einem Augenblick, da der Staat noch nicht wieder voll handlungsfähig ist, selbst aus. Der Vergleich aber macht deutlich, daß es sich in beiden Fällen um dasselbe Recht des Stärkeren, der befestigten Autorität, gegenüber dem Schwächeren, dem von der Autorität Abhängigen, handelt. In beiden Fällen ist der angegebene Beweggrund der Väter die Entrüstung der Väter über das Verhalten der Kinder, die allerdings nur vordergründig eine Entrüstung über eine moralische Verfehlung ist, in Wirklichkeit aber die Entrüstung über die Auflösung der gegebenen Gesellschaftsstruktur und der allgemein hingenommenen Abhängigkeit und Unterordnung. Daß die beiden Liebenden nämlich sich an die gegebene Gesellschaftsstruktur einfach nicht stören, daß sie sie so behandeln, als sei sie bereits außer Kraft gesetzt, und eben dadurch das Glück erringen, das den andern versagt bleibt, ist ihr eigentliches Verbrechen: das Glück spricht eine so beredte Sprache gegen die Verfassung des Staates, daß nur seine Vernichtung, und darüber hinaus die Verketzerung dieses Glücks als „gottlos", die Autorität – des Staates und der Väter – vor dem Nachweis der Unglaubwürdigkeit und damit vor dem völligen Zusammenbruch retten kann.

Die romantische Liebe, die historisch gewordene, also keineswegs naturwüchsige Verbindung von Sexualität und Zärtlichkeit, treibt in unserer Erzählung, dadurch daß sie auf der Autonomie der Wahl der Liebenden bestehen muß, die Liebenden in den Gegensatz zu einer Gesellschaft, die die sexuellen Beziehungen im Rahmen der Familie nach ökonomischen Überlegungen regeln will, und diese Regelungen grausam erzwingt.[28] Die Aufklärung, vor allem die französische und englische Literatur des 18. Jahrhunderts, hat zu diesem Thema einen heute kaum mehr abzuschätzenden Beitrag geliefert, und damit nicht nur einen Beitrag zur Emanzipation der Frau geleistet, sondern zur Abgrenzung jenes Bereichs überhaupt, in dem der Einzelne in freier Selbstbestimmung entscheiden können muß. Von Liebe als der Grundlage der Ehe ist nämlich bis ins 18. Jahrhundert hinein nirgends die Rede, ebensowenig von einer freien, auf beiderseitiger Zuneigung beruhenden Wahl der Ehepartner.[29] Kleist greift die Vorstellung von der Autonomie der Intimsphäre gegenüber staatlichen Regelungen und ökonomischen Interessen in seinen Werken immer wieder auf, und erkennt im Bereich der Liebe weder staatliche Gebote (Penthesilea) noch Rassenschranken (Verlobung in St. Domingo) noch Klassenunterschiede (Erdbeben in Chili) an. Dabei hat Kleist sich streng an die gesellschaftliche Wirklichkeit seiner Zeit gehalten: der Kampf der Gesellschaft gegen das romantische Liebespaar nimmt in dieser Novelle besonders heftige Formen an, weil das Heiratshindernis im Standes- und Vermögensunterschied besteht, die Liebe also auf eine Überwindung der Klassenschranken hinzielt. Die eigentliche Ursache der Unfreiheit der Gattenwahl ist ja, daß Don Henrico Asteron „einer der reichsten Edelleute der Stadt"[30] und Jeronimo nur ein armer Hauslehrer ist – und damit die Angst der herrschenden Klasse vor jeder möglichen Veränderung der gesellschaftlichen Verhältnisse. Mit dieser Konstellation nimmt Kleist übrigens die Konstellation von Rousseaus *Nouvelle Heloïse* auf, der ja der große Liebesroman des 18. Jahrhunderts schlechthin geworden war, weil die persönliche Tragik von Julie und Saint-Preux „durch die ganze objektive Tragik des gewaltigsten Klassenzusammenstoßes in dieser Epoche bestimmt wird: durch den Zusammenstoß zwischen einem auf seine ererbten Standesrechte pochenden, zu keinem Kompromiß geneigten alten Adeligen und einem auf seine Bildung stolzen, gleiche Geltung beanspruchenden jungen Bürgerlichen."[31] Allerdings verlegt Kleist nicht wie Rousseau den Kampf in das Gewissen der Liebenden – die Frage nach dem Gebot des Gehorsams gegenüber den Eltern wird in der Novelle überhaupt nicht gestellt –, sondern stellt den Konflikt als gegen die Liebenden gerichtete Gewalt dar und läßt damit das Recht fraglos auf Seiten der Liebenden sein.

Auch von diesem Standpunkt aus ist es also unwahrscheinlich, daß Kleist in seiner Novelle den Leser vor die Alternative stellt, zwischen der gegen die Liebenden gerichteten Gewalt des absoluten Staates und der ebenso gegen sie verschworenen Gewalt des Terrors zu wählen, so sehr diese Alternative angesichts der zeitgenössischen Ereignisse in Frankreich sich aufdrängen möchte. Kleist bietet uns eine andere, wenn auch utopische Alternative: die völlige Befreiung des Menschen von Staat und Gesetz, die Rückkehr zur wahren Natur des Menschen, bevor sie durch den Gesellschaftsvertrag verdorben wurde, die Rückkehr zur Anarchie.[32] Im Mittelstück der Novelle zeichnet Kleist mit liebevoller Hand ein Gemälde eines jedenfalls für den Augenblick herrschaftsfreien Raumes: der Erzbischof ist tot, der Palast des Vizekönigs versunken, der Gerichtshof steht in Flammen und an die Stelle von Josephes väterlichem Haus war ein See getreten, der rötliche Dämpfe auskochte. Standesunterschiede und Standesvorurteile sind hinfällig und nebensächlich geworden. Menschen aller Stände treffen sich einfach als Menschen: „Auf den Feldern, soweit das Auge reichte, sah man Menschen von allen Ständen durcheinander liegen, Fürsten und Bettler, Matronen und Bäuerinnen, Staatsbeamte und Tagelöhner, Klosterherren und Klosterfrauen: einander bemitleiden, sich wechselseitig Hülfe reichen, von dem, was sie zur Erhaltung des Lebens gerettet haben mochten, freudig mitteilen, als ob das allgemeine Unglück alles, was ihm entronnen war, zu *einer* Familie gemacht hätte."[33] Dabei ist zu bedenken, daß diese Utopie in der geschichtlichen Zeit der Novelle als Wirklichkeit dargestellt ist, also kein Märchen ist.[34] Daß sich unmittelbar nach einer Katastrophe Menschen finden, die sich sonst nie getroffen hätten, ist ein durchaus möglicher, kein märchenhafter Vorgang. Ebenso wahrscheinlich aber ist, daß sie diesen Zustand, in dem der „menschliche Geist selbst, wie eine schöne Blume, aufzugehen"[35] scheint, nicht zur alltäglichen, dauernden Verfassung der Gesellschaft werden erheben können, ohne die Gesellschaft als Ganze von innen her umzugestalten. Die Utopie ist, einmal Wirklichkeit geworden, kein ein für allemal erreichter Heilzustand, sondern ein Gut, das die Menschen immer wieder verteidigen müssen. Insofern ist Jeronimos und Josephens Vertrauen in den Fortbestand dieser außerordentlichen Stimmung eine Täuschung. Ganz richtig weist Walter Müller-Seidel darauf hin, daß im Mittelteil der Novelle die Struktur des Als-Ob herrsche.[36] Zwar ist die Großmut und die Toleranz der Menschen für den Augenblick durchaus real, aber die Folgerungen, die Jeronimo daraus zieht, die Aussicht auf „die heiteren Momente der Zukunft" sind durch diese Realität nicht gerechtfertigt. Es scheint eben nur für den Augenblick so, „als ob die Gemüter seit dem fürchterlichen Schlage, der sie durchdröhnt hatte, alle versöhnt wären",[37] es scheint nur so, „als ob das allgemeine Unglück, alles, was ihm entronnen war, zu einer Familie gemacht hätte".[38] Für die Dauer eines Tages und einer Nacht haben sich die Liebenden dem Paradies genähert und glauben nun schon, sich in ihm zu befinden, aber sie haben nicht wirklich das Tal von Eden gefunden, sondern nur ein Tal, „als ob es das Tal von Eden gewesen wäre".[39] In Wirklichkeit besteht die Welt aber in ihrer Unvollkommenheit und Gebrechlichkeit weiter. Jeronimo und Josephe mißverstehen diese Als-Ob-Welt, wenn sie die ursprünglich geplante Auswanderung aufgeben und vertrauensvoll zur Stadt zurückkehren, die sich eben nicht geändert hat.

Da ihnen die neue Als-Ob-Welt als wirklich erscheint, nimmt das, was sie vorher erlebt haben, den Charakter eines bösen Traumes an: „Wenn sie sich mit so vieler Vertraulichkeit und Güte behandelt sahen, so wußten sie nicht, was sie von der Vergangenheit denken sollten, vom Richtplatz, von dem Gefängnis und der Glocke; und ob sie bloß davon geträumt hätten."[40] Auch für die andern Menschen nimmt das Erlebnis der letzten Stunden traumhafte und visionäre Züge an: „Man erzählte, wie die Stadt gleich nach der ersten Haupterschütterung von Weibern ganz voll gewesen, die vor den Augen aller Männer niedergekommen seien; wie die Mönche darin, mit dem Kruzifix in der Hand, umhergelaufen wären, und geschrieen hätten: Das Ende der Welt sei da!"[41]: Während Jeronimo und Josephe nach der Bedrohung durch die starre Ordnung deren Auflösung als befreiend empfinden, erfahren die andern sie als disorientierend und bedrohend, als schizoide Traumwelt, die gleichzeitig die realen Ordnungen des Seins aufhebt und das Ich in eine phantastische Welt versetzt, in der alles möglich ist. Die wirren Gerüchte einer überreizten Phantasie deuten hier bereits an, daß die Mehrzahl der Bewohner von Santiago emotional unfähig sind, die unerhörte Freiheit der momentanen Anarchie zu ertragen. Das Selbst erschrickt vor der unbeschränkten Freiheit des Naturzustandes, dem es mit unsäglicher Anstrengung entfremdet wurde, und der ihm eben darum unsägliches Grauen einflößt. Dieses Grauen – das doch zugleich Faszination ist – kristallisiert sich in dem Bild von den mythisch-obszönen Weibern, die im Augenblick des tausendfachen Todes schamlos vor aller Augen neues Leben in die Welt setzen: ein Bild, das gleichzeitig das „Vergehen" Josephens ins Psychopathische vervielfältigt und die Angst der Massen vor einem Zustand, in dem der Mensch auf das rein Kreatürliche reduziert ist, versinnbildlicht. Diese selbe Angst der Disorientierten vor einem nicht mehr denkbaren herrschaftsfreien Zustand verdichtet sich dann zu Gerüchten über Ausschreitungen und deren Niederschlagung: „wie man einer Wache, die auf Befehl des Vizekönigs verlangte, eine Kirche zu räumen, geantwortet hätte, es gäbe keinen Vizekönig in Chili mehr; wie der Vizekönig in den schrecklichsten Augenblicken hätte müssen Galgen aufrichten lassen, um der Dieberei Einhalt zu tun; und wie ein Unschuldiger, der sich von hinten durch ein brennendes Haus gerettet, von dem Besitzer aus Übereilung ergriffen und gleich aufgeknüpft worden wäre."[42] Sobald die gesellschaftliche Dressur, die ständige Überwachung aller durch alle für einen Augenblick aussetzt, geht der allseitig geregelte Zustand bürgerlicher Ordnung eben nicht unmittelbar in die Anarchie über, sondern zunächst einmal in eine Perversion der bürgerlichen Ordnung, in das Verbrechen: eine Gesellschaft, die den Nachdruck so stark auf das Haben (statt auf das Sein) verlegt, erzeugt im Zusammenbruch ihrer Ordnungen (aber auch überall dort, wo die Ordnungen nicht durch dauernde Gewalt aufrecht erhalten werden)

den Dieb, der ja nicht den Besitz als Grundlage der Gesellschaft, sondern nur die Spielregeln, nach denen Besitz erworben werden darf, in Frage stellt. Der Schritt vom Staat zur Anarchie bedarf mehr als nur der Aufhebung der Staatsgewalt, er bedarf der Aufhebung des privaten Besitzes, zu dessen Schutz die Staatsgewalt überhaupt erst nötig ist; sonst nämlich tritt an die Stelle der Staatsgewalt die Gewalt des Einzelnen oder einer Versammlung Einzelner, die formlos aber effektiv die Verteidigung der bestehenden Besitz- und Herrschaftsverhältnisse übernimmt. Die Aggression, die sich in der eiligen Aufstellung von Galgen und der Hinrichtung Schuldiger und Unschuldiger ausdrückt, ist wieder keineswegs ein Ausbruch angeborener, aggressiver, bestialischer Triebe,[43] sondern die notwendige Folge einer Vergesellschaftung, deren Hauptzweck der Schutz des Besitzes und nicht der Schutz des Menschen ist. Das Gegenbild dazu ist der Zustand, in dem die Menschen „von dem, was sie zur Erhaltung ihres Lebens gerettet haben mochten, freudig mitteilen",[44] und jenes Gefühl, das Josephe zu Don Fernando sagen läßt: „Don Fernando: in diesen schrecklichen Zeiten weigert sich niemand, von dem, was er besitzen mag, mitzuteilen."[45]

Für Jeronimo und Josephe ist dieser Zustand der Anarchie ein Augenblick eines reinen, ungetrübten Glücks inmitten all des Gräßlichen. In dieser Freiheit entdecken sie die Fülle des Lebens. Die Schilderung der Wiedervereinigung von Vater, Mutter und Kind liest sich fast wie eine alte Legende und Kleist stilisiert die Sprache bewußt so, daß dieser Eindruck klar hervortritt. Als Jeronimo Josephe erblickt, ruft er: „O Mutter Gottes, du Heilige!"[46] Dieser Ausruf kann einerseits als kurzes, dankbares Stoßgebet gedeutet werden, andererseits aber auch als Ausdruck einer gewissen Verwirrung: er nimmt erst das Bild von Mutter und Kind wahr, das ihn vielleicht an ein Gemälde der Mutter Gottes erinnert, und dann erst „erkannte (er) Josephen, als sie sich bei dem Geräusch schüchtern umsah". Auf diese Wiese fällt ein Abglanz der heiligen Familie auf die beiden Liebenden und das Kind. Diese legendären Züge werden noch deutlicher, wenn es dann heißt: „die Unglücklichen, die ein Wunder des Himmels gerettet hatte", und von Josephens tapferer Rettung des Kindes berichtet wird, wie sie ohne Schaden aus dem zusammenstürzenden Haus heraustritt, „gleich, als ob alle Engel des Himmels sie umschirmten".[47] Bewußt baut Kleist hier eine Wirklichkeit auf, die von der alltäglichen deutlich verschieden ist; das zeigt auch die einzige literarische Anspielung in der Novelle: „Indessen war die schönste Nacht herabgestiegen, voll wundermilden Duftes, wie nur ein Dichter davon träumen mag",[48] die übrigens nicht ein glatter Stilbruch ist, wie Wolfgang Kayser meint.[49] Dieser Stilbruch hat eine ganz bestimmte Funktion in der Erzählung, jedenfalls, wenn man die Utopie mitten im Chaos ernst nimmt und nicht als Märchen abtut; „denn es sind allein die Träume der Dichter, die uns die verlorenen Paradiese zurückschenken".[50]

Legendenmotive und die Anspielung auf Möglichkeiten der Dichtkunst sind Hinweise auf den utopischen Charakter dieses Zwischenspiels im Paradies der Anarchie. Kaum je hat Kleist eine so zarte, fließende und schöne Prosa geschrieben wie hier, wenn er die Seligkeit der Liebenden in ihrem Umgang mit der Natur schildert: „Sie fanden einen prachtvollen Granatapfelbaum, der seine Zweige voll duftender Früchte weit ausbreitete; und die Nachtigall flötete im Wipfel ihr wollüstiges Lied . . . Der Baumschatten zog mit seinen verstreuten Lichtern über sie hinweg, und der Mond erblaßte schon wieder vor der Morgenröte, ehe sie einschliefen."[51] Wenn sie so, von aller Angst befreit, „gerührt (waren), wenn sie dachten, wie viel Elend über die Welt kommen mußte, damit sie glücklich würden",[52] dann ist das vielleicht verzeihlich. Objektiv aber verfallen die beiden Liebenden damit in denselben Fehler, den auch die Kirche begeht, nämlich die Zwecke und Absichten der Menschen dem Naturgeschehen anthropomorphisch zu unterlegen.[53] Aber auch wenn das Erdbeben nicht zu diesem Zwecke (ja überhaupt nicht zu einem menschlichen Zwecke) stattfand, eines ist doch deutlich: erst dadurch, daß die Welt zerstört wurde, die im Wahn eines unpersönlichen und unmenschlichen Gesetzes befangen war, in der die Menschlichkeit der Liebenden nicht „wie eine schöne Blume" aufgehen konnte, konnte das an sich ganz Selbstverständliche – die Liebe zweier Menschen – Wirklichkeit werden. Um diesen Ursprung, um diesen Neubeginn geht es Kleist. Das nachfolgende Geschehen widerlegt zwar grausam die subjektive Auslegung, aber auch wenn wir von jeder anthropomorphischen und teleologischen Auslegung des Erdbebens absehen, dann bleibt doch die Wahrheit des Bildes von der ursprünglichen und wieder erreichbaren Freiheit des Menschen, die Utopie einer gewaltfreien Menschheit, von der der Dichter hier träumt, vom Irrtum der beiden Liebenden unangetastet.

Die Gefahr für die beiden Liebenden besteht darin, daß sie sich über die Bedingungen dieses Glücks nicht klar sind: daß nämlich dieses Glück etwas Gewordenes ist, etwas, das durch andere Ereignisse wieder rückgängig gemacht werden kann. Sie sind sich ebensowenig über die zufällige Natur ihrer Befreiung und der Änderung der Haltung der Menschen ihnen gegenüber bewußt, wie sie sich vorher der gesellschaftlichen Gründe ihres Unglücks bewußt waren. Es ist bezeichnend, daß sie „in der Erinnerung gar nicht weiter, als bis auf ihn (den fürchterlichen Schlag des Erdbebens) zurückgehen"[54] konnten. Sie leben in einer geschichtslosen Welt, einer Welt, in der die Ursachen für die Handlungen der Menschen ihnen ebenso undurchsichtig sind wie Ursachen der Naturereignisse: eine Welt, in der sie völlig desorientiert sind, und zwar sowohl, wenn sie leiden, als auch, wenn sie glücklich sind. Es ist eine Welt, in der alles zufällig erscheint. Die Frage nach der Rolle des Zufalls ist eine der zentralen Fragen in der Beschäftigung mit Kleist, und ist mit Recht immer wieder von neuem aufgeworfen worden, am eingehendsten in Hans Peter Herrmanns Aufsatz „Zufall und Ich".[55] Gerade in unserer Novelle spielt der Zufall immer wieder eine so entscheidende Rolle, daß seine Bedeutung im Zusammenhang der Novelle auch in unserer Untersuchung jedenfalls kurz angedeutet werden muß, da ohne eine solche Orientierung das Folgende unverständlich bleiben muß. Schon im ersten Satz der Novelle verbindet Kleist durch die adverbielle Bestimmung „gerade in diesem Augenblick" – also durch eine „zufällige" Gleichzeitigkeit – das allgemeine Schicksal der Stadt („bei welcher viele tausend Menschen ihren Untergang fanden") mit dem entgegengesetzten Einzelschicksal des jungen Jeronimo Rugera, der sich im Gefängnis erhenken will. Einige Sätze weiter spricht Kleist davon, daß Jeronimo die erneute Verbindung mit Josephe „durch einen glücklichen Zufall" hatte anknüpfen können; dann spricht er von dem Strick, an dem sich Jeronimo aufhängen will, „den ihm der Zufall gelassen hatte", und wieder etwas weiter berichtet er, daß Jeronimo nur durch eine „zufällige Wölbung" davor gerettet wird, völlig zerschmettert zu werden. Selbst dort, wo das Wort Zufall nicht gebraucht wird, bemerken wir immer wieder, wie Kleist Ereignisse zufällig zur gleichen Zeit geschehen läßt, wie Menschen zufällig im entscheidenden Moment zusammengeführt werden. Man könnte daraus den Schluß ziehen, daß Kleist in einer Welt lebt, die vom Zufall beherrscht, ohne kausale Kontinuität ist, und in lauter einzelne, kurze Zeitabläufe zerfällt, daß Kleists Novellen also, wie Lukács sagte, „in ihrer Psychologie ausnahmslos auf der solipsistischen Einsamkeit der menschlichen Leidenschaften und demzufolge auf dem unaufhebbaren Mißtrauen"[56] beruhen, daß die Wurzel der Kleistischen Weltsicht „die trostlose Einsamkeit aller Menschen, die hoffnungslose Undurchsichtigkeit der Welt, alles Geschehens in der Welt"[57] ist. Lukács faßt daher Kleists Weltanschauung als „radikalen Nihilismus" auf, in dem „alle Zwischenglieder, alle Vermittlungen, insbesondere die gesellschaftlichen, ... von Kleists Gefühl radikal ausgeschaltet"[58] werden, und berührt sich damit mit seinem Antipoden, Günter Blöcker, der seinem Buch über Heinrich von Kleist den bezeichnenden Untertitel „Das absolute Ich" gibt, und der immer wieder von der „unbegreiflichen Welt", der „verrätselten Welt", der in Kleists Gestalten leben, spricht: „Der Dichter tastet sich durch das Labyrinth der Welt."[59]

Aber damit wäre etwas Wesentliches verschwiegen: daß bei Kleist das zufällige Ereignis und menschliches Handeln bis ins Satzschema hinein aufeinander bezogen sind. „Das Handeln wird durch einen Zufall ausgelöst, das Ich des Menschen scheint damit von außen determiniert", aber „der Zufall wird durch ein Handeln beantwortet, er wird dadurch möglicherweise sinnvoll gemacht".[60] In unserer Novelle heißt das: die durch den Zufall der Natur, das Erdbeben, geschaffene Situation gilt es auszunützen.

Den Entschluß dazu fassen die beiden Liebenden ja: „Sie beschlossen, sobald die Erderschütterungen aufgehört haben würden, nach La Conception zu gehen, wo Josephe eine vertraute Freundin hatte, sich mit einem kleinen Vorschuß, den sie von ihr zu erhalten hoffte, von dort nach Spanien einzuschiffen, wo Jeronimos mütterliche Verwandten wohnten, und daselbst ihr glückliches Leben zu beschließen."[61] Sie begreifen zunächst durchaus richtig, daß die Gesellschaft die durch die Natur geschaffene „Unordnung" und „Gesetzlosigkeit" nicht lange bestehen lassen kann. Aber die scheinbare Änderung der Menschen kurz nach dem Erdbeben schläfert ihre berechtigte Angst und ihren Willen zu handeln ein, und so versäumen sie die Handlung, die aus dem durch den Zufall Geschaffenen ein Dauerndes hätte machen können. Die Totalität, die Lukács bei Kleist vermißt, ist eben bei Kleist weder eine vorgegebene Ordnung, noch wie etwa bei Goethe eine Einheit als organische Entwicklung, noch wie bei Keller eine geheime Ordnung der Realität: „Einheit ist für ihn überhaupt nichts Gegebenes, somit auch kein Gegenstand der Erkenntnis, sondern ein Gegenstand des Handelns: auch als Möglichkeit entsteht sie erst durch die Reaktion des Menschen in konkreten Situationen, offenbart sich nur innerhalb des Fortgangs der Zeit."[62]

Weil Zufall und menschliches Ich – als handelndes und realitätsschaffendes Subjekt – bei Kleist zwei durchaus heteronomen Bereichen angehören, ist es falsch, die zerstörende Macht des Erdbebens mit dem Ausbruch der zerstörenden Leidenschaften in den Menschen einfach gleichzusetzen und beide gleichermaßen als unkontrollierbare Naturkräfte einfach hinzunehmen. Es ist nicht in Kleists Sinn, wenn Johannes Klein davon spricht, daß das Erdbeben im Menschen ausgebrochen ist[63] oder wenn Meyer-Benfey „nicht menschliches Handeln in seiner psychologischen Motiviertheit und seiner natürlichen Nachwirkung" als den Gehalt der Novelle erkennt, sondern nur „ein *Schicksalswalten*, eine Erscheinung des Weltlaufs".[64] Kleist ist in seinem Verhältnis zur Natur weder ein Romantiker noch ein Vorläufer Knut Hamsuns, dessen pantheistische Naturschwärmerei die Identität von menschlicher Brutalität und zerstörerischer Naturgewalt in der Bedeutungslosigkeit des Individuums gegenüber beiden erlebt und formuliert: „Als mich ein Augenblick der Traurigkeit und das Bewußtsein meiner eigentlichen Nichtigkeit gegenüber all der Gewalt ringsum befällt, klage ich und denke: welch ein Mensch bin ich jetzt, oder bin ich vielleicht abhanden gekommen, bin ich vielleicht überhaupt nichts mehr? Und ich spreche laut und rufe meinen Namen, um zu hören, ob er noch da ist."[65] Am allerwenigsten ist Kleist ein Vorläufer jener Verherrlicher des autoritären Staates, die dem Individuum einzuhämmern versuchen, „daß er nichts weiter sei als Natur, als die Rasse und die ‚natürliche' Lebensgemeinschaft, der er angehört".[66] Gerade die Figur des Don Fernando beweist, daß Kleist dem unverstehbaren Naturgeschehen und dem gesellschaftlich motivierten Geschehen die Tat des Einzelnen entgegensetzt, der nicht einfach als unveränderlich und unwiderrufbar hinnimmt, was „zufällig" geschieht. Nicht das gewaltige Naturereignis mit allen seinen Folgen ist der eigentliche Inhalt der Novelle,[67] sondern das Handeln oder Nichthandeln der Menschen, die durch die Naturkatastrophe nur in eine Situation gestellt werden, in der sie über das Alltägliche hinaus zu entscheidenden Handlungen gezwungen werden.

Das Schreckliche der Welt bleibt, auch da, wo der Mensch handelnd ihm seine seelische Stärke und seinen Willen entgegensetzt, in all seiner Unverständlichkeit bestehen. Im Gegensatz zu Voltaire's *Poème sur le désastre de Lisbonne* ist Kleist auch gar nicht an den metaphysisch-theologischen Fragen interessiert, die das Erdbeben selbst aufwirft. Der Theodizee-Streit seit Leibnitz und Wolff über die beste aller möglichen Welten, in der Gott Katastrophen wie das Erdbeben von Lissabon zuließ, war inzwischen schon fünfzig Jahre alt, und Kleist hat der Auseinandersetzung zwischen Voltaire, Maupertius, Gottsched, Lessing, Mendelssohn, Kant und Rousseau nichts Neues hinzuzufügen. Wie schließlich Voltaire selbst in seinem *Candide* verzichtet Kleist darauf, das Erdbeben von Santiago und das Übel überhaupt erklären zu wollen.[68] Die Frage nach dem Sinn des Übels in der Welt, soweit es natürliches Übel *(mal physique)* ist, bleibt bei Kleist unbeantwortet. Es stellt einfach fest, *daß* das Erdbeben Gute und Böse ohne Unterschied erschlägt und ebenso Gute und Böse ohne Unterschied am Leben läßt. Auch wenn Jeronimo „das Wesen, das über den Wolken waltet", im Augenblick der tiefsten Verzweiflung „fürchterlich" erscheint,[69] so ist damit nur etwas über den augenblicklichen Seelenzustand Jeronimos ausgesagt.

Um so mehr aber beschäftigt Kleist die Frage nach dem moralischen Übel *(mal moral)*. Wenn er bei der Darstellung des physischen Übels nur die Tatsachen sprechen läßt, wenn hier gilt, daß „kein Erzähler ... das Schreckliche gelassener, kälter, unbeteiligter vortragen" kann als Kleist, wenn er die ungeheuerlichsten Erschütterungen zur Kühle unabänderlicher Naturgeschehnisse erstarren läßt, wenn er die natürlichen Ursachen des Leidens der persönlichen Teilnahme entzieht und in eine unantastbare, sich selbst rechtfertigende Tatsächlichkeit rückt,[70] dann trifft dasselbe bestimmt nicht auf die Darstellung des durch den Menschen selbst und des durch seine gesellschaftliche Organisation verursachten Leiden zu. Diese Verlagerung des Interesses vom natürlichen zum gesellschaftlichen Übel teilt Kleist mit Rousseau; allerdings geht Kleist nicht so weit wie Rousseau in einem Brief aus dem Jahre 1756, der selbst das physische Übel als Folge des moralischen Übels erklärt, der noch die Schuld für die verheerenden Folgen des Erdbebens in Lissabon der Zivilisation zuschreibt.[71] Kleist besteht auf der Heteronomie zwischen der Natur und der Welt des Menschen: das Erdbeben ist ein rein Zufälliges, für das niemand verantwortlich gemacht werden kann; die legale aber ungerechte Justiz des Staates und die Lynchjustiz der Menge dagegen entspringen menschlichem Denken, Wollen und Handeln und unterliegen als solche dem moralischen Urteil des Erzählers, der von diesem Recht ja ausführlich Gebrauch macht. Aber diese Heteronomie bedeutet nicht, daß beide Sphären nicht aufeinander bezogen sind: der Mensch kann die willkürliche Gewalt und das Sinnlose des Zufalls weder deuten noch in einen Sinnzusammenhang einordnen, aber er kann sie durch sein Handeln in der konkreten Situation zum Bestandteil seines Schicksals machen – genauer: „Sein ‚Ich‘ existiert gar nicht vor der Begegnung mit der zufallsbestimmten Wirklichkeit, sondern wird durch den Zusammenstoß mit ihr überhaupt erst geschaffen."[72]

Hier liegt der letzte Grund für Kleists „Anarchismus", der sowohl Rousseaus „Zurück zur Natur" als auch die rein abstrakte „Freiheit" der idealistischen Philosophie in Richtung auf die konkrete Freiheit des Individuums hin zu überwinden sucht. Soviel Kleist sonst auch Rousseaus Werk zu verdanken hat, Rousseaus Optimismus, der auch noch das physische Übel durch die Rückkehr in den Naturzustand für überwindbar hielt, konnte er nicht teilen – wenn er auch bereit war, mit Rousseau gesellschaftlich Böses aus der Metaphysik in die Geschichte zu verlegen. Aus diesem Grunde gibt es für Kleist kein Zurück zur Natur, sondern höchstens ein Vorwärts zu einer Unschuld auf höherer Ebene. Aber genausowenig wie Kleist sich mit Rousseau zufrieden geben konnte, konnte er es mit der abstrakten Bestimmung der „Freiheit überhaupt", wie er sie in der Philosophie des Idealismus fand. Die klassische Ästhetik ordnete die Kunst der intelligiblen Sphäre zu, „also der Sphäre der Freiheit, des Absoluten und der unbedingten sittlichen Selbstverantwortlichkeit des mündig gewordenen Menschen, und hat die Kunst damit entschieden von allen empirischen Ordnungskategorien distanziert, denen gegenüber sie frei ist".[73] Ein solches Vertrauen auf die menschliche Ratio und die Fähigkeit der Selbstbestimmung erscheint Kleist, der den Menschen immer in scharfumrissenen konkreten Bedingungen sieht, zu abstrakt, als daß er sie seiner Dichtung undialektisch – also ohne Beziehung zu einer genau umrissenen konkreten Situation – zur Grundlage der Freiheit des Menschen machen könnte. Kleists Frage nach seiner Bestimmung war konkret; „sie zielte weder auf die Ewigkeit transempirischer Überzeitlichkeit, noch auf die Bestimmung des ‚Menschen überhaupt‘, sondern auf den Sinn *seiner* endlichen, konkreten Existenz".[74] In Kleist bricht das bei Kant mühsam Gebannte, die Tatsache, daß die Vernunft auf die ihr heteronome, nicht vernünftige Natur angewiesen ist, wieder durch: moralisches Verhalten ist bei ihm wirklich und nicht nur scheinbar konkreter als bloß theoretisches, während bei Kant moralisches Verhalten formeller als theoretisches ist, da Kant darauf besteht, daß praktische Vernunft von jedem ihr „Fremden", jedem „Objekt" unabhängig zu sein hat.[75] Aber „ohne ein nach dem Kriterium reiner Vernunft Zufälliges wäre so wenig Freiheit wie ohne das vernünftige Urteil. Die absolute Scheidung zwischen Freiheit und Zufall ist so willkürlich wie die absolute zwischen Freiheit und Rationalität."[76]

Während das idealistische Denken das konkret existierende Ich als Fehlerquelle im Denkprozeß ausschaltet und von dem empirischen und kontingenten Ich absieht, nimmt Kleist das konkret existierende Ich in seinem Handlungszusammenhang mit der Welt absolut ernst: für ihn gibt es kein vorgegebenes, gleichbleibendes, objektiv bestimmtes Subjekt des Erlebens, das als „Charakter" Einheit zwischen den Erlebnissen schafft: „Wo das Ich durch den Zufall erst geschaffen wird, kann es nicht als Kontinuum ein Gegengewicht gegen die Zufälle bilden."[77] Die kontingente Welt und die Reaktion des Subjekts bestimmen sich gegenseitig: „Allmähliche Verfertigung der Einheit der Welt als wechselseitige Determination von Ereigniskette und Person: das ist die Grundfigur Kleistscher Novellen. Es ist die Figur der Situation, in der der Mensch versucht, Kontinuität in einer von Zufällen beherrschten Welt herzustellen, indem er durch ausdeutendes Handeln die Ereignisse einordnet und zugleich sich selber festlegen läßt auf eine nicht mehr auflösbare Einheit von Schicksal und Sein."[78] Auch hier wendet sich Kleist implizit gegen Kants Vorstellung, daß die Freiheit auf die invariante Gleichheit der Vernunft mit sich selbst hinausläuft – auch im praktischen Bereich. Indem nämlich Kant die einzelnen Impulse des Willens, und das heißt doch der elementaren Triebkräfte des menschlichen Handelns, zu einem völlig rationalen (und so abstrakten) „Willen" synthetisiert und sublimiert, gibt er dem Willen zwar Einheit und Dauer eines Systems, aber er tut das gerade dadurch, daß er den Willen von seinen ursprünglichen Triebzielen ablenkt, aus denen heraus der Wille doch allein sein Leben hat.[79] Gegen das philosophische System, das die Einheit der Person nach dem abstrakten Vernunftgesetz konstruiert, setzt Kleist nun seinerseits kein philosophisches System, sondern, als einzige Möglichkeit das Zufällige und das Individuelle darzustellen, die Dichtung.

In diesem Sinne unterscheidet sich Kleists anarchistische Auffassung auch von der anarchistischen Utopie Schellings in einem Fragment aus dem Jahre 1796, wo es heißt: „Die Idee der Menschheit voran – will ich zeigen, daß es keine Idee vom *Staat* gibt, weil der Staat etwas *Mechanisches* ist. So wenig als es eine Idee von einer Maschine gibt. Nur was Gegenstand der *Freiheit* ist, heißt *Idee*. Wir müssen also über den Staat hinaus! Denn jeder Staat muß freie Menschen als mechanisches Räderwerk behandeln; und das soll er nicht; also soll er aufhören."[80] Denn es ist ja gerade die ewige, mit sich selbst gleiche Idee, die den spezifischen Unterschied von Handlung und Gegenstand ignoriert, und so die dialektisch aufeinander bezogene Gegensätzlichkeit von Gesetz und Zufall verschwinden läßt – und damit das, was Kleist allein als Freiheit anerkennt: nicht die Freiheit als außerzeitliche Idee eines außerzeitlichen Subjekts, sondern die Freiheit als konkreten Widerstand des einzelnen Menschen gegen die Unterdrückung.

So zeigt das „Erdbeben in Chili" also keineswegs „einen gewissen Umschwung Kleists zugunsten des Staates", ja noch nicht einmal „eine leise Annäherung an die Staatsidee", wie Hans M. Wolff meint. Kleists dichterische und denkerische Leistung in dieser Novelle ist es gerade, daß er den abstrakten Gegensatz, den Rousseau und andere Denker der Staatsvertrags-Idee zwischen dem (abstrakten) Individuum und dem (ebenso abstrakt gedachten) Staat konstruieren, durch eine neue (und gleichzeitig uralte) Idee überwindet: die *Gemeinschaft*, die alle zu einer Familie macht, in der der Mensch seine individuelle Freiheit dadurch verwirklicht, daß er sich in allen Individuen, die ihn umgeben, vervollständigt, und nicht dadurch, daß er sich von aller Menschengemeinschaft isoliert. Die Freiheit in dieser Gemeinschaft *ist der Naturzustand* – und nicht irgendein fiktiver Zustand, in dem der Mensch außerhalb jeder Gemeinschaft ganz er selbst, ein selbstgenügsames, gewissermaßen absolutes Wesen wäre. Gerade die Szene in dem „dunklen von Pinien beschatteten Tale"[81] zeigt, daß der Mensch zwar ohne Herrschaft, also in Anarchie, aber nicht ohne Gemeinschaft leben kann. Nur eine solche Gemeinschaft läßt den „menschlichen Geist, wie eine schöne Blume" aufgehen, nur eine solche Gemeinschaft spornt den Menschen zu „ungeheuren Taten" an, zu Beispielen von „Unerschrockenheit, von freudiger Verachtung der Gefahr, von Selbstverleugnung und der göttlichen Aufopferung".[82] Alles, was dieser Gemeinschaft, und damit der Selbstverwirklichung des Menschen, im Wege steht, „muß um jeden Preis, gleichviel welchen, und sei bis zur Preisgabe des gesamten Daseins bekämpft werden".[83] So stellt Kleist der Willkür (des Staates und des Mobs) und dem Zufall (der Katastrophe des Erdbebens) den Menschen entgegen, der für sich bereits jenen Geist der freien Gemeinschaft verwirklicht hat: Don Fernando, „dieser göttliche Held". Er demonstriert, was Kleist als Kernsatz seines Lebensplanes formuliert hat: „Ein freier, denkender Mensch bleibt da nicht stehen, wo der Zufall ihn hinstößt; oder wenn er bleibt, so bleibt er aus Gründen, aus Wahl des Besseren."[84] Don Fernando demonstriert, was Anarchie ist: die autonome Gesetzlichkeit eines neuen, verantwortlichen Selbstbewußtseins, das sich von dem schlechten Bestehenden dem zugewandt hat, was sein soll. Diesem Menschen verleiht Kleist zurecht das Beiwort „göttlich".

Anmerkungen

1 Hans M. Wolff: Heinrich von Kleist als politischer Dichter. – Berkeley: University of California Press 1947, S. 387. Wolffs Urteil über das „Erdbeben von Chili" wird durch seine Datierung der Novelle beeinflußt. Zur Datierung vgl. Hans Joachim Kreutzer: Die dichterische Entwicklung Heinrich von Kleists. – Berlin: Schmidt 1968, S. 187, der im „Erdbeben von Chili" die *erste* vollendete Erzählung sieht (vor 1807) und die „Verlobung in St. Domingo" in das Jahr 1811 verweist.
2 Maria Prigge-Kruhoeffer: Heinrich von Kleist. Religiosität und Charakter. – In: Jahrbuch der Kleist-Gesellschaft Bd. 3/4 (1923/24) zitiert als *JbKG*). – Berlin: Weidmannsche Buchhandlung (Unveränderter Nachdruck: Amsterdam: John Benjamin 1970) S. 57.
3 Vgl. Kreutzer: a.a.O., S. 242: „Es fehlt bei der *scheinbar* unbeteiligten Erzählweise nicht an Gesellschaftskritik, vor allem an Kritik an der Kirche, womit das Hauptthema, die Liebe außerhalb von Stand, Gesetz und Religion, stark in den Vordergrund gerückt wird." Vgl. auch Hans Heinz Holz: Macht und Ohnmacht der Sprache. Frankfurt/Main: Athenäum Verlag 1962, S. 143 ff.; und Walter Silz: Das Erdbeben in Chili. – In: Walter Müller-Seidel (Hrsg.): Heinrich von Kleist. Aufsätze und Essays (= Wege der Forschung Bd. 147) (zitiert als HvK) – Darmstadt: Wissenschaftliche Buchgesellschaft 1967, S. 355. Wolfgang Kaysers Auffassung: „Um die Stellung des Erzählers zum Publikum zu bestimmen, darf man sagen: er steht mit dem Rücken zum Publikum und beachtet es nicht" bedeutet ja keineswegs, daß der Erzähler nicht wertend in das Geschehen eingreift. Vgl. Wolfgang Kayser: Kleist als Erzähler. – In: Die Vortragsreise. Studien zur Literatur. – Bern: Francke 1958, S. 170.
4 Wolff: a.a.O., S. 387.
5 Heinrich von Kleist: Erzählungen (= dtv-Gesamtausgabe, Bd. 4) – München: Deutscher Taschenbuch Verlag ³1968 (hrsg. von Helmut Sembdner), S. 131.
6 a.a.O., S. 131.
7 a.a.O., S. 131 f.
8 a.a.O., S. 132.
9 a.a.O., S. 144.
10 a.a.O., S. 141.
11 a.a.O., S. 142.
12 Wolff: a.a.O., S. 387.
13 Vgl. Jürgen Habermas: Theorie und Praxis. – Frankfurt/Main: Suhrkamp Taschenbuch 1971, S. 68.
14 Vgl. Wolf Lepenies / Helmut Nolte: Kritik der Anthropologie. – München: Hanser 1971, S. 78.
15 Der hervorragendste Vertreter einer solchen „Psychologie der Massen", Le Bon, betont an der Masse das bloß Instinktive und Barbarische gegenüber der Vernünftigkeit und der Zivilisiertheit des Einzelnen. Vgl. Georg Lukács: Die Zerstörung der Vernunft. Neuwied und Berlin: Luchterhand 1960, S. 32.
16 Vgl. Max Horkheimer: Traditionelle und kritische Theorie. – Frankfurt/Main: Fischer 1970, S. 125.

17 Vgl. Max Horkheimer / Theodor W. Adorno: Dialektik der Aufklärung. Philosophische Fragmente. – Frankfurt/Main: Fischer 1971, S. 153.

18 Das verurteilte auch I. Kant: Geschichte und Naturbeschreibung der merkwürdigsten Vorfälle des Erdbebens, welches am Ende des 1755sten Jahres einen großen Teil der Erde erschüttert hat. – In: Kant's Gesammelte Schriften. Herausgegeben von der Königlich Preußischen Akademie der Wissenschaften. Erste Abteilung: Werke. Erster Band. – Berlin: Reimer 1910, S. 459: „Man verstößt aber gar zu sehr dawider, wenn man dergleichen Schicksale jederzeit als verhängte Strafgerichte ansieht, die die verheerte Städte um ihrer Übeltaten willen betreffen, und wenn wir diese Unglückselige als das Ziel der Rache Gottes betrachten, über die seine Gerechtigkeit ihre Zornschalen ausgießt. Diese Art des Urtheils ist ein trefflicher Vorwitz, der sich anmaßt, die Absichten der göttlichen Rathschlüsse einzusehen und nach seinen Einsichten auszulegen." Ebensowenig kann man aber umgekehrt „das Erdbeben als eine Antwort der Natur auf die Handlungsweise der Gesellschaft" deuten, wie das Kreutzer: a.a.O., S. 242 tut. Vgl. auch Annelies Grob: Die Bedeutung der Natur in Kleists Leben und Werk. – Diss. Zürich 1954, S. 69.

19 Kleist: a.a.O., S. 141.

20 a.a.O., S. 142.

21 Horkheimer: a.a.O., S. 150 f.

22 Horkheimer /Adorno: a.a.O., S. 154.

23 a.a.O., S. 152.

24 Kleist: a.a.O., S. 142.

25 Vgl. Horkheimer / Adorno: a.a.O., S. 154.

26 a.a.O., S. 153.

27 Kleist: a.a.O., S. 144.

28 Vgl. Horkheimer: a.a.O., S. 172.

29 Vgl. Horst Werner Nöckler: Zu den Auffassungen über Gattenwahl und Ehe in der französischen und englischen Literatur des 18. Jahrhunderts. – In: Werner Krauss und Walter Dietze (Hrsg.): Neue Beiträge zur Literatur der Aufklärung. – Berlin: Rütten und Loening 1964, S. 107 f.

30 Kleist: a.a.O., S. 131.

31 Vgl. Rita Schober: Skizzen zur Literaturtheorie. – Berlin: 1956, S. 36.

32 Es dürfte deutlich sein, daß ich das Wort nicht wie sonst in der Kleistinterpretation üblich im abwertenden Sinne gebrauche, sondern im positiven Sinne der Theoretiker des Anarchismus von Thomas Moore bis Bakunin, nämlich als Utopie eines vollkommen herrschaftsfreien Raumes.

33 Kleist: a.a.O., S. 138. Diesen Gedanken finden wir auch in einem Brief Kleists: a.a.O., Band 7, S. 28 an Ulrike (vom 6. Dezember 1806), in dem er die Reaktion seiner Umgebung auf die Niederlage von Jena und Auerstedt schildert: „Es scheint mir, als ob das allgemeine Unglück die Menschheit erzöge, ich finde sie weiser und wärmer, und ihre Ansichten von der Welt großherziger." Ähnlich spricht übrigens auch Kant: a.a.O., S. 459 nach dem Erdbeben von Lissabon: „Der Anblick so vieler Elender, als die letzte Katastrophe unter unseren Mitbürgern gemacht hat, soll die Menschenliebe rege machen und uns einen Theil des Unglücks empfinden lassen, welches sie mit solcher Härte betroffen hat."

34 Wie z. B. Karl Otto Conrady: Kleists ‚Erdbeben in Chili' meint: Germanisch-Romanische Monatsschrift 1954, S. 189.

35 Kleist: a.a.O., S. 138, Bd. 4.

36 Versehen und Erkennen. Eine Studie über Heinrich von Kleist. – Köln 1961, S. 138–140.

37 Kleist: a.a.O., S. 137.

38 a.a.O., S. 138.

39 a.a.O., S. 136.

40 a.a.O., S. 137.

41 a.a.O., S. 138.

42 a.a.O., S. 138.

43 Viele Kritiker heben die sogenannten angeborenen, aggressiven, „bestialischen" Triebe des Menschen hervor, wenn sie diese Stelle besprechen. Vgl. z. B. Johannes Klein: Geschichte der deutschen Novelle von Goethe bis zur Gegenwart. Vierte, verbesserte und erweiterte Auflage. – Wiesbaden: Franz Steiner 1960, S. 90: „Der Mensch ist nicht aus der rohen Natur herausgewachsen; die Menschwerdung ist immer noch im Anfang. Das zeigt sich . . . bei der mordlustigen Kirchengemeinde in erheblichem Maß. Und zwar enthüllt sich der Mensch als satanischer als das Naturgeschehen, ja, er ist das Satanische." Horkheimer: a.a.O., S. 97 sieht in dem Hervorheben der aggressiven, „bestialischen" Triebe des Menschen „ein Zeichen für das Interesse an Unterdrückung".

44 Kleist: a.a.O., S. 138.

45 a.a.O., S. 137.

46 a.a.O., S. 134.

47 a.a.O., S. 135.

48 a.a.O., S. 136.

49 a.a.O., S. 175.

50 Benno von Wiese: Das Erdbeben in Chili. – In: Jahrbuch der deutschen Schillergesellschaft. Bd. V, S. 111.

51 Kleist: a.a.O., S. 136.

52 a.a.O., S. 136.

53 Vgl. Kant: a.a.O., S. 460: „Der Mensch ist von sich selbst so eingenommen, daß er sich lediglich als das einzige Ziel der Anstalten Gottes ansieht, gleich als wenn diese kein ander Augenmerk hätten als ihn allein, um diese Maßregeln in der Regierung der Natur danach einzurichten. Wir wissen, daß der ganze Inbegriff der Natur ein würdiger Gegenstand der göttlichen Weisheiten und seiner Anstalten sei. Die Regeln der Vollkommenheit der Natur im Großen sollen in keine Betrachtung kommen, und es soll sich alles bloß in richtiger Beziehung auf uns anschicken. Was in der Welt zur Bequemlichkeit und dem Vergnügen gereicht, das stellt man sich vor, sei bloß um unsertwillen da, und die Natur beginne keine Veränderungen, die irgendeine Ursache der Ungemächlichkeit für den Menschen werden, als um sie zu züchtigen, zu drohen oder Rache an ihnen auszuüben."

54 Kleist: a.a.O., S. 137.

55 Zuerst in: Germanisch-Romanische Monatsschrift N. F. Bd. XI, H. 1, 1961, S. 69–99. Hier zitiert nach HvK S. 367–411.

56 Georg Lukács: Die Tragödie Heinrich von Kleists. – In: Deutsche Literatur aus zwei Jahrhunderten. – Neuwied: Luchterhand 1964, S. 210.

57 a.a.O., S. 202.
58 a.a.O., S. 207.
59 Günter Blöcker: Heinrich von Kleist oder das absolute Ich. – Berlin: Argon Verlag 1960, S. 140.
60 Herrmann: a.a.O., S. 370.
61 Kleist: a.a.O., S. 136.
62 Herrmann: a.a.O., S. 384 f.
63 Johannes Klein: Kleist ‚Erdbeben in Chili‘. – In: Der Deutschunterricht 1956, H. 3, S. 5–11: „Das Erdbeben im Menschen ist ausgebrochen" (S. 9), „Denn Don Fernando beweist im menschlichen Erdbeben, was schon andere, die nicht zur Gesellschaft gerechnet wurden, im natürlichen Erdbeben bewiesen hatten" (S. 10), „Vor dem Ausbruch des Erdbebens im Menschen" (S. 11).
64 Heinrich Meyer-Benfey: Kleists Leben und Werke. – Göttingen: Hapke 1911, S. 212.
65 Knut Hamsun: Die letzte Freude. Sämtliche Romane und Erzählungen. Bd. 11. – Berlin/Darmstadt/Wien: Deutsche Buchgesellschaft 1959, S. 661. Zitiert nach Leo Löwenthal: Literatur und Gesellschaft. Das Buch in der Massenkultur. Neuwied und Berlin: Luchterhand 1964, S. 258.
66 Löwenthal: a.a.O., S. 257.
67 Wie Meyer-Benfey: a.a.O., S. 213 meint.
68 Vgl. Harald Weinrich: Literaturgeschichte eines Weltereignisses. Das Erdbeben von Lissabon. – In: Literatur für Leser. Essays und Aufsätze zur Literaturwissenschaft. Stuttgart: Kohlhammer 1971, S. 64–76.
69 Kleist: a.a.O., S. 134.
70 Vgl. Erich Schmidt: Heinrich von Kleist als Dramatiker. – In: HvK S. 3 und Maria Prigge-Kruhoeffer: a.a.O., S. 57.
71 Vgl. Weinrich: a.a.O., S. 74. Weinrichs kurze Interpretation des „Erdbeben in Chili" geht sicherlich fehl, falls er Kleist unterstellt, das Erdbeben sei tatsächlich wegen der Schuld der beiden Liebenden entstanden: „Der junge Mann nämlich und die schöne Nonne, die sich lieben, haben vor dem Erdbeben die Verfolgung auf sich gezogen, weil sie sich als Liebende gegen die Gesetze der christlichen Moral vergangen haben. Nach dem Erdbeben aber lenkt der Bußprediger darüber hinaus den Zorn des Volkes auf sie als die wahrhaft Schuldigen des Erdbebens. Nicht Gott, der gütige Gott, hat dieses Erdbeben bewirkt, sondern ein schuldiges Menschenpaar, dieses Paar dort, hat wie beim ersten Sündenfall als zwangsläufige Folge die Strafe auf die Allgemeinheit herabgerufen. So weiß die sonst immer blinde Suche nach Schuld und Ursache des Erdbebens nun endlich, wohin sie sich zu wenden hat. Das moralische Übel erscheint als die Ursache des natürlichen Übels."
72 Herrmann: a.a.O., S. 382.
73 Wilhelm Emrich: Kleist und die moderne Literatur. – In: Heinrich von Kleist. Vier Reden zu seinem Gedächtnis. – Berlin: Schmidt ²1965, S. 9.
74 Gerhard Fricke: Gefühl und Schicksal bei Heinrich von Kleist. Studien über den inneren Vorgang im Leben und Schaffen des Dichters. – Darmstadt: Wissenschaftliche Buchgesellschaft 1963 (¹1929), S. 28.
75 Vgl. Theodor Adorno: Negative Dialektik. – Frankfurt/Main: Suhrkamp 1970, S. 232 (Wiss. Sonderausgabe).

76 a.a.O., S. 234.
77 Herrmann: a.a.O., S. 238.
78 a.a.O., S. 238.
79 Adorno: a.a.O., S. 233 ff.
80 Vgl. J. Hoffmeister (Hrsg.): Dokumente zu Hegels Entwicklung. – Stuttgart 1936, S. 219 ff.
81 Kleist: a.a.O., S. 136.
82 Kleist: a.a.O., S. 139.
83 Emrich: a.a.O., S. 13.
84 Kleist: a.a.O., Bd. 6, S. 28.

„Hatte Kleist Rassenvorurteile?"

Eine kritische Auseinandersetzung mit der Literatur zur „Verlobung in St. Domingo".

Bis vor kurzem fixierte die Literaturwissenschaft unsere Aufmerksamkeit auf Struktur und Wohlklang, auf Ontologie und symbolischen Tiefsinn. Selbst dort, wo sie vorgab, Literatur*geschichte* zu sein, scheute sie als *reine, zweckfreie* Wissenschaft davor zurück, nach den politischen, sozialen und geschichtlichen Wurzeln eines Kunstwerks, nach seinen ideologischen Absichten und Einschlüssen zu fragen. Bei genauerem Hinsehen allerdings enthüllt sich die scheinbar über den Parteien stehende Literaturwissenschaft als parteilich und politisch: indem sie z. B. die Diskussion der eminent politischen Anstöße der Literatur des 18. und 19. Jahrhunderts verhinderte, ermöglichte sie einem unreflektierten Irrationalismus in verschleierter oder offener Form das Vakuum der Wertung zu besetzen. Wie Literaturwissenschaftler einen Dichter und seine Intentionen zunächst entpolitisieren, dann in den dichten Schleier metaphysischen Geschwätzes hüllen und ihn schließlich ausgesprochen verfälschen, wenn sie die geschichtlichen und sozialen Wurzeln seiner dichterischen Werke außer Acht zu lassen versuchen, soll am Beispiel der Rezeption einer Novelle von Kleist gezeigt werden.

Wer sich mit Kleist einläßt, der muß damit rechnen, daß ihm früher oder später alle Sicherheiten des geregelten bürgerlichen Daseins ebenso wie jene Sicherheiten einer kommoden Religion oder Ideologie, die unser Selbstbewußtsein vor der verwirrenden Unsicherheit der Wirklichkeit schützen, unter den Füßen weggezogen werden. Gegen diese Verunsicherung unseres Lebens wehren wir uns, indem wir „interpretieren". Die „Interpretation" wirkt wie ein Einschluß, der den irritierenden Fremdkörper entschärft, integriert und harmlos macht, so daß er vom Kulturbetrieb verdaut werden kann. Trotz dieser Versuche liefert die Kleistliteratur Beispiele genug, daß Kleist den Ideologen aller Schattierungen immer wieder geistige Verdauungsbeschwerden bereitet hat. Der Nationalsozialist Walther Linden z. B. mußte alle Künste der mythischen Vernebelung anwenden, um Kleist für sein Regime schmackhaft zu machen. Also wurde ihm Kleist zum Dichter, der zum „Urgrunde des dunklen, wilden, schmerzvollen, tragischen Lebens" vorstieß, zum „Gestalter völkischer Daseinsfragen", der die Gemeinschaft seines Volkes als „unmittelbaren, bluthaften Lebensbestand entdeckte".[1]

Als es später gefährlich wurde, so offen Kleist für nationale Zwecke zu mißbrauchen, und als Kleist als ‚altpreußischer Offizier', als ‚Bannerträger des Irrationalismus' und als ein aus seiner Kaste ausgebrochener, doch wieder heimgekehrter Reaktionär verdächtigt wurde, glaubte man Kleist dadurch retten zu können, daß man alles Geschichtliche und Gesellschaftliche fern hielt. Karl Otto Conrady sprach von einem Dichter ohne Gesellschaft,[2] andere nahmen dies Wort auf und münzten es zum Schlagwort um. Erst in jüngster Zeit ist es wieder möglich geworden, zu sehen, „daß es vor allem in den Erzählungen Kleists eine Gesellschaftskritik von beträchtlichem Ausmaß gibt und von einer bisweilen beträchtlichen Schärfe obendrein".[3]

I

Solche Gesellschaftskritik richtet sich z. B. gegen das Verhalten der Bevölkerung von St. Domingo. Über die Art der Gesellschaftskritik sind sich allerdings die Kritiker keineswegs einig. So weist Johannes Klein[4] schroff die Vorstellung zurück, diese Novelle könne ein Erwachen der Rassenfrage beschreiben, und behauptet, daß sie „in ihrer rein menschlichen Haltung alle derartigen Umwertungen im voraus verurteilt hat". Die meisten anderen Kritiker sind wenigstens darüber einer Meinung, daß es sich hier um eine „Auseinandersetzung zweier Rassen"[5] handelt, um den „Haß der Rassen",[6] ja um den „Schrecken des Blut- und Rassenhasses".[7] Weit auseinander gehen dann allerdings, je nach der politischen, gesellschaftlichen und philosophischen Einstellung des Kritikers, die Urteile darüber, wie dieser Rassenhaß selbst, wie die Revolution der Neger, wie die Frage des sklavenhaltenden Systems und wie schließlich die Einstellung des Dichters zu diesen historischen Ereignissen zu beurteilen sind. Manche Kritiker sehen nur die „grausige Welt, in der Feindschaft und Verrat, Mißtrauen und Haß blutige Orgien feiern".[8] Aus der ganz konkreten Situation, „als die Schwarzen die Weißen ermordeten"[9] entfliehen viele Kritiker in eine weniger verfängliche Welt von „Krieg, Erdbeben, Aufruhr, Empörung";[10] statt die gesellschaftlichen Hintergründe und Ursachen dieser Situation zu analysieren, schildern Kritiker diese Welt ganz allgemein und unverfänglich als „gefühllos, grausam und heillos verwirrt";[11] aus einem ganz realen Interessenkampf wird eine verschwommen verschleiernde „Tragödie der Menschheit".[12] Hermann Pongs, der sonst durchaus einige bemerkenswerte Ansätze zu einer Analyse der Novelle zeigt, zieht sich am Schluß dann doch mit dem Allgemeinplatz von „unlöslicher Existenzverbundenheit und Bedingtheit"[13] aus der Affäre und entgeht damit der selbst aufgeworfenen Schuldfrage. Ebenso verlagert Fritz Martini die Schuldfrage ins Abstrakt-Unverfängliche, wenn er „Die Verlobung in St. Domingo" zum

Symbol des Weltseins und zum Ausdruck der Tragik der menschlichen Existenz erhebt[14] und dann fortfährt: „In der Verlobung geht es um die ewigen, unentrinnbaren Mächte des Blutes, der Rasse, die wohl Geschichte schaffen, aber jenseits ihrer Bedingtheit stehen."[15] In einer wohl nur aus der damaligen Zeit begreifbaren Blut- und Rassenmystik behauptet er, „daß das Blut eine ursprüngliche Naturmacht ist, die nichts überdeckt und erschlaffen läßt – am wenigsten die Güte und Verpflichtung einer humanitären Gesinnung. Ihm (Congo Hoango) ist die Rasse nicht ein Schicksal, sondern eine reine, naturhaft erfüllende, hier zu rücksichtsloser Rache aufrufende Bestimmung, der er sich trotz des versöhnenden Großmutes seines Herrn rückhaltlos hingibt."[16]

Auf eine andere Weise zieht sich Hermann Reske aus der öffentlichen Verantwortung in die private Sphäre zurück: er behauptet, daß die „zusammenstürzende soziale Ordnung ... Kleists dichterische Darstellung des Zusammenbruchs seiner eigenen Welt während der Kant-Kriese"[17] ist. Ähnlich verschiebt Heinz Ide „den Zusammenbruch der Zeit, dessen äußerer, sichtbarer Ausdruck die Revolution und ihre Kriege sind", in die Seelenwelt Kleists, nimmt ihnen so den Charakter des objektiven Geschehens und entzieht damit die Handlungen der Personen dem Urteil des Kritikers.[18]

Während auf diese Weise versucht wird, die gesellschaftlich politische Frage von Sklavenhaltergesellschaft und Revolution auf die harmlose ‚höhere' Ebene der Psychologie des Dichters oder der Metaphysik zu verschieben oder sie völlig zu vertuschen, zeigen andere Kritiker die Tendenz, die Schuld eindeutig auf die Schwarzen abzuwälzen oder doch zumindest die Schuld der Weißen zu verharmlosen. Zu diesem Urteil scheint der Text selbst einige Berechtigung zu geben, so, wenn der Erzähler Congo Hoango durchweg feindlich gesinnt zu sein scheint; er nennt z. B. Congo Hoango einen „fürchterlichen alten Neger", beschuldigt ihn, daß er von „treuer und rechtschaffener Gemütsart" nur „schien", spricht von der „Wut dieses grimmigen Menschen", vom „Taumel der Rache" der Neger,[19] von der „unmenschlichen Rachsucht"[20] Congo Hoangos, nennt ihn einen „Wüterich",[21] ja er scheint ganz allgemein die „grausame und unerhörte Erbitterung, welche alle Einwohner dieser Insel ergriffen hat" zu verurteilen. Immer wieder scheinen Adjektive wie „rasende Erbitterung" und „dies grimmige, aus der Hölle stammende Räubergesindel"[22] darauf hinzuweisen, daß der Erzähler auf Seiten der Weißen gegen die schwarzen Aufständischen steht. Ein Zeichen, das die Schwarzen am Beginn des Aufstandes geben, ist ein „verräterisch gegebenes Zeichen"[23] und ihr strategisch richtiges Vorgehen, den Weißen den Rückzug abzuschneiden, wird als Bosheit verurteilt, ihre verständliche Rache als „wilde und kalte Wut"[24] apostrophiert, die Absicht, mit der Toni den Fremden ins Haus lockt, als „erbarmungslos und entsetzlich"[25] gekennzeichnet. Solche und ähnliche Urteile scheinen den Kritikern recht zu geben, die die Last der Schuld fast völlig auf die Seite der Neger verlagern. So spricht Friedrich Braig von Congo Hoango, hinter dem „die endlose Masse der Schwarzen mit rachelüsternen Zügen steht" und sagt: „Congo Hoango, der blutrünstige Neger, ist der Neger überhaupt, die befreite Bestie, die sich ausrast im Blutrausch."[26] Das Klischee von der leidenschaftlich animalischen Lust des Negers am Töten, vom Blutrausch, von seiner nur durch eine dünne Decke von Zivilisation überdeckten Tiernatur geistert ja nicht nur durch die Kleistliteratur.

Darüber hinaus scheint die Novelle nahezulegen, daß „schwarz" mit „verbrecherisch" und „weiß" mit „gut" gleichgesetzt wird. Congo Hoango, weil er in der Gruppe der namentlich vorgestellten Schwarzen der Schwärzeste ist, muß auch der furchtbarste Verbrecher sein. So kann dann Friedrich Braig ohne weiteres schließen, daß „Babekan, die Mulattin mit einem Schimmer von Weiß im Gesicht, die erste Stufe vom Schwarzen zum Weißen, zur Versöhnung im Blute ist" und daß „Toni, die Mestize, die neue Stufe des Blutes und der natürlichen Versöhnung der Schwarzen und Weißen ist".[27] Etwas differenzierter vertritt auch Fritz Martini einen ähnlichen Gedanken: „Nur dadurch, daß Toni durch Abstammung, Glaube und Gesinnung fast ganz in den Lebensraum des Europäers hineingewachsen ist, zu dem sich ihre Liebe frei bekennt, obwohl sie einst grausam aus dieser Welt verstoßen wurde, vermag sie sich über jene Bindungen zu stellen, die die Welt der Neger wie die der Weißen unentrinnbar auferlegen."[28]

Eine andere Art des Rassenvorurteils wird dann sichtbar, wenn der Kritiker zwar nicht die Schuld den Negern zuschiebt, aber doch die Weißen als prinzipiell höherstehend ansieht. So meint Hermann Pongs, daß „der Weiße die Farbige zu seinem Ideal emporzieht"[29] oder sagt ausdrücklich: „Im Abstand des Seelisch-Fremden und Höhergearteten tritt Gustav Toni dann allein entgegen."[30] Auch Fritz Martini behauptet: „Dennoch steht Kleist jedem Relativismus gegenüber der offenbaren Unterschiedlichkeit der menschlichen Kulturen, der Weiße und Neger einander gleichstellen würde, ebenso fern wie einer geschichtsutopischen Flucht in eine primitive Natürlichkeit als Ideal."[31] Indirekt benutzt Elmar Hoffmeister die milde Bestrafung Congo Hoangos als Indiz für die menschlichere Haltung des weißen Herrn im Gegensatz zu der brutalen Rache der Neger.[32]

II

Ich habe diese fast einstimmige Meinung so vieler Kritiker so ausführlich vorgetragen, um zu zeigen, daß eine angeblich so objektive Literaturgeschichte und -analyse sich zwar nach außen hin jeder politischen und sozialen Analyse und Wertung enthält, aber gerade durch ihre politische Enthaltsamkeit für jede Art reaktionärer Ideologie anfällig ist, und durch die Hintertür handfeste politische Anschauungen in scheinbar unverfängliche, ästhetisierende Texte einsickern läßt.

Daß man nämlich Kleist die Vorurteile seiner Kritiker nicht anlasten kann, wird sofort deutlich, wenn man seine Erzählhaltung und Erzählperspektive untersucht, und die von den Kritikern aus dem Kontext wahllos herausgepflückten Urteile wieder in den Kontext zurückversetzt. So ist es z. B. – um nur eine der auffälligsten Stellen hier anzuführen – Gustav, nicht der Erzähler, der aus der helleren Gesichtsfarbe der alten Babekan den noch dazu falschen Schluß zieht, er könne sich ihr anvertrauen; denn „aus der Farbe Eures Gesichts schimmert mir ein Strahl von der meinigen entgegen".[33] Zudem macht der Erzähler durchaus deutlich, daß der „volle Tag jenes Erdteils", der von dem Antlitz Tonis widerscheint, jedenfalls am Anfang der Geschichte von Congo Hoango und Babekan gerade zum Zwecke des Betruges ausgenützt wird und daß Toni bereit ist, diesen Betrug mitzumachen. Nicht die hellere Hautfarbe macht sie schließlich zu einer edlen Seele, sondern ihre Liebe zu Gustav. Was die Überlegenheit der weißen Rasse anbetrifft, so läßt Kleist im Gegenteil durchblicken, daß gerade Gustav die von ihm gepredigte unbedingte Liebe und das von ihm geforderte unbedingte Vertrauen selbst nicht aufbringt, während die farbige Toni sich in vollkommener Selbstaufgabe dem Geliebten opfert.

Ebensowenig hat Kleist die Rache der Schwarzen als unmotivierten Blutrausch gezeichnet. Babekans Haß ist ausreichend vom Erzähler motiviert: „Herr Bertrand leugnete mir, während meiner Schwangerschaft zu Paris, aus Scham vor einer reichen jungen Braut, die er heiraten wollte, die Vaterschaft zu diesem Kinde vor Gericht ab. Ich werde den Eidschwur, den er die Frechheit hatte, mir ins Gesicht zu leisten, niemals vergessen, ein Gallenfieber war die Folge davon, und bald darauf noch sechzig Peitschenhiebe, die mir Herr Villeneuve geben ließ, und in deren Folge ich noch bis auf diesen Tag an der Schwindsucht leide."[34] Ebenso motiviert Kleist die furchtbare Rache der Negerin, die an gelbem Fieber leidet: „Sie hatte drei Jahre zuvor einem Pflanzer vom Geschlecht der Weißen als Sklavin gedient, der sie aus Empfindlichkeit, weil sie sich seinen Wünschen nicht willfährig gezeigt hatte, hart behandelt und nachher an einen kreolischen Pflanzer verkauft hatte" und spricht ausdrücklich von „Mißhandlungen", an die dieses Mädchen denkt, als sie den früheren Besitzer zu sich einlädt.[35]

Da sich angesichts dieser beiden Erzählungen die Behauptung einer Alleinschuld der Schwarzen an dem fürchterlichen Geschehen nicht mehr aufrecht erhalten läßt – denn diese Geschichten stehen ja, wie ausdrücklich vermerkt wird, für viele andere, gleichartige –, argumentieren viele Kritiker, man müsse wenigstens zugeben, daß die Schuld der beiden Seiten sich aufwiege. Auf diese Weise kann man sich dann als Leser mit einem Bedauern über das Vorgefallene hinwegsetzen und sich so eine genauere Analyse der gesellschaftlichen und geschichtlichen Wirklichkeit ersparen. In diesem Sinne schreibt z. B. wieder Hermann Pongs: „Im Thema der Rassen bringt es den dunklen Ausgleich gegenseitiger Verschuldung und gibt damit der persönlichen Begegnung des Weißen mit der Farbigen das symbolische Gewicht einer erneuten Gelegenheit für den ethischen Austrag der großen Frage."[36] Ähnlich urteilt auch Fritz Martini, wenn er einerseits zugesteht: „Im Aufstand der Neger kommt eine scheinbar geschichtlich gerechtfertigte, aber in sich durchaus frevelhafte Verfassung, die schon ‚seit vielen Jahrhunderten auf diese Weise bestand', zum ihre innere Gebrechlichkeit voll enthüllenden Austrag", (wobei bereits der Ausdruck „innere Gebrechlichkeit" dazu angetan ist, die ganze Grausamkeit der sklavenhaltenden Gesellschaft zu verschleiern); andererseits aber die Verbrechen der Revolution als mindestens ebenso schwerwiegend dagegen aufrechnet: „Doch ebenso zerstörend ist die neue Freiheit: auch ihr Weg heißt Frevel, Gewalt und läßt so die Geschichte als ein alle Menschlichkeit vernichtendes Schlachtfeld erscheinen."[37] An derselben Stelle spricht Martini zwar davon, daß der Europäer „aus seiner historisch bedingten Weltsicht heraus die menschliche Würde, auf die auch die Schwarzen Anspruch haben, vernichtet, so die dämonische Leidenschaft dieses geknechteten Volkes unheilvoll entbrennen läßt",[38] ja er spricht von einer schuldhaft blutigen Katastrophe, womit er wohl andeuten will, daß die Schuld auf Seiten der Europäer liegt; zieht sich aber dann doch wieder auf einen Fatalismus zurück, der den Gang der Geschichte als nicht von den Menschen gemacht, sondern von unfaßbaren Mächten beherrscht sieht; spricht von Weltsicht statt vom Profit der Plantagenbesitzer, mit dem diese sich Stadtpaläste auf dem linken Seine-Ufer im Viertel Saint-Germain erbauen lassen und in Nantes und Bordeaux ganze Stadtviertel aufkaufen, und unterläßt so, Beweggrund und Wirklichkeit der Sklaverei dingfest zu machen. Schließlich denunziert er mit Kleists Hilfe die Freiheitsbewegung der französischen Revolution: „Kleist deutet die Gefahr jener Gleichheitstendenzen, die die französische Revolution aussäte, darin an, wie die Neger sie mißbrauchen. Scheinbar höchst sittlich-idealistische Schlagworte entfesseln eine blutige, grauenvolle Wirklichkeit – eine bittere Ironie auf die Freiheit der Erkenntnis vor der grausamen Wahrheit der Geschichte."[39] Nun spricht Kleist zwar von dem „Taumel der Rache, der auf die unbesonnenen Schritte des National-Konvents in diesen Pflanzungen aufloderte", macht aber nicht die Freiheitsbewegung, sondern ganz eindeutig die „Tyrannie, die ihn seinem Vaterlande entrissen hatte",[40] also das System der Sklaverei für Congo Hoangos schreckliche Rachetaten verantwortlich. Heinz Ide und Beda Allemann[41] haben kürzlich gezeigt, daß noch die kräftigsten Zeugnisse von Kleists antifranzösischer und antirevolutionärer Polemik als Zeugnisse einer im Grunde aufklärerischen und kosmopolitischen Gesinnung interpretierbar sind, einer Gesinnung allerdings, die sich mit dem bestehenden Zustand der Welt auf keinen Fall zufriedengeben konnte. Es ist denn auch nicht Kleist, sondern Gustav, der nicht imstande ist, die Freiheitsberaubung der Schwarzen als eine allgemeine Schuld der Europäer zu begreifen, an der jeder teil hat, der daraus Nutzen zieht. Es ist bezeichnend, wie Gustav einerseits das „allgemeine Verhältnis" der Sklaverei nicht in Schutz nimmt, es aber doch als etwas geschichtlich Gewordenes einfach hinnimmt, andererseits den Grund der Empörung in „vielfachen und tadelnswerten Mißhandlungen" sieht, deren sich nur einzelne, schlechte Mitglieder der weißen Herrenschicht schuldig gemacht haben.[42] Weil Gustav die durch Gesetz und Herkommen alltäglich und damit unsichtbar gewordene Gewalt der Sklavenhalter nicht mehr als Gewalt empfindet, versteht er auch den Antrieb und die Intensität des Hasses der Neger nicht. Seine Antwort auf die Frage Tonis, „wodurch sich denn die Weißen daselbst so verhaßt gemacht hätten?"[43] übersieht, daß die Versklavung der Neger „ein Frevel gegen das unveräußerliche Gut der Freiheit"[44] ist, und sieht in ihrer Rache nur eine grausige Unmenschlichkeit, nicht die unausbleibliche Reaktion auf ein Verbrechen gegen die Menschenwürde, dessen sich alle Weißen schuldig gemacht haben. Und darum kommt Gustav, nicht der Erzähler, zu dem Schluß: „daß nach dem Gefühl seiner Seele, keine Tyrannei, die die Weißen je verübt, einen Verrat so niederträchtig und abscheulich rechtfertigen könne. Die Rache des Himmels, meinte er, indem er sich mit einem leidenschaftlichen Ausdruck erhob, würde dadurch entwaffnet: die Engel selbst, dadurch empört, stellten sich auf Seiten derer, die Unrecht hätten, und nähmen, zur Aufrechterhaltung menschlicher und göttlicher Ordnung, ihre Sache."[45] Auch die Schrecken der französischen Revolution werden nur von Gustav beschworen. Aus seiner ganz subjektiven Erfahrung verurteilt er das „furchtbare Revolutionstribunal" und die „ungeduldigen Blutsmenschen",[46] die ihm seine Geliebte, Mariane Congreve, entrissen haben.

Schwerer wiegt schon, wenn Toni offen gegen die Heuchelei und Rachsucht im Hause Congo Hoangos revoltiert. Aber auch sie hat nichts gegen das Argument der kollektiven Mitschuld aller Weißen an der Sklaverei vorzubringen. Als liebende Frau verteidigt sie den einzelnen Mann, den sie liebt: „Zeigt nicht vielmehr alles, daß er der edelste und vortrefflichste Mensch ist, und gewiß das Unrecht, das die Schwarzen seiner Gattung vorwerfen können, auf keine Weise teilt."[47] Bezeichnenderweise rebelliert sie gegen die „Rache der Landesgesetze, die seine Vernichtung einmal beschlossen"[48] erst dann, als sie den von ihr geliebten Mann bedrohen, während sie vorher bei der Ermordung eines jungen Portugiesen, zweier Holländer, dreier Franzosen und vieler anderer Flüchtlinge vom Geschlecht der

Weißen jedenfalls keinen Einspruch erhoben hat, wahrscheinlich tatkräftig mitgewirkt hat. Die Gründe, die sie jetzt im Streit mit ihrer Mutter anführt, waren damals so gültig wie heute. Die Antwort der alten Babekan, daß es gar nicht auf die Schuld einzelner Weißer, auf den Nachweis einzelner Straftaten ankomme, sondern eben darauf, daß jeder Weiße direkt oder indirekt an dem Verbrechen der Sklaverei teilgenommen habe oder zumindest, auf welche Weise auch immer, davon profitiert hat und nichts dagegen unternommen hat, ist logisch unangreifbar. Daß Toni die Gerechtigkeit dieses Vorgehens jetzt plötzlich zweifelhaft wird, daß sie die Greueltaten und Unmenschlichkeiten Congo Hoangos und der Babekan jetzt plötzlich verwirft, deutet zwar auf einen echten Sinneswandel Tonis, darf aber keineswegs als deutende Aussage des Erzählers mißverstanden werden. Wenn Toni sich schließlich gegen Ende der Erzählung von ihrer Mutter und den Schwarzen lossagt, dann beruft sie sich zwar darauf, daß sie eine Weiße sei – was objektiv gesehen ja nicht zutrifft –, aber im Grunde verteidigt sie ganz subjektiv und ganz aus dem Gefühl heraus ihre Entscheidung, sich von der Welt der Rache loszusagen, weil sie den einen Mann, den sie liebt, vor dieser Rache retten will: „Ich habe euch nicht verraten; ich bin eine Weiße, und dem Jüngling, den ihr gefangen haltet, verlobt; ich gehöre zu dem Geschlecht derer, mit denen ihr im offenen Krieg liegt, und werde vor Gott, daß ich mich auf ihre Seite stellte, zu verantworten wissen."[49] Schon daß sie ausdrücklich sagt, „daß ich mich auf ihre Seite *stellte*", widerspricht der Annahme, daß Toni von ihrer rassischen Herkunft her notwendigerweise die Seite der Weißen ergreifen mußte: es ist eine bewußte Entscheidung gegen ihre bisherige Erziehung, ihre Herkunft und ihre Erfahrung. Nicht Blut und Rasse, nicht eine moralische Entscheidung geben letztlich den Ausschlag, sondern ihre Liebe zu dem bedrohten Mann.

Es wird aus dem bisher Gesagten deutlich, daß die Einstellung des Erzählers zum erzählten Geschehen keineswegs leicht auszumachen ist: zuweilen scheint es, als ob er mehr die Ausschreitungen, die Unmenschlichkeit, den Haß und die Rache der Neger bedauert, die diesen Kampf gegen eine ungerechte gesellschaftliche Ordnung verdüstern, dann wieder, als neige sich seine Sympathie der Sache der bisher Unterdrückten zu. Trotz des Entsetzens über die entfesselte Unmenschlichkeit und den grenzenlosen Haß der Sklaven fällt Kleist aber kein Verdammungsurteil, ja er läßt durchblicken, an „alledem seien die Europäer durch ihre Einstellung zur schwarzen Rasse selbst schuld: die fortwährenden Unmenschlichkeiten, die ehedem die Schwarzen zu ertragen hatten, haben die Unmenschlichkeit der Schwarzen erzeugt".[50] Nicht das Dasein in seiner unberechenbaren Zufälligkeit, sondern die von den Weißen aufgerichtete Gesellschaftsordnung; nicht die „niedrigen egoistischen Interessen der Neger"[51] – die Kleist durchaus verurteilt –, sondern die niedrigen egoistischen Interessen der

weißen Sklavenhalter sind letzte Ursache der brutalen Rache. Mit dieser
Auffassung von Babekan und Toni konfrontiert, reagiert der ahnungslose
Gustav bezeichnenderweise nur mit einer „kurzen Verlegenheit",[52] beziehungsweise „betroffen".[53] Kleist läßt auch deutlich werden, daß selbst die
„unendlichen Wohltaten", mit denen Herr Villeneuve Congo Hoango
überhäuft, ihn nicht von der Mitschuld an dem allgemeinen Zustand der
Sklaverei, von dem er lebt, freispricht,[54] ganz abgesehen davon, daß auf
diese Wohltätigkeit durch die Erzählung der Babekan ein Schatten von Unglaubwürdigkeit geworfen wird. Gerade diese Wohltaten verschleiern nur
die grundsätzliche Unmenschlichkeit des Systems, denn keiner, selbst der
wohltätige Villeneuve, verzichtet auf die Annehmlichkeiten und auf die
Profite, die ihm von diesem System her zufallen. Daß der Haß der Aufständischen gerecht ist, bestätigt Kleist schließlich noch dadurch, daß er Congo
Hoango trotz seiner Grausamkeiten am Ende straflos ausgehen läßt.

III

Schon hier wird jede Interpretation, die Kleist irgendwelche Rassenvorur-
teile unterstellt, recht zweifelhaft. Zwar erzählt Kleist von Menschen, die
Rassenvorurteile haben, nirgendwo aber billigt er ihre Haltung. Selbst dort,
wo der Erzähler den Neger Congo Hoango verurteilt, wenn er z. B. am
Anfang der Novelle von dem „fürchterlichen alten Neger, namens Congo
Hoango"[55] spricht, unterstellt er nicht, daß nur Neger solche schrecklichen
Schandtaten begehen können, sondern verurteilt ihn aus genau den gleichen
Gründen, aus denen er Gustav später als diesen „unbegreiflich gräßlichen
Mörder"[56] verurteilt und Michael Kohlhaas einen „der rechtschaffensten
zugleich und entsetzlichsten Menschen seiner Zeit"[57] nennt.
Noch unwahrscheinlicher ist es, daß Kleist die ihm von seinen Kritikern
angedichteten Rassenvorurteile hatte, wenn man mit Hans M. Wolff an-
nimmt, das exotische Milieu sei erst nachträglich in die Erzählung aufgenommen worden und die Erzählung sei eine Umgestaltung eines früheren
Entwurfs, der in der Schweiz zur Zeit der französischen Revolution spielte:
„Nicht der Negeraufstand in St. Domingo, sondern die politischen Unru-
hen, die in Frankreich auf die unbesonnenen Schritte des Nationalkonvents
folgten, bildeten einstmals den historischen Hintergrund der Erzählung."[58]
So urteilt auch Hermann Davidts: „das sekundär hinzugetretene Negermilieu (ist) schlecht ausgeführt" und nicht mehr als ein „umständlicher exoti-
scher Apparat" und meint, die beiden Milieus, das schweizerische und das
Negermilieu, seien nicht ursprünglich in der Novelle vereint gewesen, die
schweizerische Ortsfarbe sei vielmehr erst später durch die andere über-
tuscht worden.[59] Alle die nun den Negern zugeschriebenen Unmensch-

lichkeiten wären ja dann ursprünglich Europäern zugeschrieben worden.

Dann entsteht allerdings ein neues Problem: ist die Novelle vielleicht ein verschlüsseltes politisches Traktat gegen die von den preußischen Junkern hartnäckig verteidigte Leibeigenschaft? So hat schon Reinhold Steig Kleists Aufsatz „Über den Zustand der Schwarzen in Amerika" gedeutet: er sei die „Vertheidigung der allgemein verrufenen amerikanischen Sklavenverhältnisse . . . ins Preußische übersetzt, die Vertheidigung althergebrachter patriarchalischer Hörigkeit. Die Hörigkeit hatte man, in den damaligen Kämpfen, oft sogar der amerikanischen Sklaverei gleichgesetzt."[60] Frederick H. Wilkens hat dagegen aber in einer trefflichen Abhandlung nachgewiesen, daß dieser Aufsatz Kleists die getreue Übersetzung einer französischen Abhandlung von Louis de Sevelinges im ‚Mercure de France' vom Dezember 1810 ist: „Er beruht also nicht auf eigenen Studien des Bolingbrokeschen Werkes ‚Voyages to Demerary', die Kleist nach Staigs Meinung für die ‚Verlobung in St. Domingo' unternommen hätte. Staigs Behauptung, Bolingbrokes Schilderung britischer Zustände wäre den französisch gesinnten Blättern unbequem gewesen und seine Verteidigung der amerikanischen Sklaverei hätte für Kleist die gegen Christian Jakob Kraus gerichtete Verteidigung althergebrachter patriarchalischer Hörigkeit bedeutet, wird durch die Tatsache entkräftigt, daß der Verfasser des Aufsatzes ein Franzose war, der auch die von Kleist übernommene Auswahl aus dem englischen Werk getroffen hat, so daß also auch hier eine von Staig untergeschobene Tendenz hinfällig wird."[61]

Daß viele zeitgenössische Beobachter die Parallele zwischen den Leibeigenen der ostpreußischen Junker und den Negersklaven der westindischen Plantagenbesitzer gesehen haben, läßt sich leicht belegen. In Weimar sah man auch die Soldaten der preußischen Armee als „die vielen blauen Sklaven" und der Globetrotter D. Moore notierte in Berlin: „Der gewöhnliche Zustand der Sklaverei in Afrika ist, gegen diese Art soldatischer Sklaverei gerechnet, noch ein Stand der Freiheit."[62] Daß auch Kleist solche Parallelen gesehen hat, dürfen wir annehmen; aber gerade dann zeigt die ‚Verlobung in St. Domingo', daß er die Unabwendbarkeit, Notwendigkeit und Gerechtigkeit der Veränderung der gesellschaftlichen Ordnung auch in Preußen bejaht und unter der Mitverantwortung für die vielen Ungerechtigkeiten seiner Klasse gelitten hat.

Es wird deutlich geworden sein, daß Kleists angeblich reaktionäre und nationalistische Haltung zumindest einer neuen und genauen Überprüfung bedarf,[63] und daß die gesellschaftlichen Implikationen und Voraussetzungen seines Werkes auf eine genaue Neuinterpretation warten. Sicher ist jetzt schon, daß Kleist kein gleichgesinnter Kämpfer für die Erhaltung eines abgelebten und reaktionären Feudalstaats junkerlicher Prägung war, daß er nicht, wie Lukács ihm vorgeworfen hat, „zusammen mit allen Protagoni-

144

sten der romantisch-junkerhaften Reaktion, mit Arnim, Brentano, Adam Müller usw. gegen die Reformpläne Hardenbergs"[64] gekämpft hat. Kleist war vielmehr, in einem bis heute noch nicht genau begriffenen Sinn, Sprecher eines radikalen Bürgertums, der an Frankreich und der französischen Revolution nicht die fortschrittlichen Züge, sondern den Verrat an den eigenen Ideen verurteilte. Kleist war, und das läßt sich auf Grund der Forschungslage heute schon behaupten, im Kern ein selbständiger Fortsetzer der Aufklärung.

Die Geschichte der Germanistik, die in Kleist fast durchgehend nur den Nationalisten, fast nie den Rebellen, den Anarchist und den Kämpfer gegen die Korruption seiner Zeit gesehen hat, zeigt sich auch im Falle Kleists als eine Geschichte von Auslassungen und Entstellungen. Heute, nachdem die Selbstreflexion der Germanistik in Gang gekommen ist, bestehen vielleicht die Möglichkeiten, zu einem ausgewogeneren Kleist-Bild zu kommen.

Anmerkungen

1 Walther Linden: Heinrich von Kleist, der Dichter der völkischen Gemeinschaft. – Leipzig: Reclam 1935. Wie schon vor dem Ausbruch des Dritten Reiches Kleist von einem sonst anspruchsvollen Gelehrten im deutschen „Stammes- und Volkstum" verwurzelt wurde, dazu vgl. Oskar Walzel: Ansprache an die Kleistgesellschaft (21. November 1930). – In: Schriften der Kleist-Gesellschaft, Bd. 13/14, Jahrbuch 1931–1932. Berlin: Weidmannsche Buchhandlung 1932, S. 5ff.: „Kleist gehörte der Gruppe märkischer Dichter zu . . . Alle diese Träger märkischen Wesens stehen in größerem oder geringerem Gegensatz zu einem Berlin, das es unternimmt, dem Deutschtum zu bedeuten, was Paris für die Franzosen bedeutet. Solche märkische Kunst wurzelt in der heimischen Scholle. Sie wahrt ihren Erdgeruch, sie zielt nicht auf etwas allgemein Deutsches oder gar Paneuropäisches, wie es heute heißt." Vgl. auch Heinz Otto Burger: Die rassischen Kräfte im deutschen Schrifttum. – In: Zeitschrift für Deutschkunde. Jg. 48 (1934) H. 7 (August) S. 462–476 und Richard Groeper: Der Kurmärker Heinrich von Kleist. – In: Der deutsche Kunstwart. Juli/August 1935, S. 257–260.
2 Karl Otto Conrady: Das Moralische in Kleists Erzählungen. Ein Kapitel vom Dichter ohne Gesellschaft. – Bonn 1963, S. 56/82.
3 Walter Müller-Seidel: Kleist und die Gesellschaft. Eine Einführung. – In: Drs. (Hrsg.): Kleist und die Gesellschaft. – Berlin: Schmidt 1965, S. 25.
4 Josef Klein: Die Geschichte der deutschen Novelle. – Wiesbaden: Franz Steiner 1960, S. 94.
5 Clara Kuoni: Wirklichkeit und Idee in Heinrich von Kleists Frauenerleben. – Leipzig: Huber 1937, S. 230.

6 Hans M. Wolff: Heinrich von Kleist. Die Geschichte seines Schaffens. – Bern: Francke 1954, S. 46.

7 Friedrich Braig: Heinrich von Kleist. – München: Beck 1925, S. 458.

8 Wilhelm Herzog: Heinrich von Kleist. Sein Leben und sein Werk. – München: Beck 1911, S. 597.

9 Heinrich von Kleist: Sämtliche Werke und Briefe. (Hrsg. Helmut Sembdner). – München: Hanser 1961. Bd. 2, S. 160.

10 Herzog, a.a.O., S. 596.

11 Friedrich Koch: Heinrich von Kleist. Bewußtsein und Wirklichkeit. Stuttgart: Metzler 1958, S. 77.

12 Hermann Pongs: Möglichkeiten des Tragischen in der Novelle. – In: Jahrbuch der Kleistgesellschaft 1931/32, S. 45.

13 a.a.O., S. 51.

14 Fritz Martini: Heinrich von Kleist und die geschichtliche Welt. – Berlin: Ebering 1940, S. 68.

15 a.a.O., S. 68.

16 a.a.O., S. 69.

17 Hermann Reske: Traum und Wirklichkeit in der Welt Heinrich von Kleists. – Stuttgart: Kohlhammer 1969, S. 67.

18 Heinz Ide: Der junge Kleist. – Würzburg: Holzner 1961, S. 125.

19 Heinrich von Kleist: a.a.O., S. 160.

20 a.a.O., S. 161.

21 a.a.O., S. 163.

22 a.a.O., S. 163.

23 a.a.O., S. 165.

24 a.a.O., S. 170.

25 a.a.O., S. 183.

26 Braig: a.a.O., S. 458. Eine Variante dieser stereotypen Vorurteile findet man auch in Walter Muschg: Kleist. – Zürich: Seldwyla 1923: „Die Lebensbrunst der Neger ist schön und dumm wie ein Tier" (S. 237).

27 Braig: a.a.O., S. 458.

28 Martini: a.a.O., S. 69.

29 Pongs: a.a.O., S. 48.

30 a.a.O., S. 47.

31 Martini: a.a.O., S. 70.

32 Elmar Hoffmeister: Täuschung und Wirklichkeit bei Heinrich von Kleist. – Bonn: Bouvier 1968, S. 30.

33 Heinrich von Kleist: a.a.O., S. 164.

34 a.a.O., S. 169. Vgl. dazu auch Hans Joachim Kreutzer: Die dichterische Entwicklung Heinrich von Kleists. – Berlin: Schmidt 1968, S. 257.

35 Kleist: a.a.O., S. 170.

36 Pongs: a.a.O., S. 47.

37 Martini: a.a.O., S. 69.

38 a.a.O., S. 69.

39 a.a.O., S. 70.

40 Kleist: a.a.O., S. 160.

146

41 Heinz Ide: Kleist im Niemandsland? – In: Kleist und die Gesellschaft. – Berlin: Schmidt 1965, S.58. Beda Allemann: Der Nationalismus Heinrich von Kleists. – In: Benno von Wiese und Rudolf Henß (Hrsg.): Nationalismus in Germanistik und Dichtung. – Berlin: Schmidt 1967, S.308.

42 Heinrich von Kleist: a.a.O., S.170.

43 a.a.O., S.170.

44 Kuoni: a.a.O., S.230.

45 Kleist: a.a.O., S.170f.

46 a.a.O., S.174f.

47 a.a.O., S.177.

48 a.a.O., S.178.

49 a.a.O., S.191.

50 Müller-Seidel: a.a.O., S.40.

51 Hoffmeister: a.a.O., S.31.

52 Kleist: a.a.O., S.169.

53 a.a.O., S.170.

54 Kuoni: a.a.O., S.230.

55 Kleist: a.a.O., S.160.

56 a.a.O., S.192.

57 a.a.O., S. 9. Dazu vgl. auch E. Hoffmeister: a.a.O., S. 29, der eine ähnliche Parallele sieht.

58 Wolff: a.a.O., S.49; vgl. auch Walter Müller-Seidel: Versehen und Erkennen. Eine Studie über Heinrich von Kleist. – Köln 1961, S.41: „Die aus den Fugen geratene Gesellschaftsordnung ist nichts als der Spiegel menschlicher Verhältnisse, die durch Haß und Rache entsetzlich vergiftet sind. Aber Störungen dieser Art beziehen sich nicht ausschließlich auf das Verhältnis von Europäern und Negern. Sie sind auch innerhalb der weißen Rasse anzutreffen."

59 Hermann Davidts: Die Erstlingsnovellen Heinrich von Kleists (Diss. Bonn 1913). – Berlin: Grote 1913. Allerdings behauptet Muschg: a.a.O., S.237: „Die Eroberung der Tropen geht weit über die Grenze hinaus, die man für Kleists Gestaltungskraft etwa vermutet haben könnte, dorthin, wo hinter den Wänden des versunkensten, meergrünen Leibeslebens die Lichter der Magie berückender empordämmern als je." Eine genauere Analyse der Beschreibungen der Novelle – und zwar sowohl der Landschaft (die Novelle spielt fast ausschließlich in dem Haus von Congo Hoango) als auch der Menschen – zeigt nichts, was in dieser Weise typisch tropisch ist.

60 Reinhold Steig: Heinrich von Kleists Berliner Kämpfe. – Berlin und Stuttgart 1901, S.592.

61 Frederick H. Wilkens: The Source of Kleist's Review: „Über den Zustand der Schwarzen in Amerika." – In: Modern Language Notes, Feb. 1931, S.111–118. Vgl. Helmut Sembdner: Die Berliner Abendblätter Heinrich von Kleists. Ihre Quellen und ihre Redaktion. – Berlin: Weidmannsche Verlagsbuchhandlung 1939, S.152ff und Hans M. Wolff: Heinrich von Kleist als politischer Dichter. – Berkeley: University of California Press 1947, S.376.

62 Zit. nach Rudolf Augstein: Preußens Friedrich und die Deutschen. – Frankfurt/Main: Fischer 1968, S.137ff.

63 Vgl. Hans Mayer: Heinrich von Kleist. Der geschichtliche Augenblick. Neske: Pfullingen 1962, S. 14 und Günther Blöcker: Heinrich von Kleist oder das absolute Ich. – Berlin: Argon 1962, S. 8.

64 Georg Lukács: Deutsche Realisten des 19. Jahrhunderts. – Berlin: Aufbau Verlag 1953, S. 26.

Wie trivial ist die Gespenstergeschichte „Das Bettelweib von Locarno"?

Am 14. September 1800 schrieb Kleist an seine Verlobte Wilhelmine von Zenge aus Würzburg:

> Nirgends kann man den Grad der Kultur einer Stadt und überhaupt den Geist ihres herrschenden Geschmacks schneller und doch zugleich richtiger kennen lernen, als – in den Lesebibliotheken.
> Höre, was ich darin fand, und ich werde dir ferner nichts mehr über den Ton von Würzburg zu sagen brauchen.
> „Wir wünschen ein paar gute Bücher zu haben." – *Hier steht die Sammlung zu Befehl!* – „Etwa von Wieland." – *Ich zweifle fast.* – „Oder von Schiller, Goethe." – *Die möchten hier schwerlich zu finden sein.* – „Wie? Sind alle diese Bücher vergriffen? Wird hier so stark gelesen?" – *Das eben nicht.* – „Wer liest denn hier eigentlich am meisten?" – *Juristen, Kaufleute und verheiratete Damen.* – „Und die unverheirateten?" – *Sie dürfen keine fordern.* – „Und die Studenten?" – *Wir haben Befehl, ihnen keine zu geben.* – „Aber sagen Sie uns, wenn so wenig gelesen wird, wo in aller Welt sind denn die Schriften Wielands, Goethes, Schillers?" – *Halten zu Gnaden, diese Schriften werden hier gar nicht gelesen.* – „Also, Sie haben sie gar nicht in der Bibliothek?" – *Wir dürfen nicht.* – „Was stehen denn eigentlich für Bücher hier an den Wänden?" – *Rittergeschichten, lauter Rittergeschichten, rechts die Rittergeschichten mit Gespenstern, links ohne Gespenster, nach Belieben.* – „So, so." – – (6/97)

Diese kurze dramatisierte Szene ist aus mehreren Gründen von großem Interesse: sie zeigt, daß Kleist vor Beginn seiner eigenen schriftstellerischen Versuche Goethe, Schiller und Wieland als die bedeutende Trinität großer deutscher Literaten verehrte, sie gibt einen Einblick in das damalige Lesepublikum, in die bei diesem Lesepublikum gängige Lektüre, und schließlich in die Beschränkungen des Lesestoffs und des Publikums durch die Zensur – vor allem im katholischen Süddeutschland, und sie zeigt Kleists Einstellung zu Ritter- und Gespenstergeschichten, die er damals als triviales Lesefutter ablehnte. Um so erstaunlicher ist es, daß Kleist später selbst in seinen Erzählungen immer wieder Elemente der Trivialliteratur des 18. Jahrhunderts aufgenommen hat, so im *Zweikampf*, in der *Marquise von O . . .* und im *Zerbrochnen Krug* das Detektivschema, im *Michael Kohlhaas* das beliebte zeitgenössische Thema vom „ehrlichen" Räuber, in der *Heiligen Cäcilie* die von der katholischen Erbauungsliteratur weit verbreitete Wunderlegende, im *Findling* die in der Romantik beliebte Doppelgängergeschichte, die Ritterromantik im *Zweikampf* und im *Bettelweib von Locarno* eben die Gespenstergeschichte. Trivial im weiteren Sinne ist auch das Interesse am Exotischen, das sowohl im *Erdbeben in Chili* als auch in der *Verlobung in*

St. Domingo zu Wort kommt. Mit der Benennung „trivial" ist es allerdings nicht getan: wichtiger wäre zu wissen, was Kleist an diesen „trivialen" Themen anzog, und aus welchem Grunde die Literaturkritik solche Themen als „trivial" verurteilt. Gewiß spielt da die Volkstümlichkeit solcher Themen eine Rolle, denn es besteht wohl kein Zweifel, daß die Erzählungen vor allem auch den Sinn hatten, Kleist eine finanziell gesicherte Schriftstellerexistenz zu ermöglichen. Aber dann erhebt sich die Frage, warum diese Themen gerade damals so volkstümlich waren. Was allen diesen Themen gemeinsam ist, ist ihre verschleierte Subversivität, wobei die Betonung gleichmäßig auf beide Teile dieser Aussage zu verteilen ist. Subversiv sind die Themen, weil sie, wie z. B. das vom „gerechten" Räuber, die Korruption der Justiz und der Gesellschaft aufzeigen, das Thema des illegitimen Kindes, weil es die verlogene und unmenschliche Moral der Gesellschaft anprangert, das Interesse am Exotischen, weil hier im rousseauschen Sinne nach dem Menschen im Naturzustand gefragt wird, die Doppelgängergeschichte, weil sie die doppelte Moral der Herrschenden entlarvt, das Kriminalschema, weil es ohne Rücksicht auf gesellschaftlichen Rang den Verbrecher dingfest macht und seiner Bestrafung zuführt.

Kleistkritiker haben auch durchaus bemerkt, „daß Kleist (in dieser Erzählung) Elemente der Schauerliteratur seiner Zeit verwendet",[1] daß „der Stoff weiter nichts ist als eine Schauermär, wie sie die Bänkelsänger vorzutragen beliebten. Kein Schmelz und keine Atmosphäre entschädigen für seine Dürftigkeit."[2] Franz Servaes bedauert, daß Kleist „sich hat hergeben müssen, in solchem Bettlerkleide und unter Prostitution seiner edelsten Gaben sich um die Gunst des gewöhnlichen Lesepublikums zu bewerben"[3] und behauptet: „‚Das Bettelweib von Locarno' ist ein kurzes, grausiges Nachtstück à la Tieck, mit allen raffinierten Mitteln der Gespensterei vor uns aufgetischt."[4] Die Urteile der (verhältnismäßig wenigen) Detailuntersuchungen zu dieser Novelle zusammenfassend, sagt Grawe: „Die Interpreten können ihr keinen Sinn angewinnen (sic!) und sind deshalb geneigt, ihr den Sinn überhaupt abzusprechen oder gar nicht erst danach zu fragen. So wird die Geschichte zu einer hochartistischen Klamotte reduziert."[5] Nun ist es zweifellos richtig, daß Kleist immer wieder Themen aufgegriffen hat, von denen er hoffte, daß sie einem möglichst weiten Publikumsgeschmack entgegenkommen, aber das trifft keineswegs nur auf „Das Bettelweib von Locarno" zu. Schon seine erste Tragödie, „Die Familie Schroffenstein", bediente sich der Mechanismen der Verwechslungs- und Schicksalstragödie. Der Dichter, der auf die große Tragödie zielte, der die großen weltbewegenden Konflikte seiner Zeit gestalten wollte, mußte, wollte er von seiner Schriftstellerei leben, immer wieder Zugeständnisse machen, vor allen Dingen als Herausgeber seiner Zeitung „Berliner Abendblätter", in der die Erzählung „Das Bettelweib von Locarno" zuerst erschien – einer Zeitung, in der er ja nicht, wie noch im Phöbus, eine eng begrenzte Gruppe von Intellektuellen ansprechen wollte, das sogenannte „gebildete" bürgerliche Publikum, sondern eine möglichst breite Schicht aus dem Volke.

Da der Stoff der Novelle sich trotz Egon Werlichs „Versuch einer Aufwertung des Gehalts"[6] nicht zu einer „Suche nach tiefsinnigen Bezügen" eignet,[7] hat man versucht, in der Erzählung „ein klassisches Beispiel deutscher Kunstprosa"[8] zu sehen, und wie Staiger das „Wie der Darstellung" als entscheidend gegen das „Was des Stoffes" aufzuwerten, denn – so Staiger – „Was uns am ‚Bettelweib von Locarno' erschüttert, ist die unerbittlich durchgeführte dramatische Form an sich".[9] Himmel, der von der inzwischen kanonisch gewordenen Interpretation Staigers ausgeht, behauptet, daß die vorhergehenden Interpretationen von Staiger, Conrady,[10] Klein,[11] Werlich und Schröder[12] zu keiner „Totalerfassung der Sprachgestalt geführt haben" und versucht, analog zu verschiedenen Bemühungen um Celans „Todesfuge", auch am ‚Bettelweib von Locarno' eine „Fugentechnik" nachzuweisen.[13] Obwohl er zugibt, daß die „Mehrstimmigkeit einer musikalischen Komposition in der Dichtung nicht nachgeahmt werden kann", glaubt er trotzdem, „im ‚Bettelweib von Locarno' eine gewisse Analogie dazu zu erkennen",[14] schließt allerdings dann, nach einer eingehenden und interessanten Analyse der sprachlichen Form, mit der Einschränkung: „Keineswegs soll – das sei hier nochmals betont – mit dem Ausdruck ‚Fugentechnik' angedeutet sein, Kleist habe sich die musikalische Fugenform (oder gar eine bestimmte Fuge) zum Vorbild genommen . . . Es handelt sich vielmehr um eine genuin literarische Struktur, die aus dem Ereignisablauf abzuleiten ist, ihre Eigenart freilich erst durch weitgehenden Verzicht auf Variation des Ausdrucks gewinnt."[15] Auf wie zweifelhaften Wertungen eine solche rein formalistische Untersuchung beruht, wie beliebig Kriterien gesetzt und umgeworfen werden, um einem von vornherein feststehenden Wertungsbild (Kleist ist ein bedeutender Dichter) zu entsprechen, zeigt sich besonders auffällig an Schröders Aufsatz, der Kleist einerseits „fixe Prägungen", immer „wiederholte Doppelformen", „Vorgeprägtes und Formelhaftes", die zunächst wie ein „flüchtiges Klischee" aussehen, nachweist, dann aber dekretiert, diese nüchternen Formeln hätten eine „unausweichliche Prägnanz" und „durch die Interpunktion verstärkt, (wachse) die Gewalt und Magie dieser fixen Prägungen".[16] Solche Prägungen wie „Schutt und Trümmer", „niedersank und verschied", „Krieg und Mißwachs", „hoch und teuer", „langsam und gebrechlich", „Degen und Pistolen", „Kopf und Beine", „knurrend und bellend" und die Redensart „etwas von allen vier Ecken anzünden" würden – in einem anderen Zusammenhang – kaum als Anzeichen eines besonders geschliffenen Stils gewertet werden, und können auch in Kleists Erzählung nur im Zusammenhang mit einer Analyse des Gehalts als adäquate Form gerade dieses Inhalts stilistisch erklärt werden.

Die stil- und strukturanalytische Interpretation der Erzählung hat allerdings, indem sie jeden Satz der Erzählung um umd um gewendet hat, trotz der weitgehend rein formalistischen Analyse, ein umfangreiches und interessantes Material zur Verfügung gestellt, dessen Bedeutung für die Interpretation dieser Erzählung allerdings den Interpreten von ihrem einseitigen Blickpunkt aus meist entgeht. So verweist Staiger z. B. auf die „Vielfalt der kausalen, konsekutiven und finalen Bezüge" bei Kleist und spricht von einer „Funktionalität der Teile", davon, daß Kleist seinem Gegenstand nicht passiv gegenübersteht, sondern sich mit ihm auseinandersetzt: „er stellt ihn unter sein Gericht, indem er die Teile ordnet, bezieht, dies als Voraussetzung und als Absicht, jenes als Folge auffaßt, indem er aus dem Ganzen allen Sinn des Einzelnen bestimmt."[17] Dann versperrt Staiger sich allerdings selbst den Weg zu einer mehr als nur formalistischen Betrachtung, indem er die zweifelhaften, nach seinen eigenen Worten „idealen Bedeutungseinheiten" „episch", „lyrisch" und „dramatisch" einführt, von denen er selbst sagt, daß bei ihnen noch keineswegs ausgemacht ist, ob sie sich „stets in Werken erfüllen, die auch äußerlich die Form der so benannten Gattungen zeigen",[18] und kommt zu dem ziemlich banalen Schluß, die kleistische Novelle sei eine „dramatische" Novelle, und zu der vorprogrammierten Folgerung, „die reine Form (sei) ursprünglicher als alle Gegenstände der Erfahrung, (sie sei) die Struktur der Phantasie, die a priori jeden möglichen Gegenstand bestimmt".[19] Unter den falschen Kategorien „episch" und „dramatisch" entgeht ihm die eigentliche Frucht seiner genauen Analyse, die Einsicht, daß sich Kleist von Goethe z. B. nicht durch rein formale Unterschiede abhebt, sondern daß diese formalen Unterschiede Anzeichen grundsätzlicher Haltungen und ideologischer Einstellungen sind. Aus diesem Grunde wäre es auch falsch, Erzählungen wie das ‚Bettelweib von Locarno', die stofflich einen manifesten politisch-gesellschaftlichen Inhalt nicht haben, als einer materialistischen Interpretation uninteressant, als reine Formspielerei aufzufassen und sie den werkimmanenten Interpreten als wenig lohnendes Analyseobjekt zu überlassen, oder etwa zu behaupten, daß diese Erzählung als reine Formkunst in der augenblicklichen geschichtlichen Situation als Interpretationsgegenstand nur eine Flucht ins Unverbindliche darstellen könne. Damit gäbe man gerade eine wesentliche Prämisse einer materialistischen Literaturwissenschaft auf, die behauptet, daß alle Literatur ohne ein Verständnis der sozialen, historischen und politischen Triebkräfte, die sie in letzter Instanz hervorgebracht haben, unverständlich bleiben müsse, und zwar gerade dadurch, daß man „den methodischen Zugriff aufs bloß Stoffliche verengt und kompliziertere Fragen der Weltaneignung . . . vernachlässigt".[20] Damit verfiele man der oberflächlichen Betrachtung jener Literatursoziologen, die wie Hans Norbert Fügen behaupten: „Die Frage nach der Übereinstimmung der Literatur mit einer ihr vorgegebenen Wirklichkeit ist selbstverständlich (!) nur vom Inhalt der literarischen Aussage her zu beantworten. *Formprobleme sind immer literaturimmanente Probleme*; sie stehen jeweils mit der dargestellten Wirklichkeit des literarischen Werkes, aber niemals mit der außerhalb des Werkes gegebenen Wirklichkeit in Zusammenhang." Daraus zieht Fügen dann den Schluß: „Indem die marxistische Literaturbetrachtung die literarische Aussage an einer seinsautonomen Wirklichkeit kontrolliert, verschwindet für sie jede Formproblematik, reduziert diese sich äußerstenfalls zum Problem der Abstraktion in der Widerspiegelung der objektiven Wirklichkeit, und der Inhalt allein tritt in den Vordergrund."[21] Wäre das wahr, dann würde die historische, soziologische und politische Analyse nur dort fruchtbar sein, wo das Werk selbst historisch, politisch oder soziologisch ist. Das ‚Bettelweib von Locarno' wäre – auf den ersten Blick zumindest – dann das denkbar ungeeignetste Objekt einer solchen Analyse.

Eine Andeutung, daß auch noch in der „abstrakten Form" sedimentierter geschichtlicher Inhalt aufzufinden sei, findet man in Brechts Aufsatz „Über reimlose Lyrik mit unregelmäßigen Rhythmen".[22] Er spricht dort von der „öligen Glätte des üblichen fünffüßigen Jambus" und fährt fort: „Mein politisches Wissen war damals beschämend gering; jedoch war ich mir großer Unstimmigkeiten im gesellschaftlichen Leben der Menschen bewußt, und hielt es nicht für meine Aufgabe, all die Disharmonien und Interferenzen, die ich stark empfand, formal zu neutralisieren. Ich fing sie mehr oder weniger naiv in die Vorgänge meiner Dramen und in die Verse meiner Gedichte ein. Und das lange bevor ich ihren eigentlichen Charakter und ihre Ursachen erkannte. Es handelte sich, wie man aus den Texten sehen kann, nicht nur um ein ‚Gegen-den-Strom-Schwimmen' in formaler Hinsicht, einen Protest gegen die Glätte und Harmonie des konventionellen Verses, sondern immer doch schon um den Versuch, die Vorgänge zwischen den Menschen als widerspruchsvolle, kampfdurchtobte, gewalttätige zu zeigen."[23]

Aus diesem Text lassen sich einige methodisch wichtige Folgerungen ziehen:

1. Die Die Sprache des literarischen Kunstwerks, ja solche rein formalen Elemente wie Rhythmus, Reim und Wohlklang, können eine Widerspiegelung der gesellschaftlichen Beziehungen innerhalb einer Gesellschaft sein, in der ein Sprachkunstwerk entstanden ist. Formen sind niedergeschlagene Inhalte: „In ihnen überlebt, was sonst leicht vergessen und nicht unmittelbar mehr zu reden vermag. Was einmal Zuflucht suchte bei der Form, besteht namenlos in deren Dauer. Die Formen der Kunst verzeichnen die Geschichte der Menschheit gerechter als die Dokumente."[24]

2. Ob der Dichter selbst den eigentlichen Charakter und die Ursachen seiner formalen Mittel erkennt oder nicht, ist für die Untersuchung nicht gleichgültig, aber auch nicht entscheidend.[25]

Staiger beschreibt dann auch in seinen formalistischen Kategorien etwas ganz Richtiges: dem „epischen" Dichter „bleibt ganz allgemein erspart", ich würde sagen, er erspart es sich selber, „mit allem, was er ausspricht, schon die künftigen Dinge vorzubereiten, und später aus dem Früheren *jede nur mögliche Konsequenz zu ziehen*. So aber müssen ihm die *Widersprüche in der Weltordnung*, im Leben der Götter und Menschen entgehen."[26] Staiger weist darauf hin, daß Goethes Helden, wenn ihr Leben selbst durch Widersprüche bedroht ist, jeweils schlafen und vergessen dürfen, Faust nach Gretchens Untergang und Orest im Hain der Artemis. Den radikalen Denker, den Staiger den „Dramatiker" nennt, kennzeichnet dagegen der „rabiate Wille zu geschlossenen Sinnzusammenhängen",[27] er setzt von vornherein „sich selbst als Anspruch, als *Erwartung eines Zusammenhangs* und macht die Probe, ob die Einigung mit dem, was gegenübersteht, gelingt".[28] Was Staiger bei seiner Analyse übersieht, ist, daß die rabiate und rücksichtslose Rationalität Kleists sichtbar macht, was die „Kompromißbereitschaft" des „Epikers" wenn nicht verschwinden läßt, so doch zumindest teilweise verdeckt: die Widersprüche in der bürgerlichen Gesellschaft, die im Verlaufe der Französischen Revolution unübersehbar geworden waren. Gerade die Rücksichtslosigkeit einer Rationalität, die auf kein konkretes Interesse mehr Rücksicht nimmt, deckt die Interessen auf, die rücksichtsvolle Kompromisse verlangen.

Andererseits ist, allerdings in einem Sinn, den die bisherigen Interpreten der Erzählung nicht genau sehen konnten, diese rücksichtslose Rationalität aber doch ein Angriff ins Leere hinein, eine Rücksichtslosigkeit, die zwar auf die Interessen der zur Herrschaft strebenden Bourgeoisie ebensowenig achtet, wie auf die Interessen der überlebten Adelsklasse, die aber auch die Interessen der besitzlosen Klassen, die allein die kritisierten Verhältnisse der Gegenwart durch andere, bessere ersetzen könnte, nirgendswo konkret ins Auge faßt. Ohne Basis in einer revolutionären Klasse, ohne konkrete Beziehung zu den deutschen Jakobinern, den Montagnards, den Cordeliers und den Enragés der Französischen Revolution, mußte Kleist, wie viele seiner Zeitgenossen, der Illusion verfallen, daß Freiheit und Schönheit in der mit rousseauischen Augen gesehenen „Natur" zu finden wäre, die als utopischer Maßstab des Gegenwärtigen eine wichtige theoretische Rolle in der Vorbereitung der Revolution gespielt hatte, angesichts der konkreten Forderungen des Volks aber idealistisch, abstrakt und illusionär ebenso gegen die Massen gerichtet werden konnte: „Dieser Idealismus ist die Widerspiegelung des revolutionären bürgerlichen Glaubens, daß der ‚natürliche‘ Mensch verwirklicht wird, wenn erst einmal die gesellschaftlichen Verhältnisse zerschlagen sind, welche die Entwicklung der menschlichen Persönlichkeit hemmen, und daß alle seine Gefühle, Emotionen und Bestrebungen unmittelbar zur materiellen Wirklichkeit werden."[29] Je weniger Kleist an eine konkrete Möglichkeit glauben kann, einen solchen revolutionären Umschlag zu verwirklichen, desto abstrakter und formalistischer wird bei ihm auch der Wille, rationale Sinnzusammenhänge herzustellen. Nur insofern ist es berechtigt, die formale Kunstfertigkeit und Folgerichtigkeit dieser Erzählung zu bewundern und zu analysieren, als sie auf radikale Rationalität zielt. Die Strenge der Durchführung und die logische Präzision der zielgerichteten Rationalität dieser Erzählung legen Vergleiche wie den Himmels mit einer Fuge nahe; irreführend ist bei Himmel höchstens die Betonung des Musikalischen vor dem rationalen Kalkül, die verkennt, daß der von Kleist als Grundlage der Poesie apostrophierte Generalbaß mehr eine Sache der Mathematik als von Musik, Melodie und Klang ist.

Bezeichnend für die Abstraktheit, mit der die Kleistsche Rationalität unerbittlich die Widersprüche seiner Gesellschaft aufspürt, ohne doch die konkreten Ursachen dieser Widersprüche nennen zu können, ist schon die Wahl des Genres und des Themas: die Gespenstergeschichte, die aber bereits im Titel soziale Beziehungen anspricht – es geht um ein „Bettelweib", deren Namen wir übrigens ebenso wenig erfahren wie den Namen des Marchese, der Marquise und des florentinischen Ritters.

Die Gespenstergeschichte – ganz sicher die Kleists – hat, trotz ihres scheinbar übernatürlichen Themas, ein handfestes soziales und zwar ein subversives Interesse: in ihr ereignet sich nämlich, was unter den gegebenen feudal-absolutistischen Umständen noch Wunsch bleiben muß, was aber als Forderung erhoben wird, nämlich die Bestrafung auch desjenigen Täters, der entweder der Unzulänglichkeit der Gesetze oder der Gesetzesvollziehung oder aber wegen seiner gesellschaftlichen Stellung normalerweise der Bestrafung entgeht. Archetypus solcher rächender, übernatürlicher Mächte, die eingreifen, wo alle menschliche Gerechtigkeit versagt, ist der Geist Banquos in Shakespeares *Macbeth*, ist der steinerne Gast, den Don Juans arrogante Selbstherrlichkeit zertrümmert: auf Grund seiner ökonomischen Unabhängigkeit und der unangreifbaren Stellung seines Vaters als Günstling des Königs kann Don Juan aller weltlichen Rache spotten; ihm und seinesgleichen gab die Fabel zu verstehen, daß auch sie nicht jeder Gerechtigkeit entzogen sind.[30] Gespenster gibt es daher vorzüglich auf adeligen Schlössern: dort, so vermutet das Volk, werden Verbrechen begangen, die dem Blick der Öffentlichkeit auf immer entzogen sind, und die von keinem weltlichen Gericht geahndet werden können. Dort geschehen, wie in Sades Schloß Silling, in dem sich vier Libertins drei Monate lang mit ihrem Serail einschließen *(Die 120 Tage von Sodom)*, von der Welt durch eine

Reihe von fast unüberwindlichen Hindernissen abgeschlossen, außerhalb der Gesellschaft, die ungeheuerlichen Verbrechen und Ausschweifungen einer von der weltlichen Gerichtsbarkeit isolierten und vor ihr geschützten Gruppe von gesellschaftlichen Privilegierten.[31]

Gerade der Hinweis auf de Sade macht aber deutlich, daß die Kleistsche Gespenstergeschichte zwar den Wunsch nach Bestrafung ausspricht, und damit subversiv ist, in der Form der Bestrafung aber gleichzeitig der Subversivität die Spitze abbricht. Angesichts von de Sades integralem Atheismus und angesichts des zynischen Egoismus der herrschenden Klasse im 18. Jahrhundert wird die Drohung mit metaphysischen Strafen zur ohnmächtigen Geste: zum hilflosen Wunschbild angesichts einer Wirklichkeit, die trotz Französischer Revolution eine wirkliche Bestrafung auch mächtiger Verbrecher noch nicht garantiert. Trotz der Verschleierung scheint diese Art von Literatur allerdings der herrschenden Moral noch so gefährlich, daß sie sie seit ihrem Aufkommen permanent als ‚trivial' abzuqualifizieren gezwungen ist.

Man muß sich davor hüten, Gespensterspuk, Telepathie und ähnliches vorschnell in das Gebiet der romantischen Phantastik zu verweisen. Es handelt sich hier immerhin um durchaus ernsthafte Forschungsgegenstände der damaligen Medizin und Psychologie. Es gibt einen Aufsatz von Schopenhauer, „Versuch über das Geistersehen und was damit zusammenhängt", in dem das ganze Gebiet einer strengen Untersuchung unterzogen wird, und in dem er feststellt: „Wer heutzutage die Tatsachen des animalischen Magnetismus und seines Hellsehens bezweifelt, ist nicht ungläubig, sondern unwissend zu nennen." Er ist sogar überzeugt, daß durch diese Phänomene „Kants Lehre gewissermaßen eine faktische Bestätigung erfahre".[32] Obwohl man sich über die irrationalistische und metaphysische Basis der Naturphilosophie Schopenhauers (und Schuberts) durchaus im klaren sein muß, darf man andererseits nicht vergessen, daß sich diese und ähnliche Theorien im 18. Jahrhundert unter dem Deckmantel einer strikten Empirie als Naturwissenschaft sahen und ausgaben, und von den Zeitgenossen als solche betrachtet wurden. Unter dem Eindruck unzähliger Beweise schien es damals keineswegs absurd, „eine wirkliche Einwirkung Gestorbener auf die Welt der Lebenden auch als möglich" zuzugeben.[33] Kleist noch näher liegend waren ohne Zweifel Gotthilf Heinrich von Schuberts 1808 erstmals veröffentlichte *Ansichten von der Nachtseite der Naturwissenschaft*, in denen solche Themen wie Mesmerismus, tierischer Magnetismus, Somnambulismus eine Rolle spielen. Von einem früheren, inzwischen völlig verschollenen Werk, *Die Kirche und die Götter*, erinnert sich Schubert, daß darin „Wahnsinnige, Kettengerassel und Geistererscheinungen ihr Wesen treiben".[34] Dabei nimmt sich Schubert in seinen Vorlesungen vor, das Gebiet der Psychologie des Unbewußten und der Parapsychologie

„mit nicht geringerem Ernst als andere allgemeiner anerkannte Gegenstände zu betrachten und von verschiedenen jener Gegenstände, die man zu dem Gebiet des Wunderglaubens gezählt hat, zu handeln".[35] Es zeugt von wenig Verständnis für die Interessen und die konkrete geschichtliche Lage Kleists, wenn man ihm auf Grund des *Bettelweib von Locarno* und der *Heiligen Cäcilie* einen religiösen Glauben andichtet, statt Kleists lebenslanges Interesse an den „Naturwissenschaften" auch dort in Rechnung zu stellen, wo er scheinbar romantisch Gespensterglauben wiedergibt. So schreibt zum Beispiel Rolf Dürst zu diesem Fragenkomplex:

> Auf den Glauben an höhere Mächte beruht auch die Möglichkeit einer alles übergreifenden Gerechtigkeit. Aber selbst der Arm Gottes mag nicht immer als gerecht erscheinen. Die Heiligkeit Gottes läßt sich jedoch nicht in ein rationales Schema pressen. Sein Wesen erschöpft sich nicht darin, sozusagen die Spitze der legislativen und exekutiven Gewalt innerhalb der Schöpfung darzustellen. Als eine schlechthin irrationale Größe – und die bleibt er für jeden lebendigen religiösen Glauben – steht er auch jenseits aller menschlichen Rechtsbegriffe.[36]

Schon die Brüchigkeit des Stils und die Beliebigkeit der logischen Verknüpfungen dieses Abschnitts verraten, daß hier ein durchsichtiger Irrationalismus sich verzweifelt aber ohne Erfolg bemüht, seinen eigenen Bankrott Kleist anzudichten. Gerade Kleists unerbittliche logische Folgerichtigkeit kann sich mit einer göttlichen Gerechtigkeit, die nicht *immer* gerecht ist, nicht zufrieden geben. Kleist einen lebendigen religiösen Glauben und einen Glauben an höhere Mächte bescheinigen, kann man nur dann, wenn man bewußt übersieht, daß für Kleist die Erkennbarkeit der metaphysischen Welt, Gottes selbst, seiner Absichten und Plänen, seiner Vorsehung und Gerechtigkeit so sehr in Frage stehen, daß er zwar nicht an einen bösartigen Gott glaubt, sich durch die Evidenz seiner Erfahrung aber genötigt sieht, sich zumindest zu fragen, ob eine solche Hypothese nicht die einzige Erklärung für die allzu sichtbare Ungerechtigkeit und das Böse in der Welt sei. Konsequenterweise beruht bei Kleist die Möglichkeit einer alles umgreifenden Gerechtigkeit gerade nicht auf einem Glauben an höhere Mächte, sondern allein auf der immer neu ansetzenden Anstrengung jedes einzelnen Menschen, Gerechtigkeit innerhalb der Endlichkeit herzustellen.

Der Spuk hat zwei Aspekte, die Kleist wesentlich mehr interessieren als irgendein von ihm nirgendwo angesprochenes, gestaltetes oder gar ergründetes „Übernatürliches":

1. Die periodische Wiederkehr eines immer gleichen Vorganges, das „in die Erscheinung übersetzte Nichtvergessenkönnen, einem unaufhörlich verkörperten Erinnern und Mahnen, einem obstinaten Nichtweitergehenwollen inmitten der strömenden Zeit".[37]
2. Die Wahrheitssuche, die dadurch erzwungen wird, daß das Vergangene

nicht vergangen bleiben will, sondern sich als Phänomen in der Gegenwart störend bemerkbar macht, und so den juristischen Vorgang der Wahrheitssuche auslöst, der den sich unschuldig glaubenden von dem Fluch der vergangenen bösen Tat befreien soll.

Jürgen Schröder hat darauf hingewiesen, daß in der „gewöhnlichen Gespenstergeschichte" die ruhelosen Geister „mit erhobenem Zeigefinger und mahnenden Klagen zu erscheinen" pflegen:

> Im *Bettelweib* deckt sich der Spuk restlos mit dem vorausliegenden Geschehen. Er ist nichts als eine unsichtbare Wiederholung des Vorgangs, den der Marchese durch seinen Befehl ausgelöst hat.[38]

Die gesamte Erzählung ist nichts weiter als die viermalige Wiederholung des ursprünglichen Geschehens. Zuerst wird der florentinische Ritter zum Zeugen des erschreckenden Geschehens, dann der Marchese, die Marquise und der Diener, schließlich der Marchese, die Marquise und der Hund:

> Inmitten des allgemeinen Zeitstromes ist die Welt an einem Punkte, bei einem Ereignis stehengeblieben und ragt . . ., als unheimliche vierte Dimension in die Wirklichkeit hinein, bis der Bann gebrochen und die rätselhafte Mahnung eingelöst ist.[39]

Was Kleist hier als Spuk objektiviert, ist daher nichts anderes als jene seelische Erscheinung, die ebenfalls als Erinnerte die Zeit nicht weitergehen läßt und mit unbeugsamer Konsequenz immer wieder den einen, den Moment der Schuld wiederholt: das Gewissen. Kleist stellt in seiner Erzählung noch als objektiv von Außenstehenden (Ritter, Hund) wahrnehmbares Phänomen dar, was eigentlich innerer Vorgang ist: allerdings mit dem Recht, daß bei ihm Gewissen nie eine rein private, sondern immer schon eine gesellschaftliche Kategorie ist; Gerechtigkeit und Rache sind objektives, gesellschaftliches Korrelat des Gewissens und müssen sich in einer Handlung nach außen hin darstellen. Diese Doppelheit des Gewissens als innerliche und gleichzeitig sich notwendigerweise äußerlich und gesellschaftlich darstellende Instanz sieht auch Hegel, wenn er „die rächende Gerechtigkeit" als „Allgemeine und Objektive" gegen die bloße Abstraktion „Gerechtigkeit" abhebt:

> Diese ideale Umkehrung ist das G e w i s s e n , und nur etwas Inneres, nicht Inneres und Äußeres zugleich, etwas Subjektives, nicht Objektives zugleich. Unmittelbar hat der Verbrecher, was er scheinbar äußerlich und als ein ihm Fremdes verletzt, darin ebenso sich selbst ideell verletzt und aufgehoben. Insofern ist die äußere Tat zugleich eine innere, das Verbrechen, an dem Fremden begangen, ebenso an ihm selbst begangen. Aber das Bewußtsein dieser seiner eigenen Vernichtung ist ein subjektives, inneres, oder das böse Gewissen. Es ist insofern unvollständig und muß sich auch äußerlich als rächende Gerechtigkeit darstellen.[40]

Da das einmal Gewesene nicht vergangen bleiben will, sondern immer wieder in den gerichteten Ablauf der Zeit eingreift, da es nicht zur Ruhe kommt und den schuldigen Menschen nicht zur Ruhe kommen läßt, drängt es den Schuldigen zu untersuchen, was da, seine Ruhe störend, in sein scheinbar schuldloses Leben eindringt. Es ist die bei Kleist bezeichnenderweise immer wieder auftretende Ödipussituation: eine Schuld, vergessen, als Schuld nicht bewußt, macht sich als Beeinträchtigung der materiellen Lebensqualität bemerkbar; und erst dann, wenn Pest oder Ungemach, finanzieller Verlust oder Verlust des Status den Gewissenlosen aufschrecken und zu einer Untersuchung der Ursachen drängen, erscheint das nie Wahrgenommene oder verdrängte Unrecht. Da das Unrecht dem Schuldigen selbst unbewußt ist, kann er zunächst mit der Selbstsicherheit des Pharisäers versuchen, „der Sache auf den Grund zu kommen", sich einbilden, er könne es „mit einem entscheidenden Verfahren nieder . . . schlagen". Der Gerichtsprozeß gegen Unbekannt, der in diesen und ähnlichen Formeln („zu untersuchen", „wie die Untersuchung abgelaufen", „einer kaltblütigen Prüfung zu unterwerfen") selbstgerecht in Gang gesetzt wird, wendet sich allerdings bald gegen den Untersuchenden selbst. Die drei ‚Lokaltermine‘, durch die Zeugenaussage des Ritters veranlaßt, führen jedoch zu keinem Ergebnis,[41] können zu keinem Ergebnis führen, nicht nur, da Angeklagter und Richter wie bei Ödipus und bei Adam im *Zerbrochenen Krug* ein und dieselbe Person sind, sondern auch vor allem deswegen, weil der Angeklagte und Richter das Verbrechen als Verbrechen nicht wahrnehmen können: der Marchese glaubt sich durchaus völlig im Recht, wenn er dem Bettelweib unwillig befiehlt, „aus dem Winkel, in welchem sie lag, aufzustehen, und sich hinter den Ofen zu verfügen". Erst die Tatsache, daß der Marchese „durch Krieg und Mißwachs in bedenkliche Vermögensumstände geraten" das Schloß verkaufen muß, daß das Schloß sich aber wegen des von dem Ritter wahrgenommenen Spuk als unverkäuflich erweist, daß dieser Vorfall mehrere andere Käufer abschreckt, zwingt den Marchese, die Untersuchung dieser Vorgänge einzuleiten, und „nur der dringende Wunsch, das Schloß, es koste was es wolle, los zu werden, vermochte sie, das Entsetzen, das sie (bei der Gespenstererscheinung) ergriff, in Gegenwart ihres Dieners zu unterdrücken".

Entscheidend ist, daß der Marchese bis zum Schluß der Erzählung seine Schuld nicht begreift – das hat Werlich gegen die Auffassung Conradys und Staigers, daß am Schluß „allen" Beteiligten klar sei, „daß es die durch ihn zu Tode gekommene Bettlerin ist, die sich durchs Zimmer bewegt", zu recht geltend gemacht:[42]

> Kleist aber hat, so wird schon nach einem flüchtigen Überlesen der Erzählung klar, alles darauf angelegt zu verdeutlichen, daß nach jedem neuen Versuch des

Marchese, das Geräusch zu ergründen, weder er noch später die Marquise erkennt, daß das Geräusch durch jenen Vorfall mit der Bettlerin erklärt werden
könnte, der sich vor Jahren in dem Spukzimmer zutrug und ihn an ihrem Tod
schuldig werden ließ.[43]

Die Bedeutung eines solchen Nichtverstehens wird aber erst ganz deutlich,
wenn man sich darüber im Klaren ist, daß Kleist hier zwei verschiedene
Wertsysteme einander gegenüberstellt – eines, das den Reichen zugeordnet
ist und sich in seinen Folgen als unmenschlich erweist, und eines, das den
Armen zugeordnet ist und das die unmenschliche Verzerrung und Verdrängung des Rechtsgefühls der Reichen zwar nicht subjektiv für die Reichen aufhebt, aber objektiv sich als das der Natur des Menschen gemäße,
eigentlich humane durchsetzt. Die unvereinbaren, antagonistischen Gegensätze äußern sich einmal in der Gegenüberstellung des „Schloß"-Voka-
bulars mit dem Vokabular, das auf die Bettlerin Anwendung findet, dann
aber in der Gegenüberstellung des einstigen Reichtums und der Schönheit
des Schlosses mit seinem gegenwärtigen Zustand. So hat einerseits das
Schloß „hohe und weitläufige Zimmer", es liegt in „einer schönen Lage",
selbst das „leerstehende Zimmer", in dem die Bettlerin untergebracht war,
war „sehr schön und prächtig eingerichtet", es war „überall mit Holz getäfelt". Im Gegensatz dazu ist das Bettelweib eine „alte kranke Frau", „die
sich bettelnd vor der Tür eingefunden hatte", und der man „Stroh unterge-
schüttet" hatte; selbst aus diesem Winkel wird sie aus keinem ersichtlichen
Grund aufgejagt. Wie wichtig Kleist dieser Gegensatz war, wird aus zwei
Zügen der Erzählung deutlich, die unwahrscheinlich, beziehungsweise un-
genügend begründet sind. So ist es einerseits unwahrscheinlich, daß man
einer armen Frau in einem schönen und prächtig eingerichteten Zimmer
Stroh unterschüttet, andererseits wird der Befehl des Hausherrn „aus dem
Winkel, in welchem sie lag, aufzustehen, und sich hinter den Ofen zu verfügen" ohne jede Begründung, einfach als Signal der absoluten Macht des
Hausherrn berichtet. Es kommt dabei nicht darauf an, Kleist eine Unacht-
samkeit im Detail vorzuwerfen (solche sachlichen Widersprüche lassen sich
bei fast allen seinen Erzählungen finden!), es geht hier einfach darum zu
zeigen, daß ihm der soziale Gegensatz so wichtig war, daß er bei seiner Abbildung, um die bloße Wahrscheinlichkeit unbekümmert, nach den aussa-
gekräftigsten Bildern greift. Der andere Gegensatz, der zwischen der einstigen Pracht und dem jetzigen Ruin, wird schon im ersten Satz durch die
Gegenüberstellung von „in Schutt und Trümmern" und „ein Schloß mit
hohen und weitläufigen Zimmern" deutlich signalisiert. Der langsame Nie-
dergang „durch Krieg und Mißwachs", die „bedenklichen Vermögensumstände", der erzwungene Verkauf des Schlosses, deuten auf eine langsame
Dekadenz der Familie ebenso hin, wie die Kinderlosigkeit des Ehepaars auf
ihre biologische Schwäche. Am Ende geht das Schloß in einem weithin

sichtbaren Flammenmeer unter, und die am Anfang gestörte Gerechtigkeit ist überdeutlich dadurch wieder hergestellt, daß des Schloßherrn „weiße Gebeine in dem Winkel des Zimmers (liegen), von welchem er das Bettelweib von Locarno hatte aufstehen heißen".

Wenn Kleist, und ich glaube, das läßt sich nun nicht mehr abstreiten, in der Tat an solchen inhaltlichen Kategorien wie „arm"-„reich" und „einstige Pracht"-„jetziger Ruin" interessiert war, dann erweckt ein prononziertes Desinteresse am Inhalt den Anschein, als sei der Kritiker bewußt oder unbewußt der Auseinandersetzung mit den gesellschaftskritischen Aspekten der Erzählung ausgewichen. Ein Schloß, in dem Nacht für Nacht das „Gespenst" einer armen alten Frau einen Vorgang nicht in Vergessenheit geraten läßt, der an sich beinahe belanglos erscheint, – so belanglos, daß die Schuldigen sich bis zum Schluß an ihn nicht zu erinnern vermögen und ihn auf das gespenstische Geschehen zu beziehen nicht im Stande sind, – in dem dieser Vorgang schließlich zur gewaltsamen Zerstörung des Schlosses, zum Tod des Schloßbesitzers und zur panischen Flucht der Besitzerin führt, ein solches Schloß ist im Jahre 1811 nicht *irgendein* Schloß, sondern Symbol für *jedes* Schloß. Brand, Tod der herrschenden Klasse und Aufruhr standen als historische Wirklichkeit noch zu deutlich vor den Augen der Zeitgenossen, als daß die kanppe Erzählung und ihre gesellschaftliche „Moral" dem Leser nicht deutlich geworden wäre. Die metaphorische Redeweise von dem Gespenst, das in Europa umgeht,[44] wie sie aus dem „Manifest der kommunistischen Partei" von 1848 allgemein bekannt ist, ist bestimmt nicht bei jeder Gespenstergeschichte zu assoziieren; wenn das Gespenst eine „arme Frau", der vom Gespenst Heimgesuchte ein Marchese ist, und wenn schließlich sein Schloß in Flammen aufgeht – wobei die Flammen ein verbreitetes Symbol für die gewaltsame Revolution und reinigende Erneuerung sind –, wird ein Hinweis auf das „Gespenst" der Französischen Revolution nicht ganz beliebig erscheinen.

Man wird allerdings auch nicht übersehen dürfen, daß Kleist die rächende Macht nicht als revoltierenden Einzelnen (wie im Kohlhaas), noch gar als revolutionäre Masse dargestellt hat, und daß insofern die Drohung, die der Adelige erfährt, in der Erzählung namenlos bleibt: zwar wird klar, daß die Drohung von den „Armen" ausgeht (dem „Bettelweib"), aber da die Armen nicht als revolutionäre Masse, sondern nur als wesenloses, unsichtbares, rächendes Gespenst auftreten, und da das „Urteil" schließlich wie eine Katastrophe über dem Marchese hereinbricht, werden auch in dieser Erzählung eigentlich politische Kategorien nur unter dem Deckmantel „moralischer" Kategorien (Gespenst als Verkörperung des Gewissens) sichtbar. Das Subjekt des rächenden Prozesses, der mit der Vernichtung des Marchese und seines Schlosses endet, verschwindet, Richter und Henker bleiben unerkannt.

So wird auch das Versehen Staigers verständlich, der, ausgehend von dem einzigen „in direkter Rede berichteten menschlichen Laut", dem Satz: „Wer da?", folgert: „Es ist der erste in direkter Rede berichtete menschliche Laut, zugleich der letzte, der Zusammenbruch aller menschlichen Kategorien." Zurecht kritisiert Siegfried Bartels Steiger dahingehend, daß man den Zusammenbruch der Macht des Marchese nicht mit dem Zusammenbruch *aller menschlichen* Kategorien identifizieren kann, ohne sich mit der Machtstruktur der herrschenden feudalen Klasse zu identifizieren, die Kleist gerade durch seine Kritik vor den Folgen ihres unmenschlichen Verhaltens warnt. Keineswegs kann man Kleist, wie Staiger das implizit tut, „ein Einverständnis mit der vorbürgerlichen Institutionalisierung (Schloß) personalisierter Herrschaft (Marchese)"[45] unterstellen. Dennoch bleibt das Unrecht merkwürdig abstrakt, weil das Gespenst nur das abstrakte Prinzip der Rache, nicht den lebendigen nach Rache dürstenden Menschen darstellt, weil so der Prozeß der Rechtsfindung unabhängig von der Gestalt des durch das Unrecht Geschädigten sich selbsttätig vollzieht, und das Urteil nicht durch eine menschliche Instanz, sondern durch eine abstrakte und metaphysisch ungreifbare vollstreckt wird. Diese dichterische Darstellung Kleists beruht allerdings nicht auf einer persönlichen Idiosynkrasie Kleists, sondern übersetzt nur Gedankengänge der gleichzeitigen idealistischen Philosophie in poetische Anschaulichkeit. Gerechtigkeit als lebendige Aktion wirklicher Menschen schien dem Idealismus parteilich und daher im Gegensatz zu immer geltenden, abstrakten Gesetzen dem Widerspruch und dem Widerstand der Gegenpartei ausgesetzt. Das Naturrecht des 18. Jahrhunderts war eine solche rechtliche Konstruktion eines alle Klassen und Parteien überwölbenden und von allen Klassen und Parteien gleichermaßen anerkannten Gesetzes. In der Auseinandersetzung mit diesem statischen Konzept einer ein für alle mal gegebenen „Natur" des Menschen als Grundlage eines davon abgeleiteten allgemeinen, dieser Natur entsprechenden Gesetzes kommt z. B. Rousseau zu seiner Konzeption des allgemeinen Menschheitswillens, der der jeweils eigentliche Wille jedes Individuums ist. Jedes Verbrechen erschien ihm als Verletzung der Menschheit, die auch im Verbrecher selbst spricht.[46] Solange der Mensch gegenüber diesem allgemeinen Willen der Gattung, der auch sein eigener richtiger Wille ist, nicht seinen beschränkten Eigennutz und Egoismus geltend macht, wie der Marchese, der um seiner bloßen Bequemlichkeit und Routine willen einen Menschen tötet, solange er im Einklang mit seiner „Natur" also lebt, bedarf er keiner Gesetze. „Nur durch das Herausgehen aus dem einigen, weder durch Gesetze regulierten, noch gesetzwidrigen Leben, durch Töten des Lebens wird ein Fremdes geschaffen", meint Hegel, und fährt fort: „Vernichtung des Lebens ist nicht ein Nicht-Sein desselben, sondern seine Trennung, und die Vernichtung besteht darin, daß es zum Feinde geschaffen worden ist. Es ist unsterblich, und getötet erscheint es als ein schreckendes Gespenst, das alle seine Zweige geltend macht, seine Eumeniden losläßt." Allerdings: „dasjenige, was getötet worden ist, muß die Umkehrung selbst machen; aber als Getötetes ist (es) nur ein Ideelles; es kann aus seinem Leben, welches sein Blut ist, nur sein Geist rächend emporsteigen, und (. . .) dieser den Mörder so lange herumjagen, bis, auf welche Weise es sei, sich eine Realität gegenüberstelle, und selbst dem Geiste des Erschlagenen einen Körper verschaffe, der, weil er nicht mehr dieselbe äußere Erscheinung des Erschlagenen ist, als ein Allgemeineres überhaupt erscheint, und der Geist als Schicksal sich seine Rache verschafft."[47] Dürst weist darauf hin, daß Hegel in diesem Zusammenhang als Beispiel Banquo erwähnt, der als abgeschiedener Geist des verletzten Lebens gegen Macbeth auftrete:

> Er hätte hier ebenso gut Kleists ‚Bettelweib von Locarno‘ erwähnen können. Der Marchese hat wie Macbeth erst durch seine Tat ‚ein Gesetz geschaffen, dessen Herrschaft nun eintritt‘. Auch dieser Verbrecher, ‚meinte es mit fremdem Leben zu tun zu haben; aber er hat nur sein eigenes Leben zerstört; denn Leben ist von Leben nicht verschieden, weil es das Leben in der einigen Gottheit ist‘.[48]

Nach Hegels Auffassung ist „die Rache . . . das absolute Verhältnis gegen den Mord und den einzelnen Mörder; sie ist nichts anderes als die Umkehrung dessen, was der Mörder gesetzt hat; dieses läßt sich auf keine andere Weise aufheben und vernünftig machen; es kann nicht davon abstrahiert werden; denn es ist eine Wirklichkeit gesetzt, die als solche ihr Recht haben muß, daß nämlich nach der Vernunft das Gegenteil des Aufgestellten aufgestellt werde."[49] Der Unerbittlichkeit und Stringenz dieses „absoluten Verhältnisses" entspricht in der Erzählung Kleists nicht nur die unerbittliche Folgerichtigkeit und Funktionalität, die Staiger als formale Qualität preist, sondern auch die folgerichtige „Umkehrung dessen, was der Mörder gesetzt hat" im letzten Satz der Erzählung:

> er war auf die elendiglichste Weise bereits umgekommen, und noch jetzt liegen, von den Landleuten zusammengetragen, seine weißen Gebeine in dem Winkel des Zimmers, von welchem er das Bettelweib von Locarno hatte aufstehen heißen.

Die Umkehrung geht bei Kleist noch weiter: sie kehrt auch das um, was ursächlich die Verletzung des allgemeinen Gattungswillen überhaupt erst möglich machte: Besitz und Eigentum. Zerstört wird auch das Schloß als „die Institutionalisierung einer Willkür, die ‚Schauer‘ erregt".[50] Zerstört wird damit die materielle Überlegenheit, die dem Marchese wie „selbstverständlich" das „Recht" gibt, einen leidenden Menschen ohne Rücksicht auf sein Menschsein wie ein Objekt „aus dem Weg zu räumen" und damit zu töten. Wie Rousseau nämlich ist auch Kleist der Überzeugung, daß „die Früchte allen gehören, und daß das Land niemand gehört", und daß „der erste, der ein Stück Land einhegte und auf den Gedanken kam, zu sagen, das gehört mir" der Ursprung aller „Verbrechen, Kriege, Morde" sei, all des Elends und der Greuel, die das Menschengeschlecht seither erlebt hat.[51] Nicht zufällig wird in Kleists Erzählung in fünf von zwanzig Sätzen (also einem Viertel) das Thema Geld, Besitz, Kauf und Verkauf angesprochen. Schon im ersten Satz nennt Kleist das Schloß ein „einem Marchese *gehöriges* Schloß" und weist andererseits die alte kranke Frau als besitzlos aus, wenn er sagt, sie habe sich „*bettelnd* vor der Tür eingefunden". Im vierten Satz erscheint als unmittelbarer Anlaß des weiteren Geschehens die Begründung: „da der Marchese, durch Krieg und Mißwachs, in *bedenkliche Vermögensumstände* geraten war." In absoluter Symmetrie wird der Marchese an und durch eben dasselbe bestraft, wodurch er vorher in die Lage kam, Unrecht zu tun; denn erst durch die Notwendigkeit, das Schloß zu verkaufen, findet sich auf dem Schloß der Ritter ein, der das Schloß „von ihm *kaufen* wollte", und der durch sein Erlebnis den weiteren Verlauf des Geschehens „mehrere Jahre" nach dem ursprünglichen Vorfall mit dem Bettelweib ins Rollen bringt. Nur die Tatsache, daß dem Marquese „viel an dem *Handel* gelegen war", veranlaßt ihn, dem Ritter das „schön und prächtig eingerichtete" Zimmer zur Verfügung zu stellen, in dem das Bettelweib seinerzeit verstorben ist. Der Vorfall, so heißt es dann weiter, „schreckte auf eine dem Marchese höchst unangenehme Weise, *mehrere Käufer* ab", und nur der Wunsch, „das Schloß, es koste was es wolle, *los zu werden*", zwingt den Marchese, sein Entsetzen zu unterdrücken und weitere Untersuchungen anzustellen, die schließlich nicht nur zu seinem Tode, sondern auch zur Zerstörung seines Besitzes führen; die Marquise sieht fliehend „das Schloß ringsum in Flammen aufgehen", denn der Marquese hatte, zum Instrument der Rache gegen sich selbst und sein Eigentum geworden, „eine Kerze genommen, und dasselbe, überall mit Holz getäfelt wie es war, an allen vier Ecken, müde seines Lebens, angesteckt". Was dem Formalisten, der den Inhalt der Novelle vernachlässigt, entgeht, entgehen muß, ist also, daß das Geschehen keineswegs so ohne sichtbaren Agenten „zwangsläufig" seinem Ende entgegenläuft, sondern daß eine ganz reale, wenn auch ganz abstrakte Macht diesen Ablauf aus ihrer eigenen Gesetzmäßigkeit erzwingt: das Geld, das eben keine Naturmacht oder etwa gar „übernatürliche" Macht ist.

Daß derlei „gefährliche Experimente" eines „rabiaten Willens zu geschlossenen Sinnzusammenhängen"[52] den bürgerlichen Leser und Kritiker, der genau wie der Marchese darauf bedacht sein muß, das Aufsehen über den Skandal zu vermeiden, die Öffentlichkeit aus der Diskussion über den Ursprung des Skandals auszuschließen und den Skandal aus dem eigenen Bewußtsein zu verdrängen, dazu verleiten können, den Inhalt des *Bettelweib von Locarno* als trivial abzuwerten, ist nun nicht mehr erstaunlich; daß dem Kritiker, der ebensowenig wie der Marchese selbst die eigentliche

Ursache des Geschehens ausmacht, der die im politischen Sinne unsittliche Handlung des Marchese zur läßlichen Sünde verharmlost, Kleists Erzählung „überspitzt" erscheinen muß, daß er ein Mißverhältnis von Ursache und Folge sieht, weil ihm die „Brutalität" eines Menschen „natürlich" erscheint, der eine lebensgefährlich verletzte Frau, die augenscheinlich dem Tode nahe ist, dazu zwingt, den Gang durch das Zimmer zu vollenden,[53] ist fast zu erwarten.

Die eigentliche „moralische" Problematik der Erzählung zeigt sich allerdings im Schicksal der Marquise, die doch am Anfang die alte Frau „aus Mitleiden" auf das Stroh „gebettet" hatte, die also an dem Tod der alten Frau unschuldig ist, und dennoch am Ende mit dem Verlust auch ihres Besitzes und dem Tod ihres Mannes bestraft wird. Zwar entkommt sie mit einigen Sachen dem Feuertod, doch ihre Bestrafung erscheint immer noch ungewöhnlich hart. Der Grund, warum auch sie aus der völligen Umwälzung nicht ohne Verlust hervorgehen kann, wird erst dann einsichtig, wenn wir verstehen, daß ihr „Mitleiden" nur ein Gefühl, also noch amoralisch ist. Damit das bloße noch blinde Mitgefühl zur sittlichen Menschenliebe wird, sind zwei Dinge notwendig: erstens muß sie ihren Besitz verlieren, der ihr Mitleid zu bloßer Wohltätigkeit macht, die sie gewähren oder verweigern kann, und zweitens muß sie, und das ist im Zustande des zum Egoismus verführenden Besitzes nicht möglich, mit Hilfe ihres Gewissens die Gerechtigkeit lieben lernen: die Vorsehung, so meint Rousseau im *Emile*, hat den Menschen frei gemacht, damit er nicht das Böse, sondern das Gute tue aus freier Wahl, nicht aus einer persönlichen Neigung einer vagen Moral des guten Herzens. Die natürliche Gutmütigkeit der Marquise wird, dort wo sie Mitleid mit dem Verbrecher und Gleichgültigkeit gegen sein Verbrechen impliziert, zur Grausamkeit gegen das Menschengeschlecht.[54] Die „tentation de bien faire", von der die Rousseau im *Emile* spricht, wird zum Verbrechen, wenn sie dem Verbrecher gilt. Das Verbrechen, das die Marquise um der Liebe willen zu ihrem Mann ebenso verdrängt hat wie er, rächt sich an ihr ebenso wie an ihm – auch deswegen, weil sie ebenso wie er Nutznießer des Eigentums ist, das die geheime Quelle des Unrechts war.

Sieht man Kleists Erzählung in diesen Zusammenhängen, wird man die „Trivialität" der Erzählung und die Volkstümlichkeit solcher „Trivialität" nicht mehr wie Engelsing darauf zurückführen, daß der Leser „zu seiner Auffrischung der Rückbesinnung und des Rückgriffs auf niedere, primitive und triviale Literatur" bedurfte.[55] Engelsing selbst sieht, daß im 18. Jahrhundert Trivialliteratur nicht ausschließlich die Lektüre von „Krämerfrauen und Kammermädchen" war, daß umgekehrt die oberen Mittelschichten „Trivialliteratur" ebenso lasen wie „Anspruchsvolleres": „In der Tendenz verfolgten Akademiker, Kaufmann und Handwerker, wenn sie nur lasen um 1800 etwa die gleichen Lesemethoden, ließen sich von gleichen

Bedürfnissen leiten und achteten auf die gleichen Gesichtspunkte, ohne daß hierbei schichtenspezifische soziale Umstände entscheidend differenzierten."[56] Die Abwertung als „trivial", d. h. unter aller literarischer Kritik, erfolgt erst im 19. Jahrhundert, und zwar um so stärker, je mehr einerseits triviale Literatur Träger volkstümlicher revolutionärer und reformerischer Ideen wird, andererseits triviale Literatur als Massenware und Literaturersatz für die Unterklassen auf den Markt geworfen wird. Beide Erscheinungen galt es, gleichmäßig aus dem Bewußtsein der Literaturkritik fernzuhalten, und wo das nicht vollständig gelingen wollte, wie bei Kleists Erzählungen, wurde eine sorgfältige Trennung des „trivialen" Gehalts von der „vollendeten" Form um so notwendiger, je weniger eine etablierte Literaturwissenschaft es sich leisten konnte, vom Phänomen der Trivialliteratur überhaupt Notiz zu nehmen. Inzwischen haben sich die Grenzen der Literaturkritik so verschoben, daß sowohl die revolutionäre Tradition von den deutschen Jakobinern über den Vormärz bis zur Literatur der Sozialdemokratie und des Kommunismus als auch die triviale Literatur als Ware wieder in das Blickfeld des Literaturwissenschaftlers gerückt sind, und damit auch die „trivialen" Themen und Motive bei Kleist in ihrer eigentlichen Zielrichtung wieder verstanden werden können.

Anmerkungen

1 Christian Grawe: *Sprache im Prosawerk. Beispiel von Goethe, Fontane, Thomas Mann, Bergengrün, Kleist und Johnson.* – Bonn: Bouvier 1974, S. 89.
2 Emil Staiger: ‚Kleists „Bettelweib von Locarno". Zum Problem des dramatischen Stils.' – In: ders.: *Meisterwerke deutscher Sprache aus dem 19. Jahrhundert.* – Zürich: Atlantis 1943, S. 117.
3 Franz Servaes: *Heinrich von Kleist.* – Leipzig: Seemann 1902, S. 134.
4 a.a.O., S. 140.
5 Grawe: a.a.O., S. 89.
6 Egon Werlich: ‚Kleists „Bettelweib von Locarno". Versuch einer Aufwertung des Gehalts.' – In: *Wirkendes Wort* 15 (1965), S. 239–257.
7 Hellmuth Himmel: ‚Musikalische Fugentechnik in Kleists „Bettelweib von Locarno".' – In: *Sprachkunst* 2 (1971), S. 190. Vgl. auch Staiger: a.a.O., S. 103: „Man braucht den Inhalt nur in dieser gelassenen Form zusammenfassen, um zu erkennen, daß von Tiefsinn hier nicht wohl die Rede sein kann."
8 Himmel: a.a.O., S. 188.
9 Staiger: a.a.O., S. 117.
10 Carl Otto Conrady: *Die Erzählweise Heinrichs von Kleist.* – Diss. Münster 1953.
11 Johannes Klein: *Geschichte der Novelle von Goethe bis zur Gegenwart.* – Wiesbaden: Steiner 1960.

166

12 Jürgen Schröder: „Das Bettelweib von Locarno. Zum Gespenstischen in den Novellen Heinrich von Kleists." – In: *Germanisch-Romanische Monatsschrift*. NF 17 (1967), S. 193–207.

13 Himmel: a.a.O., S. 188, 191.

14 a.a.O., S. 197.

15 a.a.O., S. 208.

16 Schröder: a.a.O., S. 194 f.

17 Staiger: a.a.O., S. 112.

18 a.a.O., S. 112.

19 a.a.O., S. 117.

20 Hans Kaufmann: ‚Vorbemerkung zu Heinrich Heine: „Die schlesischen Weber" (Analyse).' – In: Dieter Kimpel / Beate Pinkerneil (Hrsg.): *Methodische Praxis der Literaturwissenschaft. Modelle der Interpretation*. – Kronberg/Ts.: Scriptor 1975, S. 159.

21 Hans Norbert Fügen: *Die Hauptrichtungen der Literatursoziologie und ihre Methoden*. – Bonn: Bouvier 1964, S. 97.

22 Bertolt Brecht: *Gesammelte Werke*. Bd. 19. – Frankfurt/Main: Suhrkamp 1967, S. 395–404.

23 a.a.O., S. 397.

24 Theodor W. Adorno: *Philosophie der neuen Musik*. – Frankfurt/Main: Europäische Verlagsanstalt 1969.

25 Vgl. P. Horn: ‚„Niederrinnt ein schmerzenloses Heute." Geschichte und Geschichtslosigkeit im Gedicht.' – In: *Acta Germanica* 6 (1971), S. 67 ff.

26 Staiger: a.a.O., S. 114 f.

27 Staiger: a.a.O., S. 115.

28 Staiger: a.a.O., S. 116.

29 Christopher Caudwell: *Bürgerliche Illusion und Wirklichkeit. Beiträge zur materialistischen Ästhetik*. – München: Hanser 1971.

30 Vgl. Hans Gerd Rötzer: „Frischs *Don Juan*. Zur Tradition eines Mythos." – In: *Arcadia*. 10 (1975), S. 256.

31 Vgl. Roland Barthes: „Der Baum des Verbrechens." – In: Tel Quel: *Das Denken von Sade*. – München: Hanser 1969, S. 39 f.

32 Arthur Schopenhauer: „*Parerga und Paralipomena*", (= Sämtliche Werke Bd. 5). – Leipzig: Brockhaus 1877, S. 243 f. Vgl. Peter von Matt: *Die Augen der Automaten. E. T. A. Hoffmanns Imaginationslehre als Prinzip seiner Erzählkunst*. Tübingen: Niemeyer 1971, S. 63.

33 Schopenhauer: a.a.O., S. 325, 328 u. passim.

34 G. H. Schubert: *Der Erwerb aus einem vergangenen und die Erwartung von einem zukünftigen Leben. Eine Selbstbiographie*. – Erlangen 1854/56, Bd. 1, S. 388.

35 G. H. Schubert: *Ansichten von der Nachtseite der Naturwissenschaft*. – Dresden 1808, S. 14.

36 Rolf Dürst: *Heinrich von Kleist. Dichter zwischen Ursprung und Endzeit. Kleists Werk im Licht idealistischer Eschatologie*. – Bern: Francke 1965, S. 141.

37 Schröder: a.a.O., S. 198.

38 Schröder: a.a.O., S. 194.

39 Schröder: a.a.O., S. 198 f.

40 G. W. F. Hegel: *System der Sittlichkeit*. (Hrsg. von Georg Lasson). – Hamburg: Felix Meiner 1967, S. 41.
41 Vgl. Schröder: a.a.O., S. 199.
42 Vgl. Staiger: a.a.O., S. 110; Conrady: a.a.O., S. 148, Werlich: a.a.O., S. 241.
43 Werlich: a.a.O., S. 241 f.
44 Zur Symbolisierung der Revolution als Gespenst vgl. auch Heinz Hamm: *Der Theoretiker Goethe. Grundpositionen seiner Weltanschauung, Philosophie und Kunsttheorie*. – Kronberg: Scriptor Verlag 1976, S. 57. „Dancken Sie Gott, daß sie dem Raphael und andern guten Geistern . . . gegenüber sitzen und das Spukken des garstigen Gespensts, das man Genius der Zeit nenne, . . ., nicht vernehmen." (Goethe an H. Meyer 17. 10. 1794).
45 Siegfried Bartels: *Vermittlung der Gegensätze in der Dichtung Heinrich von Kleists. Bürgerliche Subjektivität im Konflikt mit höfischen Machtverhältnissen*. – Diss. Frankfurt/Main 1972, S. 85.
46 Vgl. Otto Vossler: *Rousseaus Freiheitslehre*. – Göttingen: Vandenhoek und Ruprecht 1963, S. 192.
47 Hegel: a.a.O., S. 49.
48 Dürst: a.a.O., S. 142.
49 Hegel: a.a.O., S. 49.
50 Bartels: a.a.O., S. 84.
51 Jean Jaques Rousseau: *Œuvres Complètes*. Bd. III. – Paris: Editions Gallimard 1964, S. 164.
52 Staiger: a.a.O., S. 115.
53 Vgl. Werlich: a.a.O., S. 246.
54 Vgl. Vossler: a.a.O., S. 85.
55 Rolf Engelsing: *Der Bürger als Leser*. – Stuttgart: Metzler 1974, S. 249.
56 Engelsing: a.a.O., S. 250.

Charakter, Schicksal und gesellschaftliche Struktur in Heinrich von Kleists „Der Findling"

In einer Arbeit über die Erzählkunst Heinrich von Kleists behauptet Ruth Baumann:

> Der „Findling" ist die einzige Novelle Kleists, die ein ausgesprochenes psychologisches Interesse besitzt, und die daher häufige direkte Wiedergaben der Gedanken und Gefühle des Helden enthält.[1]

Schon Ruth Baumanns Zugeständnis, daß „Der Findling" Kleists einzige Novelle ist, die angeblich ein psychologisches Interesse habe, sollte uns aber stutzig machen. Ein so auffälliges Abweichen von Kleists sonstiger Schreibart könnte höchstens dann erklärt werden, wenn man den Findling wirklich als „Erstlingswerk in der Reihe der Kleistschen Erzählungen"[2] ansprechen könnte. Wenn das auch anderweitig in der Kleistliteratur bisher fast durchgehend vorausgesetzt wird,[3] so hat doch Joachim Kreutzer vor kurzem gezeigt, wie wenig wirkliche Anhaltspunkte zur Datierung der Novellen vorliegen, und wie unsicher und verwirrend die „ausschließliche Heranziehung sogenannter innerer Anhaltspunkte für die Chronologie" ist, und wie schändlich es ist, wenn dabei „subjektive Werturteile als Ausgangspunkt gesetzt werden".[4] Als ein Beispiel dafür erwähnt er die Arbeit von Kurt Günther „,Der Findling' – die früheste der Kleistschen Erzählungen", deren Titel sich als so einprägsam erwiesen habe, „daß man sich nicht mehr die Mühe machte, Günthers Argumente nachzuprüfen, so daß die Frühdatierung der Novelle bis heute unangefochten geblieben ist, *obwohl es keinerlei Beweise für sie gibt.*"[5] Kreutzer selbst stellt seinerseits eine Reihe von Angaben zusammen, die eine Frühdatierung dieser Novelle fast unmöglich erscheinen lassen, und macht die Annahme sehr wahrscheinlich, daß „Der Findling" erst in den Monaten April bis Juli 1811 fertiggestellt wurde.

Diese wohlbelegte Hypothese Kreutzers ist für mich insofern wichtig, als sie mit einer ganzen Reihe von Vorurteilen aufräumt, die dem Verständnis dieser Novelle in der Kleistliteratur bisher entgegengestanden haben, u. a. die Vorstellung, daß die geradlinige (chronologische) Erzählweise gegenüber der mehr analytischen des „Erdbeben in Chili" und der „Marquise von O . . ." literarisch minderwertig sei und daher notwendigerweise den Stil des frühen Kleist belege.[6] Von nun ab wird man wohl endlich auch mit dem Gerede von den Unbeholfenheiten und Schwächen dieser Erzählung aufhören, die mehr im Auge des Betrachters als in der Erzählung selbst liegen. Zu diesen angeblichen Schwächen der Erzählung gehört nach Kunz, daß „der Standort des Erzählers . . . in den drei Partien des Werkes jeweils ein anderer (ist); aber so, daß dieser Wechsel kaum begründet wird",[7] worauf man nur antworten kann, daß der Interpret die sehr wohl vorhandene Begründung einfach übersehen hat. Kreutzers Hypothese räumt gleichzeitig mit der Vorstellung einer Sonderstellung dieser Novelle als einer noch ungeschickten, frühen, „psychologischen" Arbeit des Dichters auf, einer Vorstellung, der man bei unbefangenem Lesen der Novelle sowieso nicht zustimmen kann.

„Psychologie" in einer Novelle kann doch nur bedeuten, daß der Dichter Vorgänge im „Innern", in der „Seele" eines Menschen darstellt, und das setzt doch voraus, daß es ein solches Inneres, eine solche Seele als einen strukturierten Bereich in der jeweils untersuchten Dichtung überhaupt gibt. Bei Kleist aber – und das wird zu zeigen sein – gibt es einen solchen Bereich nicht, die Struktur des Inneren ist vielmehr durchwegs eine Funktion äußerer Umstände. Bewegungen, Veränderungen, Beziehungen sind überhaupt nur einsichtig auf dem Hintergrund eines Systems von Bezugspunkten. Die Struktur dieser Bezugspunkte ist aber im „Findling", ebensowenig wie in allen anderen Kleistschen Novellen, etwas „Seelisches", „Inneres", sondern etwas „Äußeres": die Gesellschaft.

Der erste Hinweis auf die Notwendigkeit nicht einer psychologischen, sondern einer soziologischen Analyse der Novelle ist schon der Titel, der bezeichnenderweise nicht „Nicolo", sondern eben „Der Findling" heißt: es geht nicht um den Charakter dieses Nicolo als ein an und für sich interessantes Individuum, es geht nicht um seine innere Seelenlandschaft, sondern um seine gesellschaftliche Funktion, eben daß er ein Findling ist: „Der Ausdruck Findling ist bereits Sinnbild einer entwurzelten, asozialen Existenz, Auflösung und Zersetzung gehen von ihr aus."[8] Findling sein heißt einmal, in einem nur zufälligen Verhältnis zu anderen Menschen zu stehen, als zufällig Aufgefundener nicht wirklich Sohn zu sein, sondern nur die Funktion eines verlorenen Sohnes zu ersetzen, nicht wirklich die Liebe der Eltern zu erfahren, sondern nur als Ersatzobjekt, zur Abreaktion freigewordener Elternliebe zu dienen. Wenn Piachi „beim Anblick des Platzes, der neben ihm leer blieb, sein Schnupftuch heraus(nahm), um seine Tränen fließen zu lassen" (S. 183),[9] dann wird deutlich, daß er Nicolo nicht deswegen mitnimmt und adoptiert, weil er echtes Mitleid mit ihm empfindet, sondern weil er ihn „an seines Sohnes Statt" (S. 183) braucht und seine Disponibilität, seine völlige Freiheit von Bindungen ausnützt, die eine solche Transaktion erst möglich macht. Bezeichnend ist die Formulierung, die Kleist dem Vorsteher des Krankenhauses in den Mund legt: „daß er Gottes Sohn wäre, und niemand ihn vermissen würde" (S. 183). Trotz der Ironie, die sich in diesem „und" ausdrückt, und trotz der Ironie, die die spätere Entwicklung Nicolos auf die Formulierung „Gottes Sohn" wirft, sollten wir diese Formulierung doch soweit ernst nehmen, daß wir neben der beabsichtigten Aussage, Nicolo sei ein Waisenkind, auch den wohl ebenso beabsichtigten Wortlaut vernehmen, Nicolo sei „Gottes Sohn": er ist es einmal in dem Sinn, in dem alle Menschen „Kinder Gottes" sind; er ist es aber auch noch in dem ganz besonderen Sinn, daß er niemandes Sohn ist, also so sehr aus aller Gemeinschaft ausgeschlossen ist, daß es für ihn keine *menschlichen* Beziehungen mehr gibt. Schon von dieser, sicher nicht absichtslos gewählten Bezeichnung her, scheint es voreilig, in Nicolo einfach die „Verdichtung teuflischen Trugs, des grundlos Bösen"[10] zu sehen. Noch eine weitere Aussage Kleists sollte uns warnen: Zu Beginn der Novelle, als Nicolo Piachi kennenlernt, gebraucht Kleist den Ausdruck „in seiner Unschuld" (S. 182). Deutet das nicht darauf hin, daß die Verschlagenheit und Heuchelei Nicolos erst im Hause Piachis durch die dort geltenden Normen herangezüchtet wird? Bei einer genaueren Überprüfung der Zusammenhänge wird nicht nur fraglich, ob Nicolo *grundlos* böse ist, sondern ob er überhaupt böse in einem streng ethischen Sinne ist.

Aus dem Findlings-Motiv ergibt sich nämlich, daß Nicolo gar kein menschliches Verhältnis eingeht, das er nachher durch eine moralische Schuld zerstören könnte: nur „weil keine Liebe ihn hält, verfällt er dem Bösen".[11] Folgerichtig empfindet Nicolo auch keine Schuld, sondern nur die Beleidigung seiner Eigenliebe.[12] Vom Anfang bis zum Ende der Novelle erscheint er immer in rein funktionalen Zusammenhängen, innerhalb deren es gar keine Schuld, sondern nur moralisch indifferente Taten gibt. Von Piachi an Sohnes statt, aber nicht als Sohn aufgenommen – also in der Funktion eines Sohn-Ersatzes, auf den alle materiellen Attribute des Sohn-Seins übertragen werden, dem aber nicht die Anerkennung seines Sohn-Seins, die wirkliche Liebe wäre, gegönnt wird –, wird dennoch an Nicolo die Erwartung gestellt, daß er sich wie ein Sohn verhält, daß er also die Ware Elternliebe mit der Bezahlung Sohnesliebe pünktlich bezahlt, wie er ja auch für seine Leistung, Sohn zu sein, bezahlt wird. Auch seine anderen Beziehungen sind keine menschlichen Beziehungen, sondern rein funktionale Beziehungen: geschäftliche Beziehungen zu seinem Vater, als er mehr und mehr in die Stellung eines Nachfolgers hineinwächst; ebenso „geschäftliche" Beziehungen zu den Mönchen des Karmeliterklosters, die auf seinen Reichtum spekulieren und ihm dafür die käufliche Liebe der Xaviera Tartini, „Beischläferin ihres Bischofs" (S. 184) vermitteln.

Nicht seine moralische Verworfenheit, sondern seine „abgründige Beziehungslosigkeit Menschen und Dingen gegenüber"[13] ist also das eigentliche Thema der Erzählung. Gerade die Stelle, die immer wieder herangezogen wird, um zu zeigen, daß Nicolo nicht böse geworden, sondern von Anfang an böse gewesen sei – daß er gewissermaßen eine Verkörperung des Urbösen sei –, zeigt nichts anderes als die ihm durch seine Stellung in der Gesellschaft – als Findling – aufgezwungene Gleichgültigkeit gegenüber allen Menschen:

Auf der Straße, vor den Toren der Stadt, sah sich der Landmäkler den Jungen erst recht an. Er war von einer besonderen, etwas starren Schönheit, seine schwarzen Haare hingen ihm, in schlichten Spitzen, von der Stirn herab, ein Gesicht beschattend, das, ernst und klug, seine Mienen niemals veränderte. Der Alte tat mehrere Fragen an ihn, worauf jener aber nur kurz antwortete: ungesprächig und in sich gekehrt saß er, die Hände in die Hosen gesteckt, im Winkel da, und sah sich, mit gedankenvoll scheuen Blicken, die Gegenstände an, die an dem Wagen vorüberflogen. Von Zeit zu Zeit holte er sich, mit stillen und geräuschlosen Bewegungen eine Handvoll Nüsse aus der Tasche, und während Piachi sich die Tränen vom Auge wischte, nahm er sie zwischen die Zähne und knackte sie auf. (S. 183)

Nicht weil er charakterlich abgrundtief böse ist, sondern weil ihm seine Stellung als Findling keine andere Möglichkeit der Reaktion erlaubt, verhält sich Nicolo so gefühllos.

Die Funktionalität aller seiner Lebensäußerungen wird durch ein zweites Motiv noch unterstrichen: durch das Doppelgängermotiv. So sagt Elmar Hoffmeister: „Das Doppelgängermotiv macht die *Austauschbarkeit* von Fakten, ja selbst Personen erschreckend deutlich."[14] Kunz bemerkt daher ganz richtig: „daß das Kleistsche Problem in dieser Novelle nicht die Möglichkeit des Bösen selbst ist, sondern vielmehr die Tatsache, daß das Böse die Züge der Vollendung zu usurpieren vermag, und daß erst damit die eigentliche Verwirrung einsetzt".[15] Nur setzt er diese Erkenntnis nicht radikal genug bei der Analyse der Novelle ein. Angesichts der Tatsache, daß „Dinge und Menschen austauschbar sind und das Gute vom Bösen nicht zu unterscheiden ist"[16] überhaupt noch von Gut und Böse zu sprechen, als seien das Eigenschaften, die dem Charakter und nicht der Rolle, die der Mensch gerade zu spielen gezwungen ist, zuzuschreiben, heißt hinter Kleist in die Morallehre der popularisierten Aufklärung zurückzufallen, die den Charakter als etwas Unveränderliches setzt und ihm ebenso unveränderliche Charaktereigenschaften zuschreibt. Eine solche „moralistische" Auffassung vom Menschen wird allerdings dann hilflos vor der Tatsache stehen, daß der so „gute" Piachi „den von Natur schwächeren Nicolo niederwerfen und ihm das Gehirn an der Wand eindrücken" (S. 195) kann und dann das unmenschliche Gesetz verflucht, „daß ihn nicht zur Hölle fahren lassen wolle" (S. 196).

Wir wissen, daß Kleist ursprünglich vorhatte, seine Novellen in Anlehnung an Cervantes „Novelas Ejemplares" unter dem Titel „moralische Erzählungen" herauszugeben. Wir beginnen zu ahnen, daß das nicht nur „wegen des schon nicht mehr ganz günstigen Beigeschmacks dieser Beziehung unterblieben ist":[17] Kleist hat zumindest geahnt, daß seine Novellen nicht mehr moralische Muster sind und moralische Warnungen für das alltägliche Leben erteilen, daß seine Erzählungen etwas grundlegend anderes als „moralische" Erzählungen sind. „Eine ausgesprochen moralisierende Absicht (ist) mit seiner Darstellung nie verbunden".[18] Sie als moralische Erzählungen zu verstehen, hieße den eigentlichen Diskurs der Kleistschen Novelle mißverstehen, und ihr einen Diskurs zu unterstellen, aus dem sich Kleist nur noch die Worte borgt, weil es für das, was er darstellen will, eigentlich noch keine Worte gibt. Solange man Kleist in der Matrix einer Moralphilosophie liest, die für ihn selber schon überholt war, muß man das eigentlich Neue an Kleist notwendigerweise übersehen.

Der Literaturwissenschaftler – wie jeder andere Wissenschaftler – kann „jedes Problem nur auf dem Terrain und vor dem Horizont einer bestimmten theoretischen Struktur – ihrer sogenannten Problematik – stellen."[19] Solange man Kleist nicht innerhalb der Problematik, die seine eigenen Novellen stellen, analysiert, solange man die Problematik seiner Novellen im Umkreis einer hausbackenen Moral zu ergründen sucht, wird man in ihnen Widersprüche, z. B. zwischen einem „gesetzlich-moralischen Weltverhältnis auf der einen Seite und jener Erfahrung auf der anderen . . . daß nämlich alles gesetzliche Denken an der Zweideutigkeit und Fremdheit des Wirklichen scheitert,"[20] entdecken zu müssen glauben. Das hieße aber ein Selbstmißverständnis von Kleist, das sich in der übernommenen moralistischen Terminologie ausdrückt, zu übernehmen, ohne zu bedenken, daß diese Terminologie in dem Feld von Kleists eigentlicher Problematik ein ganz neues Gesicht annimmt. Wenn man überlegt, wie radikal und neu diese Problematik ist, wird man verstehen, warum sich Kleist selbst dieser Problematik noch nicht *bewußt* war. Das schließt aber weder aus, daß er sie *gestaltet* hat, noch daß wir als Kritiker die Aufgabe haben, diese Struktur als eine in seinem Werk verborgene zu entdecken.

Um welche Problematik es sich wirklich handelt, dafür gibt es gerade in unserer Erzählung unübersehbare Zeichen, die allerdings erst sprechen, wenn wir uns von dem Vorurteil befreien, Kleists Novellen seien mit einer Morallehre zu verstehen, die Gut und Böse zu rein individuellen Kategorien verharmlost. Dann wird plötzlich als Matrix, in der alle Gestalten der Novelle sich bewegen, die gesellschaftliche Welt des Bürgertums sichtbar, als ein „Bereich liebloser Diskursivität".[21] Es ist eine Welt, in der sich die Menschen als Individuen, Familien, Nationen und Klassen immer gleichgültiger gegenüberstehen, in der „das ursprünglich fortschrittliche Prinzip des freien Wettbewerbs auf der Grundlage sich verschärfender ökonomischer und sozialer Gegensätze den Charakter des dauernden Kriegszustandes nach innen und nach außen"[22] gewinnt, es ist wie in der „Marquise von O . . ." eine Welt intensiver und unsinniger Selbstquälerei, in der der Mensch nur durch masochistische Anstrengungen mit sich selbst bekannt gemacht wird, es ist eine Welt, in der die Gesellschaft wie im „Erdbeben in Chili" die sexuellen Beziehungen im Rahmen der Familie nach ökonomischen Überlegungen regeln will, und diese Regelungen grausam erzwingt, es ist eine Welt, in der der Europäer die menschliche Würde der Schwarzen vernichtet, indem er sie zu Sklaven macht, kurz: es ist eine Welt, in der nicht der einzelne Mensch und sein Glück, auch nicht seine Fähigkeit und Anlage, über sich selbst hinaus zu heldischen Anstrengungen zum Besten aller hinauszuwachsen, im Mittelpunkt steht, sondern als einziger Wertmesser dieser Gesellschaft: das Geld und der Besitz.[23] Kleist selbst, in seinem „Katechismus der Deutschen" wirft den Deutschen vor, sie hingen mit unmäßiger und unedler Liebe „an Geld und Gut, trieben Handel und Wandel damit, daß ihnen der Schweiß, ordentlich des Mitleidens würdig, von der Stirne triefte, und meinten, ein ruhiges, gemächliches und sorgenfreies Leben sei alles, was sich auf der Welt erringen ließe". Kleists theoretische Analyse wird aber an Schärfe und Klarheit immer wieder durch die konkrete Analyse der Gesellschaft in seinen Erzählungen übertroffen. Klingt sein eben zitierter Vorwurf noch nach der allgemein üblichen Klage des landbesitzenden Adels über das satte, aber leider so erfolgreiche Bürgertum – unsere Erzählung kann so nicht mehr mißverstanden werden. Was hier kritisiert wird, ist, daß dem Bürgertum alles zur Ware wird, alles käuflich wird, alles zu einer Transaktion wird, Grund und Boden ebenso wie die Arbeit, Kunst, Tapferkeit, Liebe und sogar die Beziehungen zwischen Eltern und Kindern.

Schonungslos deckte Kleist im „Findling" nicht so sehr das Böse in Nicolo als vielmehr die Verblendung Piachis auf. Piachi ist bezeichnenderweise „ein wohlhabender Güterhändler in Rom" und ein „Landmäkler". An seiner „Moral" ist nicht viel auszusetzen. Er ist als Kaufmann fleißig und rechtschaffend, seiner Frau gegenüber rücksichtsvoll, um seinen Sohn besorgt, Nicolo gegenüber „mitleidig". Und doch endet er als Mörder, seine eigene Seligkeit verfluchend, am Galgen. Genau wie die völlig „grundlose moralische Verworfenheit" Nicolos ist auch dieser krasse Wechsel der Persönlichkeit Piachis nicht leicht zu begreifen, wenn man moralische Qualitäten als Attribute von Personen auffaßt, nicht die Moral als eine Funktion innerhalb der Gesellschaftsstruktur. Dürst hat das ganz richtig gesehen, wenn er sagt: „Durch Vernunft und Tugend glaubt sich die bürgerliche Gesellschaft Dauer und Behagen sichern zu können. Moral und Recht gewährleisten nach außen hin die Ordnung; die Konventionen der Sitte sorgen dafür, daß sich das Leben in der herkömmlichen Weise abwikkelt."[24] Moral bedeutet keine wirkliche Bindung an die Gesellschaft: das moralische Wohlverhalten wird genauso an der Börse gehandelt wie jeder andere Gegenstand. Wer sich innerhalb gewisser Grenzen richtig verhält, dem räumt die Gesellschaft gewisse Rechte ein. Ob dieses Wohlverhalten aus Liebe zu anderen oder bloß aus Furcht vor der Verurteilung durch die anderen erzeugt wird, ist dabei gleichgültig. Damit ist aber gleichzeitig die Grenze dieses Wohlverhaltens gekennzeichnet. Als Nicolo das Vermögen und das Geschäft seines Pflegevaters geerbt hat, fühlt er sich durch nichts weiter gezwungen, dieses Wohlverhalten seinem Vater gegenüber fortzusetzen. Auch Piachi handelt um keinen Deut anders. Als seine Frau tot ist, seine Reichtümer und sein Erbe endgültig verloren, wirft er alle Verhaltensregeln der Moral über Bord: weder die Meinung seiner Mitbürger noch ihre Gewaltmittel schrecken ihn vom Mord ab. Er hat nichts mehr zu verlieren, er will für sein Wohlverhalten nichts mehr einhandeln, die Schranken der Moral fallen.

Gewisse Einzelzüge in dieser Entwicklung verdienen eine genauere Betrachtung. Auffallend ist zunächst einmal, daß Piachi Nicolo *nicht* schlägt, als er ihn bei seiner Frau im Zimmer antrifft. Nachdem er sich „erholt hatte, nahm er bloß, indem er die Vorhänge des Bettes, auf welchem sie ruhte, zuzog, die Peitsche von der Wand, öffnete ihm die Tür und zeigte ihm den Weg, den er unmittelbar wandern sollte" (S. 195). Auch als Nicolo ihn nun seinerseits aus dem Haus verweist, das Piachi selber ihm geschenkt hat, zögert Piachi noch, denn noch wähnt er nicht alles verloren. Er glaubt sich noch mit Hilfe eines Rechtsanwaltes Recht verschaffen zu können. Erst als ihm klar ist, daß es kein rechtmäßiges Mittel gibt, sie sich zurückzuverschaffen, ermordet er den schwächeren Nicolo auf grausame Weise und stopft ihm das Dekret, das Nicolo in seinem Besitz bestätigt, in den Mund.

Innerhalb des von uns angenommenen Bedeutungsfeldes werden nun auch andere Züge der Novelle deutbar, die bisherigen Interpreten fast durchweg als „Rätsel einer nicht mehr durchschauten Schicksalsmacht"[25] erscheinen mußten. Zunächst einmal ergibt sich ein Zugang zu dem keineswegs „grundlos Bösen" in Nicolo. Wir hatten bereits angedeutet, daß Piachi Nicolo keineswegs aus echtem Mitleid oder gar aus Liebe „an Sohnes Statt" aufnimmt, sondern daß er ihn als Ersatzobjekt „kauft". Auch hier sprechen die von Kleist beschriebenen Einzelheiten eine beredte Sprache. Nicolo wird in das Bett des Paolo gelegt, ihm werden die Kleider des Paolo angezogen, und er wird wie der Sohn des Hauses in die Schule geschickt. Aber noch in einem eigentlicheren Sinne ist er Tauschobjekt: Piachi hat seinen Sohn für Nicolo hingegeben, ihn gewissermaßen gegen Paolo eingetauscht. Am verräterischsten sind die Worte, Piachi habe den „Jungen in dem Maße liebgewonnen, als er ihm teuer zu stehen gekommen war" (S. 184) und daß allein dieser sein Wert, also der Tauschwert dessen, was er für ihn hingegeben hat, ihn soweit brachte, daß er Nicolo adoptierte. Eine weitere auffällige Einzelheit, die in diesem Zusammenhang Gewicht gewinnt, ist, daß Piachi „späterhin einen Kommis ab(dankte), mit dem er, aus mancherlei Gründen, unzufrieden war, und hatte, da er Nicolo, statt seiner, in dem Kontor anstellte, die Freude zu sehen, daß derselbe die weitläufigen Geschäfte, in welchen er verwickelt war, auf das tätigste und vorteilhafteste verwaltete." (S. 184) Hier wird deutlich, daß bereits sein Sohn für ihn hauptsächlich die Funktion eines Nachfolgers im Geschäft hatte, und daß gerade deswegen der Ersatz des Sohnes durch Nicolo so leicht von statten geht, weil im Grunde nicht der Sohn, sondern seine Funktion als Geschäftsnachfolger ersetzt werden sollte. Daß Piachi wohl auch aus Sparsamkeitsgründen den Kommis entläßt und durch seinen adoptierten Sohn ersetzt, wirft ein weiteres Schlaglicht auf seine Verhaltensnormen.

Daß Nicolo, der schon vorher die Welt nur als Drohung von Häschern, Polizisten und Pestkrankheit erfahren hat, in dieser Umgebung „fremd und steif" bleiben muß, in der er „steif und starr" einen Toten vertreten muß,[26] ist ebensowenig verwunderlich als die Tatsache, daß er, der wirkliche Liebe nie gekannt hat, „schon in seinem fünfzehnten Jahre . . . die Beute der Verführung einer gewissen Xaviera Tartini" (S. 184) geworden ist. Nicolo deshalb zu verurteilen, weil er in der persönlichsten Beziehung zum Du das Seelische verachtet und nichts als die Befriedigung seiner Lust sucht,[27] heißt, ihm die einzige Art Liebe zum Vorwurf zu machen, die er in seiner liebelosen Umgebung kennengelernt hat: die Liebe als Tauschobjekt. Auch seine Ehe ist für seine Eltern nur ein Werkzeug, das dazu dient, das „Übel" seiner verschiedenen Liebschaften „an der Quelle" zu verstopfen (S. 184). Für Nicolo selbst ist die Ehe nichts weiter als ein Anzeichen des Wohlverhaltens, gegen das er sich zunächst eine glänzende Ausstattung und später das ganze Vermögen des alten Piachi einhandelt. Kein Wunder also, „daß er während der Lebzeiten seiner Frau nur mit geringer Liebe und Treue an ihr gehangen hatte." (S. 187)

Nach all dem dürfte die „abscheulichste Tat, die je verübt worden ist" (S. 194) nicht mehr ganz so unerklärlich sein, wie sie den meisten Interpreten dieser Novelle zu sein scheint. Nicolo hat keinerlei wirkliche Bindung an seine Pflegeeltern: was er von ihnen erhielt, war nichts als die materielle Belohnung dafür, daß er die Rolle des Sohnes spielte. Zu wirklicher Dankbarkeit fühlt er sich nicht verpflichtet, höchstens zu einer gespielten, die ein Teil seiner Rolle als „Sohn" ist. Im Gegensatz dazu ist die Beleidigung, die sein Vater ihm in der Kirche bei der Beisetzung Constanzens antut, für ihn selbst sehr wirklich. Er hat weiterhin gute Gründe anzunehmen, daß er Elviren „den Schimpf, den ihm der Alte vor allem Volk angetan hatte, zu verdanken" (S. 188) habe, denn Elvire hatte ihn mit der Zofe der Xaviera Tartini ertappt. Daß auch sein Pflegevater „beim Eintritt in sein Haus dem Mädchen begegnete" (S. 187), wußte er ebensowenig wie, daß er der Zofe Nicolos Brief abgenommen hatte und selbst, in verstellter Schrift, eine Antwort auf Nicolos Brief an die Tartini verfaßt hatte.

So richtet sich seine Rache hauptsächlich gegen Elvire. Ihre „Reinheit" muß ihm in dieser Welt, in der jeder nur eine Rolle spielt und sein Innerstes, so wie er es selber tut, unter einem Schleier von Wohlverhalten verbirgt, als ganz besonders geschickte Verstellung vorkommen: „es schien ihm unglaublich, daß sie, bei soviel Verlockung dazu, nicht selbst zuweilen auf dem Weg wandeln sollte, dessen Blumen zu brechen er eben so schändlich von ihr gestraft worden war" (S. 189). Der Augenschein gibt ihm durchaus recht. Er überrascht Elvire in ihrem Zimmer und sieht durch das Schlüsselloch, wie sie da liegt, „in der Stellung der Verzückung, zu jemandes Füßen, und ob er gleich die Person nicht erkennen konnte, so vernahm er doch ganz deutlich, recht mit dem Akzent der Liebe ausgesprochen, das geflüsterte Wort: Colino" (S. 189). Wenn Nicolo auch die Art dieser Liebe grob sinnlich mißversteht, so hat er doch recht, wenn er Elvire eine „Scheinheilige" (S. 189) nennt – sie ist es, wenn auch in einem anderen Sinn als er ahnt.

Elvire ist – wie zu zeigen ist – in einem klar umrissenen Sinn selbst mitschuld an dem Verbrechen, in dem sie nur scheinbar rein passives Opfer ist. Ihr „Versehen" ist so zufällig und äußerlich nicht, wie das oft dargestellt wird. Wenn man Nicolo Sinnlichkeit und Egoismus vorwirft, dann kann man das mit demselben Recht auch Elvire vorwerfen. Nur weil sie in ihren Sinnen befangen ist, nur weil sie am äußeren Bild hängt, kann es geschehen, daß ihr „die Gestalt des Vollkommensten nicht mehr von der Erscheinung dessen zu unterscheiden (möglich) ist, in dem sich" angeblich „das Äußerste an Verruchtheit und Verderbenheit darbietet".[28] Ja, ihre Befangenheit im sinnlichen Augenschein geht noch weiter: nicht die Erscheinung Nicolos an sich, sondern hauptsächlich seine Kleider, das nun wirklich Äußerlichste an einem Menschen, seine Verkleidung als genuesischer Ritter für den Karneval, wirken auf Elvira so stark, daß sie, „wie durch einen unsichtbaren Blitz getroffen, bei seinem Anblick von dem Schemel, auf welchem sie stand, auf das Getäfel des Bodens niederfiel" (S. 186). Diese so ganz auf die äußere Erscheinung zielende Liebe Elvirens wird am augenfälligsten in dem „Bild eines jungen Ritters in Lebensgröße" (S. 189), vor dem sie betet, in einer Weise, die „in allen Zügen einem Heiligenkult entspricht".[29] Diese Verehrung, deren eigentliches Ziel charakterliche Eigenschaften – die Liebe, der Heldenmut und die Treue des jungen Aloysius, Marquis von Montferrat – sein sollten, richtet sich so auf ein völlig Äußerliches, auf ein Bild. Und so wie sie hier an der äußeren Darstellung hängt, so erliegt sie auch nachher allen Erscheinungen, die Colinos Anwesenheit vortäuschen.[30] Der äußere Schein wird für sie wichtiger als das Sein. Solange Nicolo er selber ist, aber nicht wie Colino aussieht, beachtet sie ihn nicht. Als er etwas zu sein scheint, was er nicht ist, wird sie von der bloßen Erscheinung fasziniert. Ihre Ohnmachten und ihre seelische Krankheit sind mehr als nur Rückzüge „aus jeder gewöhnlichen, zufälligen Unterhaltung . . . in ihre wesenhafte Mitte",[31] sie zeigen eine tiefgehende Störung an, die wieder mit dem Ersatz einer wirklich menschlichen Bindung durch eine bloß funktionale aufs Engste zusammenhängt: das Bild Colinos und die Erscheinung Nicolos in der Gestalt Colinos ersetzen ihr den toten Geliebten in genau derselben Weise, in der Nicolo dem alten Piachi seinen verlorenen Sohn ersetzt. Und wieder weist die Möglichkeit einer solchen Austauschbarkeit nicht so sehr auf die moralische Verworfenheit Nicolos als vielmehr auf die inneren Widersprüche einer Gesellschaft, in der ein solcher Ersatz überhaupt möglich ist. Die Befriedigung mit einem Ersatz, dessen spezifische Natur es ist, Schein zu sein, ist Scheinbefriedigung. Doch durch diese scheinhaft widerstandslose Befriedigung wird die Möglichkeit wirklicher Liebe vollends zerstört. Diese Ersatzliebe ist bloß eine Form des Voyeurismus.

Das wirft nun wieder ein bezeichnendes Licht auf das Verhältnis von Elvire zu ihrem Gatten Piachi: ihre Ehe ist eine reine Leerform des äußeren Scheins. Wirkliche Liebe gibt es in dieser Ehe nicht; bei Piachi ist sie durch höfliche Rücksichtnahme und Mitleid, bei Elvire durch konventionelle, pflichtgemäße Treue und äußerlichen Gehorsam gegenüber ihrem Gatten ersetzt. Ihre Beziehung zu Piachi ist genauso erstarrt wie ihre kultartige Beziehung zu ihrem toten Geliebten. Nicht daß sie Piachi geheiratet und so, wie Dürst[32] meint, die Treue zu ihrem Geliebten gebrochen hat, die angeblich bei Kleist über den Tod hinaus dauern müsse, ist ihr wirkliches Versehen, sondern daß sie weder Colino noch Piachi liebt, daß sie Colino durch ein Bild ersetzt und die Liebe durch den Schein der Liebe in der Ehe ersetzt hat. Nur so ist es möglich, daß Nicolo für sie überhaupt zum Ersatzbild von Colino werden kann.

In diesem Zusammenhang sind noch zwei kleine Züge der Erzählung wesentlich, die nur scheinbar nebensächliche und zufällige Einzelheiten darstellen, in Wirklichkeit aber symbolhaft Wesentliches ausdrücken. Es heißt nämlich, daß „Philippo Parquet, ihr Vater, ein bemittelter Tuchfärber in Genua" (S. 185) war. Dürst weist ganz richtig darauf hin, daß der Mensch seit dem Sündenfall mit Tuch seine wahre Gestalt umhüllt und so klug seine Blöße bedeckt. Tuch, Farbe und Kleid gehören ganz sicher zu der Kategorie des Scheinhaften, zu der auch die Karnevalsmaske Nicolos gehört, die die Austauschbarkeit der Personen überhaupt erst möglich macht. Elvire selbst webt Leinwand (S. 189), und auch diese so beiläufig angeführte Tatsache fügt sich in das Symbolfeld von Schein und Täuschung.

Ein zweiter kleiner Hinweis, ebenfalls von Dürst bereits angesprochen,[33] ist die Kurzsichtigkeit Elvirens (S. 192). Ganz abgesehen davon, daß diese zunächst durchaus physische Gebrechlichkeit Elvirens Nicolo seinen Betrug noch erleichtert, möchte man auch hier meinen, einen symbolischen Hinweis des Dichters auf eine mehr als nur körperliche Kurzsichtigkeit zu erblicken, die Unfähigkeit nämlich, in die Weite zu sehen und das Ganze des menschlichen Lebens zu übersehen.

Nicolos Verbrechen besteht also in nichts weiter als einem „Versehen": er mißversteht die voyeuristische Liebe Elvirens zu Nicolo als einen Ersatz für die nicht vollzogene Ehe ohne Liebe mit Piachi.[34] Wie Piachi ihn als Ersatz für den toten Sohn gebraucht (und mißbraucht) hat, so erwartet er nun, Elvire werde ihn als Ersatz für den toten Colino und den sexuell toten Piachi benutzen. Und er ist entschlossen, diesen Anspruch Elvirens an ihn, den er irrtümlicherweise voraussetzt, ebenso für seine egoistischen Zwecke auszunutzen, wie er schon vorher Piachis Ersatz-Vaterliebe und seine bindungslose Position als Waise ausgenutzt hat.

Wenn Kleists Erzählung nicht so sehr die individuelle Bosheit Nicolos sichtbar macht, sondern vielmehr die unmenschliche Struktur der Gesellschaft, die alle Beziehungen zwischen Menschen nach dem Maß und Vorbild von Warenbeziehungen sieht, so nämlich, daß jeder Mensch in jeder Beziehung austauschbar ist, und daß jede solche Beziehung einen Preis hat, so wird auch das Verhalten der Kirche innerhalb des theoretischen Feldes dieser Analyse nicht so sehr als individuelle Verfehlung dieses oder jenes Mitglieds der Kirche sichtbar, sondern die Korruption dieser Institution wird als Folge der Korruption aller menschlichen Beziehungen in der gesamten Gesellschaft gesehen. Die Korruption der Kirche ist nicht, wie man meinen könnte, Ursache der Korruption des jungen Nicolo – auch wenn das in der Novelle beinahe so aussieht. Gewiß schwingt in der Schilderung der moralisch korrupten römischen Kirche und der katholischen Mönche noch viel aufklärerischer, antiklerikaler Affekt mit, der sich in der moralisierenden Terminologie äußert. Aber dieses moralische Anliegen ist bei Kleist immer schon eingebettet in ein viel weiter greifendes gesellschaftskritisches, das in der Korruption der Kirche nur den sichtbaren Ausdruck einer umfassenden gesellschaftlichen Zerstörung sieht. Denn was der Kirche vorgeworfen wird, das sind alles nur besonders auffällige Kennzeichen der bürgerlichen Gesellschaft: Sinnlichkeit, d. h. die Beschränkung auf den äußeren Schein, Käuflichkeit, d. h. die totale Austauschbarkeit aller Dinge und Personen gegen einen Preis, und das abstrakte, auf einem formalen Vertrag beruhende Eigentumsrecht ohne Vorbehalte und soziale Verpflichtungen.

So wird zwar mit der moralischen Entrüstung sittenschildernder Romane des 18. Jahrhunderts davon gesprochen, daß der Bischof eine „Beischläferin" hat, daß die Mönche Nicolo nur „wegen des beträchtlichen Vermögens, das ihm einst, aus der Hinterlassenschaft des Alten, zufallen sollte, mit großer Gunst zugetan waren" (S. 184), daß die Mönche und der Bischof zwar formal, rechtlich aber völlig unchristlicherweise Piachi aus seinem eigenen Haus und Besitz vertreiben. Aber die moralische Entrüstung gegen die Kirche funktioniert nicht als Selbstzweck und die berichteten Einzelheiten nicht als realistische Detailschilderung. Das Begriffsfeld, innerhalb dessen all diese Einzelzüge bedeutsam werden, ist nicht in erster Linie das der bürgerlichen *Moral*, sondern das des bürgerlichen Waren- und Geldbegriffs. Die Institution der katholischen Kirche, die als Institution sich das Recht der Erlösung vorbehält, ist von den bürgerlichen Auffassungen über Geld und Ware bereits so weit korrumpiert, daß sie dieses ihr eigenstes und inneres Anliegen vergißt. Am deutlichsten wird das im letzten Teil der Erzählung. Es herrscht nämlich im Kirchenstaat ein „Gesetz, nach welchem kein Verbrecher zum Tode geführt werden kann, bevor er die Absolution empfangen hat" (S. 196). Dieses Gesetz beruht offensichtlich auf der Grundlage, daß das Seelenheil eines Menschen der Kirche wichtiger zu sein hat als selbst das Funktionieren der Justiz. Als sich Piachi aber drei Tage lang weigert, die Absolution zu empfangen, befiehlt der Papst, ihn ohne Absolution hinzurichten: „kein Priester begleitete ihn, man knüpfte ihn ganz in der Stille, auf dem Platz del popolo auf" (S. 196). Auch der Glaube und die Hoffnung auf Erlösung erweist sich so als ein trügerischer Schein: die Sorge um das Seelenheil des Menschen entpuppt sich als Täuschung, die es der Kirche ermöglicht, an seine irdischen Güter heranzukommen. Die Kirche selbst enthüllt sich als konsequenteste Ausbildung des lügenhaften Scheins, den die bürgerliche Gesellschaft um ihre unmenschliche Praxis errichtet, um diese Praxis desto ungestörter durchführen zu können.

Daß es sich nicht um eine „psychologische" Novelle handelt, in der die Handlungen einzelner Personen durch die Struktur einer autonomen Psyche oder durch Veränderungen und Entwicklungen dieser Psyche gedeutet werden, hat unsere bisherige Deutung wohl ebenso belegt wie unsere Auffassung, daß im Mittelpunkt des Interesses des Erzählers nicht die moralische Aburteilung der Handlungen dieser oder jener geschilderten Personen steht. Dennoch haben wir zugegeben, daß Kleist selbst sich wohl der eigentlichen Problematik, die er in seiner Novelle gestaltet hat, nicht immer voll bewußt war, und daß dieses Selbstmißverständnis Kleists sich noch anhand der individualpsychologischen und moralisierenden Terminologie nachweisen läßt. Eine Interpretation, die das übersehen, verschweigen und selbst nicht wieder interpretieren wollte, müßte sich vorwerfen lassen, genauso einseitig zu sein wie die Interpretationen, denen wir mangelndes Verständnis der Gesamtstruktur der Erzählung vorwerfen.

Im Mittelpunkt der „psychologischen" Interpretation Ruth Baumanns stehen drei Szenen, die ihrer Meinung nach „zur Entwicklung Nicolos beitragen, die darum in der Erinnerung des Helden immer wiederkehren":[35]

1. Die nächtliche Szene, in der Nicolo in genuesischer Rittertracht das Zimmer betritt und Elvire einen unerklärlichen Schrecken einflößt,

2. die Szene, in der Elvire Nicolos Zimmer betritt und da die Zofe Xavierens antrifft,

3. die Szene, in der Nicolo die vor dem Bilde Colinos knieende Elvire belauscht.

Es trifft durchaus zu, daß diese drei Erlebnisse im Gesamtzusammenhang der Novelle eine ausgezeichnete Stellung einnehmen, und daß Kleist uns ausführlich die Gedanken, Erinnerungen und Absichten Nicolos im Zusammenhang mit diesen Ereignissen darstellt, während er sonst über die Gefühle, Gedanken und Meinungen der Handelnden wenig verlauten läßt (allerdings ist es keineswegs so, daß im ersten Teil der Novelle allein die Außensicht vorherrscht). Aber von einer psychologischen Novelle können wir doch nur dann sprechen, wenn der Dichter uns eine psychologische *Begründung* der Handlungsweise gibt. Was eigentlich zu begründen wäre, die „abgrundtiefe Verworfenheit" und Bosheit Nicolos, wird durch keinen dieser ganz zufälligen Anlässe erklärt, sondern nur durch die Stellung Nicolos in der Gesellschaft und in der Familie Piachi. So „erklärt" die psychologische Betrachtungsweise nicht den eigentlichen Antrieb Nicolos, sondern lediglich die besondere zufällige Form, die sein Verbrechen annimmt.

An dieser Stelle scheint es mir auch geboten, einer Argumentation zu widersprechen, die Kunz[36] im Anschluß an Wolfgang Kaysers Auffassung entwickelt, daß Kleists Erzählperspektive im allgemeinen die Außensicht ist, und daß daher die Innensicht, zu der unsere Novelle etwa in der Mitte überwechselt, ein „Stilbruch im Formgefüge der Novelle ist". Ganz abgesehen davon, daß Kleist uns in allen Novellen Einblick in das Innere seiner Gestalten erlaubt, wenn ihm das für den Fortgang seiner Novelle richtig und wichtig erscheint, gibt es auch in unserer Novelle von Anfang an immer wieder Stellen, in denen uns Kleist einen Blick in die seelische Verfassung seiner Gestalten tun läßt. Kleist wird hier mit Maßstäben gemessen, die weder ihm noch seinen Absichten noch seiner Zeit entsprechend sind. Das Gebot der Einhaltung einer einheitlichen Perspektive, sei es Innen- oder Außenperspektive, geht nämlich von einer Voraussetzung aus, die Kleist völlig fremd ist: daß nämlich das „Innere" eines Menschen uns verschlossen ist, daß wir ihn wie eine „black box" zu betrachten haben, und nur beschreiben können, was mit dieser verschlossenen schwarzen Schachtel geschieht, und wie sie darauf reagiert – das ist die behaviouristische Spielart des Empirismus – oder aber daß wir, wie im „wirklichen Leben", alles vom „Standpunkt" eines Menschen aus beschreiben müssen – das ist die naturalistische Spielart des Empirismus. Sobald wir das empiristische Vorurteil ablegen, erkennen wir, daß Kleist das zu erzählende Material nach ganz anderen Gesichtspunkten anordnet – und das ist eben *seine* Erzählperspektive –, daß er unbekümmert um solche ganz kunstfremden Kriterien den Leser immer das wissen läßt, was er an dieser Stelle wissen muß, um das

Folgende zu verstehen. Einziges Kriterium für die Notwendigkeit einer Information ist ihm die Funktion dieser Information in der Gesamtstruktur dieser Novelle.

Damit kommen wir schließlich zu der Funktion der „moralischen" Terminologie Kleists im Ganzen dieser Novelle. Nach all dem bereits Gesagten können moralische Urteile in der Novelle nicht einfach naiv als unmittelbare Aussagen Kleists über das Geschehen und die Personen in der Erzählung verstanden werden. Schon von daher ist es falsch, wie Kunz das tut, Kleist einen weiteren Wechsel des Standpunkts vorzuwerfen, durch den der Erzähler „die Bindung an die jeweilige Situation aufgibt, um eine Deutung des Geschehens aus einer umfassenden Perspektive zu geben".[37] Wenn Kleist schreibt: „Aber die Nemesis, die dem Frevel auf dem Fuß folgt, wollte . . ." (S. 194), dann kann man das ebensogut für eine Wiedergabe der gesellschaftlichen Stereotypen nehmen wie für eine Deutung des Geschehens durch den Autor, wobei die erste Auffassung noch den Vorteil hat, daß man Kleist nicht zu unterstellen braucht, er habe mit voller Überzeugung Banalitäten wie „unerhörte Frechheit", „höllischer Bösewicht", „schändliche Leidenschaft" und „abscheulichste Tat" als eigene Wertung gesetzt. Kunz vertritt da die durchaus richtige Auffassung: „immer ist es so, daß das emotional bestimmte Attribut aus dem Erleben der handelnden Personen zu verstehen ist, kaum je als direkte Aussage des Erzählers zu werten ist".[38] Werturteile und moralische Aussagen, die nicht direkt als Aussagen einzelner Personen zu verstehen sind, wie der Ausdruck „den alten Narren" als Bewertung Piachis durch Nicolo, fungieren im Zusammenhang der Kleistschen Erzählung als Urteile der fiktiven Gesellschaft, in der die einzelnen Gestalten agieren, nicht als Aussagen des Dichters. Inwieweit Kleist selbst mit dem einen oder anderen Urteil übereinstimmt, läßt sich ohne weiteres überhaupt nicht feststellen, das läßt sich höchstens indirekt aus dem durch die Analyse der Gesamtstruktur bestimmten Gehalt der Novelle erschließen.

Das moralische oder psychologistische Mißverständnis der Erzählung Kleists führt, da weder die moralische noch die psychologische Analyse die eigentlichen Triebkräfte der handelnden Personen ausmachen können, zu dem noch schwerwiegenderen Mißverständnis, Kleists Novelle sei von ihrer ursprünglichen Konzeption her eine Schicksalsnovelle. Alles, was sich dem Zugriff einer rein pragmatischen, theorielosen Interpretation entzieht, erscheint dem Interpreten als „unberechenbare Fügungen schicksalhafter Gestalten".[39] Die ursprüngliche Konzeption des Werkes als eine Schicksalsnovelle wird aus dem syntaktischen Bau der Sätze erschlossen, „die unmittelbar das schicksalhaft Überraschende des Geschehens zum Ausdruck bringen. Es handelt sich um die in der Kleistschen Prosa fast formalhaft vorkommende Wendung, in der zwei Ereignisse durch ein ‚eben . . ., als' zur Gleichzeitigkeit gebracht werden".[40] Daß eine zufällige Gleichzeitigkeit für Kleist bereits ein schicksalhaftes Zusammentreffen bedeutet, kann nur der aus solchen – zugegebenermaßen häufigen – Wendungen herauslesen, dessen eigene Weltanschauung dazu neigt, jedes nichtverstandene Ereignis als schicksalhafte Wendung zu begreifen. Ich möchte hier nicht alles wiederholen, was Hans Peter Herrmann in seinem Aufsatz zur Rolle des Zufalls bei Kleist zu sagen hat,[41] und was ich selbst in diesem Zusammenhang in dem Kapitel über das „Erdbeben in Chili" angemerkt habe. Das dort Gesagte möchte ich hier nur insofern ergänzen, als in unserer Analyse der Erzählung „Der Findling" einige neue Aspekte dieses Problems auftauchen.

Zufälle, die uns verleiten könnten, von einer „Schicksalsnovelle" zu sprechen, gibt es im „Findling" genug. Es trifft sich zufällig, daß in Ragusa die Pest ausgebrochen ist, als Piachi mit seinem Sohn dorthin kommt, „durch eine unbegreifliche Schickung des Himmels" stirbt Colino. Es trifft sich zufällig, daß Elvire noch auf ist, als Nicolo vom Karneval zurückkommt, weil Piachi nicht wohl ist, ebenfalls Zufall ist es, daß Nicolo gerade in der Maske eines genuesischen Ritters gekleidet ist, zufällig kommt Piachi gerade in dem Augenblick aus der Stadt zurück, als die Zofe der Tartini das Haus verlassen will, und zufällig kommt Piachi zu eben der Stunde von seinen Reisen zurück, wo Nicolo sich anschickt, seine Stiefmutter zu vergewaltigen. An allen wesentlichen Gelenkstellen der Novelle also ereignet sich genau das, was auf das furchtbare Ende zutreibt. Das Zufällige erweist sich als einem Willen unterworfen: dem Willen des Dichters. Das könnte uns dazu verleiten, von Willkür zu sprechen und wie Herrmann zu behaupten: „Eine Welt, in der der Zufall vorherrscht, ist in ihrer Einheit gefährdet. Ihre Ereignisse stehen ohne Beziehung zueinander, ihre Zeitabläufe zerfallen in isolierte Augenblicke."[42] Doch das wäre ein Fehlschluß, der die determinierende Struktur, nämlich die zentrale unmenschliche Verfassung der bürgerlichen Gesellschaft, mit den bloß zufälligen Anlässen, unter denen sie sich zerstörerisch auswirkt, verwechselt. Die Struktur der Gesellschaft nämlich, die in unserer Interpretation als die eigentliche Ursache der Handlungen aller Personen in der Erzählung angesprochen wurde, wird durch die zufälligen Umstände nur wie im Licht eines grellen Blitzes sichtbar gemacht. Kleist benutzt diese zufälligen Umstände nur dazu, um jene extreme Situation herzustellen, in der die scheinbar harmlose, ordentliche und vernünftige Welt des Bürgertums ihr wahres, nämlich grausames Gesicht zeigt: der Verlust aller echten menschlichen Bindungen – Liebe, Freundschaft, Achtung, Verehrung – und der Ersatz aller Bindungen durch eine einzige Beziehung – der zwischen Ware und Bezahlung – macht diese Gesellschaft unfähig, alle menschlichen Triebe und Bedürfnisse zu befriedigen. Die Zufälle sind nur die „Entwickler", die die latent vorhandenen grausamen Züge dieser Gesellschaft sichtbar machen.[43]

Anmerkungen

1 Ruth Baumann: *Studien zur Erzählkunst Heinrichs von Kleist. Die Gestaltung der epischen Szene.* – Diss. Hamburg 1928, S.29.
2 Josef Kunz: „Heinrich von Kleists Novelle ‚Der Findling'". – In: *Festschrift für Ludwig Wolff.* – Neumünster: Wachholtz 1962, S.337.
3 Vgl. vor allem Kurt Gassen: *Die Chronologie der Novellen Heinrich von Kleists.* – Weimar 1920 und Hans M. Wolff: *Heinrich von Kleist. Die Geschichte seines Schaffens.* – Bern 1954.
4 Joachim Kreutzer: *Die dichterische Entwicklung Heinrich von Kleists.* – Berlin: Schmidt 1968, S.186.
5 Ebenda.
6 So z. B. Günther: a.a.O. – In: Euphorion, 8. Ergänzungsheft 1909, S.131ff. und Kunz: a.a.O., S.338.
7 Kunz: a.a.O., S.349.
8 Elmar Hoffmeister: *Täuschung und Wirklichkeit bei Heinrich von Kleist.* – Bonn: Bouvier 1968, S.20.
9 Zitiert nach Heinrich von Kleist: *Erzählungen.* – München: dtv 1964 (= dtv – Gesamtausgabe Bd.4).
10 Hoffmeister: a.a.O., S.20.
11 Rolf Dürst: *Heinrich von Kleist, Dichter zwischen Ursprung und Endzeit. Kleists Werk im Licht idealistischer Eschatologie.* – Bern: Francke 1965, S.66.
12 Vgl. Clara Kuoni: *Wirklichkeit und Idee in Heinrich von Kleists Frauenerleben.* – Leipzig: Huber 1937, S.225.
13 Kunz: a.a.O., S.349.
14 Hoffmeister: a.a.O., S.21.
15 Kunz: a.a.O., S.341.
16 Hoffmeister: a.a.O., S.20.
17 Hermann Schneider: *Studien zu Heinrich von Kleist.* – Berlin: Weidemann 1915, S.98.
18 a.a.O., S.100.
19 Louis Althuser und Etienne Balibar: *Das Kapital lesen.* – Bd.1, S.28.
20 Kunz: a.a.O., S.355.
21 Dürst: a.a.O., S.68.
22 Jürgen Habermas: *Theorie und Praxis.* – Frankfurt/Main: Suhrkamp 1971, S.98.
23 Vgl. Christopher Caudwell: *Bürgerliche Illusion und Wirklichkeit.* – München: Hanser 1971, S.56.
24 Dürst: a.a.O., S.20.
25 Josef Kunz: *Die deutsche Novelle zwischen Klassik und Romantik.* – Berlin: Schmidt 1966, S.125.
26 Vgl. Dürst: a.a.O., S.71.

27 Wie das Kuoni: a.a.O., S. 224, tut
28 Kunz: a.a.O. (Festschrift Wolff), S. 344.
29 a.a.O., S. 344.
30 Vgl. Dürst: a.a.O., S. 72.
31 Kuoni: a.a.O., S. 225.
32 a.a.O., S. 72.
33 a.a.O., S. 72.
34 Vgl. S. 184: „Elvire, welche von dem Alten keine Kinder mehr zu erhalten hoffen konnte."
35 Baumann: a.a.O., S. 29.
36 Kunz: a.a.O. (Festschrift Wolff) S. 348 ff.
37 a.a.O., S. 352.
38 a.a.O., S. 352.
39 a.a.O., S. 353.
40 a.a.O., S. 353.
41 Hans Peter Herrmann: „Zufall und Ich. Zum Begriff der Situation in den Novellen Kleists." – In: *Germanisch-Romanische Monatsschriften* NF 11 (1961).
42 a.a.O., S. 73 f.
43 Auch hier zeigt sich, daß Einzelzüge eines Sprachkunstwerks, wie die von Kunz angesprochene syntaktische Fügung, nur von einem schon verstandenem Ganzen her interpretiert werden können.

„Die heilige Cäcilie oder die Gewalt der Musik"

Eine problematische „Legende" vom religiösen Wahnsinn.

In der Argumentation, die beweisen will, daß Kleist am Ende seines Lebens „eine extreme reaktionäre Position bezieht"[1] und zusammen „mit allen Protagonisten der romantisch-junkerhaften Reaktion, mit Arnim, Brentano, Adam Müller usw. gegen die Reformpläne Hardenbergs" kämpft,[2] spielt die Legende *Die heilige Cäcilie oder die Gewalt der Musik*, die Kleist Cäcilie Müller, der Tochter Adam Müllers, zum Taufangebinde widmet, eine gewisse Rolle. Hier nämlich werde greifbar, was sich sonst so schwer nachweisen ließ: ein romantischer, ästhetisierender Katholizismus, zumindest als Zugeständnis an seine katholischen Kampfgenossen in der Christlich-Deutschen Tischgesellschaft. Daß der verarmte Dichter, der sonst keinerlei Geschenke anzubieten hat, der Tochter seines Freundes eine Erzählung im Geschmack des zum Katholizismus übergetretenen Vaters anbietet, mag noch hingehen; daß er sich als Taufpate in einem Kreis allerbedenklichster Reaktionäre findet, mag rein aus Höflichkeitsgründen erklärt werden; schon der Schein solcher Verbrüderung war schlimm genug, und zählte später, als er sich bei Hardenberg um eine Stelle und um Unterstützung bewarb, mit gegen ihn. Die Mitarbeit Adam Müllers am „Phoebus" und an den „Abendblättern", die Mitgliedschaft Kleists in der Christlich-Deutschen Tischgesellschaft hat Kleist nicht nur bei den preußischen Reformern verdächtig gemacht und ihm vielleicht die letzte Möglichkeit einer sinnvollen Mitarbeit am Neubau Preußens gekostet, sondern auch bei der Nachwelt die Legende entstehen lassen, die über Mehring und Lukács – nun negativ – das Kleistbild bis heute entstellt.

Daß Kleist trotz seines Zerwürfnisses mit Müller nach dessen Heirat mit Sophie von Taylor, geschiedene von Haza, in Berlin wieder mit Müller Kontakt aufnahm, steht außer Zweifel, daß Achim von Arnim, Adam Müller und Beckedorff neben Kleist die wichtigsten Mitarbeiter an den Berliner Abendblättern sind, ebenfalls. Dennoch hat vor allem Sembdner nachgewiesen, daß Reinhold Steigs These, „wonach die Abendblätter das Organ einer stockkonservativen und antisemitischen Partei von Offizieren und märkischem Adel gewesen seien, die sich dann in der ‚Christlich-Deutschen Tischgesellschaft' gesammelt haben, als eine sachlich unhaltbare Fiktion"[3] zurückgewiesen werden muß. In den Bereich der Legende gehört auch Kleists Zugehörigkeit zu der „Berliner Romantik", trotz der Darstellung Jakob Baxas:

... die Taufgesellschaft der Cäcilie Müller (stellt) die Elite der Berliner Romantik dar. Adam Müller, Achim von Arnim, Kleist, Beckedorff sind die wichtigsten Mitarbeiter an den *Berliner Abendblättern,* diese vier gehören später mit Friedrich von Pfuel der Christlich-Deutschen Tischgesellschaft an, unter der wir auch die Gatten von Kunigunde von Savigny und Adolfine Vogel finden: Die Taufe der Cäcilie Müller war also ein ausgesprochenes glanzvolles Fest der Berliner Romantik. Der zuerst genannte vornehmste preußische Pate von Rochow steht etwas abseits, aber er verleiht dem Ganzen eine scharfe, politische Note: Er ist der Vertreter des kurmärkischen Adels, der frondierenden Feudalpartei, die durch seine Anwesenheit ihren bürgerlichen Wortführer, Adam Müller, ehrt. Die Berliner Romantik hatte nur eine kurze Blütezeit. Ende März 1811 gingen Kleists *Abendblätter* ein, Ende Mai mußte Adam Müller Berlin verlassen, Beckedorff ging um dieselbe Zeit weg, und wenn wir an den November 1811 denken, bleiben uns nur noch die drei Namen Kleist, Vogel und Peguilhen.[4]

Daß Kleist diesem Kreise nur lose verbunden war und seine Ansichten nicht teilte, darf heute als erwiesen gelten. Dennoch bietet die Erzählung selbst Probleme genug. In seiner Einleitung zu Kleists Werken (1859) nannte Julian Schmidt diese Erzählung kurz und bündig eine „Mißgeburt" und mokierte sich über den „katholischen Hautgout" dieser „Geheimnisse eines Irrenhauses". Franz Servaes spricht von einem „katholisierenden Zug" in der Erzählung, den er allerdings „Adam Müller aufs Kerbholz schreiben" möchte.[5] Edmund Edel kommt von einer Analyse des Titels her zu der Auffassung, Kleist erzähle ein Geschehen, „das sich in zwei Wirklichkeitsebenen vollzieht und das als Ganzes der Erzähler nicht im gewohnten Sinne realistisch-empirisch, sondern in der Art einer Legende, also religiös, gedeutet wissen will".[6] Noch 1971 behauptet Kurt Gerlach:

> Die der Musik innewohnende irrationale Kraft ist hier geradezu mit der göttlichen Macht identisch, die über dem puritanischen Rationalismus der Bilderstürmer siegen muß. Eine persönliche Huldigung an den Konvertiten Adam Müller kann man in dem Umstand erblicken, daß die Mutter der vier Brüder in den Schoß der katholischen Kirche zurückkehrt. Allerdings fehlt diese Angabe noch in der sehr viel kürzeren Abendblatt-Fassung.[7]

Andererseits betont schon E. Schmidt,[8] daß Kleist hier allenfalls auf die Säkularisationen des Reichsdeputationshauptschlusses und auf das Edikt Hardenbergs vom 30. Oktober 1810 angespielt haben kann, das die Säkularisierung aller geistlichen Güter und die Aufhebung der Klöster in Preußen verfügt hatte, und daß sich Kleist aller tendenziösen Äußerungen enthalten habe. Auch Meyer-Benfey meint deswegen, daß die Erzählung als eine Reaktion des streng rechtlich gesinnten Kleist gegen einen solchen ungeheuren Rechtsbruch zu deuten wäre, und bemerkt in ihr nur „eine Hinneigung zum Katholizismus, die wir sonst noch nie bei Kleist bemerkten. . . . Also eine Annäherung an die Romantik, vielleicht ein persönlicher Einfluß des Konvertiten Müller?"[9] Auch Steig ist der Auffassung, daß das, was gegen die Klosterstürmer gesagt werde, – romantische – Anwendung auf

Hardenberg und seine Reformer habe: über alle weltlichen Reformmaßnahmen werde „der Triumph der Religion" verkündet. Nach Steigs Auffassung liegt allerdings nicht eine eigentlich katholisierende Tendenz, sondern vielmehr eine versteckte politische Opposition allerfeinster und allerschärfster Art vor.[10] Selbst wenn man wie Kreutzer den Katholizismus nur als „ästhetisches Medium"[11] gelten läßt, würde das Kleist nicht weit von den anderen Romantikern wegrücken, die ja auch oft über das Ästhetische den Weg zum Katholizismus fanden. Die Problematik eines solchen, selbst nur ästhetischen Flirts mit dem Katholizismus in diesen Jahren zwischen Revolution und Reformation wird dann deutlich, wenn man sich vergegenwärtigt, daß die katholische Kirche nicht nur in Frankreich, sondern auch in Deutschland in diesen Jahren als die Bastion der Reaktion galt. Aus diesem Grunde erschien den Spätaufklärern wie Wekhrlin, Rebmann, Pezzl und Geiger „das Christentum, besonders in seiner katholischen Ausprägung, bloß noch als ein finsterer Aberglaube"[12] – und zu Recht: „Pius VI. aber empfand nur tiefe Abneigung gegen die Neuerer in Frankreich. Er war selber Aristokrat, bezog seinen Rat vom Kardinal de Bernis, der in Rom als französischer Botschafter die Interessen seines Landes verriet . . . und hatte schon in einem geheimen Konsistorium die Grundsätze der Menschenrechte-Erklärung verurteilt."[13]

Schon daß diese Erzählung die einzige Quelle ist, aus der irgendeine Hinneigung Kleists zum Katholizismus bezeugt ist, sollte stutzig machen. Die Auffassung des jungen Kleist über den Katholizismus ist ja bekannt und eindeutig genug! Am 11. September 1800 schreibt er seine Eindrücke in der katholischen Bischofsstadt Würzburg nieder:

> Das Ganze hat ein echt katholisches Ansehen. Neun und dreißig Türme zeigen an, daß hier ein Bischof wohne, wie ehemals die ägyptischen Pyramiden, daß hier ein König begraben sei. Die ganze Stadt wimmelt von Heiligen, Aposteln und Engeln, und wenn man durch die Straßen geht, so glaubt man, man wandle durch den Himmel der Christen. Aber die Täuschung dauert nicht lang. Denn Heere von Pfaffen und Mönchen, buntscheckig montiert, wie die Reichstruppen, laufen uns unaufhörlich entgegen und erinnern uns an die gemeinste Erde. (6/89).

In demselben ironischen Stil heißt es dann weiter in demselben Brief:

> Aber alle diese Kirchen sind von früh morgens bis spät abends besucht. Das Läuten dauert unaufhörlich fort. Es ist, als ob die Glocken sich selbst zu Grabe läuten, denn wer weiß, ob die Franzosen sie nicht bald einschmelzen. Messen und Horen wechseln immer miteinander ab, und die Perlen der Rosenkränze sind in ewiger Bewegung. Denn es gilt die Rettung der Stadt, und da die Franzosen für ihren Untergang beten, so kommt es darauf an, wer am meisten betet. (6/90)

Nach einer leichtsinnig lustigen Anekdote über den Ablaß folgt dann die radikale Kritik an der katholischen, ja eigentlich an jeder organisierten Religion:

> Wenn man in eine katholische Kirche tritt und das weitgebogene Gewölbe sieht, und diese Altäre und diese Gemälde – und diese versammelte Menschenmenge mit ihren Gebärden –, wenn man diesen ganzen Zusammenfluß von Veranstaltungen, sinnend, betrachtet, so kann man gar nicht begreifen, wohin das alles führen sollte. Bei uns erweckt doch die Rede des Priesters, oder ein Gellertsches Lied manchen herzerhebenden Gedanken; aber das ist hier bei dem Murmeln des Pfaffen, das niemand hört, und selbst niemand verstehen würde, wenn man es auch hörte, weil es lateinisch ist, nicht möglich. Ich bin überzeugt, daß alle diese Präparate nicht einen einzigen vernünftigen Gedanken erwecken.
> Überhaupt dünkt mich, *alle Zeremonien ersticken das Gefühl.* Sie beschäftigen unseren Verstand, aber das Herz bleibt tot. Die bloße *Absicht,* es zu erwärmen, ist, wenn sie sichtbar wird, hinreichend, *es ganz zu erkalten.* Mir wenigstens erfüllt Todeskälte das Herz, sobald ich weiß, daß man auf mein Gefühl *gerechnet* hat (6/90 f.) (Meine Hervorhebungen).

In seinem Buch *Der junge Kleist* weist Heinz Ide daraufhin, wie merkwürdig dieser letzte Absatz aus Kleists Brief ist. Nur wenn wir den eigenartigen Gebrauch des Wortes *Gefühl* verstehen, das bei Kleist eben nicht mit Emotionen gleichzusetzen ist, können wir die eigentliche Angriffsrichtung dieser Kritik verstehen. Das Gefühl ist alles das, was „den Menschen auf seine Mitte hin konzentriert",[14] der Verstand dagegen „der vom Gefühl gelöste und damit autonom gewordene Verstand", der das Verhängnis des Menschen ist. Es geht nicht an, Kleists frühe Ablehnung des Katholizismus dadurch zu bagatellisieren, daß man ihn einfach auf den später „überwundenen" Rationalismus des frühen „aufklärerischen" Kleist zurückführt. Im Gegenteil, hier tritt, wie Ide richtig erkannt hat, eine Kleistsche Grundhaltung gegenüber jedem organisierten und systematisierten Glauben klar hervor. Was Kleist unerträglich ist, ist, daß das Zeichen, der Gebrauch, an die Stelle dessen tritt, was der Mensch im Innersten ist und weiß, schließlich das Gefühl usurpiert, es durch Zeremonien und Gebrauch manipulierbar macht. Es wäre seltsam, wenn Kleist eine so zentrale Auffassung jemals aufgegeben hätte.

Zwar haben wir ein Zeugnis vom 21. Mai 1801, ebenfalls ein Brief an Wilhelmine von Zenge, das genau das Gegenteil der hier skizzierten Einstellung zum Katholizismus auszusprechen scheint:

> Nirgends aber fand ich mich tiefer in meinem Innersten gerührt, als in der katholischen Kirche, wo die größte, erhebendste Musik noch zu den andern Künsten tritt, das Herz gewaltsam zu bewegen. Ach, Wilhelmine, unser Gottesdienst ist keiner. Er spricht *nur zu dem kalten Verstande,* aber *zu allen Sinnen* ein katholisches Fest. (6/179)

Bei genauerem Lesen widerspricht aber dieser Text nicht dem Brief aus Würzburg: Denn nicht zum *Gefühl* spricht ein katholisches Fest, sondern nur *zu allen Sinnen*; das hatte Kleist bereits in Würzburg erfahren; neu ist allein auch seine Abwertung des protestantischen Gottesdienstes. Hätte sich Kleist in Dresden wirklich in seinem innersten Gefühl angesprochen gefühlt, und nicht nur ästhetisch, sinnlich gereizt, hätte er kaum in seinem Bericht fortfahren können:

> Mitten vor dem Altar, an seinen untersten Stufen, kniete jedesmal, ganz isoliert von den andern, ein gemeiner Mensch, das Haupt auf die höheren Stufen gebückt, betend mit Inbrunst. Ihn quälte kein Zweifel, er *glaubt*. – Ich hatte eine unbeschreibliche Sehnsucht, mich neben ihn niederzuwerfen und zu weinen. – Ach, nur einen Tropfen Vergessenheit, und mit Wollust würde ich katholisch werden. (6/179)

Aber mit diesem Tropfen Vergessenheit konnte sich Kleist nie betäuben: er konnte nicht mehr glauben, ohne sein innerstes Gefühl zu zerstören. Kleist hat immer wieder gewünscht – und wer tut das nicht –, „daß eine Welt sei, welche den Wünschen des Gemüts entspricht, eine Welt der unbeschränkten Subjektivität . . . der ununterbrochenen Seligkeit", aber er war nie fähig, seinen kritisch-wachen Verstand so weit zu unterdrücken, daß er aus dem Wunsch, „daß ein Wesen sei, welches alles vermag, was der Natur und Vernunft unmöglich ist", folgern konnte, daß ein solches Wesen existiert.[15] Darum scheint es mir ganz falsch zu sein, davon zu sprechen, daß Kleist in Dresden der „inbrünstigste Verehrer" des katholischen Gottesdienstes wurde, oder gar zu sagen: „der eifrige und frische Nachzügler der Aufklärungsliteratur wird zum gläubigen Katholiken, und der von Kantischer Skepsis Gemarterte haßt nun die Vernunft und wird zum bedingungslosen Anbeter der Sinne."[16] Einen solchen Bruch in Kleists Entwicklung zu konstruieren, auf Grund einer Aussage, die nicht mehr ist als eine tolerante Anerkennung der sinnlichen und ästhetischen Komponente des katholischen Gottesdienstes, zu einer Zeit, da Kleist aufs Tiefste durch die Kantkrise verwirrt ist, scheint mir dann doch eine ganz vereinzelte Aussage aus dem Augenblick unzulässig zu verallgemeinern. Betrachtet man die Erzählungen *Das Erdbeben in Chili* und den *Findling*, dann muß man zugeben, daß Kleists Grundeinstellung zu diesen Fragen sich auch späterhin nicht geändert hat. Vor allem im *Erdbeben von Chili* wird deutlich, daß Kleist gerade das Institutionelle der Kirche als Gefahr für das unbedingte und natürliche Gefühl ansieht. Und die scharfe Anklage der Korruption, die die Erzählung *Der Findling* gegen die katholische Kirche erhebt – eine Erzählung, die aus demselben Zeitraum stammt wie *Die heilige Cäcilie* –, läßt irgendwelche Tendenzen Kleists zum Katholizismus kurz vor seinem Lebensende noch unwahrscheinlicher erscheinen.

Im Zusammenhang des Kleistschen Lebens und Werkes gibt uns *Die*

190

heilige Cäcilie also ein Rätsel auf, wenn wir sie als fromme katholische Legende lesen wollen. Einen Hinweis darauf, wie dieses Rätsel zu lösen ist, und wie die Geschichte wirklich gelesen werden muß, gibt uns die Umarbeitung der Abendblätter-Fassung in die endgültige Buchfassung. Von seinem Standpunkt aus, der Kleist eine Annäherung an die Romantik, „die Liebe zum deutschen Altertum"[17] unterstellt, kann Meyer-Benfey nicht anders, als die Erzählung in der Buchausgabe zu kritisieren:

> Die unheimliche Bestrafung der Brüder bringt ein Gefühl des Grauens hinein, das so, wie die Geschichte in den Abendblättern stand, wo das kurz abgetan wird und nicht den Schlußeindruck beherrscht, den heiligen Schauer noch erhöht. Aber die Nachgeschichte hat Kleist, als er die Erzählung für die Buchausgabe umarbeitete, so stark erweitert, daß sie nun zur Hauptsache geworden ist. Und in der breiten, realistischen Ausführung und aktenmäßigen Bezeugung, wie wir sie jetzt lesen, erscheint sie nur als eine Krankheitsgeschichte, die einen widrigen Eindruck macht und jene fromme Wirkung mindestens stark beeinträchtigt (. . .) Es ist schade, daß wir in den Werken Kleists diese Erzählung immer in der entstellenden Erweiterung lesen.[18]

Richtig an dieser Anmerkung Meyer-Benfeys ist erstens, daß Kleist allerdings die Nachgeschichte stark ausgearbeitet und damit die Perspektive der Erzählung wesentlich verändert hat, und zweitens, daß dadurch das Mißverständnis, das die Kurzfassung immerhin noch nähren konnte, diese Geschichte sei eine fromme Legende, für den, der aufmerksam liest, eigentlich unmöglich geworden sein müßte. Von Meyer-Benfey trennt mich allerdings ganz entschieden die Interpretation und die Wertung dieser Tatbestände. Ich halte die Erweiterung keineswegs für „entstellend", sondern im Gegenteil für erhellend – erst in der Buchfassung wird die Tendenz, die schon in der ersten Fassung greifbar ist, ganz klar, erst hier wird deutlich, daß schon die kürzere Erstfassung ein höchst problematisches Taufangebinde für ein junges katholisches Mädchen war.[19] Michael Scherer besteht allerdings gerade für die zweite Fassung darauf, daß in ihr „die Wahrheit des Religiösen", des „Wunders" erst ganz „zwingend" werde.[20] Im Allgemeinen empfinden die Kritiker wie Meyer-Benfey aber gerade die zweite Fassung als die problematischere, auch dort, wo sie sie als künstlerisch überlegen betrachten. Wolfgang Wittkowski z. B. schreibt: „Dem Leser, der ein christliches Erbauungsstück erwartete, sollte, wenigstens nach aufmerksamer Lektüre, einigermaßen unbehaglich zumute sein",[21] und Friedrich Koch meint, *Die heilige Cäcilie* zeige den Menschen „rettungslos der geheimnisvollen, unberechenbaren Wirklichkeit ausgeliefert und unsichtbaren Mächten preisgegeben" und fährt fort:

> In der letzten Fassung aber wird das Schicksal der vier so grausam geschlagenen Brüder Hauptthema. Beinahe unerträglich wird es geschildert: aus den Menschen sind hier Marionetten geworden, ihr Ich ist zerstört, sie sind zum willen-

losen mechanischen Werkzeug geworden . . . in der sogenannten Legende (ist) ein vollkommenes Zerrbild der Wirklichkeit entstanden. Mag immerhin ein tiefer Wahrheitskern darin liegen, wie die Empörer gegen Gott dazu verdammt sind, noch in Gericht und Wahnsinn Gottes Lob zu singen – zwischen diesem verzerrten Bild der vergewaltigenden Wirklichkeit und dem christlichen Gott, mit dem es in der Dichtung in Verbindung gebracht wird, klafft ein unüberbrückbarer Riß, der sich dem ganzen Werk mitteilt.[22]

Wo sich so gegensätzliche Deutungen einer Erzählung ergeben, scheint es am Platze zu sein, die Erzählung selbst und ihr biographisches und geschichtliches Umfeld einer neuen Untersuchung zu unterziehen.

Schon 1902 schrieb Franz Servaes über diese Erzählung, sie sei „eine in mancher Hinsicht geniale Wahnsinnsstudie".[23] In einem Brief vom 13. September 1800 aus Würzburg finden wir Kleist an dem Phänomen des Wahnsinns interessiert, und bereits damals beschreibt Kleist auch einen Fall religiösen Wahnsinns:

> In einer Zelle saß, schwarz gekleidet, mit einem tiefsinnigen, höchst ernsten und düstern Blick, ein Mönch. Langsam schlug er die Augen auf uns, und es schien, als ob er unser Innerstes erwog. Dann fing er mit einer schwachen, aber doch tönenden und das Herz zermalmenden Stimme an, uns vor der Freude zu warnen und an das ewige Leben und an das heilige Gebet uns zu erinnern. Wir antworteten nicht. Er sprach in großen Pausen. Zuweilen blickte er uns wehmütig an, als ob er uns doch für verloren hielte. Er hatte sich einst auf der Kanzel versprochen und glaubte von dieser Zeit an, er habe das Wort Gottes verfälscht. (6/95)

Als Kleist dann im Jahre 1810 auf der Suche nach Material für seine Novellensammlung auf einen Bericht von Matthias Claudius über vier wahnsinnige Brüder in einem Hamburger Spital stieß, mag dieser Bericht sein eigenes Erlebnis in Würzburg und seine immer latente Faszination mit dem Phänomen des Wahnsinns wieder wachgerufen haben. In Claudius' „Besuch in St. Hiob zu **" liest man:

> Die merkwürdigsten von allen waren vier Brüder, die in einem Zimmer beisammen saßen gegen einander über wie sie auf dem Kupfer (von Chodowiecki) sitzen . . . Herr Bernhard sagte, sie säßen die meiste Zeit so und ließen den ganzen Tag wenig oder gar nichts von sich hören; nur so oft ein Kranker im Stift gestorben sei, werde mit drei Schlägen vom Turm signiert, und so oft eine Glocke gerührt werde, sängen sie einen Vers aus einem Totenliede. Man nenne sie deswegen im Stift die Totenhähne.[24]

Daß Kleist sich von dieser oder ähnlichen Schilderungen gerade zum Anlaß der Taufe von Cäcilie Müller zu einer kurzen Erzählung anregen ließ, hat seinen Grund in einer versteckten und höchst ambivalenten Auseinandersetzung mit seinem Freund Adam Müller. Versteckt und ambivalent war diese Auseinandersetzung, weil Kleist es sich – von allen anderen Freunden und von seiner Familie im Stich gelassen – nicht leisten konnte, den einzigen Mann, der sich seit Dresden immer wieder für Kleist eingesetzt hatte und der unerschütterlich an Kleists Genie glaubte, offen zu verärgern. Andererseits ärgerte ihn der aus politischen Gründen von Müller nur versteckt ausgeübte Katholizismus doch zu sehr, als daß er die Gelegenheit der Taufe vorübergehen lassen konnte, ohne unter dem Deckmantel einer frommen Legende eine bitterböse Karikatur auf eine Legende zu schreiben, in der die Konversion zum „rechten" Glauben gleichzeitig mit der Überwältigung durch den Wahnsinn stattfindet.[25] Diese Gleichsetzung von rechtem Glauben und Irrsinn ist mithin die zentrale Aussage der Novelle. Während die vier Brüder nämlich der Auffassung sind, daß „wenn die gute Stadt Aachen wüßte, was sie, so würde dieselbe ihre Geschäfte beiseite legen, und sich gleichfalls, zur Absingung des gloria, um das Kruzifix des Herrn niederlassen" (S. 201), werden sie von allen anderen für verrückt erklärt: Die erste Information, die die Mutter in Aachen erhält, als sie nach ihren Söhnen suchen kommt, ist, daß sie „an der Ausschweifung einer religiösen Idee krank lagen, und ihre Aufführung . . . trübselig und melancholisch war" (S. 200). Da sie allgemein für verrückt gehalten werden, befinden sie sich in „dem durch des Kaisers Fürsorge unlängst gestifteten Irrenhause der Stadt" (S. 200). Etwas später werden die vier Männer „sinnverwirrt" genannt, und ihr Leben sei „geisterartig". Der Wirt ist der Auffassung, daß in ihnen „ohne Zweifel der böse Geist walten müsse" (S. 204), und eine ärztliche Untersuchung befindet sie verrückt (S. 205). Auffallend und letztlich der Schlüssel für die Interpretation der Novelle ist schließlich die Aussage der vier Verrückten: „daß sie bloß in der Verherrlichung des Heilands begriffen wären, von dem sie, nach ihrem Vorgeben, *besser als andere*, einzusehen glaubten, daß er der wahrhaftige Sohn des alleinigen Gottes sei." (S. 200) Der Vorsteher des Irrenhauses relativiert diesen Anspruch durch den eingeschobenen Satz „nach ihrem Vorgeben", für sie selbst ist dieser Anspruch absolut. Gerade diesen Absolutheitsanspruch erhebt auch die katholische Kirche selbst: sie sieht sich als alleinseligmachend und den Papst, soweit er ex cathedra spricht, als unfehlbar. So wie die vier Konvertiten zeigen, in der Erzählung selbst, die Kirche und ihre Vertreter einen religiösen Glaubensdünkel, der, wenn er schon nicht als einfach falsch, dann doch als wenig begründet erscheint. Ohne dabei gewesen zu sein, also ohne die geringste empirische Begründung,[26] erklärt der Bischof, „daß die heilige Cäcilie selbst dieses zu gleicher Zeit schreckliche und herrliche Wunder vollbracht habe" (S. 207), und der Pabst, der sich noch weiter vom Ort entfernt befindet, bestätigt diese Ansicht durch ein Breve. Besonders deutlich drückt sich dieses Überlegenheitsgefühl in den Worten der Äbtissin aus, wenn sie sagt: „welcher Mittel er sich dabei bedient hat, kann Euch, die Ihr eine Protestantin seid, gleichgültig sein: Ihr würdet auch das, was ich Euch darüber sagen könnte, schwerlich begreifen." (S. 207) Das von Kleist gleichermaßen für die Verrückten und die katholische Kirche kennzeichnende Merkmal des Wahns ist einerseits die völlige Sicherheit des Glaubens und andererseits die völlige Abwesenheit irgendwelcher empirischer, auch Ungläubigen mitteilbarer Indizien oder Beweise, ja die völlige Gleichgültigkeit darüber, ob Außenstehende das von ihnen selbst für wahr gehaltene annehmen oder nicht. Die vier Männer fühlen sich den anderen Bewohnern von Aachen gegenüber so erhaben, daß sie sie nicht einmal zur Nachfolge auffordern; die Äbtissin ist sich ihrer Sache so sicher, daß sie gar keinen Versuch macht, sie der Protestantin zu erklären, obwohl sie selbst zugeben muß, ,,daß schlechterdings niemand weiß, wer eigentlich das Werk, das ihr dort aufgeschlagen findet, im Drang der schreckenvollen Stunde, da die Bilderstürmerei über uns hereinbrechen sollte, ruhig auf dem Sitz der Orgel dirigiert habe." (S. 207) Wer Kleists Erzählungen aufmerksam gelesen hat, weiß, daß das Unerklärte nicht das Unerklärliche ist. Dort, wo Kleist das scheinbar Unerklärliche am Ende der Erzählung aufklärt – wie zum Beispiel in der *Marquise von O . . .* –, stellt sich meist statt des erhabenen Geheimnisses (jungfräuliche Geburt) eine überraschende aber nicht desto weniger banale Alltäglichkeit als die Ursache heraus (Vergewaltigung während einer Ohnmacht). Die Umstände, die die Äbtissin berichtet, sind geheimnisvoll:

> Durch ein Zeugnis, das am Morgen des folgenden Tages, in Gegenwart des Klostervogts und mehreren anderen Männern aufgenommen und im Archiv niedergelegt ward, ist erwiesen, daß Schwester Antonia, die einzige, die das Werk dirigieren konnte, während des ganzen Zeitraums seiner Aufführung, krank, bewußtlos, ihrer Glieder schlechthin unmächtig, im Winkel ihrer Klosterzelle darniedergelegen habe; eine Klosterschwester, die ihr als leibliche Verwandte zur Pflege ihres Körpers beigeordnet war, ist während des ganzen Vormittags, da das Fronleichnamsfest in der Kathedrale gefeiert worden ist, nicht von ihrem Bette gewichen. (S. 207)

Nichts in der Charakterbeschreibung der Äbtissin verhindert uns also anzunehmen, daß ihr Zeugnis nicht ebenso objektiv oder sogar subjektiv falsch ist wie das des Grafen Jakob in *Der Zweikampf*. Selbst wenn man, da Kleist offensichtlich nichts gegen ihr Zeugnis vorbringt, annimmt, es sei faktisch richtig, so ist doch die Ableitung, die sie aus dem Zeugnis macht, ,,wahrscheinlich" nur für den, der selbst schon an Wunder glaubt, keineswegs ein Beweis, daß statt eines unwahrscheinlichen und unerklärten Zufalls ein unmögliches Wunder stattgefunden habe. Ihre Logik ist nicht nur da brüchig, wo sie behauptet, Schwester Antonia sei die ,,einzige" gewesen, ,,die das Werk dirigieren konnte" (später heißt es, die Messe werde nun jedes Jahr – offenbar ohne Schwester Antonia – aufgeführt), völlig unhaltbar wird die Beweisführung, wenn sie sagt:

Ja, Schwester Antonia würde ohnfehlbar selbst den Umstand, daß sie es nicht gewesen sei, die, auf so seltsame und befremdende Weise, auf dem Altan der Orgel erschien, bestätigt und bewahrheitet haben: wenn ihr gänzlich sinnberaubter Zustand erlaubt hätte, sie darum zu befragen, und die Kranke nicht noch am Abend desselben Tages, an dem Nervenfieber, an dem sie darniederlag, und welches früherhin gar nicht lebensgefährlich schien, verschieden wäre. (S. 270)

Weit entfernt davon, das Zeugnis der anderen Klosterschwester zu widerlegen, zeigt dieser Abschnitt allein die Unsicherheit der Äbtissin, die dem Zeugnis eines Menschen (der ja geschlafen haben könnte) nicht traut und den Anschein eines weiteren völlig irrealen Zeugnisses herbeizaubern muß. Zudem enthält dieser Abschnitt eine Aussage, die eine natürliche Erklärung zumindest nahelegt: Wenn das Nervenfieber vorher „nicht lebensgefährlich" war, dann ist doch durchaus möglich, daß Antonia dennoch von ihrem Krankenbett aufgestanden, die Messe dirigiert, und daß erst diese Anstrengung sie so erschöpft, daß eine entscheidende Verschlechterung eintrat. Die Krankenschwester, für ihr Wohl verantwortlich, mag sie nun geschlafen haben oder nicht, könnte aus Angst vor der Strafe, der nur allzu bereitwillig glaubenden Äbtissin ihren „Zeugenbericht" gegeben haben. Wie gesagt, das sind Vermutungen, die allerdings sich auf eine Reihe weiterer Indizien stützen können. Entscheidend für die Interpretation sind sie nicht, denn Kleist ging es nicht darum, das Wunder zu entlarven – das war ihm nebensächlich –, sondern darum, den katholischen Glauben in seiner Wundersucht als Wahnvorstellung darzustellen. Entscheidend ist vielmehr nach Kleists Darstellung der Parallelismus zwischen den Wahnvorstellungen der vier Irren und denen der offiziellen Vertreter des Katholizismus. Wie später Feuerbach sah er, daß „der Glaube an Wunder eins mit dem Wesen des Glaubens überhaupt" ist. Was Kleist darstellt, ist Glaube als diese „zuversichtliche Gewißheit von der Realität, d. i. unbedingten Gültigkeit und Wahrheit des Subjektiven im Gegensatz zu den Schranken, d. h. Gesetzen der Natur und Vernunft."[27] Gerade diese subjektive Gewißheit sollte uns – wenn es sich um eine Novelle von Kleist handelt – doch vorsichtig machen. Gerade die Krise des Bewußtseins, die Zerstörung der subjektiven Gewißheit, hat Friedrich Koch überzeugend als ein Grundthema der Kleistschen Dichtung dargestellt, daß das naive Vertrauen des Lesers in die subjektive Gewißheit der Äbtissin, wo dies den Naturgesetzen widerspricht, doch wohl nicht die von Kleist beabsichtigte Lesehaltung war. Immer wieder demonstriert Kleist, wie täuschend solche subjektive Glaubensgewißheit sein kann. Die Marquise von O.... versichert, „eher (glaube sie), daß die Gräber befruchtet und sich im Schoße der Leichen eine Geburt entwickeln wird", als daß sie selbst schwanger sei (S. 109); die beiden Liebenden im *Erdbeben von Chili* glauben kurz vor ihrem grausamen

Tode, sie seien im „Tal von Eden" (S. 136); Gustav in der *Verlobung in St. Domingo* erschießt seine Geliebte, weil er fest davon überzeugt ist, sie habe ihn an Congo Hoango verraten (S. 175); Elvira im *Findling* ist fest davon überzeugt, ihren Geliebten Colino vor sich zu haben und fällt in Ohnmacht, als ihr Nicolo in der Rittertracht gegenübertritt. Die Verlockung des Glaubens, aber auch seine Gefahr, das hat Kleist immer wieder dargestellt, ist, „er entfesselt die Wünsche des Menschen von den Banden der natürlichen Vernunft; er genehmigt, was Natur und Vernunft versagen; er macht den Menschen darum s e l i g , denn er befriedigt seine subjektivsten Wünsche".[28] Ein Problem entsteht erst dort, wo sich den Gläubigen eine äußere Wirklichkeit so zwingend und unausweichlich entgegenstellt, daß er den subjektiven Glauben nicht aufrechterhalten kann. Das geschieht – im Gegensatz zu anderen Erzählungen Kleists – in der *Heiligen Cäcilie* nicht. Zwar teilen die anderen Bewohner Aachens den Glauben der vier verrückten Brüder nicht und nennen sie daher irrsinnig, subjektiv aber behalten sie die heitere Selbstgewißheit ihres Glaubens. Ebenso mag der Leser den Glauben der Äbtissin nicht teilen, es habe kein Wunder stattgefunden, aber weder objektiv noch subjektiv wird sie mit der Notwendigkeit konfrontiert, diesen Glauben mit einer nicht subjektiven Wirklichkeit in Einklang zu bringen. Was allerdings klar wird, dem Leser zumindest klar werden kann, ist die egozentrische, um Einwände unbekümmerte Natur des Glaubens, der seine Zwecke nicht nur ohne Mittel, sondern auch ohne Rücksicht auf den Anderen durchsetzt. Die Erwartung, daß durch ein Wunder „alle Schranken, alle Gesetze, welche dem Gemüte wehe tun, beseitigt, und so dem Menschen die unmittelbare, schlechthin unbeschränkte Befriedigung seiner subjektiven Wünsche"[29] gewährt werde, ist ein Kinderwunsch, ist infantil. Diese selbe Infantilität der „unmittelbaren Einheit des Wunsches und der Erfüllung"[30] zeigt sich im Augenblick der wunderbaren Rettung des Klosters. Bedroht von mit Beilen und Brechstangen bewaffneten Frevlern, nachdem bereits „die bedenklichsten Auftritte vorgefallen", nachdem die Troßknechte am Portal „auf die unanständigste Weise geneckt" worden waren, und einzelne sich „die frechsten und unanständigsten Äußerungen gegen die Nonnen erlaubt" hatten (S. 198 f.), erscheint „Schwester Antonia plötzlich, frisch und gesund, ein wenig bleich im Gesicht, von der Treppe her" . . . „verteilt die Partitur, die sie bei sich trug, und setzte sich selbst, von Begeisterung glühend, an die Orgel, um die Direktion des vortrefflichen Musikstücks zu übernehmen" (S. 199). Sobald die Musik erklingt, sind die vier Brüder (aber nur diese) wie verwandelt, nehmen ihre Hüte ab und beginnen zu beten, und zwar „die ganze Reihe noch kurz vorher von (ihnen) verspotteter Gebete" (S. 202).

„Im Glauben liegt ein böses Prinzip", sagt Feuerbach – und Kleist demonstriert es in seiner Erzählung. „Wesentlich verurteilt, verdammt der

Glaube. Allen Segen, alles Gute häuft er auf sich, auf seinen Gott, allen Fluch, alles Ungemach und Übel wirft er auf den Unglauben."[31] Friedrich Braig, sensitiver als manche späteren Interpreten, die Kleist für das Christentum retten wollten, hat von seinem Standpunkt aus zu Recht das unheilige Nebeneinander von Religion, Dämonenspuk und Irrsinn als Freigeisterei mißbilligt. Mehr denn alle anderen Erzählungen stellt uns die Bestrafung der vier Missetäter die Frage, ob es ein böser Geist sei, der an der Spitze der Welt steht (vgl. 7/21 und 23). In der Erzählung nämlich erscheint die Religion als etwas Schreckliches, Wahnsinn erzeugendes: Wenn „der Himmel selbst . . . das Kloster der frommen Frauen in seinen Schutz genommen" hat (S. 201), dann auf eine Weise, die „Entsetzen" und Schauder erregt. Der scheinbar so laut gelobte „Triumph der Religion" erweist sich beim näheren Hinsehen als die Entmenschung von vier Menschen zu gefühllosen Marionetten. Nicht nur sind sie nach dem „Wunder" „an der Ausschweifung einer religiösen Idee krank", „äußerst trübselig und melancholisch", „unglücklich", „sinnverwirrt", ihre Mutter empfindet bei ihrem „schauderhaften Anblick" Entsetzen (S. 200f.), die bilderstürmerischen Freunde fragen sie, „was ihnen in aller Welt Schreckliches, fähig, ihr innerstes Gemüt dergestalt umzukehren, zugestoßen sei", und sie sehen „sprachlos vor Jammer, ihrem stillen, gespensterartigen Treiben" zu (S. 203). Am stärksten wird das Grauen fühlbar, wenn der Tuchhändler Veit Gotthelf den ersten mitternächtlichen Gesang des Quartetts beschreibt:

> Sie fangen, mit einer entsetzlichen und gräßlichen Stimme, das gloria in excelsis zu intonieren an. So mögen sich Leoparden und Wölfe anhören lassen, wenn sie zur eisigen Winterzeit das Firmament anbrüllen: die Pfeiler des Hauses, versichere ich Euch, erschütterten, und die Fenster, von ihrer Lunge sichtbarem Atem getroffen, drohten klirrend, als ob man Hände von schweren Sandes gegen ihre Fläche würfe, zusammen zu brechen. Bei diesem grauenhaften Auftritt stürzen wir besinnungslos, mit sträubenden Haaren auseinander; wir zerstreuten uns, Mäntel und Hüte zurücklassend, durch die umliegenden Straßen, welche in kurzer Zeit, statt unsrer, von mehr denn hundert, aus dem Schlaf geschreckter Menschen, angefüllt waren; das Volk drängt sich, die Haustüre sprengend, über die Stiegen dem Saal zu, um die Quelle dieses schauderhaften und empörenden Gebrülls, das wie von den Lippen ewig verdammter Sünder, aus dem tiefsten Grund der flammenvollen Hölle, jammervoll um Erbarmung zu Gottes Ohren heraufdrang, aufzusuchen" (S. 203f.).

Es ist auffallend, daß Kleist in seiner (entstellenden) Bearbeitung von Clemens Brentanos „Empfindungen vor Friedrichs Seelandschaft" das Bild der heulenden Wölfe noch einmal gebraucht, diesmal als Reaktion nicht auf kirchliche Musik, sondern auf romantische Malerei. Kleist behauptet an dieser Stelle, man könne im Geiste von Caspar David Friedrich „eine Quadratmeile märkischen Sandes darstellen . . ., mit einem Berberitzenstrauch, worauf sich eine Krähe einsam plustert" und fährt dann fort:

> Ja, wenn man diese Landschaft mit ihrer eigenen Kreide und mit ihrem eigenen Wasser malte; so, glaube ich, man könnte die Füchse und Wölfe damit zum Heulen bringen (5/61).

Mit leicht durchschaubarer Ironie kehrt Kleist dann das eindeutige Lob Brentanos in ein recht zweifelhaftes um, wenn er sagt:

> das Stärkste, was man, ohne allen Zweifel, zum Lob für diese Art von Landschaftsmalerei beibringen kann (5/61).

Das Bild, oder genauer die Wirkung des Bildes auf den Betrachter, verurteilt Caspar David Friedrichs Malerei in Kleists Augen ebenso, wie sich die sakrale Musik durch ihre Wirkung auf die vier Brüder als inhuman verurteilt.

Die Menschen, denen die vier Brüder nach ihrer „Bekehrung" begegnen, erfahren sie keineswegs als vom Geist der Liebe beseelt, sondern meinen, daß in ihnen „ohne Zweifel der böse Geist walten müsse" (S. 204), ihre Mutter glaubt, „Gott (habe) ihre Söhne wie durch unsichtbare Blitze zu Grunde gerichtet" (S. 205) und das „Gemüt ihrer armen Söhne zerstört und verwirrt" (S. 206). Sie selbst betrachtet am Ende der Erzählung die Partitur der Messe, „die unbekannten zauberischen Zeichen, womit sich ein f ü r c h t e r l i c h e r G e i s t geheimnisvoll den Kreis abzustecken schien, und meinte, in die Erde zu sinken, da sie grade das gloria in excelsis aufgeschlagen fand. Es war ihr, als ob das ganze Schrecken der Tonkunst, das ihre Söhne verderbt hatte, über ihrem Haupte rauschend daherzöge; sie glaubte, bei dem bloßen Anblick ihre Sinne zu verlieren . . ." (S. 206 f.). Gerade dieser Abschnitt, der im Vokabular eher auf eine primitive urzeitliche Zauberreligion als auf eine Hochreligion hinzuweisen scheint, der eher an Hexenmeister und Schamanen erinnert als an christliche Liebe, zeigt deutlich die Intention Kleists, Glauben überhaupt als Aberglauben zu denunzieren: wenn Religion sich so gegen Ungläubige durchsetzt, dann unterscheidet sie nichts von längst überholten und längst abgeschafften primitiven magischen Religionen.

Schon durch ihre Wirkung als unmenschlich und entmenschend denunziert, hat Kleist aber auch noch andere Signale in der Erzählung angebracht, die dem Leser verraten, was er von dieser seltsamen Bekehrung hält. So nennt er das Leben, das die vier Brüder nach ihrer „Bekehrung" führen, ein „ödes, gespensterartiges Klosterleben" (S. 204), eine abwertende Bezeichnung, die durch die Beschreibung ihres immer gleichen marionettenhaften Verhaltens durchaus gerechtfertigt scheint. Tag für Tag nämlich sitzen sie, „in langen, schwarzen Talaren, um einen Tisch, auf welchem ein Kruzifix stand, und schienen mit gefalteten Händen schweigend auf die

Platte gestützt, dasselbe anzubeten" (S. 200). Nur einmal am Tag, um Mitternacht, erheben sie sich von ihren Sitzen und singen, „mit einer Stimme, welche die Fenster des Hauses bersten machte, das gloria in excelsis" (S. 201). Schon Wittkowski hat richtig daraufhingewiesen, daß die Strafe nahezu identisch mit der Einrichtung ist, die Gott rettet – das Kloster. „Und wenn wiederum dem *Klosterleben* die Attribute *öde, traurig* (Wittkowski bezieht sich hier auf die erste Fassung) so selbstverständlich zugehören, dann rückt der frevelhafte Anschlag auf das Kloster schon beinahe ins Licht eines recht menschenfreundlichen Unternehmens – Klosteraufhebungen wurden damals durchaus unverhüllt gepriesen."[32] Von der Beschreibung des Klosterlebens als öde, gespensterartig und traurig her gewinnt nun die ursprüngliche „Freveltat" ein neues Gesicht. Daß das, was Kleist scheinbar verdammt, seine geheime Sympathie hat, zeigt sich schon in den Attributen, die er den Bilderstürmern verleiht: sie sind „junge" Leute, sie verabreden „frohlockend" ein Zeichen, zwar verurteilt Kleist sie vom Standpunkt des Klosters aus als „gotteslästerlich", entschuldigt sie aber halb wieder damit, daß er sie als „von Schwärmerei, Jugend und dem Beispiel der Niederländer erhitzt" nennt.

Völlig verständlich wird die versteckte Tendenz Kleists, wenn man sich klar macht, wogegen die Bilderstürmerei sich eigentlich richtet, nämlich die Ästhetisierung der Kunst, und wodurch die vier Brüder überwunden werden, nämlich durch die Musik, eine andere Form der Kunst. Ihr erstes Ziel sind die „Fensterscheiben, mit biblischen Geschichten bemalt" (S. 197). Ihr Angriff richtet sich gerade gegen die „sinnlichen Reize innerhalb und außerhalb der religiösen Sphäre".[33] Kleists eigene protestantische Herkunft und seine eigene Einstellung zu äußerlichen Zeremonien und der Sinnlichkeit eines Gottesdienstes, wie er ihn in Würzburg und Dresden erlebte, erlauben, die *Heilige Cäcilie* in eine Tradition zu stellen, die von der Kleistkritik bisher überhaupt nicht angesprochen worden ist: die Kritik der Kunst aus idealistischen, religiösen und humanen Gründen, die, aus der Angst vor der Überwältigung des „Geistes" durch die Sinnlichkeit der Kunst, Kunst höchstens als Werkzeug und streng kontrollierte Dienerin des „Wortes" zulassen wollte. Liest man Kleists Brief aus Würzburg, so liegt ein Verleich mit der Warnung Matthias von Janows gegen die künstlerische Ausstattung der Kirchen im 14. Jahrhundert nahe, denn

der gemeine Mann, gewöhnt an die sinnliche Pracht der Kirchen und des Gottesdienstes, werde auch gewöhnt, das Wesen der Religion mehr in Zeremonien und äußeren Werken als in der Gesinnung zu suchen, und sei nur zu sehr geneigt, den Bildern selbst jene Bedeutung und Heiligkeit zuzuschreiben, die den von ihnen dargestellten Ideen zukommt, so daß in solchen Fällen die Gefahr der Idolatrie nur durch die Beseitigung der Bilder abzuwenden sei.[34]

Der Untertitel der Erzählung Kleists heißt „Die Gewalt der Musik", und man hat bisher stillschweigend angenommen, daß Kleist hier am Beispiel der Musik die Gewalt der Kunst über die Herzen der Menschen überhaupt rühmend darstellt. Edmund Edel z. B. ist der Auffassung: „Die Gewalt der Himmelsmusik ist eine gerechte und totale"[35] und urteilt: „Jetzt sind auch die vier Frevler kraft des gerechten und totalen Waltens der göttlichen Unmittelbarkeit, welche anwesend ist in der Gewalt der Musik, aus den *vier gotteslästerlichen Brüdern* zu den *vier gottverdammten Brüdern* geworden."[36] Ähnlich unkritisch urteilt Robert Mühlher: „Ein Wunder verwandelt diesen Willen und Gedanken. Das Ergebnis ist der Gesang der vier Brüder, ihr Gloria. Der Engelsgesang wird zu dem der Verdammten ... Und dies deshalb, weil die Gewalt der Musik das äußerste Gegenteil aller Musik, Zerstörungswut, Leichtsinn und Frivolität, auf geheimnisvolle Weise in Musik verwandelt hat."[37] Kaum einer der Kritiker hat gesehen, daß Kleist die Kunst und vor allem die sinnlichen Komponenten des Kunstwerks und ihre Wirkung auf den Menschen höchst suspekt sind. In einer kurzen Glosse in den *Berliner Abendblättern* vom 9. Oktober 1810, also aus dem unmittelbaren zeitlichen Umkreis der Novelle, wendet Kleist sich gegen die Auffassung Schillers, „daß das entwickelte Gefühl für Schönheit die Sitten verfeinere",[38] wenn er sagt:

daß ein Volk zuerst in tierischer *Roheit* und *Wildheit* daniederläge; daß man nach Verlauf einiger Zeit, das Bedürfnis einer Sittenverbesserung empfinden, und somit die *Wissenschaft von der Tugend* aufstellen müsse; daß man um den Lehren derselben Eingang zu verschaffen, daran denken würde, sie in schönen Beispielen zu versinnlichen, und daß somit die Ästhetik erfunden werden würde: daß man nunmehr, nach den Vorschriften derselben schöne Versinnlichungen verfertigen, und somit die *Kunst* selbst ihren Ursprung nehmen würde: und daß vermittelst der Kunst endlich das Volk auf die höchste Stufe menschlicher *Kultur* hinaufgeführt werden würde (5/60).

Dagegen paraphrasiert Kleist den zu dieser Zeit angeblich längst „überwundenen" Rousseau, der, wie er selber, behauptet hat, daß Kunst und Wissenschaft kein wirklicher Fortschritt, sondern der Verfall der einfachechten „vertu" ursprünglicher Gesellschaft ist. Übersehen wird, daß die Kunst, entsprechend der Rousseauschen Idee vom zunehmenden Verfall des Menschengeschlechtes, als erste Stufe der Dekadenz eines Volkes gesehen wird:

Diesen Leuten dient zur Nachricht, daß alles, wenigstens bei den Griechen und Römern, in ganz umgekehrter Ordnung erfolgt ist. Diese Völker machten mit der *heroischen* Epoche, welches ohne Zweifel die höchste ist, die erschwungen werden kann, den Anfang; als sie in keiner menschlichen und bürgerlichen Tugend mehr Helden hatten, *dichteten* sie welche; als sie keine mehr dichten konnten, erfanden sie dafür Regeln; als sie sich in den Regeln verwirrten, abstrahierten sie die Weltweisheit selbst; und als sie damit fertig waren, wurden sie *schlecht* (5/60).

Kleists Verhältnis zur Kunst war immer ambivalent; vor allem seine Einstellung zu den formalen Elementen der Kunst läßt erraten, daß er die Notwendigkeit der sinnlichen Mittel und des Mediums der Kunst immer bedauerte. So schreibt er in dem „Brief eines Dichters an einen anderen" vom 5. Januar 1811:

> Wenn ich beim Dichten in meinen Busen fassen, meinen Gedanken ergreifen, und mit Händen, ohne weitere Zutat, in den deinigen legen könnte: so wäre, die Wahrheit zu gestehen, die ganze innere Forderung meiner Seele erfüllt (5/79).

Der Brief ist eine Absage an jede Art von Formalismus in der Kunst und in der Kunstbetrachtung und eine antiästhetisierende Unterordnung aller Kunstmittel (Metrum, Rhythmus, Reiz des Wohlklangs, Reinheit und Richtigkeit des Ausdrucks) unter den Zweck der Aussage. Es handelt sich hier in Kleists Auffassung um Vorzüge, „die ihren größesten Wert dadurch bewiesen haben würden, daß du sie gar nicht bemerkt hättest" (5/79).

Die Kritik der *Heiligen Cäcilie* richtet sich also gerade gegen die „Gewalt der Musik", die Überwältigung durch die Kunst, die zwar „zu allen Sinnen", nicht aber von Herz zu Herz spricht; gegen eine Kunst also, die in ihrem Effekt und in ihren Mitteln den anderen Menschen nicht als Menschen achtet, sondern sein „Gemüt" dergestalt umzukehren fähig ist, daß der Mensch zur Marionette entmenscht wird; denn nicht Reinigung und Heilung vollbringt die Musik bei ihm, sondern Verdammung, Aufhebung der Erkenntnis und des Willens, Vernichtung des Personseins, die Fixierung auf eine erzwungene Gottesverehrung, den Verlust jeder die Zukunft verändernder Entscheidungsfähigkeit. Die Tonkunst erscheint der Mutter als ein „Schrecken", der ihre Söhne „verderbt hatte" – als ein Zauber, der ihr Gemüt verwirrt. Jede Art von Gefühlszauber – sei er nun religiös oder ästhetisch – erfüllt Kleist mit „Todeskälte", und das unterscheidet ihn von der „Schule, nach der ich mich, wie du vorauszusetzen beliebst, gebildet habe" (5/79), der Romantischen Schule, der Kleist sich am Ende seines Lebens in *Die heilige Cäcilie oder die Gewalt der Musik* keineswegs genähert, von der er sich vielmehr in dieser Erzählung, wenn auch ironisch verschleiert, distanziert hat.

Anmerkungen

1 Georg Lukács: „Die Tragödie Heinrich von Kleists". – In: *Deutsche Realisten des 19. Jahrhunderts.* – Berlin: Aufbau Verlag 1953, S. 202.
2 Lukács: a.a.O., S. 208.

3 Helmut Sembdner: „Nachwort" zu: Heinrich von Kleist: *Berliner Abendblätter.*
– Darmstadt: Wiss. Buchgesellschaft 1973, S. 3*. Vgl. auch Reinhold Steig: *Hein-*
rich von Kleists Berliner Kämpfe. – Berlin und Stuttgart 1901; Helmut Sembdner:
Die Berliner Abendblätter Heinrich von Kleists, ihre Quellen und ihre Redak-
tion. – Berlin: Schriften der Kleist-Gesellschaft, Bd. 19, 1939, S. 7* und passim;
Dirk Grathoff: „Die Zensurkonflikte der Berliner Abendblätter. Zur Beziehung
von Journalismus und Öffentlichkeit bei Heinrich von Kleist." In: Klaus Peter
u. a.: *Ideologiekritische Studien zur Literatur. Essays I. –* Frankfurt/Main: Athenäum 1972, S. 35–168.
4 Jakob Baxa: „Die Taufe der Cäcilie Müller". – In: *Euphorion* 53 (1959), S. 101.
5 Franz Servaes: *Heinrich von Kleist. –* Leipzig: Seemann 1902, S. 140.
6 Edmund Edel: „Heinrich von Kleist: ‚Die Heilige Cäcilie oder die Gewalt der
Musik. Eine Legende.'" – In: *Wirkendes Wort* 2 (1969), S. 105.
7 Kurt Gerlach: *Heinrich von Kleist. Sein Leben und sein Schaffen in neuer Sicht.*
I. Teil. – Dortmund: Ostdeutsche Forschungsstelle im Lande Nordrhein-West-
falen 1971, S. 231.
8 Erich Schmidt: *Heinrich von Kleists sämtliche Werke. –* Leipzig und Wien o. J.
(1905), S. 440.
9 Heinrich Meyer-Benfey: *Kleists Leben und Werke. –* Göttingen: Otto Hapke
1911, S. 369 f.
10 Steig: a.a.O., vgl. auch Hans Thyriot: *Der Dramatiker und Novellist Kleist in*
seinem Verhältnis zur deutschen und preußischen Geschichte. – Diss. Frankfurt/
Main 1923, S. 117. Thyriot hält Steigs Argument nicht für überzeugend.
11 Hans Joachim Kreutzer: *Die dichterische Entwicklung Heinrichs von Kleist.*
Untersuchungen zu seinen Briefen und zur Chronologie und Aufbau seiner
Werke. – Berlin: Erich Schmidt 1968.
12 Jost Hermand: *Von Mainz nach Weimar. –* Stuttgart: Metzler 1969, S. 89.
13 François Furet/Denis Richet: *Die Französische Revolution. –* Frankfurt/Main:
Fischer 1968, S. 170.
14 Heinz Ide: *Der junge Kleist. –* Würzburg: Holzner 1961, S. 229.
15 Vgl. Ludwig Feuerbach: *Das Wesen des Christentums.* (Hg. von Karl Quenzel).
– Leipzig: Reclam 1904, S. 211 f.
16 Wilhelm Herzog: *Heinrich von Kleist. Sein Leben und sein Werk. –* München:
Beck 1911, S. 133.
17 Meyer-Benfey: a.a.O., S. 370.
18 Meyer-Benfey: a.a.O., S. 371.
19 Cäcilie wurde allerdings, da Adam Müller damals noch ein preußisches Amt an-
strebte, nach protestantischem Ritus getauft. Vgl. Baxa: a.a.O., S. 102.
20 Michael Scherer: „Die beiden Fassungen von Heinrich von Kleists Erzählung
‚Die heilige Cäcilie oder die Gewalt der Musik'". – In: *Monatshefte.* (1964),
S. 102. In seinem kurzen Aufsatz „Zum Vergleich der zwei Fassungen von Heinrich von Kleists Legende ‚Die heilige Cäcilie'" (*Etudes Germaniques* 25 (1970),
S. 66–68) kommt Günther Graf lediglich zum Ergebnis, es seien „doch wohl in
erster Linie kompositionelle, d. h. formalästhetische oder gestalthafte Faktoren
gewesen – insbesondere das ‚Dramatische', wie es sich im Text nachweisend zeigen läßt –, die den Dichter zur Ausgestaltung veranlaßten."

21 Wolfgang Wittkowski: „*Die heilige Cäcilie* und *Der Zweikampf*. Kleists Legenden und die romantische Ironie." – In: *Colloquia Germanica* (1972), S. 20.

22 Friedrich Koch: *Heinrich von Kleist. Bewußtsein und Wirklichkeit.* – Stuttgart: Metzler 1958, S. 299 ff.

23 Servaes: a.a.O., S. 140.

24 Matthias Claudius, zit. nach 4/258.

25 Wittkowski: a.a.O., S. 20, war der erste, der sah, daß die Legende in Wirklichkeit eine Parodie auf die Legendenform ist. Ausdrücke wie „Legendenparodie" und „Flunkerei" scheinen mir allerdings der Aggressivität der Erzählung nicht ganz gerecht zu werden.

26 Das übersieht Edel: a.a.O., S. 108, der die Bestätigung durch Erzbischof und Pabst als Verbürgung der unbezweifelbaren Objektivität des Geschehens mißversteht.

27 Feuerbach: a.a.O., S. 208.

28 Feuerbach: a.a.O., S. 209.

29 Feuerbach: a.a.O., S. 215 f.

30 Feuerbach: a.a.O., S. 214.

31 Feuerbach: a.a.O., S. 367.

32 Wittkowski: a.a.O., S. 22.

33 Horst Bredekamp: „Autonomie und Askese". – In: Michael Müller u. a.: *Autonomie der Kunst. Zur Genese und Kritik einer bürgerlichen Kategorie.* – Frankfurt/Main: Suhrkamp 1972, S. 132.

34 Zit. nach Bredekamp: a.a.O., S. 135.

35 Edel: a.a.O., S. 106.

36 Edel: a.a.O., S. 107.

37 Robert Mühlher: „Heinrich von Kleist und seine Legende ,Die Hl. Cäcilie oder die Gewalt der Musik.'" – In: *Jahrbuch der Wiener Goethegesellschaft.* 66 (1962), S. 153. Vgl. auch Ferdinand von Ingen: „Heinrich von Kleists Erzählung ,Die heilige Cäcilie oder die Gewalt der Musik'". – In: *Lewende Talen* 242 (1967), S. 273, der ganz unkritisch das „Cäcilienwunder" als „Triumph der Musik" verherrlicht.

38 Friedrich Schiller: „Über die aesthetische Erziehung des Menschen, in einer Reihe von Briefen", 10. Brief. – In: *Werke. Nationalausgabe.* Band 20: *Philosophische Schriften.* – Weimar: H. Böhlau 1962, S. 337.

Eine allzu handfeste Offenbarung der göttlichen Gerechtigkeit?

Recht und göttliche Autorität in Kleists „Der Zweikampf".

Der Schluß der Kleistschen Novelle „Der Zweikampf", die Offenbarung der „wahren Schuld und der wahren Unschuld",[1] das happy end auf der letzten Seite, könnte den Betrachter leicht dazu verführen, von dem „tröstenden ‚Optimismus' dieser Dichtung"[2] und wie Klein von dem „Makel einer allzu handfesten Offenbarung der göttlichen Gerechtigkeit"[3] zu sprechen. Gewiß hört man hier leicht nur den Märchenton eines „Und sie lebten glücklich und zufrieden bis an ihr Ende" heraus, den sich dann der Trivialroman des 19. Jahrhunderts und der triviale Film des 20. Jahrhunderts angeeignet haben:

> Und damit, während die Leiche des Elenden in rötlichen Flammen aufprasselnd, vom Hauche des Nordwinds in alle Lüfte verstreut und verweht ward, führte er, im Gefolge aller seiner Ritter, auf das Schloß. Er setzte sie, durch einen kaiserlichen Schluß, wieder in ihr väterliches Erbe ein, von welchem die Brüder in ihrer unedelmütigen Habsucht schon Besitz genommen hatten; und schon nach drei Wochen ward, auf dem Schloße zu Breysach, die Hochzeit der beiden trefflichen Brautleute gefeiert, bei welcher die Herzogin Regentin, über die ganze Wendung, die die Sache genommen hatte, sehr erfreut, Littegarden einen großen Teil der Besitzungen des Grafen, die dem Gesetz verfielen, zum Brautgeschenk machte. Der aber hing Herrn Friedrich, nach der Trauung, eine Gnadenkette um den Hals (S. 243).

Nun ist also alles in schönster und augenfälligster Ordnung, oder wäre es doch, wenn da nicht noch der letzte Satz der Erzählung wäre, der diese schöne Ordnung nun wieder bis in ihren Kern hinein und in allen ihren Voraussetzungen äußerst fragwürdig erscheinen ließe: „und sobald er, nach Vollendung seiner Geschäfte mit der Schweiz, wieder in Worms angekommen war, ließ er in die Statuten des geheiligten göttlichen Zweikampfes, *überall wo vorausgesetzt wird, daß die Schuld dadurch unmittelbar ans Tageslicht komme, die Worte einrücken: ‚wenn es Gottes Wille ist.'"* (S. 243)[4] Wie man angesichts dieses letzten Satzes, der mit einem Federzug die religiösen Voraussetzungen dieser Rechtspraxis in das fragwürdigste Licht rückt, behaupten kann, daß „der angerufene Gott dennoch sein Urteil in unabhängiger Weise unmißverständlich durch die Folgen kund" gibt,[5] ist mir unverständlich. Wenn die Wahrheit nur dann ans Tageslicht kommt, „wenn es Gottes Wille ist", dann heißt das doch zunächst einmal, daß Gott unter Umständen dem Menschen, der ihn in einer verworrenen Situation anruft, um aus seinem Munde die Wahrheit zu vernehmen, die Unwahrheit verkünden könnte, eine Vermutung, die für christliche Ohren genauso blasphemisch ist wie Kleists bange Frage, ob nicht Gott überhaupt böse sei; abgesehen aber von allen theologischen Spekulationen heißt das konkret in der Rechtspraxis, daß es keinerlei Garantie gibt, daß durch einen solchen Rechtsprozeß wirklich Recht geschehe, denn für den menschlichen Richter sind ja die Situationen, in denen das Gottesurteil den wahrhaft Schuldigen ans Licht bringt, von denen, wo das nicht geschieht und also Unschuldige verurteilt werden, durch nichts voneinander zu unterscheiden. Selbst wenn es also eine göttliche Gerechtigkeit und eine göttliche Vorsehung gäbe, ist sie in Kleists Sicht für den Menschen durch nichts vom Zufall zu unterscheiden. Das heißt, wie Wolfgang Wittkowski richtig interpretiert: „Jetzt kann man den Ausgang eines Zweikampfes ruhig ignorieren; man weiß ja doch nicht, ob er die Schuld zutagefördert. Oder vielmehr, man muß erst herausfinden, ob das Urteil wahr ist oder nicht. Dazu muß man sich innerweltlicher Erkenntnismittel bedienen – und wenn man damit enden muß, kann man auch gleich damit beginnen und sich den Zweikampf schenken."[6] Wenn man bedenkt, daß der wahre Sachverhalt in der Novelle nicht durch das Gottesurteil, sondern daß die richtige Auslegung des Gottesurteils durch kriminalistische Methoden zustandekommt, dann wird man dem „Zufall", daß der leichtverwundete Graf Jakob stirbt und der schwerverwundete Trota genest, keine allzu große Bedeutung beimessen. Von Anfang an bestimmt die kriminalistische Ermittlung das Bild der Novelle mindestens ebenso stark wie das Vertrauen auf das Gottesgericht. Gleich nach dem Mord an Herzog Wilhelm von Breysach, läßt die Herzogin „wegen der Mörder ihres Gemahls, deren man im Park eine ganze Schar wahrgenommen haben wollte, Untersuchungen anstellen und prüfte zu diesem Zweck selbst . . . den Pfeil, der seinem Leben ein Ende gemacht hatte". Allerdings findet man „an demselben nichts, das den Eigentümer hätte verraten können, außer etwa, daß er, auf befremdende Weise, zierlich und prächtig gearbeitet war". Daraus schließt man, daß der Pfeil aus der „Rüstkammer eines vornehmen und reichen Mannes" kam. Durchaus modernen Methoden kriminalistischer Routinearbeit vergleichbar, schickt man nun die Mordwaffe zu allen Pfeilmachern und erhält tatsächlich die Erklärung eines Pfeilmachers aus Straßburg, „daß er ein Schock solcher Pfeile, samt den dazugehörigen Köcher, vor drei Jahren für den Grafen Jakob den Rotbart verfertigt habe". Weitere Ermittlungen des Staatskanzlers der Witwe ergeben, „daß der Graf, der seine Burg sonst nie oder nur höchst selten zu verlassen pflegte, in der Nacht der Ermordung des Herzogs daraus abwesend gewesen war". (215f.) Erst das Gericht in Basel, statt dem durchaus berechtigten Verdacht an dem, der aus der Ermordung seines Halbbruders am meisten Vorteile zog, weiter nachzugehen, nimmt auf Grund einiger Indizien die Wahrheit der Aussage des Rotbarts als erwiesen an und beschließt, „die Klage, die wegen der Ermordung des Herzogs über ihm schwebte, sofort aufzuheben" (224). Auch Herr Trota, der als fleißiger Jurist an sich die Erfordernis ordentlicher Prozesse kennt, wird durch den „edlen Eifer" für die Geliebte dazu verführt, das unmittelbare Erscheinen der Wahrheit im Gottesgericht einem langwierigen Prozeß der Wahrheitsfindung vorzuziehen. In der Sicherheit seines Gefühls glaubt er, Wissenschaft und Empirie verachten zu dürfen, wenn das Herz spricht:

> „In meiner Brust spricht eine Stimme für Euch, weit lebhafter und überzeugender, als alle Versicherungen, ja selbst als alle Rechtsgründe und Beweise, die Ihr vielleicht aus der Verbindung der Umstände und Begebenheiten, vor dem Gericht zu Basel für Euch aufzubringen vermögt . . ." (224).

Zwar erweist sich der Glaube des Herrn Trota als begründet, die Verachtung des Umwegs der kriminalistischen Wahrheitsfindung wird aber beinahe verhängnisvoll.[7] Erst nach dem „Gottesurteil" wird die kriminalistische Untersuchung fortgesetzt und ergibt schließlich den wahren Sachverhalt. Der „Turmwächter des Schlosses derer von Breda" wird verhört (238) und bestätigt, daß er von Graf Jakob bestochen worden war, ihn in die Burg einzulassen. Da Graf Jakob selbst angesichts des Todes schwört, er sei tatsächlich auf der Burg gewesen, ist man geneigt, ihm zu glauben. Allein der Prior des Klosters, der sich mit dieser Erklärung nicht zufrieden gibt, zieht „eine Täuschung des Grafen selbst, durch eine dritte ihm unbekannte Person" (238) in Erwägung, und es sind schließlich das Geständnis der Kammerzofe Rosalie, daß sie den Grafen getäuscht hat, und das Indiz des Ringes, den ihr der Graf in jener Nacht überreichte, die Littegarde endgültig von dem Verdacht befreien – und nicht eigentlich der Ausgang des Gottesgerichtes. Was wir vor uns haben, ist das Modell des Detektivromans: „Eine Leiche wird gefunden. Die Umstände erlauben keine andere Diagnose als Mord. Aber wer ist der Täter? Das ist die Frage, die alle Gemüter beschäftigt und beängstigt, die aber nicht beantwortet wird, bis das Ende der Erzählung erreicht ist."[8] Dieser Sachverhalt wird durch den in den Gang der kriminalistischen Untersuchung als scheinbar verkürzendes Verfahren eingeschobenen Zweikampf in keiner Weise verändert. Nur wer das übersieht, kann wie Hermann Schneider behaupten, Kleist habe „im Gegensatz zu Cervantes auch das gläubigste mittelalterliche Gemüt insofern über das Gottesgericht und dessen Kompetenz beruhigt, als sich schließlich herausstellt, daß eine sofortige Entscheidung zuungunsten Jakobs auch ungerecht gewesen wäre. Denn er hat ja *bona fide* den Kampf begonnen, er fühlt sich wirklich Friedrich gegenüber im Recht, da er ja tatsächlich in jener Nacht Littegarden in seinen Armen gehabt zu haben glaubt."[9] In dem Versuch, Kleists Glauben an das Gottesgericht doch noch wahrscheinlich erscheinen zu lassen, versteigt sich Schneider dann zu der Aussage: Kleist

„zeigt sozusagen, wie Gott sich als oberster Richter aus einem Konflikt ziehen müßte, wenn einmal zwei Leute miteinander kämpften, die beide von der Gerechtigkeit ihrer Sache gleich sehr überzeugt wären". Karl Otto Conrady sucht in ähnlicher Weise die Objektivität des Gottesurteils zu retten: seiner Meinung nach zeigt es „auf einen Gott, der zwar letztlich unbegriffen bleibt, der aber existiert (nicht nur in der Brust des Menschen) und eine sehr deutliche und objektive Sprache spricht. Dieser Gott spricht wahr". Die Verwirrung, die durch das Gottesurteil entsteht, lastet Conrady allein der Auslegung des Urteils durch den Menschen an. Selbst Littegarden, so meint er, „nimmt jenes Urteil als das unumstößliche" – was anders soll sie denn tun, wenn Gott „wahr spricht" – „und stürzt in die fürchterlichste Krise, die aus dem Widerspruch zweier für sie objektiver Gewissenheiten entsteht, und in der ihr Glaube zu zerbrechen droht". Das heißt aber doch gerade, daß die Sprache Gottes nicht objektiv und keineswegs eindeutig ist. Um sich aus dieser Klemme zu ziehen, argumentiert Conrady weiter: „Nicht immer und zu jeder willkürlichen Anrufung spricht dieser Gott, sondern, wie es die Schlußworte sagen: *Wenn es Gottes Wille ist.* Das heißt aber, so will uns scheinen, es muß etwas in den Herzen der Menschen sich ereignen, und dann fällt, wenn zwei Menschen in Vertrauen und Liebe gegen die verwirrende und täuschende Umgebung der gebrechlichen Welt durchhalten, auf sie durch alles Dunkel hindurch ein Strahl jenes Gottes, und eine heile Welt wird sichtbar."[10] John M. Ellis faßt diese ganze Argumentationsrichtung noch einmal zusammen, wenn er sagt: „While Littegarde is innocent, and the Count did arrange his brother's murder, he is not in fact guilty of the lie of which Friedrich accuses him. Technically, therefore, the Count must win, but morally he ought to lose. The solution to the problem is very precise: the Count wins the duel only to die of an infection resulting from a superficial wound received during it." Dann macht er aber sofort klar, daß diese einfache Eindeutigkeit nur vor einem oberflächlichen Lesen bestehen kann: „Unhappily, this clear and sunny outline begins to break down as soon as the text is examined more closely; it turns out to be utterly deceptive." Statt dessen argumentiert Ellis, daß Kleist im „Zweikampf" das bekannte Schema des Melodramas („suspense-and-happy-ending") und den Rahmen eines naiven Gottesglauben als ironisches Medium seines Skeptizismus gebraucht.[11]

Da das Gottesgericht nicht eindeutig spricht, ist es ohne die kriminalistische Beweisführung auch vieldeutig ausdeutbar, wie die Gespräche zwischen Littegarde und Trota beweisen. Wenn alle Trotas Niederlage als Beweis von Littegardes Unrecht ansehen, wenn sogar Frau Helena meint, man könne Littegarde nie „die Schamlosigkeit und Frechheit" verzeihen, „mit dem Bewußtsein dieser Schuld, ohne Rücksicht auf den edelsten Freund, den sie dadurch ins Verderben stürze, das geheiligte Urteil Gottes, gleich

einer Unschuldigen", für sich aufgerufen zu haben, wenn schließlich Littegarde in vollem Bewußtsein ihrer Unschuld, aber in vollem Glauben an das
Gottesurteil, von sich selbst dennoch glauben muß, sie sei „schuldig, über-
wiesen, verworfen, in Zeitlichkeit und Ewigkeit verdammt und verurteilt"!
(234), interpretiert Trota den Ausgang des Kampfes als Strafe für die Sün-
den seiner eigenen Brust (232). Dabei kommt er keineswegs zu einer „höheren Gotteserkenntnis",[12] vielmehr ist seine Interpretation des Ergebnis-
ses des Zweikampfes – und nur darauf stützt er sich, und nicht etwa auf
irgendwelche rationale Ergebnisse eigener Nachforschungen – genauso
willkürlich wie die des Gerichts: er ist „des festen, unerschütterlichen
Glaubens . . .: deine Unschuld wird, *und wird durch den Zweikampf, den
ich für dich gefochten,* zum heitern, hellen Licht der Sonne gebracht werden" (237). Ebenso willkürlich und durch nichts bekräftigt ist auch seine
Auffassung: „Ich meine, so wahr ich selig werden will, vom Schwert meines
Gegners nicht überwunden worden zu sein, da ich schon unter dem Staub
seines Fußtritts hingeworfen, wieder ins Dasein erstanden bin" (237). Mit
spitzfindiger Rabbulistik zieht er in Zweifel, was doch gerade die theologische und juristische Voraussetzung des Gottesurteils ist: „Wo liegt die Verpflichtung der höchsten göttlichen Weisheit, die Wahrheit im Augenblick
der glaubensvollen Anrufung selbst, anzuzeigen und auszusprechen?"
(237) Die Regeln des Gottesgerichts setzen ja eben voraus, daß das immer
und sofort geschieht, und das wieder ist die Grundlage für die Regelung
„nach welcher ein Kampf, der einmal nach dem Ausspruch des Kampfrich-
ters abgeschlossen ist, nicht wieder zur Ausfechtung derselben Sache vor
den Schranken des göttlichen Gerichts aufgenommen werden kann". (232)
Die Rechtslage in der Erzählung selbst und in der historischen Literatur
zum „Gottesurteil" ist da ganz eindeutig: nirgendwo sprechen die Rechts-
bücher vom „Heilen der Wunden und von diesbezüglicher Wundunter-
suchung . . . Auch den Heilprozeß kam es beim Kampfordal überhaupt nicht
an. Ihn zu beobachten blieb auch gar keine Zeit. Unmittelbar das Kampfer-
gebnis entschied, und alsbald hatte die Vollstreckung der verwirkten Strafe
nachzufolgen . . ."[13] Logisch kann man nun nur entweder das Gottesgericht, und zwar so wie es ist, für unfehlbar halten – und gerade das ist es
in der Kleistschen Erzählung nicht – oder aber das Gottesgericht für ein
unzulängliches Mittel der Rechtfindung halten und es ganz abschaffen und
durch rationale kriminalistische Mittel ersetzen. Daß das aber Kleists eigentliche Fragestellung ist, kann man leicht bei einem Vergleich mit der
Quelle, der altfranzösischen Chronik des Froissart („Chronique de
France" 1387), ermitteln, die Kleist unter Benutzung der Anekdote „Hil-
degard von Carouge und Jakob der Graue" von C. Baechler („Gemeinnüt-
zige Unterhaltungsblätter, 21. 4. 1810), zunächst unter dem Titel „Geschichte eines merkwürdigen Zweikampfes" in den „Abendblättern"

nacherzählt hatte (20./21. 2. 1811). Schon da taucht die Möglichkeit auf: „Wenn die dem Chronisten unbezweifelbare . . . Wahrheit durch den Sieg des Beklagten unenthüllt bliebe, aber in den Augen der Zuschauer und des Gerichts als echte Entscheidung gelte – was dann?"[14] In der Anekdote heißt es: „Ihre Lage war kritisch; wurde Hans Carouge überwunden, so wurde er gehangen, und sie ohne Barmherzigkeit verbrannt." (5/33) Allerdings geht es da noch einmal gut aus. Der Ritter Carouge überwindet den Grauen Jakob und dieser wird am Galgen aufgehängt. Der Umstand, der in der Novelle schon als „kritisch" apostrophiert wird, daß das Erscheinen des wahren Sachverhalts im Zweikampf ausbleiben könnte, bildet nun die eigentliche Problematik der Erzählung. Allerdings zieht aus dieser Problematik in der Novelle niemand die Konsequenzen, die allein diese Problematik auflösen könnten. Zunächst halten alle, außer von Trota, an der unbedingten Zuverlässigkeit des Gottesurteils fest. Von Trota erklärt nicht den Zweikampf als Gottesgericht, sondern nur die Regeln, die er als von Menschen gemachte Statuten ansieht, für unzulänglich: „Was kümmern mich diese willkürlichen Gesetze der Menschen? Kann ein Kampf, der nicht bis an den Tod eines der beiden Kämpfer fortgeführt worden ist, nach jeder vernünftigen Schätzung der Verhältnisse für abgeschlossen gehalten werden? Und dürfte ich nicht, falls mir ihn wieder aufzunehmen gestattet wäre, hoffen, den Unfall, der mich betroffen, wieder herzustellen, und mir mit dem Schwert einen ganz andern Spruch Gottes zu erkämpfen, als den, der jetzt beschränkter und kurzsichtigerweise dafür angenommen wird?" (232) Aber Trotas Auslegung der Regeln und des Spruchs ist ja ebenso willkürlich wie die von ihm verdammten Regeln.

Selbst wenn nun der Zweikampf wieder aufgenommen würde, wer könnte dann, wie immer er auch ausginge, sagen, ob nun diesmal Gott es für gut befunden habe, die Wahrheit ans Licht kommen zu lassen oder nicht. Man wird nun vielleicht einwenden, daß aber das Ende der Erzählung eben doch Trotas Auffassung, daß erst der Tod eines der beiden Kontrahenten die eigentliche Entscheidung Gottes darstelle, durch den Tod des Grafen Jakob bestätigt werde, daß „Gott sich zu guter Letzt doch noch als ‚wahrer Gott‘ erweist, indem er das in ihn gesetzte ‚Vertrauen nicht enttäuscht und die Wahrheit an den Tag bringt‘".[15] Dazu ist zunächst festzustellen, daß Gott das nicht im Rahmen der Statuten tut, die im Augenblick des Zweikampfes für die Durchführung eines Gottesurteils bestehen; das sieht selbst Heinrich Meyer: „Aber selbst wenn der Sieg Jakobs in gewisser Weise zu verteidigen wäre . . . die Niederlage Friedrichs ist es auf keine Weise. Seine ausdrücklich erklärte Absicht ist es, ‚die Schuldlosigkeit Frau Littegardes an dem Frevel, der ihr vorgeworfen, . . ., im Gottesurteil zu beweisen‘. Damit ist er objektiv wie subjektiv zweifellos im Recht – wie durfte das Gottesurteil gegen ihn entscheiden! Das ist sehr bedenklich und sieht wie eine Widerlegung des Gottesgerichtes aus."[16] Aus dieser Situation kann sich Meyer auch durch seine nachfolgenden, irrationalistischen und sich windenden Behauptungen nicht wieder herausreden. Zweitens steht fest, daß aber die Wahrheit auch nicht nach den Grundsätzen des von Trota ans Licht komme,[17] durch einen neuen Zweikampf bis zum Tod also, sondern einzig und allein durch das Geständnis der Zofe; denn dem Scheiterhaufen wären die beiden ja auch dann nicht entgangen, wenn etwa – ohne das Geständnis – Jakob einfach gestorben wäre.

Nun spricht Kleist aber nirgendwo den Bankrott des Gottesurteils geradezu aus. Da die handelnden Personen der Erzählung den Vorgang der Rettung so mißverstehen, als ob alle Beweise nur Beweise für die Richtigkeit des Gottesurteils wären, wird auch der Leser leicht dazu verführt, Kleists Absicht so zu mißdeuten, als sei seine Novelle eine verspätete Propagandaschrift für den noch unerschütterten Glauben des Mittelalters an die überall und allzeit sichtbar waltende Vorsehung Gottes. So zieht z. B. Dürst aus der Erzählung die Folgerung: „Jede Rechtssprechung, Gesetzgebung und jeder Strafvollzug beruht letztlich auf unbeweisbaren Glaubenssätzen und steht deshalb dem Religiösen nahe. Wo das Recht frei von metaphysischen Bindungen als bloße Zwecksetzung der menschlichen Gesellschaft verstanden wird, entartet es zu einer bloßen Funktion der im Staate verkörperten Macht."[18] Gerade die Fundierung der Rechtssprechung im Religiösen und Metaphysischen entlarvt Kleist aber in seiner Erzählung immer wieder als ideologische Täuschung und Selbsttäuschung der handelnden Personen, eine Täuschung, mit der sie vor anderen und vor sich selbst die eigentlichen handfesten Interessen, die sie bei ihren Handeln leiten, verbergen.[19]

Am offensichtlichsten ist die Frömmigkeit bei Graf Jakob nur Mittel seines eigenen Interesses, und Kleist läßt uns keineswegs im Zweifel darüber. So ruft er, subjektiv von der Richtigkeit seiner Beschuldigung zumindest in Hinblick auf Littegarde überzeugt, Gott an: „So gewiß als Gott gerecht, im Urteil der Waffen, entscheidet, so gewiß werde ich dir die Wahrhaftigkeit dessen, was ich, *Frau Littegarde betreffend*, notgedrungen verlautbart, im ehrlichen, ritterlichen Zweikampf beweisen!" (226) Kurz vor dem Gottesgericht beschwört Graf Jakob „auf die heilige Hostie, die Wahrhaftigkeit der Angabe, die er vor Gericht *in Bezug auf die Elende* niedergelegt" (235). Als der Prior des Augustinerklosters ihn kurz vor seinem Tode noch einmal auffordert, „*im Bezug auf den zwischen ihm und der Herzogin Regentin bestehenden Streit*, die Wahrheit einzugestehen", nimmt der Graf, „durch und durch erschüttert, noch einmal das heilige Sakrament auf die Wahrheit *seiner Aussage*, und gab, unter allen Zeichen der entsetzlichsten Angst, *falls er Frau Littegarde verleumderischer Weise angeklagt hätte*, seine Seele der ewigen Verdammnis preis" (238). Auffallend und gemeinsam ist diesen drei Stellen einerseits die ganz augenscheinliche Furcht des Grafen, bei der Anrufung Gottes eine ausgesprochene Lüge zu beschwören, andererseits aber seine aalglatte Geistesgegenwärtigkeit, mit der er den Schein erweckt und befestigt, als sei seine subjektiv richtige Aussage, er habe die Nacht des heiligen Remigius bei Littegarde verbracht, bereits hinreichendes Alibi für seine Unschuld an dem Tod seines Bruders. Gerade diese kasuistische Verdrehung der Wahrheit entlarvt aber doch seine Frömmigkeit als Ausdruck eines ganz individuellen Bestrebens, der von ihm durchaus gefürchteten ewigen Verdammnis zu entgehen, indem er es peinlich vermeidet, dem Wortlaut der Gebote zuwiderzuhandeln, solange nicht ganz vitale Interessen ihn auch dazu zwingen, als er z. B. einen Mörder dingt, seinen Bruder umzubringen. Auch da hält er sich übrigens an den Wortlaut „Du sollst nicht töten", denn es heißt ja nicht „Du sollst nicht töten lassen". Als ihn der Arm der weltlichen Gerechtigkeit sowieso nicht mehr ereilen kann, gesteht er kurz vor seinem Tode auch dies noch ein, um ein übriges zu tun, seine „schwarze Seele" vor den Qualen der Hölle zu retten (S. 243).

Auch die Frömmigkeit und das Gottvertrauen der anderen Personen in dieser Novelle ist so unerschütterlich nicht, wie es bei einer flüchtigen Lektüre den Anschein haben mag. Als Graf Jakob sein letztes Geständnis ablegt, ruft der Kaiser, „indem er sich leichenblaß von seinem Sitz erhob, hat das geheiligte Urteil Gottes nicht für die Gerechtigkeit seiner Sache entschieden, und ist es, nach dem was vorgefallen, auch nur zu denken erlaubt, daß Littegarde an dem Frevel, dessen er sie geziehen, unschuldig sei"? (241). Als Graf Jakob nun seinerseits das Gottesurteil, entgegen der allgemein üblichen Auffassung, im Sinne Trotas erklärt: „Denn er, von drei Wunden, jede tödlich, getroffen, blüht, wie ihr seht, in Kraft und Lebensfülle; indessen ein Hieb von seiner Hand, der kaum die äußerste Hülle meines Lebens zu berühren schien, in langsam fürchterlicher Fortwirkung den Kern desselben selbst getroffen, und meine Kraft, wie der Sturmwind einer Eiche, gefällt hat" (241 f.), kann er sich, gegenüber der herrschenden Meinung, aber durchaus nicht ohne weiteres auf die Evidenz der göttlichen Gerechtigkeit selbst berufen, sondern „falls ein Ungläubiger noch Zweifel nähren sollte" (242), nur auf „Beweise": „Rosalie, ihre Kammerzofe, war es, die mich in jener Nacht des heiligen Remigius empfing, während ich Elender in der Verblendung meiner Sinne, sie selbst, die meine Anträge stets mit Verachtung zurückgewiesen hat, in meinen Armen zu halten meinte!" (242)

All das bisher Gesagte macht deutlich, daß Kleist das Geschehen im „Zweikampf" durchwegs innerweltlich begründet sieht. Der wunderbare Eingriff Gottes ist nur eine individuelle Auslegung der handelnden Personen, – in der Zeit begründete Illusion und Ideologie, – die uns allerdings als Leser deswegen irreführen können, weil das „Nebeneinander von natürlicher Motivation und religiöser Interpretation . . . so ausgewogen (ist), das wahre Verhältnis zwischen ihnen so kunstvoll versteckt (ist), daß es danach aussieht, als wolle Kleist ganz wie im *Homburg* seinen Standpunkt nur versteckt andeuten und als triumphiere seine Ironie erst voll, wenn das Publikum sie nicht bemerkt und die religiöse Interpretation der Vorgänge gläubig erbaut für bare Münze hinnimmt".[20] So meint jedenfalls Wittkowski. Aber während ich ihm bisher in seiner Interpretation in fast allen Zügen folgen konnte, kommt hier der Augenblick, wo ich mich von seiner Interpretation trennen muß. Meine Kritik richtet sich gegen das Wort „kunstvoll", das soviel besagt, als bestehe Kleists Kunst in dieser Erzählung darin, daß er die Wahrheit „kunstvoll" nicht sagt, indem er die wahren Verhältnisse „kunstvoll" verschleiere.

Wittkowskis Bewertung dieses Tatbestandes ist scharfsichtig aber geht doch notwendigerweise fehl, weil er in falscher Ästhetisierung Kleists Zwangslage, die Wahrheit nicht geradewegs aussprechen zu dürfen, – in der konkreten Notlage, die ihn dazu zwang, die Wahrheit ironisch zu verhüllen –, gerade den Faktor sieht, der Kleists künstlerische Qualität ausmacht, jener Rückzug „in die eisigen Regionen der romantischen Ironie, von wo aus er die Welt verhöhnte, mit ihr spielte – aber so, daß außer ihm selbst kaum jemand etwas davon merkte".[21] Hier wird noch einem Bild vom Künstler gehuldigt, das sehr bedenklich die bedauernswerte gesellschaftliche Isolation Kleists zum Heroischen hin stilisiert und idealisiert, statt zu bedauern, daß Kleist, in den letzten Jahren seines Lebens, darauf angewiesen war, es sich nicht mit einer Gruppe borniertreaktionärer Romantiker zu verderben, und daß der einzige Mann, der sich aktiv und überzeugt für sein Werk einsetzte, Adam Müller, durch die Offenlegung von Kleists wahren Überzeugungen aufs tiefste verletzt werden würde. Wenn man sich verdeutlicht, daß neben der Problematik der Kindesmörderin, die Problematik des Duells (jenes Überrests des mittelalterlich-feudalen Gottesgerichts) das Rechtsgefühl der aufgeklärten Gesellschaft des 18. Jahrhunderts beunruhigte,[22] und daß die Adelsfronde, die sich um Adam Müller als ihren intellektuellen Sprecher scharte, bewußt mittelalterlich-feudale Gebräuche wiederbelebte, sie zumindest als Rechtfertigung ihrer eigenen gesellschaftlichen Praxis zitierte, so versteht man den Affront, den eine solche ironisch-negierende Behandlung dieses Themas bedeutet; gewiß gehörte der Zweikampf als irrationales und formales Beweismittel des mittelalterlichen Gerichtsverfahrens einer älteren Kultur- und Rechtsstufe an (bis zum 15. Jahrhundert hin verschwinden die Gottesurteile) als das Duell; aber nicht umsonst haben die Romantiker „Deutsche Rechtsaltertümer" ausgegraben und sie als Volksrecht gegen das rationalere aber „fremde" römische Recht ausgespielt (wie übrigens schon Goethe in seinem „Götz"); noch mehr Grund als Goethe zur Zeit des Sturm und Drang, sich gegen das moderne, geschriebene Recht zu wenden, das auf Zeugen, Indizien, Urkunden

und Geständnisse aufgebaut einer rationalen Rechtsfindung diente, hatten
die Romantiker sich gegen den aus der Französischen Revolution hervor-
gegangenen „Code Civil" Napoleons zu wehren, der zur Grundlage des
deutschen Bürgerlichen Gesetzbuches wurde, und über den übrigens Kleist
während seiner Dresdner Zeit verlegen wollte. So kann man zwar verstehen, daß Kleist sich mit Hilfe einer ironischen Verhüllung seiner wahren
Absichten aus einem offenen Kampf heraushielt, der für ihn den Bruch mit
dem einzigen „Freund", die Verfolgung durch orthodoxe Theologen und
die Provokation der herrschenden Mächte in Preußen bedeutet hätte. Aber
man darf doch diese Niederlage nicht als ästhetischen Sieg feiern: gerade
daß bei aller richtiger Detailinterpretation kaum einmal die Ironie in Kleists
Werken gesehen, geschweige denn die wirkliche Stoßrichtung, die sich hinter der Ironie verbirgt, richtig gedeutet wurde, ist doch ein Beweis für den
tatsächlichen Abbruch der Kommunikation und daher gerade auch für eine
ästhetische Niederlage Kleists. Zu behaupten, daß Kleist in seinen letzten
Werken die „Verständigung, die Kommunikation nicht wollte",[23] ist von
Wittkowskis Seite her konsequent, da er ja die Verhüllung seiner revolutionären Ideen in die scheinbar harmlose Sklavensprache für entscheidender
hält als das, was Kleist da notgedrungen verhüllen mußte. Kleist selbst dagegen hat sich gegen diese Auffassung seines Werkes deutlich gewehrt:
übermäßige Aufmersamkeit für die Manier und den Stil schien ihm nur zu
beweisen, daß es dem Autor nicht gelungen war, sich so auszudrücken, daß
die ganze Aufmerksamkeit ungeteilt dem Gehalt zukam. Wir können nun
auch umgekehrt behaupten, daß übermäßige Aufmerksamkeit für den Stil
ein Ablenkmanöver von dem Gehalt eines Kunstwerkes ist. Dabei finden wir
uns in vollkommener Übereinstimmung mit Kleist selbst, der sich in seinem
„Brief eines Dichters an einen anderen" (5/79–81) sehr entschieden gegen
eine Überbewertung formalistischer Kunststücke durch den Interpreten
ausgesprochen hat: „Ich bemühe mich aus meinen besten Kräften, dem
Ausdruck Klarheit, dem Versbau Bedeutung, dem Klang der Worte Anmut
und Leben zu geben: aber bloß, damit diese Dinge gar nicht, vielmehr einzig und allein der Gedanke, den sie einschließen, erscheine. Denn das ist
die Eigenschaft aller echten Form, daß der Geist augenblicklich und unmittelbar daraus hervortritt, während die mangelhafte ihn, wie ein schlechter
Spiegel, gebunden hält, und uns an nichts erinnert, als an sich selbst." Kleist
erkennt auch durchaus, wohin ein solches Interesse zielt: „Denn warum
solltest du sonst dem Geist, den ich in die Schranken zu rufen bemüht war,
nicht Rede stehen." Das Interesse an den oberflächlichen Reizen der Form
nennt er nichtig im Vergleich zu „großen, erhabenen, weltbürgerlichen"
Interessen, die ein bedeutender Dichter in der Gestaltung seines Kunstwerks verfolgt. Die ironische Verhüllung der eigenen Absicht bei Kleist ist
nur insofern von Bedeutung, als sie uns zeigt, gegen welche starken Gegen-

kräfte Kleist mit seinen Auffassungen kämpfen mußte. Die Verrätselung ist ein Symptom für die von allen gleichgesinnten Kampfgenossen isolierter Lage Kleists (von allen klassischen Dichtern hatte nur der alte Wieland einiges Verständnis für diesen jungen Revolutionär) und für den ungeheuren Druck der Gesellschaft und des Staates, unter dem Kleist schließlich alle Hoffnung auf wirkliche Änderung aufgab. Noch sein Tod ist ein solches Vexierbild, in dem der Betrachter unter dem scheinbar allen Regeln der Romantik genügenden Liebestod, die Verzweiflung des hoffnungslos Vereinsamten herauslesen kann.

Anmerkungen

1 Elmar Hoffmeister: *Täuschung und Wirklichkeit bei Heinrich von Kleist.* – Bonn: Bouvier 1968, S. 26.
2 Fritz Martini: *Heinrich von Kleist und die geschichtliche Welt.* – Berlin: Ebering 1940, S. 73; vgl. auch Franz Servaes: *Heinrich von Kleist.* – Leipzig: Seemann 1902, S. 140: „der schöne Glaube weht durch die Erzählung, daß der Himmel die wahre Unschuld doch werde an den Tag bringen müssen".
3 Johannes Klein: *Geschichte der deutschen Novelle von Goethe bis zur Gegenwart.* – Wiesbaden, Steiner 1960, S. 69.
4 Horst Oppel: „Kleists Novelle ‚Der Zweikampf'". – In: *Deutsche Vierteljahresschrift für Literaturwissenschaft und Geistesgeschichte.* – 22 (1944), S. 99 weist zurecht darauf hin, daß in dieser Erzählung, „das Verhältnis Gottes zu seiner Welt von Grund auf in Frage gestellt ist . . . Was heißt noch Wahrheit und Recht, wenn der höchste göttliche und der höchste irdische Richter die Unschuld verdammen?" Zum Rechtsbrauch des Zweikampfes im Mittelalter vgl. Jakob Grimm: *Deutsche Rechtsaltertümer.* – Leipzig 1899 (4. Auflage), Bd. II, S. 563 ff.
5 Clara Kuoni: *Wirklichkeit und Idee in Heinrich von Kleists Frauenerleben.* – Leipzig: Huber 1937, S. 238; vgl. auch Hans M. Wolff: *Heinrich von Kleist. Die Geschichte seines Schaffens.* – Bern: Francke Verlag 1954, S. 194 f.: „Der Sinn der Erzählung (ist) ein höheres Walten, sozusagen der Finger Gottes sichtbar werden zu lassen; nicht einem Zufall, sondern jenseitiger Gerechtigkeit ist es zuzuschreiben, daß der besiegte und schwer verwundete Friedrich von Trota wieder auflebt, während der siegreiche und kaum verletzte Jakob Rotbart stirbt."
6 Wolfgang Wittkowski: „Die heilige Cäcilie und Der Zweikampf". – In: *Colloquia Germanica* 1972, S. 44.
7 Vgl. Werner Weiland: *Der bürgerliche Rechtsstaat in Kleists Novellen.* Das noch unveröffentlichte Manuskript dieser Arbeit wurde mir vom Verfasser freundlicherweise zur Verfügung gestellt.
8 Richard Alewyn: „Das Rätsel des Detektivromans". – In: Adolf Frisé (Hg.): *Definitionen. Essays zur Literatur.* – Frankfurt am Main 1963, S. 117.
9 Hermann Schneider: *Studien zu Heinrich von Kleist.* – Berlin: Weidmannsche Buchhandlung 1915, S. 126.

214

10 Karl Otto Conrady: „Der Zweikampf. Zur Aussageweise Heinrichs von Kleist."
   – In: *Der Deutschunterricht* (1951), Nr. 6, S. 96.
11 John M. Ellis: „Kleist's ‚Der Zweikampf'". – In: *Monatshefte* 65 (1973), S. 48.
12 Kuoni: a.a.O., S. 241.
13 Joachim Müller: *Literarische Analogien in Heinrich von Kleists Novelle „Der
   Zweikampf".* Mit einem rechtsgeschichtlichen Diskussionsbeitrag von Gerhard
   Buchda. – Berlin: Akademie-Verlag 1969, S. 52.
14 Müller: a.a.O., S. 11.
15 Wittkowski: a.a.O., S. 47. Vgl. auch Erich Kahler: „Untergang und Übergang
   epischer Kunstformen." – In: *Die neue Rundschau* (1953), S. 39.
16 Heinrich Meyer: „Kleists Novelle ‚Der Zweikampf'". – In: *Jahrbuch der Kleist-
   Gesellschaft. 1933–37.* – Berlin: Weidemann 1937, S. 149.
17 Versuche in dieser Richtung finden sich bei Hermann Pongs: *Das Bild in der
   Dichtung.* Bd. II. – Marburg 1939, S. 164 f.; wenn er meint, die Kraft der Liebe
   gebe Trota und Littegarde die Sicherheit, „das vermeintliche Gottesurteil gegen
   allen Anschein der Welt als trügerisch zu erkennen." Clemens Lugowski: *Wirklichkeit und Dichtung. Untersuchungen zur Wirklichkeitsauffassung Heinrich
   von Kleists.* – Frankfurt am Main 1936, S. 159 ff., sieht in Trota den „eigentlichen
   Vorkämpfer des Gefühls" und wertet dementsprechend dessen Perspektive zur
   richtigen auf.
18 Rolf Dürst: *Heinrich von Kleist. Dichter zwischen Ursprung und Endzeit. Kleists
   Werk im Lichte idealistischer Eschatologie.* – Franöke: Bern 1965, S. 95.
19 Müller a.a.O., S. 20 f., weist daraufhin, daß schon Gottfried von Straßburg an der
   Praxis des Gottesgerichts Kritik übte. Nachdem sich Isolde von dem Vorwurf
   des Ehebruchs durch einen listigen Eid gereinigt (Tristan und Isolde, Buch 24),
   und beim glühenden Eisen die Wahrheit ihres Eides bekundet hat, äußert sich
   Gottfried:
   > da wart wol goffenbaeret
   > und al der werlt bewaeret
   > daz der vil tugendhafte Krist
   > wintschaffen als ein ermel ist.
20 Wittkowski: a.a.O., S. 50.
21 Wittkowski: a.a.O., S. 54.
22 Vgl. Immanuel Kant: *Metaphysik der Sitten.* (Hg. Karl Vorländer). – Leipzig
   1919, S. 164 f.
23 Wittkowski: a.a.O., S. 54

215

Quellenangaben

Was geht uns eigentlich der Gerechtigkeitsbegriff in Kleists Erzählung „Michael Kohlhaas" noch an? *erschien zuerst in:* Acta Germanica Bd. 8 (1973), S. 59–92.

Ichbildung und Ichbehauptung in Kleists „Marquise von O . . ." *erschien zuerst stark gekürzt in:* Akten des 5. Kongresses der Internationalen Vereinigung für germanistische Sprach- und Literaturwissenschaften in Cambridge. Heft 3, S. 232–240.

Anarchie und Mobherrschaft in Kleists „Erdbeben in Chili" *erschien zuerst in:* Acta Germanica Bd. 7 (1972), S. 77–96. „Hatte Kleist Rassenvorurteile?" – Eine kritische Auseinandersetzung mit der Literatur zur „Verlobung in St. Domingo" *erschien zuerst in:* Monatshefte, Bd. 47 (1975), S. 117–128.